Eiichi Yamaguchi
山口栄一
【編】

イノベーション政策の科学
SBIRの評価と未来産業の創造

Science of Science, Technology and Innovation Policy

東京大学出版会

Science of Science, Technology and Innovation Policy:
Assessing the SBIR Program and Creating Future Industries
Eiichi YAMAGUCHI, Editor
University of Tokyo Press, 2015
ISBN978-4-13-046115-3

まえがき

　本書は,「科学・技術・イノベーション政策の科学」に関する書籍である.
　2011年3月11日の東日本大震災を経験してほどなく始まった第4期科学技術基本計画（2011〜2015年度）は，基本方針として「震災からの復興，再生を遂げ，将来にわたる持続的な成長と社会の発展に向けた科学・技術・イノベーションを戦略的に推進する」というビジョンを掲げて，第3期計画までとはがらりと異なり，イノベーションを強調するものとなった.
　その3本柱は，第1に「グリーンイノベーションの推進（エネルギー供給の安定化と低炭素化，エネルギー利用の高効率化とスマート化）」，第2に「ライフイノベーションの推進（病気の予防法・診断法・治療法の革新，高齢者・障がい者・患者の生活の質の向上）」，第3に「科学・技術・イノベーションの推進に向けたシステム改革」である．そしてこの第3の柱の中核に据えられたのが,「科学・技術・イノベーション政策の科学を新たに創り上げ，その新しい科学の上に，イノベーション政策を社会と一体となってやり直していく」ということであった.
　こうして，科学・技術・イノベーション政策の科学をゼロから創るための国家プロジェクトが公募された．国のイノベーション政策の不備を憂いていたわれわれは，直ちにチームを編成.「未来産業創造にむかうイノベーション戦略の研究」として応募し，6プロジェクトの1つとして採択されたのである．集まったメンバーは，本書執筆順に，山口栄一（物性物理学者），ヤング吉原麻里子（政治学者），本田康二郎（技術哲学者），井上寛康（ネットワーク科学者），治部眞理（ビッグデータ研究者），藤田裕二（数学者），山本晋也（バイオ産業研究者），内藤祐介と西田正敏（情報科学者），相馬亘（素粒子物理学者），玉田俊平太（経営・政策学者），玄場公規（技術経営学者）の12名．この「知を越境」した科学者一同で，日本が一体なぜ沈みゆこうとしているのかを，それぞれの専門分野の知恵を駆使しながら徹底的に調べ上げた．本書執筆に当たっては，さらに3名の有識者に加わっていただ

いた．中馬宏之（経済学者），林晋（情報社会学者），山本晋玄（農学・技術経営学者）である．

本書は，学術書でありながらも「高校生でも読んで理解できる」ことをめざしている．日本の教育制度では，大学進学の際にくっきりと文系・理系が分断され，文系に進むと，もはや自然科学を学ぶことができない．そのため科学からつらなるイノベーションを本質から理解することができなくなってしまう．文系と理系をまたいでどちらの世界にいる人にもわかっていただけるためには，高校生でも理解できるように書くことが必須なのである．学術書としてユニークなこの試みは，本書においてまさに成功したと自負する．

さあ，科学・技術・イノベーション政策の科学の世界に，いま足を踏み入れてほしい．

目　次

序　章　新しいイノベーション・モデルの探索にむけて────山口栄一　1
　1　本書の目的　1
　2　本書の構成　2
　　　第Ⅰ部　イノベーション政策──源流と現状／第Ⅱ部　サイエンス型産業の分析／第Ⅲ部　イノベーション政策──未来への提言

第Ⅰ部　イノベーション政策──源流と現状

第1章　イノベーション政策の中核────────────山口栄一　9
　　　　　SBIR 制度とは何か
　1-1　「スモールビジネスこそがイノベーションを起こす」という国家的信念　9
　　　政策イノベーションとしての SBIR／馬の骨に投資する米国，無視する日本
　1-2　米国版 SBIR 制度のしくみ　11
　　　仮説に過ぎなかった SBIR／スター発掘システムとしての SBIR／アメリカ合衆国中央研究所
　1-3　日本版 SBIR 制度のしくみ　19
　　　日本版 SBIR の誕生の発端／米国版と似て非なる日本版 SBIR
　1-4　米国版 SBIR と日本版 SBIR の被採択者の出自比較　22
　　　米国版 SBIR 被採択者の出自／日本版 SBIR 被採択者の出自

第2章　米国 SBIR 制度の源流と歴史────────ヤング吉原麻里子　27
　2-1　土壌の形成期──SBIR を生み出した思想的原点（1940 年代）　30
　　　第二次世界大戦を機に変容した連邦政府の科学・技術支援／1940 年代のリベラリズムと戦後米国の科学・技術政策／キルゴア派による全米科学財団設立の提案／

SBIRの骨子を支えるリベラル派の発想／ブッシュのエリート主義と科学論争／共有されていたスモールビジネス観

2-2 蒔種期——全米科学財団の変革とSBIRの制度設計（1960～1970年代） 40

リベラリズムの復興と「社会のニーズ」／社会科学を取り込んだ全米科学財団の路線改革／試行錯誤の制度設計—— IRRPOSとRANN

2-3 萌芽期—— SBIRの誕生（1970年代後半） 46

「SBIRの父」ローランド・ティベッツ／スモールビジネスをめぐる「死の谷」／ブッシュとティベッツに共通する「市場の失敗」と「政府の役割」／公共政策に市場原理をとりいれたSBIR／シマンテック社の誕生をささえたSBIR

2-4 米国SBIR制度の歴史的考察に学ぶこと 54

第3章 日本のサイエンス・イノベーション政策の思想史——本田康二郎 61
理化学研究所と技術院

3-1 科学と自由 61

科学者共同体と自由思想／科学の遊戯性／科学のジレンマ

3-2 資本主義の破たんと科学・技術の計画 64

科学と技術の融合／資本主義が科学を機能不全にする／科学・技術政策の難問

3-3 日本の科学・技術政策——2つの源流 67

大河内正敏と宮本武之輔／戦前の理化学研究所——自由のマネジメント／技術院から科学技術庁へ——統制のマネジメント

3-4 課題として残るもの 78

第4章 日本のSBIR制度とその効果の米国との比較——井上寛康・山口栄一 83

4-1 日本版SBIR制度の背景 83

4-2 SBIR制度に関する定量分析による日米比較 85

4-3 まとめ 95

第5章 イノベーション指標の開発と現状——治部眞里・長部喜幸 99

5-1 インプットにおけるイノベーション指標 100

インプットしての研究開発費／インプットとしての人的資源

5-2　アウトプットにおけるイノベーション指標　107

アウトプットとしての商標と特許の関係／アウトプットとしての意匠／RTA（Revealed technological advantage）指標

5-3　ブラックボックスにおけるイノベーション指標　111

帰納／創発／回遊

5-4　医薬品開発における新しいイノベーション指標の提案　119

第6章　サイエンスの風景　────藤田裕二・川口盛之助・山口栄一　123
「分野知図」の生成と分析

6-1　距離概念とデータの取得　123

集合間のJaccard距離／学問の選択とデータの取得

6-2　多次元データ分析の理論と実践　125

古典的多次元尺度法（CMDS）／次元圧縮としてのCMDS／データの分布とCMDSの適性

6-3　分野知図の応用と展開　130

実装

第II部　サイエンス型産業の分析

第7章　医薬品産業　────山本晋也・山口栄一　137
日本はなぜ凋落したか：イノベーション政策の最適解

7-1　医薬品産業とは何か？　137

膨大な投資が生み出す未来産業／医薬品産業の市場規模

7-2　問題意識──日本の医薬品産業の実態　139

拡大し続ける貿易赤字／産業組織の新陳代謝を促す創薬ベンチャー／日本の創薬ベンチャーの実態

7-3　バイオテクノロジー革命　146

発見する薬から創る薬へ／インテグラル型からモジュラー型へ／仮説導出──医薬品産業のパラダイム・シフト

7-4　SBIRがもたらした医薬品産業へのインパクト　150

大成功を収めた米国 SBIR／日本版 SBIR の失敗／日本の医薬品産業が抱える構造的問題

7-5　ナショナル・イノベーション・エコシステム　162
構造的なギャップを埋める SBIR／エンジェルとしての政府／創薬におけるベンチャー企業創出の意義／マクロ経済に影響を与える基礎研究の重要性

第 8 章　半導体産業における日本勢の盛衰要因を探る──中馬宏之　173
　　　　　システムアーキテクチャの視点から

8-1　日本の半導体産業凋落の原因を求めて　173

8-2　なぜシステムアーキテクチャなのか？　176

8-3　栄枯盛衰要因の一般化──システムアーキテクチャの視点から　181
凋落を誘発した大きな要因──"4 層基板のスパコン"登場とシステム化実装技術／凋落を誘発した大きな要因──日米半導体協定と"もの造り"の比較優位喪失／凋落を誘発した大きな要因──DRAM 市場のクロックスピード急加速とプロセス技術の複雑化

8-4　むすびに代えて──何をなすべきなのだろうか？　201

第 9 章　情報産業─────────────────林　晋　211
　　　　　日本の IT はなぜ弱いか

9-1　構成的プログラミングの時代　212
数学から形式的検証へ／仕様のバグ／私だけではなかった／指摘されていた問題／自己欺瞞／最初のタガを外す

9-2　UML とアジャイルの時代　218
形式から半形式，さらに，アジャイルへ／社会学とソフトウェア工学

9-3　科学技術政策研究の時代　221
科学技術政策研究所・動向センター／3 つのレポート／第 3 レポート／スタンフォード大学デザイン・スクール／絶望的結論

9-4　まとめ──なぜ日本のソフトウェア産業は弱いのか　229
ソフトウェア──数学的存在から社会的・文化的存在へ／社会技術としての IT，社会変革としての IT

第10章　農業 ——————————— 山本晋玄・髙橋裕・山口栄一　233
サイエンス型産業への変革にむけて

10-1　第3の農業革命への胎動　233
日本農業の現状／精密農業の誕生

10-2　システム・ダイナミックスによるコメ農業モデル　235
システム・ダイナミックスとは？／コメ農業モデルの構築

10-3　3つのシナリオによるシミュレーション　240
シナリオ1：対策を行なわずに国内価格維持の仮定で輸入が開始された場合／シナリオ2：新制度の導入と国内価格維持の仮定で輸入が開始された場合／シナリオ3：新制度の導入と国内価格下落の仮定で輸入が開始された場合

10-4　新しいサイエンス型産業の創出　247
価値を実現するためのサイエンスとしての農学／サイエンスとの連携でイノベーションする農業

第Ⅲ部　イノベーション政策——未来への提言

第11章　「日本知図」の生成と分析
——————— 内藤祐介・西田正敏・藤田裕二・治部眞里・相馬亘　253

11-1　客観的根拠（エビデンス）に基づく政策立案へのツール利用の提言　253

11-2　科学・技術政策のためのイノベーションマネジメントツール　255

11-3　日本知図の内容　257
使用するデータ／日本知図のWebサービス

11-4　日本知図のゆくえ　262
ネットワーク研究との相乗効果／山積する予算問題／実用課題

第12章　日本のクラスター政策 ——————————— 相馬亘　265

12-1　ポーターの産業クラスター論　265

12-2　日本におけるクラスター政策　271
経済産業省の産業クラスター計画／文部科学省のクラスター事業／クラスター政

策の統合

12-3 クラスターの可視化による評価　278

12-4 日本のクラスター政策に対する提言　280

第13章　サイエンスリンケージからみた日本のイノベーション政策の課題──玉田俊平太・内藤祐介　285

13-1 経済成長科学との関係　285

13-2 重点4分野特許サイエンスリンケージの目視調査　286

重点4分野特許の抽出／重点4分野におけるサイエンスリンケージの目視調査／本研究の手法の留意点

13-3 全技術分野全特許のサイエンスリンケージ自動計測　289

目視による科学依拠度計測の限界／解決策／自動化の実現

13-4 サイエンスリンケージの分野別調査結果　292

サイエンスリンケージの全数・全技術分野計測の実現／セクションごとのサイエンスリンケージの違い／サブクラスレベルでのサイエンスリンケージ分析

13-5 科学との結びつきが強まっている分野，弱まっている分野　297

13-6 政策提言　299

第14章　新しいイノベーション・モデルに向かうシステム改革──玄場公規　305

14-1 日本企業の収益性低下　305

14-2 研究・開発の不確実性の増大　307

14-3 研究・開発の投資効率の低下　309

14-4 米国のSBIR制度のメリット　311

14-5 日本の現行制度　315

14-6 不確実性を踏まえた科学・技術政策　318

第15章　新しいイノベーション・モデル──山口栄一　321

15-1 イノベーション＝タイプ0とタイプ1　322

「創発」(Abduction)とは何か／「演繹」(Deduction)と「帰納」(Induction)とは何か／イノベーション・ダイヤグラム／イノベーション＝タイプ0とタイプ

1／イノベーション＝タイプ1の例, 青色発光ダイオード

15-2 イノベーション＝タイプ2　326

イノベーション＝タイプ2の例, ARM／「回遊」(Transilience) とは何か／クリステンセンの破壊的イノベーションはイノベーション＝タイプ2

15-3 イノベーション＝タイプ3　330

イノベーション＝タイプ3の例, 蒸気機関／イノベーション＝タイプ3の例, iPS細胞

15-4 イノベーションの統一理論　334

イノベーション＝タイプ0と1／イノベーション＝タイプ2／イノベーション＝タイプ3

15-5 イノベーション・ソムリエの育成　336

イノベーション・ソムリエとは何か／イノベーション・ソムリエを養成する新たな大学院／新たな大学院のデザイン

おわりに　343

事項索引　345

人名索引　352

執筆者一覧　353

序章　新しいイノベーション・モデルの探索にむけて

1　本書の目的

　日本の科学とそこから連なる産業とが，沈みゆこうとしている．グローバル化の速い潮流の中で，イノベーションの担い手が「大企業の閉じた系列ネットワーク」から「イノベーターたちの開かれたネットワーク」に変容したにもかかわらず，日本社会は古い産業モデルをいまだに踏襲し続けているからだ．しかも21世紀に入ってリスク挑戦力を見失い，研究・開発で創造してきた多くの新技術を経済的価値に変えることに失敗した結果，日本の産業競争力は急落の一途をたどった．追い打ちをかけるように，2011年3月に東京電力が起こした福島第一原子力発電所の過酷事故は，独占企業における技術経営力の不在を一気に露呈させた（FUKUSHIMAプロジェクト委員会，2012）．

　なぜ，日本は「イノベーターたちの開かれたネットワーク」をいっこうに築けずに，世界の潮流から周回遅れに遅れてしまったのか．それは，1990年代後半に『中央研究所の時代の終焉』（ローゼンブルーム・スペンサー編，1998）を迎えて20世紀型のイノベーション・モデルから脱した後，それに取って代わるべき21世紀型イノベーション・モデルを見つけられずに，漂流しているからに相違ない．

　日本のサイエンス型産業のうち，まず半導体産業を内在するエレクトロニクス産業が，1995年に基礎研究のアクティビティを大幅に縮小させ始めた（山口，2010）．ついで1998年ごろ，化学産業と医薬品産業が，基礎研究から手を引き始めた．その結果，民間企業の科学者や技術者が書く学術論文の数は，1990年代後半以来，つるべ落としに落ちて行った．

　すると，創造的な日本の若者たちがその創造性を社会に発揮できる機会は，

大幅に減った．民間企業に入っても基礎研究はできないと若者たちは敏感に反応．物理学・物質科学・分子生物学を修める大学院生の数は，サイエンス型企業の中央研究所の衰退にほぼ連動して，急激に減りはじめる．それは，もろに日本の科学アクティビティの減少につながった．2004 年を契機に，物理学・物質科学・分子生物学の分野で日本からの学術論文数は急減し，いまもそれが続いているのだ（飯嶋・山口，2014）．2010 年代中葉に日本は，名実ともに「沈みゆく船」になってしまった．だから，日本を救い出すための科学とイノベーションの制度改革は，今や喫緊の課題なのである．

はたして「大企業中央研究所モデル」という 20 世紀イノベーション・モデルの次にやってくる 21 世紀のイノベーション・モデルは何なのか．これを探索するのが，本書の目的である．

2　本書の構成

第 I 部　イノベーション政策——源流と現状

第 I 部では，イノベーション政策の日米比較，さらに国際比較を行なう．

米国におけるイノベーション政策の中核にある制度は，SBIR（Small Business Innovation Research）制度である．そこでまず第 1 章において，SBIR 制度とは何かを紹介したのち，発祥の地である米国とそしてその真似をした日本で，SBIR 制度の根本精神はどのように違うのかを，採択された起業家たちの出自を調べることにより分析する．

第 2 章では，米国における科学とイノベーション政策を，SBIR 制度に焦点を当てながら俯瞰する．SBIR 制度がどのように生まれたのかを，戦後史の源流にまでさかのぼって探索する．さらに，SBIR 制度が米国のイノベーションの発展にもたらしてきた役割を概括し，米国のイノベーション政策の特性や，現状を取り巻く制約・問題点について考察する．

ついで第 3 章において，日本における科学とイノベーション政策の歴史を，思想的な観点から俯瞰する．科学が文化ではなく政治の課題として浮上してきたのは，第一次世界大戦と第二次世界大戦を通じて形成された総動員体制の確立の過程においてであった．日本人が抱いてきた科学観のどのような点に利点があったのか，そしてまたどこに不利な点があったのかを，とりわけ

戦前の理化学研究所と技術院をケーススタディとして分析する．

ついで第4章において，日本のSBIR制度を経済学的に分析する．米国のSBIR制度の成功を受けて，1999年2月以来日本でそれを模した日本版SBIR制度が行なわれてきた．本章では大規模企業データを用い，この日本版SBIR制度を評価する．

さらに第5章においては，イノベーションの指標に焦点を当てながらイノベーション政策の国際比較を行なう．OECDの「イノベーション戦略」においては，「イノベーション政策の管理および評価」が最優先課題の1つに挙げられている．本章では，イノベーション政策に対する評価，またその管理方法について，各国の動向をまとめる．

第Ⅰ部を締めくくる第6章では，あらたに開発し，第1章で用いた「分野知図」について説明する．「分野知図」とは，人口に膾炙する39学問について，Google Scholarを母集団として各学問間の距離を，Jaccard距離を用いて数学的に測定し，その第1固有ベクトルと第2固有ベクトルとで張られる2次元平面に39学問の位置をプロットしたAcademic landscapeのことである．「分野知図」の成り立ちと機能を論じた後，「分野知図」の求め方を説明する．

第Ⅱ部 サイエンス型産業の分析

つぎに第Ⅱ部において，日本の産業に焦点を当て，日本におけるサイエンス型産業の現状分析を行なう．

第7章では，サイエンス型産業の花形である医薬品産業を取り上げる．1990年代に創薬の方法論が劇的に革新した結果，医薬品産業は21世紀のサイエンス型産業の頂点に君臨するにいたった．本章では，科学の劇的進歩にもとづいて達成された医薬品産業のパラダイム・シフトについて言及する．そして，日本の医薬品産業は，なぜ2000年代初頭を契機に国際競争から脱落してしまったのかを探り，今後の再生の処方箋を見つける．鍵は，まさに第Ⅰ部で詳細に分析したSBIR制度である．

第8章では，半導体産業を取り上げる．1950年代に米国で誕生した半導体産業は，科学と技術とが精緻に連携し，連鎖しながら発展してきた．敗戦国日本は，それを巧みにキャッチアップし，1980年代には独自の技術を創

造するとともに，半導体物理学や半導体工学で世界のリーダーシップを取るまでになった．ところが1990年代以後，日本の半導体産業は凋落の一途をたどる．なぜそうなったのか．今後，半導体産業はどのようになるのか．その謎と解に迫る．

　第9章では，情報産業を取り上げる．半導体デバイスの誕生を契機として生まれたコンピュータは，まったく新しいサイエンス型産業を生み出した．情報産業である．ところが半導体産業とは異なり，日本はついにこの産業の世界的リーダーになることはなかった．なぜ，日本は情報産業においてフォロワーであり続けるのか．その謎を解く．なおこの章は，日本を代表するコンピュータ・サイエンティストによる手記の形式を敢えて取り，「私たち」日本人が，いつ時代の本質を見誤り，情報技術が生み出す社会革命に付いていけなくなったのかをえぐりだす．

　第10章では，敢えて農業を取り上げる．日本のコメ農業に焦点を当て，なぜそれが低迷しているのかを探り出し，科学と技術の連携から生まれた直播栽培などの新技術の導入により，新しいサイエンス型産業として蘇らせる方法をシステムダイナミックス・モデルにより証明する．

第Ⅲ部　イノベーション政策——未来への提言

　最後の第Ⅲ部では，日本を「創造的な若者たちがその才能を思う存分発揮できる創造の場」にするために，未来に向かう政策提言を行なう．

　まず第11章において，新たに開発した「日本知図」について述べる．「日本知図」とは，特許の発明者，公的機関，民間財団等が形成する知識生産ネットワークを，地理情報も含めて可視化し，ユーザがWeb上でインタラクティブに操作できるシステムである．ユーザは，発明者が共同出願特許や共著論文などの関係性によって形成するネットワークから，特許が産業につながるネットワークまで，さまざまなレベルで知識生産ネットワークを鳥瞰することができる．

　この「日本知図」を用いながら第12章において，日本のイノベーション政策の中核をなしていたクラスター政策を評価する．日本におけるクラスター政策（産業クラスター，知的クラスター）の経緯とその評価に関する先行研究をレビューした後，日本ではクラスター政策は効果をもたなかったこと，

日本全体を1つのクラスターとみなすべきであることを提言する．

　第13章は，サイエンスリンケージ分析に基づく政策提言である．科学の知識が技術イノベーションに与える影響を，特許に引用されている論文を分析することによって計測する．本章では，この手法を用いた定量分析により，科学と技術の結びつきの強さは分野によって大きな違いがあることを明らかにし，それらのエビデンス（客観的根拠）が示唆する政策について提言を行なう．

　そして第14章において，新しいイノベーション・モデルに向かうシステム改革提言を行なう．イノベーションの創出には，本質的に不確実性が伴う．日本企業の従来型のイノベーション・モデルは限界に達しており，研究・開発費と収益性の関係は負の相関にあることが実証されている．一企業単位で不確実性をコントロールすることは不可能であり，新しいイノベーションを創出するためのシステム改革への提言を行なう．

　最後の第15章においては，「大企業中央研究所モデル」の終焉のあとにやってくるべきイノベーション・モデルはどのようなものか，について論ずる．このモデルを本質から理解するうえで強力な概念は，「知の創造」と「知の具現化」そして「知の越境」の3次元空間でイノベーション・プロセスを表現するイノベーション・ダイヤグラムである．このイノベーション・ダイヤグラムの中で，人間の知的営みである「演繹」・「帰納」・「創発」そして「回遊」を定義し，その連鎖としてイノベーションを表現することによって，イノベーションには4つのタイプがあることを示す．その上で，日本がこれから取るべき進路をさし示す．そしてその鍵となるイノベーション・ソムリエについて，それを養成する大学院カリキュラムを提言する．

参考文献

FUKUSHIMAプロジェクト委員会『FUKUSHIMAレポート──原発事故の本質』日経BPコンサルティング，2012年．

飯嶋秀樹・山口栄一「日本の論文数はなぜ減少したのか」研究・技術計画学会2014年大会，2F-15，pp. 691-694.

リチャード S. ローゼンブルーム・ウィリアム . J. スペンサー 編（西村吉雄訳）『中央研究所の時代の終焉』日経BP社，1998年．

山口栄一「ブレークスルーのイノベーション理論――メモリーデバイス産業は『ムーア以後』にどう立ち向かうか？」応用物理, Vol. 79, No. 12, 2010, pp. 1077-1083.

第 I 部

イノベーション政策

源流と現状

第1章　イノベーション政策の中核
―― SBIR 制度とは何か

1-1　「スモールビジネスこそがイノベーションを起こす」という国家的信念

政策イノベーションとしての SBIR

　イノベーションとは，経済価値および社会価値を生み出すあらゆる改革行為のことであることは言うまでもない．その最終ゴールは，創造的破壊を通じて人間の尊厳を高めつつ人間の幸福を希求することである以上，未来産業の創造による雇用と価値の創出は，その最大のプライオリティとなる．1982年，日本経済の大躍進のもとで低迷する経済を抱えた米国は，国を挙げて「スモールビジネスこそがイノベーションを起こす」という仮説に基づいて，大胆な産業政策を開始した．SBIR（Small Business Innovation Research）プログラム（制度）である．その持続性は，法律で担保され，SBIR は現在にいたるまで維持・発展してきた．

　ただし，ここでいうスモールビジネスとは，既存の中小企業をさすものではない．大学で生まれた「知」を宿す科学者たちを，新産業の担い手となるべく選び出し，起業家として鍛え直す．つまり既存の中小企業を「上から目線」で保護するのではなく，産業の主役をゼロから創りだすということだ．大学に残り，研究者になることを夢見ていた無名の若者に Award すなわち「賞金」[1] を与えて，イノベーターになってくれと「勧誘」（Solicitation）するのである．科学者の自己実現は，むしろ自らの「知」を「価値」に変えてこそなされる，と静かに助言する．その意味においてこの政策そのものが，イ

---

1) SBIR Award には，グラント（Grant）とコントラクト（Contract）がある．Award すなわち「賞金」とはいえ，コントラクトは業務委託契約であって，日本の助成金と同様細かい支出のチェックがあり，絶え間ない報告が求められる．一方，グラントは文字通り賞金で，中間報告と最終報告だけが要求される．DoE や NIH はグラントがほとんどを占め，DoD や NASA はコントラクトの方が多い．

ノベーションであった．そしてそれは，未来産業が新技術から生まれ，その新技術は科学から生じ，さらにその科学は，科学者の中に体化しているという確固たる信念に基づいていた．

こうして，SBIRプログラムに基づき1983年から現在まで4万6000人を超える無名の若き科学者たちがイノベーターになった．それは，社会のあり方のみならず科学のあり方まで変革した．その変革の強いインパクトを私（山口）が実感したのは，しかしつい5年前のことだった．

馬の骨に投資する米国，無視する日本

中央研究所の時代の終焉をうけて1990年代以後，企業の中央研究所を離れることを余儀なくされた科学者のうち，起業家になっていく人々を，2000年代後半に至るまで，私は日本と米国で継続的に観測し続けた．さらに日本については，経営陣から研究中止を命じられた優秀な科学者のところに出向いて行き，その企業を辞めて起業することをすすめ，さらにはみずから彼らの起業に参画した．

そして愕然とする事実を経験した．どんなに優秀な技術と産業へのパースペクティブを持っていても，日本の技術起業家の成功は，あまりにも困難で最初のステージにすら行けないことがほとんどであるのに対して，米国においてはSBIR制度があるために，初期ステージまでは確実に行くことができるという事実である．

米国でSBIRに応募し採択されると，1996年以降，フェーズⅠで平均800万円から1600万円を「賞金」（Award）としてもらい半年から1年間，チーム作りとビジネスモデル作りを試みることができる．ここで実現可能と評価されるとフェーズⅡに採択されて平均6000万円から9000万円を「賞金」としてもらい，2年間の商業化に専念できる．さらにここで離陸できれば，フェーズⅢに進む機会を与えられる．ここでは，「賞金」はないものの，開発した新製品を政府が強制的に買い取ってくれるか，ベンチャーキャピタルを紹介してくれる．すなわち，米国版SBIR制度とは，無名の科学者を起業家に転ずる「スター発掘」システムであるということだ．口の悪い言い方をすれば，馬の骨が「死の谷」を越えるためのリスク・マネーを，連邦政府が国税を割いて拠出してくれるのである．米国は，このために毎年約2000億

円以上を投資している（表1-1参照）．

　一方，日本にはSBIR制度という同じ名前の制度はあっても，米国版SBIR制度とは似て非なるもので，単に「上から目線」で旧来の中小企業に補助金を出すだけの制度に過ぎない．日本では大学で築いた技術を以て起業しようとしても，最初の設備投資資金はみずからの貯えを拠出するしかないため，貯えのない若者が起業家になることは，情報技術を除いてはまったくできない．もし最初からベンチャーキャピタルに出資を求めれば，ベンチャーキャピタルに会社のオーナーシップを取られてしまい，最終的に技術を置き去りにしたまま，彼は会社から放りだされてしまう可能性があるからだ．

　こうして2010年代までに，日本社会のダイナミズムは米国とはまったく異なるものになってしまった．多くの人は言う．日本が起業家たちの開かれたネットワーク統合体をいっこうに築けずに世界の潮流から周回遅れに遅れてしまったのは，「日本の若者が勇敢ではない」という文化の違いからやってくると．しかし本当の答えは違っていた．じつは，米国と日本の産業社会の対照的な差異は，制度設計の違いからやってきたのだった．

1-2　米国版SBIR制度のしくみ

仮説に過ぎなかったSBIR

　そもそも，「イノベーションを起こすのは小企業である」というアイディアは，どのようにしてコンセンサスを獲得していったのだろうか．SBIRプログラムを管轄する米国中小企業庁（SBA：Small Business Administration）のロナルド・クーパー（Ronald Cooper）博士[2]は，われわれのインタビューに答えて，次のように語ってくれた．

> 1990年代の後半，科学アカデミー（National Academy of Sciences）で最高峰の経済学者を集めて円卓会議を企画したことがあります．そのときノーベル経済学賞を受賞した経済学者が「スモールビジネスこそがイノベーションの産出に大きな役割を果たしていることは明白だ」と，実証データを示し

---

[2] Ronald Cooper, Ph.D. (Innovation Policy Analyst). 2014年3月10日，Small Business Administrationにて実施．

ながら発言しました．ところがその横に座っていた，やはりノーベル賞を受賞した経済学者が反論するのです．「いや，研究開発資金の流れを俯瞰すれば，イノベーションを起こしているのは，ほとんどが大企業だ」と．つまり，90年代の後半においてすら，学界を代表する経済学者の間でもコンセンサスがなかった．まして80年代初めは，「スモールビジネスこそがイノベーションの先導役だ」と証明するような論文は，ほとんどありませんでした．しかし一方で70年代の終わりから80年代初頭に，日本やドイツがうまく技術を商業化しているという焦りが米国議会にも広がっていましたし，連邦資金を使った研究開発をもっとビジネスに結びつけるために手を打たなければならないという懸念が生まれていました．結果的に，議会で「SBIRのようなプログラムを作ってスモールビジネスによるイノベーション活動を支援すべきだ」という潮流が生まれました．

すなわち，「スモールビジネスこそがイノベーションを起こす」というアイディアは，当初は仮説に過ぎなかったということだ．しかし米国は，1982年に「スモールビジネス・イノベーション開発法」(Small Business Innovation Development Act)を制定して当初よりこの仮説に法的根拠を与え，国家的信念とした．しかもこの法律は元来1988年までの時限立法であったものの，その後何度も再認可されて，今では2022年度までの延長が議会で法制化されている．

スター発掘システムとしてのSBIR

この米国版SBIR制度がどのような精神のもと，いかなる産みの苦しみを経て誕生に至ったかについては，第2章で詳しく述べる．そこでここでは，それに先立ってSBIR制度とは何かを簡単に解説しておきたい．

第1の特徴は，米国連邦政府の外部委託研究・開発予算の一定割合をスモール・ビジネスのために拠出することを義務づけている点である[3]．この義務化によって，国防総省（DoD：U. S. Department of Defense），保健福祉省（HHS：U. S. Department of Health and Human Services），航空宇宙局（NASA：National Aeronautics and Space Administration），エネルギー省（DoE：U. S. Department of Energy），国立科学財団（NSF：National Science

---

3) ただし，1億ドル以上の外部委託研究・開発予算（extramural research budget）を持つ省庁が対象である．

Foundation）など 11 の省庁は，外部委託研究・開発予算の一定割合以上を SBIR に回さなければならない．その割合は，1997 年度から 2011 年度まで 2.5%．その後毎年 0.1% ずつ上げられて，2015 年度には 2.9% となった．さらに 2016 年度には 3.0%，2017 年度以後は 3.2% とすると定められている．この値を超えて拠出することはもちろん構わない．実際，DoE の ARPA-E[4] プログラム・ディレクターのピン・リウ（Ping Liu）博士[5] は，こう答えている．

> もし STTR[6] を含めれば，5% に近づくと思います．皮肉なことにわれわれの ARPA-E グラントの 38 から 39% は，スモールビジネスに行なっているのですが，これはカウントされません．すべての ARPA-E の予算のうち 3 分の 1 は開かれた競争の下でスモールビジネスに行なっています．彼らは大企業や国立研究所や大学と競争しています．スモールビジネスは競争力が高いのです．スモールビジネスが 3 分の 1，大学が 3 分の 1，そして 3 分の 1 が残りの NPO や国立研究所や大企業です．スモールビジネスは大企業よりよくやっています．

表 1-1 に，11 の省庁が SBIR のために費やした額の経年変化を記した．この表からわかるように，1983 年度から 2012 年度の 30 年間に 347 億ドルが SBIR に費やされた．2008 年度以後は，年間 20 億ドル以上が SBIR のために費やされて今日に至っている．その割合は，50.2% が DoD，28.0% が NIH（National Institute of Health）を内包する HHS，7.6% が NASA，そして 6.7% が DoE である．

第 2 の特徴は，前述のように 3 段階の選抜方式で「賞金」（Award）の授与者を決定するということである．

---

4) Advanced Research Projects Agency-Energy の略称．2009 年，「米国再生・再投資法」（ARRA：American Recovery and Reinvestment Act）に基づき，4 億ドルの予算執行を契機に DoE のもと運営を開始した．DoD の下にある DARPA（Defense Advanced Research Projects Agency）が防衛分野で行なってきた先進研究をエネルギー分野で実現すべく，エネルギー研究によるブレークスルー・イノベーションを促進させる資金提供を行なっている．

5) Ping Liu, Ph.D.（Program Director ARPA-E）．2014 年 3 月 14 日 に U.S. Department of Energy にて実施．

6) Small Business Technology Transfer プログラム．SBIR とは異なり，研究機関と連携しているスモールビジネスないし非営利団体に拠出される．

表 1-1　米国版 SBIR

年度	国防総省 DoD	保健福祉省 HHS	航空宇宙局 NASA	エネルギー省 DoE	国立科学財団 NSF
1983	15,595,229	7,176,781	4,925,000	4,980,000	3,465,000
1984	49,838,086	32,374,162	29,858,769	26,226,088	4,243,000
1985	95,761,967	44,075,707	7,752,634	26,960,410	9,813,040
1986	159,510,466	66,448,841	32,505,964	25,016,474	8,581,992
1987	142,313,969	48,325,144	28,414,192	23,270,100	16,153,450
1988	198,880,647	75,429,330	49,189,253	36,341,365	18,101,000
1989	194,683,123	79,499,473	57,624,713	36,199,887	18,029,317
1990	219,633,770	89,094,994	68,514,335	41,499,855	19,391,857
1991	201,424,371	95,695,316	74,177,327	41,596,030	22,429,971
1992	257,390,198	104,745,568	85,494,371	43,062,040	22,398,142
1993	330,239,908	145,984,974	59,124,588	49,507,936	22,104,573
1994	268,481,636	118,503,974	106,366,090	51,993,156	27,039,432
1995	447,988,698	216,611,318	145,724,882	70,820,456	38,948,245
1996	496,928,894	176,243,200	113,068,159	66,940,490	40,110,316
1997	558,625,878	283,428,812	130,514,891	73,936,256	52,642,557
1998	576,582,253	241,673,110	83,242,893	77,224,363	51,594,999
1999	545,241,658	344,269,046	98,777,536	79,118,941	57,937,279
2000	576,964,840	248,151,743	99,739,998	85,616,506	61,807,036
2001	630,938,823	302,098,806	102,167,093	88,397,445	62,105,981
2002	697,638,253	490,640,039	187,284,899	94,525,646	60,158,933
2003	1,011,000,471	583,205,240	22,946,134	94,881,278	76,382,625
2004	1,138,332,531	648,356,968	114,152,172	107,294,098	89,820,926
2005	1,066,948,677	624,174,689	103,198,439	100,610,202	79,590,159
2006	1,138,742,106	636,903,318	106,210,400	114,331,945	61,384,768
2007	984,242,367	566,049,187	96,847,778	108,460,853	67,881,758
2008	1,088,982,889	634,171,385	99,252,491	129,659,673	62,225,563
2009	1,036,062,601	673,497,855	133,040,912	150,961,888	91,562,665
2010	1,227,892,757	686,939,456	136,723,254	206,963,668	105,533,999
2011	1,051,967,628	710,123,917	173,438,537	140,942,357	91,171,570
2012	1,022,557,605	754,667,714	97,230,572	133,860,865	96,009,820
累計	17,431,392,299	9,728,560,067	2,647,508,276	2,331,200,271	1,438,619,973
シェア(%)	50.2	28.0	7.6	6.7	4.1

註：フェーズ I とフェーズ II の両方を含む（ただし，STTR は除く）
出典：http://www.sbir.gov/past-award

1-2 米国版 SBIR 制度のしくみ　15

省庁別「賞金」総額

農務省 USDA	国土安全保障省 DHS	教育省 ED	運輸省 DoT	商務省 DoC	環境保護庁 EPA	11省庁合計
555,376	0	311,000	254,000	0	247,394	37,509,780
2,001,555	0	972,261	1,677,006	0	852,817	148,043,744
3,076,894	0	1,241,630	3,162,339	200,492	1,860,360	193,905,473
3,452,322	0	1,691,664	3,723,889	877,301	2,732,618	304,541,531
3,506,216	0	1,451,497	2,686,758	1,671,500	2,980,629	270,773,455
3,797,000	0	2,236,656	3,429,000	1,393,900	2,974,000	391,772,151
3,945,512	0	1,943,115	3,671,379	1,098,226	3,108,296	399,803,041
4,106,091	0	2,478,022	4,129,504	710,993	3,234,659	452,794,080
4,937,923	0	2,606,006	5,395,283	1,212,709	3,468,037	452,942,973
5,669,936	0	1,699,406	3,520,119	2,016,055	3,991,320	529,987,155
7,116,770	0	2,935,828	5,072,175	2,254,766	4,547,782	628,889,300
7,524,880	0	2,946,222	8,508,796	3,704,000	4,969,668	600,037,854
11,348,083	0	3,373,355	10,198,856	7,577,724	6,958,474	959,550,091
9,492,554	0	3,528,400	7,893,428	6,070,468	4,788,827	925,064,736
9,651,158	0	3,939,849	6,825,518	7,330,117	5,593,929	1,132,488,965
12,662,871	0	6,528,427	5,865,630	6,821,641	4,828,818	1,067,025,005
12,317,943	0	4,487,355	7,262,675	7,017,094	5,082,138	1,161,511,665
18,121,377	0	0	3,578,030	6,238,553	7,852,900	1,108,070,983
15,685,899	0	7,116,168	4,524,684	6,793,227	6,074,413	1,225,902,539
17,246,959	0	6,701,537	4,583,820	6,868,762	7,573,506	1,573,222,354
16,663,350	0	8,984,959	3,276,348	7,934,033	6,240,410	1,831,514,848
18,696,223	10,745,471	7,386,557	3,726,888	8,332,277	3,002,633	2,149,846,744
18,449,482	30,749,414	8,896,581	2,473,506	8,967,253	6,192,467	2,050,250,869
16,528,974	13,851,913	9,655,736	3,336,523	7,003,256	8,027,646	2,115,976,585
18,065,803	36,443,114	10,013,577	1,938,826	2,299,851	6,635,514	1,898,878,628
18,664,121	22,170,410	9,891,849	5,300,268	5,759,875	3,390,439	2,079,468,963
16,093,179	19,932,446	9,947,448	3,811,645	12,532,336	4,713,911	2,152,156,886
22,910,737	27,254,512	10,130,424	7,493,500	7,345,577	4,825,128	2,444,013,012
22,435,200	20,654,187	12,245,082	10,509,701	6,114,449	4,704,541	2,244,307,169
16,805,827	17,614,587	11,967,543	9,147,791	4,495,780	4,077,715	2,168,435,818
341,530,215	199,416,053	157,308,154	146,977,885	140,642,214	135,530,989	34,698,686,397
1.0	0.6	0.5	0.4	0.4	0.4	100.0

単位：米ドル

第1段階（フェーズⅠ）は，チーム作りやビジネス・モデル作りをするとともに，アイディアの実現可能性を探索するフェーズであって，1企業に対して最大15万ドルの「賞金」を約6ヵ月から1年の期間で拠出する．表1-2からわかるように，1社当たりの平均「賞金」額は2004年度以後10万ドルを超え，2012年度においては約16万ドルであった．なお，NIHのプログラム・ディレクターへのインタビューによれば，フェーズⅠに応募して採択される競争率は約6倍とのことであった．

　第2段階（フェーズⅡ）は，技術の商業化を試みるフェーズであって，フェーズⅠで良い評価を得た企業に対し最大150万ドルの「賞金」を約2年の期間で拠出する．表1-2からわかるように，1社当たりの平均「賞金」額は2008年度以後80万ドルを超え，2012年度においては約89万ドルであった．単純にフェーズⅠ被採択者の全員がフェーズⅡに応募したとして競争率を計算すると2.5倍程度であって，思ったより高くないことがわかる．実際には，フェーズⅠの全員がフェーズⅡに応募するわけではないので，競争率はさらに低く2倍程度と推測される．

　最後の第3段階（フェーズⅢ）は，実際に技術を商業化してイノベーションを成就させるフェーズであって，「賞金」はなく民間のベンチャーキャピタルを紹介する．さらにDoDやDoEなどの場合は，生まれた新製品を各省庁が政府調達して，強制的に市場を創出する．「この世にないものをあらしめた」のだから，市場は存在しない．だから政府が市場を創りだしてSBIR被採択企業の成長を契機づけるという思想である．

アメリカ合衆国中央研究所

　すなわち米国版SBIRプログラムとは，連邦政府という名の「目利き力」の高いエンジェル（個人投資家）に他ならない．米国は，1983年度から施行されたこのプログラムで，21世紀に入ってからは毎年1500人から2000人に至る無名の科学者をフェーズⅡの起業家に仕立ててきた．

　かくて，過去30年間で13万4000社，重複を1カウントと数えると4万6000社を超える技術ベンチャーが生まれ，ついに国家全体に開かれたイノベーション・エコシステムができあがった．1-4節で明らかにするように，それはポスト「大企業中央研究所モデル」として創られた「アメリカ合衆国

表 1-2　米国版 SBIR 被採択者数と「賞金」総額

年度	SBIRフェーズI 被採択者数	SBIRフェーズI 「賞金」総額（ドル）	SBIRフェーズI 1社の平均額(ドル)	SBIRフェーズII 被採択者数	SBIRフェーズII 「賞金」総額(ドル)	SBIRフェーズII 1社の平均額(ドル)	フェーズIからIIへの競争率
1983	789	38,058,758	48,237	277	100,571,699	363,075	2.8
1984	1,015	49,285,845	48,557	355	120,813,500	340,320	2.9
1985	1,483	74,479,345	50,222	573	223,741,680	390,474	2.6
1986	1,599	81,951,257	51,252	701	168,019,468	239,685	2.3
1987	2,065	103,751,378	50,243	709	293,173,873	413,503	2.9
1988	1,955	99,099,278	50,690	768	297,998,865	388,019	2.5
1989	2,045	102,813,764	50,276	846	332,413,612	392,924	2.4
1990	2,374	120,929,463	50,939	755	320,369,106	424,330	3.1
1991	2,642	133,035,284	50,354	921	397,048,724	431,106	2.9
1992	2,677	134,554,882	50,263	1,046	468,715,911	448,103	2.6
1993	2,964	161,745,009	54,570	899	379,188,255	421,789	3.3
1994	3,129	222,435,689	71,088	1,274	724,340,930	568,556	2.5
1995	3,092	236,454,340	76,473	1,206	697,074,472	578,005	2.6
1996	2,845	228,644,623	80,367	1,417	851,412,582	600,856	2.0
1997	3,369	281,076,383	83,430	1,267	787,859,973	621,831	2.7
1998	3,021	261,767,978	86,649	1,256	829,064,706	660,083	2.4
1999	3,381	294,281,549	87,040	1,345	765,145,154	568,881	2.5
2000	3,942	293,724,807	74,512	1,544	874,086,018	566,118	2.6
2001	4,280	307,080,456	71,748	1,602	1,081,765,223	675,259	2.7
2002	5,148	423,175,827	82,202	1,744	1,275,253,539	731,223	3.0
2003	5,100	467,209,537	91,610	1,989	1,476,915,871	742,542	2.6
2004	4,392	493,639,188	112,395	1,869	1,409,989,088	754,408	2.3
2005	4,216	452,504,227	107,330	1,912	1,489,981,498	779,279	2.2
2006	3,746	424,783,459	113,397	1,585	1,257,487,199	793,367	2.4
2007	3,814	447,484,930	117,327	1,857	1,434,865,880	772,680	2.1
2008	3,698	449,471,255	121,544	1,800	1,461,461,031	811,923	2.1
2009	4,016	503,359,065	125,338	1,939	1,651,073,908	851,508	2.1
2010	4,255	546,776,510	128,502	1,770	1,526,253,440	862,290	2.4
2011	3,629	507,716,872	139,905	1,588	1,422,759,771	895,944	2.3
2012	3,417	561,706,331	164,386	1,453	1,286,039,982	885,093	2.4
累計	94,098	8,502,997,289		38,267	25,404,884,957		2.5

註：STTR は除く．
出典：http://www.sbir.gov/past-awards

中央研究所モデル」と呼ぶにふさわしい新たなイノベーション・モデルとなったのである．

　実際，2008年に全米研究評議会（NRC：National Research Council）は，SBIRプログラムのアセスメントを行ない，次のようなきわめて肯定的な評価を下している（Wessner 2008）．

1. SBIRプログラムは，技術イノベーションを刺激した．第1に，多様な知識を創り出した．論文，特許，特許のライセンス，分析モデル，アルゴリズム，新しい研究設備，レファレンス・サンプル，プロトタイプ製品およびプロセスなどを創出した．第2に，研究を市場に引きずり出して，大学を市場とリンクさせた．事実SBIR被採択企業の3分の2以上は，創立者がかつて大学人であり，創立者の約3分の1は，会社を設立する前に大学研究者だった．
2. SBIRプログラムは，イノベーションの民間における商業化の増大に寄与した．技術ベンチャー企業の20％以上は，SBIRを使って設立された．それらSBIR被採択企業の3分の2以上は，SBIR資金なしでは会社を創業できなかったと報告している．さらに，SBIR被採択企業の半分弱が市場に到達することに成功した．ただしSBIRは，決定的な資金ではあるものの，成功にいたる貢献のすべてではない．
3. 連邦政府は，自らの研究・開発ニーズに合うように，ベンチャー企業を活用することができた．プログラム・マネジメントとオペレーションの柔軟性こそが，本プログラムの強靭さをもたらした．さらにSBIRプログラムは，さまざまの連邦省庁の調達ニーズを十分に満たした．たとえば，DoDでは，SBIRで育成した技術を上手に取り入れることに成功した．上層部のプログラム運用へのコミットメントが，この成功の鍵となった．
4. イノベーション活動を社会に広範に届けることに寄与した．1992年から2005年の間の14年間に，1万4800を超える会社が少なくとも1回のSBIRフェーズⅡを獲得した．さらに毎年，SBIRを獲得した会社の3分の1以上は，新規参入者であった．これがSBIRプログラムに力を与え，かつSBIRが，新しい競争を創り出しながら，多様

な世界でイノベーションを促進させたと言い切れる証拠となる.
5. マイノリティおよび身体障がい者の技術イノベーションへの参加を促した. DoDでは,フェーズIIにおいて女性が設立した会社の割合は,1992年度の8%から1999〜2001年度では9.5%に増加した. ただし,DoDでは,フェーズIにおいてマイノリティが設立した会社の割合は,10%近く減っており,マイノリティ起用はまだまだ不十分である.

1-3 日本版SBIR制度のしくみ

日本版SBIRの誕生の発端

対する日本は,1990年におきた土地バブル崩壊後,大不況に陥り90年代後半には実質経済成長率がマイナス2%となるばかりでなく,ついに全産業において開業率が廃業率を下回る事態となった. 対照的に,米国は実質経済成長率が増大して4%を超え,好調な経済状況を呈していた. この要因は,まさにベンチャー企業が次々に生まれて経済を押し上げていたからで,SBIR制度こそがその鍵ではないかとの声が高まった.

こうして,米国版SBIR制度を真似た制度の導入への機運が高まり,1998年12月に施行された新事業創出促進法[7]に,中小企業技術革新制度(日本版SBIR制度)が盛り込まれて,1999年2月から施行された. 当初は,5省庁(通商産業省,郵政省,科学技術庁,厚生省,農林水産省)がこの日本版SBIR制度に参加. その後2000年度に環境省が参加し,2005年度に国土交通省が参加して,現在では7省(経済産業省,総務省,文部科学省,厚生労働省,農林水産省,環境省,国土交通省)が日本版SBIR制度に参加している[8].

米国版と似て非なる日本版SBIR

こうして運用されるに至った日本版SBIR制度のさらに詳しい歴史や,そ

---

7) 2005年4月に行なわれた法改正により廃止され,「中小企業の新たな事業活動の促進に関する法律」に移行した.
8) J-Net21ウェブサイト:http://j-net21.smrj.go.jp/expand/sbir/pdf/SBIRList_2011.pdf

表 1-3 日本版 SBIR 被採択者数と交付総額

年度	SBIR 被採択者数	SBIR 交付目標額(円)	SBIR 交付実績額(円)	参加省庁
1998	524			
1999	948	110 億	169 億	5
2000	1,057	130 億	188 億	6
2001	1,658	180 億	284 億	6
2002	1,619	250 億	312 億	6
2003	1,242	280 億	261 億	6
2004	1,792	300 億	298 億	6
2005	1,729	310 億	367 億	7
2006	1,930	370 億	379 億	7
2007	1,365	390 億	331 億	7
2008	1,371	400 億	372 億	7
2009	5,908	1110 億	1185 億	7
2010	2,196	435 億		7
累計	23,339	4265 億	4146 億	

出典：http://www.chusho.meti.go.jp/keiei/gijut/sbir/22fy/1-3.htm
http://j-net21.smrj.go.jp/expand/sbir/

のパフォーマンスの経済学的な分析については，第4章で詳しく述べる．ここでは，それに先立って日本版 SBIR 制度の特徴を簡単にまとめておこう．

第1の特徴は，米国版 SBIR 制度とは異なって「政府の外部委託研究・開発予算の一定割合をスモールビジネスのために拠出することを義務づけていない」という点である．法律で定められていないため，参加するかしないかは省庁の任意であって，表1-3に示すように毎年度，交付の努力目標額が決められるだけである．その額は，2009年度では交付実績1185億円と米国版 SBIR に迫る勢いであるものの，通常は200億円から400億円程度と米国版 SBIR の5分の1から10分の1である．しかもその実態は，既に存在する補助金制度に後から「日本版 SBIR」のレッテルを単に貼ったに過ぎない．したがって交付金は清算払いが多く，会計検査院の検査も厳しいゆえ，米国のように「賞金」と呼ぶには程遠い．

第2の特徴は，やはり米国版 SBIR 制度とは異なって「多段階選抜制度ではない」という点である[9]．もとより大学で生まれた科学知を技術にまで昇

---

9) 唯一，経済産業省傘下の新エネルギー・産業技術総合開発機構（NEDO, New Energy and industrial technology Development Organization）が実施している SBIR

華させ，それをもって新産業を創り出すという高邁な思想がないので，科学者をイノベーターにするための育成プロセスは存在しない．さらに政府による強制調達もなく，ベンチャーキャピタルを紹介することもない．こうして次節で示すように日本版 SBIR の被採択者は，ほとんどが既存の中小企業になってしまった．

　第3の特徴は，解決すべき具体的課題（Topic）[10] が与えられないという点である．米国版 SBIR 制度においては，粒度の細かい具体的課題が出される．それは，「今この世にないものをあらしめる」べくチャレンジせよという指令だ．科学行政官（プログラム・ディレクターやプログラム・マネージャー）のミッションは，そのような未来産業創造に向かうべき課題をつくり，それを申請者に提示することである．「プログラム・マネージャーは，毎年いくつの課題（Topic）を作るのか」という私の問いに対して，NIH のプログラム・ディレクターであるカート・マレク（Kurt Marek）博士[11] は次のように答えた．

　　去年われわれは課題（Topic）を4つ作りましたから，今年も同じ数になると思います．その前年は5つだったと思います．自分のアイディアが課題（Topic）となったら，それを担当します．アイディアの立案者は，担当プログラム・オフィサーとなるのです．

　さらに，「どのようにして将来性のある新領域に目を付け，方向性を定めて課題（Topic）を作り上げるのか」という問いに対して，NIH で SBIR プログラムのチーフを務めるマーガレット・グラッブ（Margaret C. Grabb）博士[12] は，こう答えている．

　　プログラム「新エネルギーベンチャー技術革新事業」のみが2段階選抜方式である．
10) たとえば，「超高温で作動するセラミックのマイクロ波プロセシング」，「樹木地帯における RF センシングおよびトラッキング」，「光スイッチ技術を用いたイオンチャネル薬の発見」など．
11) Kurt Marek, Ph. D. (Deputy Director and Small Business Coordinator). 2014 年3月11日，NIH の National Heart, Lung and Blood Institute (NHLBI) において実施．
12) Margaret C. Grabb, Ph. D. (Chief, SBIR/STTR Program). 2014 年3月13日，NIH の National Institute of Mental Health (NIMH) において実施．

研究所としては，毎年今後伸びると思われるテーマ領域を挙げて，最終的には所内の上層部が方向性を決定します．SBIRに関しては，その研究領域に技術的なニーズがあるのかどうかということが問題になります．もしそういったニーズがあるなら同時進行で進められます．ですから研究所内全体で決めるといえます．もしかするとわれわれのSBIRがもっと手をかけてもう少し領域を狭めてやる必要がでてくるかもしれません．それが私たちの担当する分野のテーマに関わるなら，そこで議論がなされて，その結果が上層部にあげられ，最終的に公募として告知されます．

一方日本版SBIR制度では，「今この世にないものをあらしめる」ための具体的な課題が提示されるわけではない．理由は単純で，博士号を持ち研究経験が数年あることを最低要件とする科学行政官が日本にはおらず，「目利き力」に欠けるからだ．

こうして結局のところ日本版SBIR制度は，米国版SBIR制度とは似て非なるものになってしまった．そもそも米国版SBIRとは異なり，日本版SBIRに採択されても名誉にはならない．実のある効果を伴わないので，話題にもならない．採択する側もされた側も，膨大な事務負担を伴う形式的で意味の乏しい施策になってしまった．

1-4 米国版SBIRと日本版SBIRの被採択者の出自比較

米国版SBIR被採択者の出自

米国版SBIRと日本版SBIRの思想の違いを定量的に明らかにするために，それぞれの「受賞者」の出自を調査した．すなわちSBIRに採択された企業の代表者の最終学歴を調べ，博士号取得者についてはその学問分野を調べたのである．

米国版SBIRの被採択企業は，1983年から2011年の29年間に，延べ10万3910社存在する。複数採択を1カウントとして数えるとこの29年間に4万6354人の科学者がSBIRに採択され，4万6354社の技術ベンチャー企業が生まれた．毎年平均して1600社が誕生したことになる．その事実上の代表者（Principal investigator）の氏名と連絡先は，SBIRのホームページに

すべて掲載されている[13].ただし,その出自データはここにない.そこで,2011年に採択された1034社の代表者の全員について,1人1人その略歴を,Web上で探し出していった.すると,略歴を探し当てられなかった人は1034名中389名.略歴をWeb上で見出すことができた645名中,大学学部卒が12.09%,大学院修士修了が14.26%.それ以外の73.65%は博士号(Ph.D.)取得者だった.

この博士号取得者の分布を体系的に示す方法として,図1-1と図1-2に示すように,新たに開発した「分野知図」を活用することとした.すでに述べたように,「分野知図」の数学的な求め方については第6章で詳述する.「分野知図」には次のような特徴がある.

(1) 第1固有ベクトルと第2固有ベクトルで,寄与率は約80%となる.なお,第3固有ベクトルの寄与率は4%以下で無視することができる.
(2) 第1固有ベクトルと第2固有ベクトルで張られる2次元平面を適当に回転すると,横軸は,意識(文系)−非意識(理系),縦軸は,生物−無生物という意味付けができる.
(3) 第1象限と第2象限はそれぞれ文系学問のみ,理系学問のみからなる.
(4) 分野知図の中央付近には10個のコア学問(数学,物理学,情報学,化学,生命科学,心理学,哲学,経済学,法学,環境学)が配置され,その周りに5個のクラスター(工学クラスター,医学クラスター,人文・社会科学クラスター,経営学クラスター,地学クラスター)が配される.

この「分野知図」の上に,米国版SBIR被採択者の博士号の分野を,各分野を中心とする円で示した.その結果を,図1-1に示す.この図において,円の半径はシェアの大きさに比例している.この図から次の事実がわかる.なお,以下のパーセンテージにおいて,分母は,略歴が見出せたSBIR被採択者の人数645である.

---

13) SBIR/STTR:http://www.sbir.gov/awardee

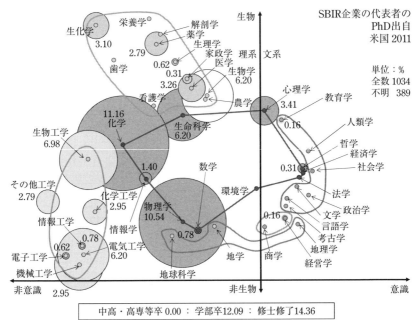

図 1-1 SBIR 企業の代表者の Ph. D. 出自（米国 2011 年）

1. 米国版 SBIR 被採択者の 74％ を占める博士号取得者のうち，その博士号の学問分野は，第 1 位＝化学（11.2％），第 2 位＝物理学（10.5％）である．また生命科学と生物学の和は 12.4％ で，この 2 つを 1 つの分野とみなせば，最大となる．
2. 「コア学問」が最大の米国版 SBIR 被採択者の出自クラスターを形成する．第 2，第 3 は，「医学クラスター」，「工学クラスター」である．また，分野知図の第 1 象限，すなわち文系「コア学問」の博士号を取得した起業家が存在する．分野は心理学と哲学である．

以上の結果から，米国連邦政府で SBIR を運営する科学行政官は，純粋科学者が申請しやすいテーマを敢えて課題として設定していることが読み取れる．それ以上に，大学に存する最先端の知を具現化して価値に転ずることを強く企図していると考えることができる．

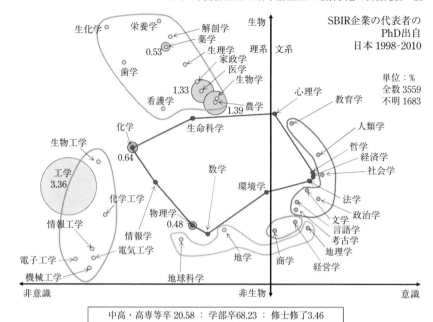

図 1-2　SBIR 企業の代表者の Ph. D. 出自（日本 1998-2010 年）

日本版 SBIR 被採択者の出自

つぎに，日本版 SBIR の被採択者の出自を調べてみた．日本版 SBIR に採択された企業は，表 1-3 に示したように 1998 年度より 2010 年度に至る 13 年間で 2 万 3339 社存在する．年間平均約 1800 社であるから，米国の SBIR フェーズⅡ被採択数と遜色ない．ただ日本版 SBIR 制度を所管する経済産業省中小企業庁は，その代表者の氏名を一部しか公開していない．公開されている代表者名は，当庁が実施したアンケートに回答した会社の代表者名のみであって，その数は 3559 社と全体の約 15% である．

公開情報を用いるほかはないので，この 3559 社について代表者の出自を，可能な限りのデータベースを用いて調査した．すると出自がついに見出せなかった 1683 名を除く 1876 名全員の最終学歴を見出すことができた．さらに大学院修了者については，その博士号取得の有無と学問分野を，博士論文書

誌データベース・リポジトリ[14]で調べた。その結果を図1-2に示す。

この図1-2から，以下のことがわかる。なお以下のパーセンテージにおいて分母は，略歴が見出せたSBIR被採択者の数1876である。

 3．日本版SBIRでは1998年度SBIR施行以来，代表者の7.7%しか博士号を取得していない。それ以外は，全体の20.6%が中学・高校・高専・短大卒。68.2%が大学学部卒。3.46%が修士修了である。

 4．日本版SBIR代表者で博士号取得者のうち，約半数が工学博士（全体の3.3%）で，最大の集団を占める。第2，第3は農学博士（1.4%），医学博士（1.3%）である。一方，米国でマジョリティを示すコア学問の博士号取得者は，化学0.6%，物理学0.5%にすぎない。また文系の博士号取得者は皆無である。

以上の事実から，日本においては米国とまったく異なり，大学で生まれた最先進の科学をイノベーションに転換する戦略的意識がなかったと結論づけられる。一方米国は，SBIR制度を通じて大学で生まれた最先進の知識を体系的にイノベーションに転換してきたことがわかった。さらに米国政府は，戦略的にコア学問および医学クラスターを将来のイノベーションにとって最も重要だと考えていたこともわかった。

では，このきわめて戦略的なパースペクティブにもとづいてデザインされた米国版SBIR制度が，実際にサイエンス型ベンチャー企業を成功に導いたのだろうか。前述の出自分析では，SBIR被採択企業はバイオ・サイエンス（生命科学・生物学），化学，物理学に主眼が置かれているので，バイオ産業へのSBIR被採択企業の貢献を調べれば，それがわかる。そこで本書では，第7章「医薬品産業」において，SBIRに採択されたバイオ・ベンチャー企業にフォーカスしながら，医薬品産業の分析を行なう。

参考文献

Wessner, C. W., Editor, *An Assessment of the Small Business Innovation Research Program*, National Research Council, 2008.

---

 14) 博士論文書誌データベース：https://dbr.nii.ac.jp/infolib/meta_pub/G0000016
   GAKUI1

第2章　米国SBIR制度の源流と歴史

　本章の目的は，戦後米国の科学・技術政策をめぐるダイナミズムを「イノベーション」と「スモールビジネス[1]」という2つのキーワードを基軸として歴史的に概観し，SBIRプログラムという画期的な制度が生まれた経緯を大きな流れの中で捉え直すことにある[2]．科学・技術の振興を目的として戦後に設置された全米科学財団（NSF：National Science Foundation）で，1970年代後半に「Small Business Innovation Research」というイノベーション促進プログラムが導入された．頭文字をとって「SBIR」と呼ばれ，商業化の可能性を秘めながらも開発リスクの高い小規模ハイテク企業のアイディアを，国税で支援する画期的なプログラムである．支援方法に段階性を取り入れて巧みに競争原理を導入し，公共政策に市場のメカニズムを取り入れた点が特徴的だといえる．1982年には全米科学財団のモデルを他省庁に広げるために，議会は「スモールビジネスイノベーション開発法」（Small Business Innovation Development Act of 1982）を成立させた[3]．これにより，

---

[1] 米国では一般に，大企業（big business）の対抗概念としてスモールビジネス（small business）という語が用いられる．本章では「スモールビジネス」の定義をより狭義に「高度技術を有する研究開発型の小規模企業群」とし，「規模の小さなハイテク企業」「小規模ベンチャー企業」などの表現も併用している．なお原典中で「small business」が大企業の対抗概念として使われている場合には，「中小企業」という対訳を用いることにする．

[2] 本章は，「スモールビジネスはイノベーションの担い手である」という発想が米国の政策立案プロセスに浸透し，SBIRを萌芽させる土壌が形成された経緯を歴史的に考察することを目的としており，スモールビジネスがイノベーションに果たす役割や，SBIRの政策効果を論じるものではない．いってみれば，「イノベーション」という言葉や概念そのものが米国の政策に取り込まれていくプロセスに着目するものである．

[3] SBIRプログラムに法的根拠を与えている「スモールビジネスイノベーション開発法」は，発足当初は1988年までの時限立法であったが，政策としての効果の高さが認められ，早くも1986年には1992年までの延長が決定された．この再承認の際に，SBIRの全3フェーズにおける政策効果の調査が，会計検査院（GAO）に義務づけら

外部への委託研究費が年間1億ドルを超える連邦政府機関はすべてSBIR制度を導入し，外部委託研究開発費の一定割合を従業員500人未満のスモールビジネスに配分することになった[4]．1983年のプログラム開始時には4500万ドルだったSBIR予算は，2012年度には総額2.2億ドルに成長しており，年間約3000社の小規模ハイテク企業を対象に6000件近い初期研究開発を支援し，米国におけるイノベーションを支え続けている（2014年の米国中小企業局資料より）[5]．

全米科学財団で始まったSBIRプログラムは，スモールビジネスのアイディアを公的資金で育成し最終フェーズで市場のメカニズムを取り込んで事業化につなげるという，新しい型のイノベーション政策として国内外で注目を集めており，研究者や政府関係者による分析や考察が増え始めている．とはいえSBIRプログラムに関するこれまでの研究は，仕組みや運用方法などの制度的側面を取り上げたもの（Wessner, 2008；野村総合研究所, 1999；清成, 1993；小野, 1997；宮田, 2002；菅, 2004）[6] や，政策効果に着目したもの（中小企業総合研究機構, 1994；Lerner, 1999；Etzkowitz and Gulbrandsen, 1999；前田, 2002；宮田, 2011）[7] が主であった．制度の前

れることになった．
4) 国防省・保健福祉省・エネルギー省・航空宇宙局（NASA）・全米科学財団・農務省・国土安全保障省・教育省・運輸省・商務省・環境保護局の全11組織で実施されている．中小企業局の2014年度資料によると，国防省と保健福祉省におけるSBIR予算が最大であり，両方を合わせて全体の78.5％を占めている．なお本文中の官庁名はすべて米国連邦政府の組織をさす．
5) SBIRが各省の外部委託研究開発費中に占める割合は，1982年度のプログラム開始時点では0.2％であったが，その後，再認可ごとに段階的に引き上げられ，2017年までに2.7％となる決定がされている（2014年3月の連邦政府職員へのインタビュー）．拡張の背景には，1989年の米ソ冷戦の終結を受けて失職した大量の軍事ハイテク産業の就業者を吸収し，軍民転換の手段としてSBIRプログラムを積極活用しようとした連邦政府の意図があったという分析もある（野村総合研究所, 1998, pp. 89-93）．
6) 2000年の再認可の際には，全米科学アカデミーの実働部隊である全米研究評議会（NRC）によるSBIRに関する調査が義務づけられた．これまでに1999年，2004年，2007年，2008年，2009年に報告書が出ており，中でも，プログラムの設置から20年の節目にまとめられた *Assessment of the SBIR Program* （Wessner, 2008）は包括的である．日本においては，野村総合研究所（1998）が米国SBIRの運用実態を詳しく現地調査し，同様のプログラムの創設に向けて提言を行なっている．その他，清成（1993），小野（1997），宮田（2002），菅（2004）などもSBIRの段階的支援のメカニズムについて触れている．

史に焦点を絞り，社会背景をふまえた広い見地から考察を行なった研究は，その重要性にもかかわらず非常に限られている[8]．社会現象とは特定の時期になされた特定の選択の結果であるが（Ikenberry, 1988；Kleinman, 1995），SBIRという社会現象は，過去のどのような社会的文脈と選択の結果として説明しうるのだろうか．当事者を取り巻いていた時代の流れや制度的要因といった，よりマクロな側面を考察することが肝要だと思われる．

以上の背景をふまえて本章では，米国SBIRプログラムの歴史的背景を，はじめて戦後史の源流にまで遡りつつ俯瞰することにしたい．具体的には，当時の公聴会記録や報告書，新聞や回顧録，スピーチやインタビュー記録などの一次資料を繙き，さらに米国の科学政策をめぐる先行研究（二次資料）を参考にしながら，1940年代の議会における議論と1960年代の全米科学財団内の動きに焦点を当てつつ，SBIRプログラムの思想的な原点が生まれ，制度的な骨子が形作られた経緯を明らかにしていく．現代米国の科学政策を理解する上で，戦後の論争を繙くことが重要だとダニエル・クラインマン（Kleinman, 1995）が指摘しているが，1940年代の議会では，戦後の科学研究を司る組織の設計をめぐってリベラル派とエリート派が異なる見解を主張した．全米科学財団の設置に関するこの政治的対立は周知のとおり，これまで様々な研究で取り上げられてきた．しかしながら，当時の一次資料をさら

---

7) 連邦政府の中小企業白書（1994, 3章5節）がSBIRの効用や効果を簡略にまとめており，ジョシュ・ラーナー（Lerner, 1999）は同プログラムの雇用効果の高さを指摘している．前述のNRCの各報告書もSBIRの効用について触れているが，どれも定量的な分析結果を示すことなく定性的な評価となっている．前田（2002）は補助金を中心とした従来のベンチャー育成策とSBIR制度が本質的に異なるいくつかの側面を挙げつつ，米国型モデルが成功した要因を考察している．宮田（2011）は経済学の立場から米国のイノベーション政策を分析し「市場の失敗の是正策」としてSBIRプログラムを論じている．さらにエツコウイッツとグルブランセン（Etzkowitz and Gulbrandsen, 1999）は連邦政府は公共部門においてオントレプレナー（public entrepreneur）役を担っているという論を，SBIRプログラムを例にあげながら展開している．

8) 宮田（2007）は，米国において特許制度の変革が大学の役割にもたらした変容について興味深い歴史的考察を展開しているが，その中でSBIRの設置背景にも触れている．野村総合研究所（1998, 第2章）も，1970年代終盤から1990年代初めの社会情勢に触れつつ，SBIRが誕生した背景を紹介している．またケーブル（Cable, 2008）は，SBIRを取り巻く政治的圧力に関する考察を行ない，同プログラム予算が各省の外部委託研究開発費中に占める割合の引き上げについて政策的勧告を行なっている．

に丁寧に跡づけてみると，新たに興味深い視点が浮かび上がってくる．対立の構図を呈していた科学論争のキーマンたちが，科学・技術の振興に果たすスモールビジネスの潜在性をめぐっては，どうやら一定の見解を共有していたのである．「スモールビジネスはイノベーションの担い手である」というこの発想こそが，その後40年の歳月を経て誕生する「SBIRプログラム」中核を成していると考えられるのではないだろうか．本章では，米国でSBIRプログラムが生まれた歴史的経緯の詳察を通して，イノベーション政策の社会科学的分析に，新しい視点を供する仮説の展開を試みる．

2-1　土壌の形成期──SBIRを生み出した思想的原点(1940年代)

第二次世界大戦を機に変容した連邦政府の科学・技術支援

　米国科学史の草分けハンター・ドゥプリー（Hunter A. Dupree）は1957年の著書の中で，連邦政府と科学の関わりは1940年代に新しい時代を迎えたと述べている（Dupree, 1957）．1930年代まで米国産業の中核を担っていたのは，海外で生まれた技術を使って大量生産し国内市場のニーズを満たす行為であった．基礎研究の多くをヨーロッパからの輸入に頼っていたこの時代には，連邦政府が表立って科学・技術の振興を支援することは少なかったのである．世界恐慌で疲弊した国内経済を救おうと，ルーズベルト政権は積極的に市場に関与し，ニューディール（新規まき直し政策）として知られるで様々な失業対策を行なったが，科学者を対象とした政策はついぞ存在しなかったことが（Greenberg, 1967），この時代に政府と科学の間にはまだ隔たりがあったことを物語っているだろう．

　しかし第二次世界大戦を機に核兵器，レーダー，ナイロン，ペニシリンや電子機器といった技術の開発が急速に進むと，科学が持つ潜在力が注目されはじめ（National Academy of Sciences, 1993），政府は研究開発活動に介入の姿勢をとりはじめる．一方，戦時の軍需契約拡大は連邦政府の科学研究費の一部企業への一極化を招いていた（Kelves, 1977, pp. 6-8）．大企業による市場の独占構造が戦略物資の調達を阻害しているとして，議会のリベラル派は危機感をつのらせ，戦時動員に関する一連の議論を展開した．「これまで計画も目的もなしに放任され，歴史の中で自然発生してきた技術が，い

まやわれわれの生活を支配するまでになっている」とは，科学・技術における政府のレッセフェールを危惧した議会の，1941年の公聴会における発言である（U. S. Senate, 1941）．こうして科学・技術と研究開発に対する連邦政府の姿勢は1940年代に入って大きく変容し[9]，米国の科学・技術政策は新しい時代を迎えたのである．

1940年代のリベラリズムと戦後米国の科学・技術政策

　スモールビジネス（高度技術を有する研究開発型の小規模企業群）をイノベーションの担い手として位置づけ，その研究活動を政策で支援することで，革新的なアイディアを創出する人材と企業のプールを拡張し，米国産業の競争力向上につなげようというSBIRの画期的な発想は，もともとどこからきたのだろうか．この問いを検討し，SBIR誕生の背景を理解するために，本節では歴史の流れを少し巻き戻して，戦後の科学政策論争をいま一度ふりかえることにしたい．

　近年注目されるSBIR制度であるが，前述の通り，その前史に着目した研究は少なく，これまでプログラムの "歴史" とされてきた知識といえば，「スモールビジネスに特化した研究支援制度が全米科学財団で始まった1976年が起源である」という記述にとどまっている（Brown and Turner, 1999；Wessner, 1999, 2004, 2007, 2008；野村総合研究所，1998；Cable, 2008）．しかし1940年代の議会資料を繙くと，「イノベーション」と「スモールビジネス」というキーワードが，大戦前のアメリカ政治の舞台に既に登場し，リベラル派の一部議員が政策に包含しようと働きかけていた当時のダイナミクスが浮かび上がってくる．つまり，今から70年以上も前の米国議会で展開された一連の議論に，SBIRプログラムを支える思想の源流を見て取ることができると考えられるのである．

　「イノベーション」という語は，流通産業における大企業の独占を問題視した1940年の国会審議資料の中にはやくも登場している（U. S. Temporary,

---

[9] 連邦政府は戦後に研究開発支出を大幅に増加させたが，その多くは大学の基礎研究に向けられ人材と技術のシーズを育てた．モウェリーとローゼンバーグ（Mowery and Rosenberg, 1999）は，後にこれら大学の研究室からベンチャー企業がスピンオフする結果を生み，戦後米国におけるハイテク産業の勃興に大きな役割を果たしたと論じている．

National Economic Committee, 1940）. さらに臨時国家経済委員会は翌年の報告書において「独占企業はともすれば現状維持志向となり，既存のパラダイムを塗り替えるような，革新的な技術や商品を発明するインセンティブがない」(U. S. Senate, 1941) ことを指摘し，大企業による独占は国家の潜在的なイノベーションを阻害しうるという議論を展開している[10]．また同時に，自由競争がもたらす最大のメリットとは，起業家たち (entrepreneurs) が試行錯誤を繰り返しながら新しい発想でビジネスをおこすダイナミズムだとも述べている (U. S. Senate, 1941). 規模の小さな企業が自由闊達に大企業に挑戦できる環境を整備することが肝腎だと主張したリベラル派の議論は，のちに米国の技術革新と経済活力をささえる「ベンチャー」の到来を予感させる指摘であろう．研究活動がまだ大企業と一部のエリート大学に独占されていた時代，ニューディールの流れを汲む政治的リベラリズムが，はやくもスモールビジネスがイノベーションに果たす潜在性に着目しはじめていたのである．以下に，議会審議の記録などの詳読を通じてその経緯を確認することにしよう．

キルゴア派による全米科学財団設立の提案

　SBIRを生んだ発想の原点を探るには，全米科学財団設立の舞台裏を知る必要がある．議会の科学論争でリベラル派の見解を代表したのが，ウエストバージニア州選出の民主党議員キルゴア (Harley M. Kilgore) であった．1940年に47歳で上院議員に選出されるまで，小さな炭坑町の刑事裁判所で裁判官をしていたキルゴアは，弁護士とはいえ若い頃には工学に触れる機会もあったという (Lomask, 1976, pp. 39-40). 科学の素養を携えて政界に入ったキルゴア議員だが，かつて父親の石油採掘業がスタンダードオイル社に駆逐されたという苦い経験があった (宮田, 2007, p. 211). 独占企業に批判的な立場を掲げ，労働者層の支持を取り付けて当選したニューディール派議員キルゴアは，強力な中央集権化を推し進めて研究活動を大企業の手中から救い出し，科学・技術がもたらす恩恵をより広く国民に還元したいと考え

---

[10] 同報告書はスモールビジネス支援策の必要性についても触れている．しかしながら，スモールビジネスとイノベーションを直接結びつける議論はなされておらず，あくまでも報告書の主眼は独占市場による弊害におかれている．

ていた.新人のキルゴアが所属したのは,トルーマン(Harry S. Truman)上院議員(後の大統領)が委員長を務める,軍事物資生産の調査委員会であった.ここでキルゴアは,大戦前に構築された資本体制がゴムなどの戦略物資の供給に十分に対応できていない状況を知るに至り,大企業による科学研究資源の独占が有事の国益を損ねているとの確信を強めていく(Kelves, 1977, p. 8).

そのキルゴアと思想を共有し,全米科学財団設立の構想を立案したのが,若き物理学者ハーバード・シメル(Herbert Schimmel)であった.世界恐慌下の不況で,博士号取得後も大学に残れず連邦政府の職員となった体験は,シメルの思想に大きな影響を与えた.科学を「社会を変えるためのツール」(Lomask, 1976, p. 40)と捉え,連邦政府が力強く科学の発展を支えるべきだと信じたシメルは(Bronk, 1975, p. 2839),国家が戦時に必要な技術を確保するためには,科学的な発見を実践的に応用するための中央集権的な体制の構築が必要だと考えた."National Science Foundation"という語を初めて登場させたのも,このシメルである(Bronk, 1975, p. 2839).

キルゴアはシメルの提案に興味を示す.軍事動員小委員会(「キルゴア委員会」)のスタッフとしてキルゴアの片腕を担ったシメルが徹夜で書き上げた法案は,国家の研究活動を中央集権的に管理する新しい組織「技術動員局(Office of Technological Mobilization)」の設置を求めるものであった.1942年8月に法案 S. 2721 を提出したキルゴアは,公聴会の冒頭で,第二次世界大戦が「技術力による戦争」(U. S. Senate, 1942, p. 5)であることを強調し,科学・技術を最大限に活用して製造施設を効率化し,軍事物資生産を極大化する技術動員局の設置が必要だと論じた.公聴会には幾人もの専門家が証人として呼ばれ,キルゴアの法案を擁護する証言を行なった.

とはいえ国内の研究活動を一手に束ねて強力な中央集権を進めようとしたキルゴアの最初の法案は,当然ながら科学者たちの批判を受けて,議会の支持を得ることなく,廃案となる(England, 1982;Kelves, 1977;Wang, 1995;宮田,2007).半年後の 1943 年 3 月,キルゴアは改めて法案 S. 702 を提出し,連邦政府による研究支援の調整役として「科学・技術動員局(Office of Scientific and Technological Mobilization: OSTM)」の設置を提案した.前回の批判を考慮して,OSTM は中央集権的な組織ではなく,連邦

政府機関における研究開発プログラムの調整役である[11]．その後もキルゴアたちは粘り強く修正案を練り続けた．1944年の初めには戦略物資の生産不足問題も解消されて戦時動員の議論も必要がなくなったため，キルゴア陣営は戦後の科学・技術政策を司る「全米科学財団」の設置を提案するようになっていった（Kelves, 1977, p. 15）．

　キルゴアらリベラル派が説いてまわったのは，国民の生活に直接関わるタイプの実践的な研究に国税を費やす体制の構築であった．科学といえば純粋な基礎研究が主流だった当時の風潮の中，キルゴアたちは応用研究の重要性を訴え続けたのである．ニューヨーク市の科学者たちを集めた昼食会の席で，キルゴアとシメルは新しい機関の設置に参同を得ようと，参加者を相手に説得にかかった．その場に居合わせたコロンビア大学の物理学者ペグラム（George B. Pegram）は，1944年6月2日付で仲間のブッシュ（Vannevar Bush）に手紙を書き送っているが，その中で，キルゴアが特許の国有化に固執していたことに辟易しながらも[12]，応用に結びつかないような純粋科学でも政府が支援すべきだという点で「あの政治家は真摯にわれわれと立場を共有している様だ」と述べている．同様にニューヨーク植物園の館長ウィリアム・ロビンズ（William J. Robbins）も，昼食会で対面したキルゴアに「洗練されてはいないが熱心だ」と好印象を抱いたという．とはいえ具体的な話になるとキルゴアが口にするのは，ラジオ電話を貨物列車で使えるようにする研究だとか，マグネシウムが採取できるような植物の開発だとか，やはり実用的なテーマばかりだったと，ロビンズも仲間の科学者宛に書簡を送っている（England, 1982）．民主的見地から科学研究を支援したいと熱く語るキルゴアたちの素人ながらの意気込みを前に，当時の科学界を代表するエリートの一部が，警戒感を抱きながらも少しずつ好意を抱きはじめていた雰囲

11）　グラントやローンなどの教育施策を通して大学における科学技術人材の育成に力をいれ，研究活動の民間依存を解消しようといった施策も含まれていた．

12）　後述のとおり，エリート派を代表していた科学者ブッシュはリベラル派のキルゴア議員の提案に異を唱えるが，その背景には特許の帰属をめぐる主張の相違が一因となっていた．キルゴアは税金を使った研究の成果は社会で共有すべきだとして特許の国有財産化を主張していた．一方ブッシュは，公的支援を受けた研究活動の成果は新しい財団の執行委員会が管理し，研究実施者が使える体制を提案していた．知的財産の国有化は発明家のやる気をそぐため，企業に独占を許す特許制度も，長い目でみれば仕方のない必要悪であるとブッシュは考えていた．

気が伝わってくる逸話であろう．

SBIR の骨子を支えるリベラル派の発想

　ここで着目したいのが，既に最初の法案 S. 2721 に，SBIR の骨子となる考え方が散見できることだ．技術動員法はいくつかの具体的提案を掲げているが，その1つに，スモールビジネスの事業主や個人発明家は米国にとっての技術資源であり，国益のために動員すべきという項目がある．

> 科学的発見を実践応用する［ための技術開発］にあたって，米国が今後も続けて世界のリーダーとなるために……スモールビジネス，技術研究所，個人発明家の持てるすべての才を活用し，戦略物資と民需の補給を最大化するべきである（U. S. Senate, 1942, p. 1）．（引用文中の［　］は筆者による補足説明）

　スモールビジネスを米国の研究開発体制に組み込むべきだというキルゴアのこの発想は，続いて翌年 1943 年に提出された法案 S. 702 の国会審議にも反映されている．公聴会の記録には，ヘンリー・ワラス副大統領（Henry A. Wallace）による「われわれは持てる科学資源を最大限に活用することで，新しいアイディアや産業のフローを確保しなければならない」という発言が残っており（U. S. Senate, 1943, p. 705），研究開発に必要なインフラを自前で持てない小規模企業のためには連邦政府が研究開発の場を提供すべきだという議論がなされている．

　キルゴア議員は，最初の法案 S. 2721 の目的を解説した文書を 1943 年 8 月の *Science* 誌に載せているが，その中で「科学・技術は公共財であり，一部の特定グループではなく国民全体の恩恵のために役立たせるべきである」と強い調子で論じている（Kilgore, 1943, p. 152）．キルゴアは，科学がもたらす恩恵を社会に広く還元させるためにも，技術動員局の運営には労働者，中小企業主，農家からも参加を募るべきだと考えていた．科学政策に門外漢を取り込もうというリベラル派の発想は，科学者たちの反対を受けて廃案となるものの，一部の議員や有識者などの支援を取り付けている．エンジニアとしての知識と特許弁護士の資格を有するケムフェルト（Waldermaer Kaempffert）は，ニューヨーク・タイムズ紙の科学担当編集者として公聴

会で証言しているが，キルゴア案を「自分の知る限り，科学と技術を広い見地からとらえた初めての法案」と呼び，連邦政府は科学や産業研究に対するこれまでの自由放任主義を捨てて，今後はより積極的に介入するべきだと論じた（U. S. Senate, 1942, pp. 67-80）．元司法省反トラスト局長アーノルド（Thurman Arnold）もキルゴア提案に賛同を示し，戦時中に加速した大企業による独占を解体し，科学がもたらす恩恵を国民全体に広く行き渡らせるためには，研究プログラムを一部の企業が搾取する現体制を連邦政府の権限で再構築しなければならないと，1943年の軍事小委員会で力強く証言している（U. S. Senate, 1943, pp. 8-28）．ワラス副大統領も，戦時中に議論された民主的発想は，平時においても継続されるべきだと強調した（U. S. Senate, 1943, pp. 703-711）．つまり1940年代の議会では，科学が国家にもたらす重要性と政府の果たす役割が議論され，科学的発見の応用を「イノベーション」として政策で促進させて，大企業に独占されていた公的資金の支援体制に「スモールビジネス」を取り込もうという発想が生まれたわけである．

　SBIRの先史でさらに注目したいのは，1945年の末に提出されたキルゴア法案S. 1720に，1982年に成立しSBIR制度の根拠法となった「スモールビジネスイノベーション開発法」の原型となるメカニズムを見ることができる点であろう．S. 1720は公的研究開発資金の10%を50州すべてに均等に割り当てるとしている．修正案S. 1720を提出したキルゴア陣営の下には，多くのスモールビジネス事業主，発明家，科学者から支援の手紙が送られ，22名のリベラル派議員が個人的な支持を表明した（Kelves, 1977, p. 10）．ジェシカ・ワング（Wang, 1995）が指摘する通り，キルゴアはこれにより連邦政府の研究支援に「民主的な配分メカニズム」を取り入れようとしたわけだが（Wang, 1995），同提案のデザインは，"国税の一定割合を特定のセクター［小規模ベンチャー］に割り当てる"というSBIR制度を支える思想につながっていると考えることが可能ではないだろうか．

ブッシュのエリート主義と科学論争

　その一方で，キルゴアが提唱する新組織は科学の社会主義化を招くとして，

---

13) ブッシュの他，全米科学アカデミー会長のフランク・ジュウェット（Frank B. Jewett），MIT学長のカール・コンプトン（Karl T. Compton），ハーバード大学の学

様々な反発も生んでいた．リベラル派に対抗する勢力の筆頭が前述のブッシュである[13]．タフツ大学を卒業しMITで工学博士号を取得したブッシュは，副学長と工学部長としてMITの大学運営に携わった後，大戦を機に政治への関与を強めていく．戦時研究の統括組織として1941年6月の大統領令により発足した「科学研究開発局」(Office of Scientific Research and Development)の局長として，ルーズベルト政権下でマンハッタン計画を始めとする戦時の科学・技術政策の中枢で影響力を持ったとされる人物である．素人たちに科学政策の一端を担わせようというキルゴアのリベラリズム（民主的発想）は，エリート科学者ブッシュを十分に戦慄させるものであった．ブッシュがことに懸念したのは，キルゴア法案が基礎研究と応用開発をごった混ぜにし，「中小企業主に利益をもたらすような方法やプロセスに関する研究」といった，純科学者の目にはあまりにも世俗的なテーマをも支援しようとしていたことであったと，ダニエル・グリーンバーグ（Daniels. Greenberg）は指摘している（Greenberg, 1967, pp. 102-103）．新組織の運営に「科学的素人」(Kevles, 1977, p. 12)の起用を提唱するキルゴア案に対抗して，ブッシュは独自の構想を練り始めていた．

　1942年に最初の法案が提出された後もキルゴアは修正を重ね，1943年，1944年と立て続けに法案を提出するが，結局どれも強靭な反対を受けて廃案となっていた．1945年7月に，ブッシュはルーズベルト大統領の諮問に答える形で報告書を提出する．それが，戦後米国の科学政策に多大な影響を与えたと多くの研究者が指摘する『ブッシュ・レポート（Science：The Endless Frontier)』である[14]．ブッシュは，大学教員たちに任せておけば知

　　長ジェームズ・コナント（James B. Conant）も，キルゴアの科学技術動員法は，科学を官僚の影響下で国家に縛りつけ，科学研究の自由を損なうものだとして反対した．彼ら4人のエリート科学者たちは戦後米国の科学・技術開発をめぐるものだ政策立案の中核を成す存在であった（Kelves, 1977；宮田, 2007）．
14)　『ブッシュ・レポート』提出の背景をめぐっては異なる説が挙げられている．事実上の大統領科学顧問だったブッシュ自身は，その回顧録の中で，ルーズベルト大統領から，戦後の科学研究支援のあり方に関して報告書と政策提言を科学研究開発局経由で諮問されたと述べている（Bush, 1970, p. 64）．一方，政権スタッフだった法律家コックス（Oscar Cox）が大統領側近のホプキンズ（Harry Hopkins）と画策してブッシュにキルゴア提案を乗っ取るべく持ちかけ，ルーズベルト大統領にブッシュ宛に見解を要請する手紙を書いてもらうことにしたという分析もある（Kelves, 1977, p. 16）．

的探究心のおもむくままに研究を行なって科学をリードしてくれるという前提に基づいて，政府は大学における基礎研究を公的資金で支援し科学の促進を下支えするべきだと説いた．営利目的の市場に任せておくと，基礎研究への投資は最適なレベルに達せず「市場の失敗」が生じてしまうので，政府が税金を使って研究開発を支援すべきという主張である（宮田，2011）．ブッシュと彼を取り巻くエリート科学者の陣営は，戦後の科学政策を自分たちが担うための構想として「全米研究財団（National Research Foundation）」の設置を提唱する．こうして戦後の体制をめぐり，リベラル派キルゴア案とエリート派ブッシュ案という2つの提案が生み出され，激しく拮抗することになった．これが戦後の科学論争として知られる出来事の顛末である．

　キルゴアの最初の法案が提出されてから8年の歳月を経て，1950年にようやく設置された「全米科学財団」は，呼称こそキルゴア案が採択されたものの，内容的にはブッシュ提案が多く反映された組織であった．そのためエリート科学者陣営に軍配が上がったとする分析もある（Kevles, 1977；Kleinman, 1995）．しかしながら，SBIR を生んだ思想的土壌の形成という切り口でこの論争を再検討してみると，興味深いことに，キルゴア陣営が果たした役割は決して小さなものではなかった様子が，あぶり絵のように浮かび上がってくる．ワング（Wang, 1995）が指摘するとおり，リベラル派の主張は，科学をめぐるエリート主義と民主主義の立場を先鋭化させ，それまで一部の利益に独占されていた科学・技術に対する人々の関心を喚起し，科学政策に民主的視点を取り入れる役目を果たした．つまり戦後の科学論争は，後に連邦政府が研究支援の対象をスモールビジネスにまで広げていった発想に，原点を提供したと考えることができるのである．

共有されていたスモールビジネス観
　SBIR プログラムを生み出した思想的背景を考察する上で見逃せない，重要な点がもう1つある．科学政策に実践的すぎる視点を取り込むことには反対していたエリート科学者の代表ブッシュが，「スモールビジネスがイノベーションに果たす役割」には注目していた点である．
　民主党リベラル派と共和党保守派との科学論争は，一般にキルゴアとブッシュによる対立の構図として捉えられがちだが，幾人かの研究者が，両者の

立場は完全に排他的なものではなく実際には共通項さえ存在していたことを指摘している．それが両者の「スモールビジネス観」であった（Kelves, 1977；England, 1982；宮田，2007）．1920年代初めにレイシオン（Raytheon）というスタートアップ企業の立ち上げに関わったブッシュには，ラジオ用の熱電子管の開発をめぐって，Westinghouse, General Electric, RCA（Radio Corporation of America），AT&T といった巨大企業に排他的な特許で市場を独占された苦い経験があった．回顧録 *Pieces of the Action* の中で，ブッシュは当時を振り返り「明らかな独占禁止法違反であった」と語っている（Bush, 1970, pp. 198-199）．ニューディールには反対を唱える政治的保守派ではあったが，このときの経験により，ブッシュは大企業による市場の独占を問題視し，むしろスモールビジネスを支援する立場をとるようになっていたのである．

　ブッシュは，高度技術を有する小規模企業がイノベーションの創出に果たす役割を十分に理解していた．回顧録の「発明と発明家について」と題する章で，「国家が強くなるには産業の発展が不可欠だが，この産業の発展とは，斬新な発想をする個人の発明力というものに大きく依存するものだ」（Bush, 1970, pp. 149-150）と述べ，スモールビジネスが新しい発想で製品やサービスを生み出し，米国の産業をリードしていく重要性を力説している．戦後米国の繁栄はスタートアップ企業が新しい知識を社会に役立つイノベーションに転換していく能力にかかっているというブッシュの確信は，彼自身のレイシオン起業時の経験がもたらしたものである（Kelves, 1977；宮田，2007）．ブッシュが果たしてこの確信を，「スモールビジネス」と「イノベーション」をめぐる政策に反映させようと政治的に動いたかどうかは定かでない．しかし少なくとも，戦後米国の科学政策をめぐる一大論争の両陣営が，高度技術を有する研究開発型の小規模企業群をイノベーション創出のプロセスに取り込むべきだ，という見解を共有していたことは非常に興味深い．「スモールビジネスはイノベーションの担い手である」という SBIR 制度の前提となる問題意識は，こうして第二次世界大戦中の米国議会に生まれ，政策立案の中枢にいたキーマンたちの一部で共有され始めていたのである．

2-2　蒔種期──全米科学財団の変革とSBIRの制度設計(1960〜1970年代)

リベラリズムの復興と「社会のニーズ」

　1957年10月，衝撃的なニュースがアメリカ合衆国全土を震撼させた．冷戦下の軍拡競争にしのぎを削っていたソビエト連邦が，米国に先駆けて世界初の人工衛星スプートニク1号の打ち上げに成功したというのである．当時ソビエトが見せつけた軍事技術に焦燥感を募らせた米国議会は，科学研究予算を急増させ，政策による科学への介入を増強していく．続く1960年代とは，冷戦に加えて深刻化するベトナム戦争や公民権運動，中東戦争とオイルショックなど，国内・国外に様々な不安定要素を抱えて，米国社会が様々なうねりに翻弄された時代だった（Heale, 2005）．国内にリベラリズムが復興するなかで，科学・技術の振興を目的として戦後に設置された全米科学財団では，従来の基礎科学を中心とした研究支援に，「社会のニーズ」を取り込む圧力が強まっていく．いってみればこの時期に，SBIR制度の骨子をつくるメカニズムの種が蒔かれ，その後に続く1970年代に，同プログラムは黎明期を迎えるわけである．

社会科学を取り込んだ全米科学財団の路線改革

　前述のキルゴア派リベラルとブッシュ派エリートの対立は，1950年5月の全米科学財団設立を迎えてようやく決着をみていた[15]．1960年代後半から70年代中盤になると，史家がのちに「動乱の時代」と記すほどの組織改革期を迎えることになる（Mazuzan, 1988）．設置以来，全米科学財団が支援の対象としてきたのは純粋に学術的な研究であった．そのため国家の研究

15）　紆余曲折を経て生まれた全米科学財団とは，大学における基礎研究の支援を中核任務とする組織であった．その支援対象に社会科学領域を含めるかという議論は，この時点では決着がつかず「その他の科学」という曖昧な表現でくくられることになった（Mazuzan, 1988；England, 1982；Lomask, 1976；宮田, 2002）．最初の設置法案提出から約8年の歳月を経てようやく走り出した全米科学財団であったが，科学論争で設置がもたついている間に他省庁が次々と戦後の研究開発支援を開始してしまったため，ブッシュやキルゴアがイメージしていた中央組織とは程遠い弱小組織としてのスタートを切るはめになっていた．

資源は，純科学分野を抱える一部のエリート大学に集中することになり，地域的な格差と不公平感を生み出していたのである．2-1 節で見てきたとおり 1940 年代には巨大企業による国家資本の独占がリベラル派の批判を生んでいたが，1960 年代には一部の大学に連邦資金が集中する構図が新たに問題視されることになった．冷戦下の軍拡競争で議会がますます研究開発への関心を強めるなか，大学における基礎研究の有用性が問われ始め（宮田，2002, 2007），応用研究に対する関心が強まっていく．税金を使って行なわれる研究の恩恵を国民に還元させる体制が求められるようになり，全米科学財団は新しい役割を模索しつつ予算を増大させ[16]，拡張路線に向けて舵取りを始めるのだった．

民主党ケネディ政権下で，より裾野の広い民主的な基盤に基づいた研究支援体制の構築が求められるようになる．ジョン・F・ケネディ（John F. Kennedy）大統領は，1963 年に創立 100 周年を迎えた全米科学アカデミーの式典において，国家が誇る科学研究の大御所たちを前にスピーチを行ない「研究の目的を定めるのは科学者であっても，それを［税金で］支援する立場にある国民は，自分たちのニーズを明確に打ち出していかねばならない」と述べて，科学は国民のためにあるという立場を強調し，当時米国の科学界を統御していた大学エリート主義を暗にたしなめている（Kennedy, 1963）．ケネディの死後，その民主的発想はジョンソン大統領によって受け継がれ，科学者主導で基礎研究に重きがおかれてきた政策は，ますます路線の見直しを迫られていった．

全米科学財団の二代目長官リーランド・ハワース（Leland Haworth）[17] 任期中の 1965 年，コネチカット選出の民主党議員で下院科学航空委員会の主

---

[16] 1958 年に 4000 万ドルだった全米科学財団の予算は，翌 1959 年には，その 3 倍の 1 億 3400 万ドルにふくれあがっている．この傾向はその後も続き，1968 年の予算は 5 億ドルとなった（Mazuzan, 1988）．

[17] 初代長官には，海軍研究所の主任研究員でイェール大学の物理学教授を務めたアラン・ウォーターマン（Alan Waterman）が任命された．ウォーターマンは，新参者の全米科学財団が省庁間の調整役にでれば政治的摩擦が必至と考え，極力目立ったリーダーシップを発揮することを避けた．似たようなプログラムが重複する無駄の削減を狙った行政管理予算局は，同財団に調整役を期待したが，その圧力をかわしながらウォーターマンは 2 期 6 年間を務め上げた（Lomask, 1967, 6 章；宮田，2007；Mazuzan, 1988）．

要メンバーだったエミリオ・ダッダリオ（Emilio Q. Daddario）が，全米科学財団の管轄領域に，新たに社会科学・応用研究・コンピュータ開発を加える憲章修正案を議会に提出する（Lomask, 1976）．1940年代にキルゴアたちリベラル派が説いてまわった「国税で応用研究を支援する体制」が，ここにきてようやく具現化されることになった．全米科学財団の組織改革案は，マサチューセッツのリベラルな上院議員エドワード・ケネディ（Edward M. Kennedy）の支援を得て，ダッダリオ＝ケネディ修正案として1968年7月に成立し，ジョンソン大統領の承認を受ける．これにより，連邦政府が「社会のニーズ」を取り込んだ研究活動を支援する法的根拠ができあがった．全米科学財団は従来の基礎研究支援に加えて，実用性の高い応用研究にも目を向ける組織として，新しい節目を迎えることになったのである[18]．

試行錯誤の制度設計── IRRPOS と RANN

　修正案の承認をうけて，ハワース長官は応用研究の支援部門の立ち上げに着手する．1970年春のことである．特別チームの主任に抜擢されたのは，MITで物理学博士号を取得して民間企業に長く勤めた後，海軍研究所（ONR：Office of Naval Research）に13年間勤務した研究副部長ロバートソン（Randal M. Robertson）であった．ロバートソンの下で"社会問題に根ざした学際研究プログラム（IRRPOS：Interdisciplinary Research Relevant to Problems of Our Society）"が始まるが，その名の通りに，異なる領域の研究者を協働させて，米国社会が抱える諸問題の解決策を探ろうという試みだった．IRRPOSは全米科学財団が初めて社会科学的な視点を取り込んだ企画であり，グリーンとレプコウスキー（Green and Lepkowski, 2006）が指摘するとおり，従来の政策領域の壁を越えた，学際性の高いプロジェクトの先駆けとして位置づけられる．

　しかしながらIRRPOSは，議会で厳しい糾弾に直面する[19]．新しいタイ

---

18) http://www.nsf.gov/news/special_reports/history-nsf/1968_missions.jsp
19) 新生財団の出航の様子をうかがっていた下院小委員会は，IRRPOSの失敗はハワースのリーダーシップ不足と判断する．全米科学財団に組織変革をもたらす立役者であることを自負していたダッダリオは，財団で初めて応用研究を取り入れた企画が，自分に相談もなく始まっていたことに不快感を示していたという（Lomask, 1976）．

プの研究支援どころか，研究者主導でテーマが選択される従来のモデルと何ら変わりはないではないかと，ダッダリオは公聴会の場でロバートソンを相手に IRRPOS の後進性を糾弾した．議会の信頼を損ねた IRRPOS には，結局のところ当初ハワースが予定していた 3 分の 2 強に過ぎない 600 万ドルの予算しかおりなかった（Lomask, 1976, p. 221）．第三代長官として白羽の矢が立ったのは，ジョンスホプキンズ大学の生物化学者ウィリアム・マッケルロイ（William D. McElroy）である．就任直後から拡大路線のビジョンを掲げたマッケルロイは，任期中に予算を 4.4 億ドルから 6.5 億ドルに膨らませる．

　全米科学財団の急速な拡張には政治的な理由もあった．第 1 期の終盤を迎えたニクソン政権が，1972 年の大統領選挙を控えて，国民的人気の高いエドワード・ケネディ上院議員を対抗馬にして焦りを見せていたのである．ニューディール的な大型プロジェクトを設立せよとの政治的圧力が，全米科学財団にかけられていた．一方，「ダッダリオ＝ケネディ修正案」が成立して以来，議会から全米科学財団に対して，応用研究を支援する新体制を確立すべしとの要請が強まっていた（Lomask, 1976, p. 237）．行政管理予算局（OMB）はマッケルロイに，前代未聞の規模で画期的なプログラムを設置してほしいと，大型予算を配分する可能性をちらつかせた[20]．

　そこでマッケルロイが打ち出した企画が，SBIR の前身となる大型プロジェクト "国家のニーズに応える研究（RANN：Research Applied to National Needs）" である．マッケルロイは，議会の懐疑派や財団上層部の反対派を相手に精力的に説得にまわり，RANN の呼称がついた新プロジェクトへの支持を取り付けようと画策した．ニクソン政権の政治的思惑を受けてニューディール的大型政策を推し進めようとしていた OMB のジョージ・シュルツ局長（George Shultz）は，社会的有用性の高い RANN こそが今の時代に必要な施策であると，自ら全米科学財団の理事会に出向いて説得にかかっている．シュルツは，もし理事会が RANN を支持しなければ全米科学財団の予

---

[20] 当初マッケルロイは，学際プログラムの雛形として既にできあがっていた IRRPOS を基に，その規模を大幅に拡大させることを考えていた．不況対策として財政拡大を意識した行政管理予算局は全米科学財団の拡大路線に乗り気だったが，IRRPOS の継続には難色を示す．公聴会におけるダッダリオの糾弾の記憶も新しい議会内には，IRRPOS には全米科学財団の新しい任務を担う能力はないという見方が広まっていたためである（Lomask, 1976, p. 241）．

算増加は認められないこと(Green and Lepkowski, 2006),しかし支援するなら財団の予算を1億ドル増やす計画であることをほのめかし(Mazuzan, 1988, p. 16),鞭とアメによって関係者を熱心に説いてまわった.その結果1971年1月に稼働しはじめた新型プログラムRANNには,6年間に500億ドル近い巨額の国税が注入されることになる(Green and Lepkowski, 2006, p. 69)[21].

RANNは設置当初から全米科学財団内でも異彩を放っていた.ことに次の2点における革新性が指摘されよう.第1に,従来の研究プロジェクトは既存の学問領域ごとに管理体制が組まれていたのに対し,社会問題の解決を目的としたRANNでは,設定されたテーマ[22]ごとに支援体制が敷かれた[23].第2に,基礎研究に社会科学的視点を取り込もうとしたRANNは必然的に学際性の高いものであり,それまでは交流のなかった異分野の研究者が協同で解を出す新しいモデルを必要とした.いってみればRANNは,産学官連携プロジェクトの先駆的モデルだったということができる(宮田,2007).

しかしながら,時代がRANNの革新性についていかなかった.RANNの出現で従来の基礎研究予算が侵食されるのではないか,全米科学財団の組織運営自体が変わってしまうのではないか,そう恐れる声が次第に組織内部から

---

21) RANN設立の1年後に離職したマッケルロイに代わって三代目長官に就任したガイフォード・スティーバー(H. Guyford Stever)は,全米科学財団の新型プログラムRANNを支持した.また,ニクソン政権の科学アドバイザーだったデービッド(Edward E. David)は,RANN運営の支援委員会を設置している.これは,全米科学財団が新タイプの研究支援プログラムを設置したことにこぞって懸念を示していた他省庁との調整役を務めさせるためであった(Green and Lepkowski, 2006, p. 69).

22) これらのテーマ領域は,全米科学財団の要請により,全米科学アカデミーの公共工学政策委員会(COPEP)のメンバーが「今後連邦政府が支援すべき研究」として挙げた700近い主題を基にして決められたものだった(Lomask, 1976).

23) RANNが公募したテーマは,エネルギー・環境問題から,国民生活の地域格差と都市部における行政管理の問題,刑事裁判制度や医療供給体制に関する政策分析など,まさに多種多様な領域を含んでいた.そのため必然的に省庁横断的なテーマを扱うプログラムになった.言い換えれば,国防や農業の振興といった特定の使命をかかげる省庁においては見落とされがちなテーマや,予算や人員などのリソース不足で他組織では対応しきれなかったテーマを,全米科学財団がRANNで一挙にすくいあげようとしたわけである.さらに,既に顕在化している社会問題だけでなく,潜在的な懸念事項までを総括的に挙げ尽くそうとしたため,RANNはこのように裾野の広いプログラムとなったのである(Green and Lepkowski, 2006).

あがり，異端児として組織内外で批判をうけたRANNは，1975年から76年にかけてその勢いを終息させていく[24] (Mazuzan, 1988：16).

1977年5月に四代目長官に就任したアトキンソン (Richard Atkinson) は，調査委員会を設置してRANNの査定を断行する[25]．同委員会は，RANNは全米科学財団本来のミッションを削ぐものであるという厳しい結論を出して，プログラムの終了を勧めた．一方のカーター民主党政権にも，共和党の息のかかったRANNを救うインセンティブはなかった[26]．結局，プログラムの3分の2を占めていたエネルギー関連の研究はエネルギー研究開発局（後のエネルギー省）に移譲され，残りは全米科学財団内の他の領域に引き継がれることが決定される (Green and Lepkowski, 2006)．こうして，6年間に

---

24) RANNの失敗には，いくつかの要因が考えられる．まず第1に，大学の研究者がめざす学術的方向性と，実践を重視する全米科学財団の思惑がうまく合致せず，研究者のインセンティブを効果的に構築することができなかったことが挙げられる．Salancik and Lamont (1975) は，全米科学財団の新規支援プロジェクトを受けてイリノイ大学が1970年から行なった重金属に関する調査プロジェクトの事例を通して，この点を指摘している．第2に，全米科学財団は基礎研究の支援機関であるという意識が一部職員の間で固定観念化しており，RANNがめざす応用研究の支援が関係者の価値観にうまく浸透しなかったことが挙げられる．マッケルロイもスティーバーも，RANNは基礎研究支援部門の既得予算を侵食するものではなく，むしろRANN予算の多くが実際には基礎研究の支援にも向けられていることを説いてまわったものの，純粋科学分野の担当官たちを安心させることはできなかった (Salancik and Lamont, 1975; Lomask, 1967)．第3に，ルーチンを好む官僚組織の中で，試行錯誤が繰り返されるRANNのような新型プロジェクトは，組織のもつ均衡を崩す脅威と映ったという解釈ができる．全米科学財団が従来対象としてきた基礎研究の支援活動は，長期にわたる積み上げ型の作業であるのに対し，社会問題の実践的な解決が最終ゴールであったRANNでは，担当者にも順次達成目標を掲げて次々に対応していく作業が求められた．こうした新種の支援体制は，当時の関係者の言葉をかりれば「NASA的な」だとされ，全米科学財団職員の気概をそぐ原因となっていたことをSalancik and Lamont (1975) が指摘している．
25) 議会の科学技術委員会の要請を受けて，1977年に会計検査院（GAO：Government Accountability Office）がRANNの査定を行ない報告書を提出した．査定の結果，(1)プログラム開発，(2)プロポーザルの評定方法，(3)成果の利用，(4)担当官の雇用方法，の全分野においてプログラムの改善を求める厳しい内容になっている (GAO, 1977)．
26) 1972年から全米科学財団の副補佐官としてRANNの運営を担当し，後にカーター政権下で連邦有事管理局の副官に任命されるグリーン (Richard Green) は，共和党の保守政権下にもかかわらず，ニューディール的リベラルな発想で生まれたRANNは，初めから「政治的なパラドックス」を背負っていたと述べている (Green and Lepkowski, 2006)．

わたって巨額の国税が投入された連邦政府の新しい試みは，1977年9月に解体の憂き目を見たのである[27] (Salancik and Lamont, 1975).

RANNの本質とは，それまで研究者の手中にあった科学 (Merton, 1973) を一般社会に開放し，国民生活に身近な問題を公的資金で解決させ，科学を国民の目に見える形で役立てようという点にあった．連邦政府の研究開発支援に民主的発想を取り込んで裾野を広げようと模索したプロジェクトだったといえるだろう．何より重要だったのは，プログラム予算の一定割合 (7.5%) を規模の小さなベンチャー企業に充てがうという制度設計 (Tibbetts, 1999, p. 42) がRANNに導入されたことだった．このデザインは，各省庁が外部委託研究開発費の一定割合をスモールビジネスに配分するという，SBIRのメカニズムの骨子となっている．1940年代に米国議会を沸かせた科学論争においてリベラル派が主張した民主的思想は，1960年代後半になると，社会のニーズに沿ったテーマを扱う研究支援プログラムを創出する発想へとつながっていったのである．IRRPOSやRANNという，政策の対象に従来の基礎科学に加えて社会科学を取り込む試みは，全米科学財団内に新しい時代を幕開けることになった[28]．いよいよSBIRプログラムの黎明期がはじまろうとしていた．

2-3　萌芽期——SBIRの誕生(1970年代後半)

「SBIRの父」ローランド・ティベッツ

　SBIRが生まれた歴史的経緯を考察するにあたり，これまでは時代の流れや制度的側面といったマクロな要因に着目してきた．ここにきて，分析の視点を個人に移す．1975年，全米科学財団・副補佐官リチャード・グリーン (Richard Green) の下でRANNの管理をしていた行政官に，ローランド・

---

27) 関係者の中には，RANNは「ボツにされた (killed)」「抹消された (obliterated)」という強い表現を使って当時を回顧している者もおり，失敗の烙印をおされた同プログラムが組織内外の圧力によって強制終了された様子がうかがえる．RANNの終了時には，全米科学財団の仲間内から「やっかい払い」ができたと思わず安堵の息がもれたという (Green and Lepkowski, 2006, p. 69).

28) Mazuzan (1988, p. 16) も全米科学財団の歴史叙述の中で，RANNを「先駆け (harbinger)」とよび，その先見性を示唆している．

ティベッツ（Roland Tibbetts）という名の職員がいた．ティベッツこそ，SBIR プログラムを企画・実行し，後に「SBIR の父」（Wessner, 2007）と称される人物である．秀でた功績を上げた SBIR 企業や個人などに贈られる"Tibbetts 賞"は，プログラムの立ち上げと発展に尽力した彼の名を冠して 1995 年に設置された賞(アワード)である（House Report 104-850）．全米研究評議会（NRC）がまとめた SBIR プログラムの調査レポートを除き，ティベッツに関する公的資料は限られているが，SBIR を受賞した企業経営者がインタビューの中で彼の功績に言及している．それらの情報を紡ぎ合わせると，SBIR を生み出したティベッツの発想が，1940 年代のリベラリズムから派生し，1960 年代の RANN プログラムの設計に触発されていたことが見て取れる．

スモールビジネスをめぐる「死の谷」

　SBIR プログラムの誕生には，ティベッツ自身の民間企業における経歴が大きく影響している．技術系の企業で 12 年間部長職を務め，その後 5 年ほど Applied Capital というベンチャーキャピタルの立ち上げに携わったというティベッツは，規模の小さなベンチャー企業をめぐって「市場の失敗」が繰り返される状況を目の当たりにしていた．シリコンバレーやボストンといったハイテク企業の集積地で，ベンチャーキャピタルが産業と地域の勃興に果たしてきた役割は，これまで日本でも注目されてきたが（小野，1997；今井，1998），実際には米国においても，ベンチャーキャピタルの投資対象は，ある程度成長を遂げて投資回収率が安定した企業に限定される傾向にある．技術は公共財的な性格を帯びるため，研究開発の実施者が投資の成果を独り占めすることは難しく，企業にとって技術投資にはリスクが伴いがちである．そのため市場の自由競争に任せておくと，リスクの高い技術の初期開発には投資が過小になってしまう．とはいえ，技術開発に必要とされる投資額は一般の個人投資家（エンジェル）にとっては規模が大きすぎるため，規模の小さな企業が開発した技術を事業化するにはファイナンス・ギャップが生じていた．これが「死の谷」とよばれる障壁である（Auerswald and Branscomb, 2003）．

　この頃，スモールビジネスの研究活動に向けられた連邦政府の支援制度は

まだ存在していなかった．戦後の米国では既述の通り，報告書『ブッシュ・レポート』で展開された論に基づき政府が公的資金で基礎研究を支援する構図ができあがっていたが，この制度は既存の大企業や大学を対象にしたものであり，スモールビジネスは蚊帳の外におかれていたのである．ティベッツは 1970 年代に「有能で果敢な小規模ハイテク企業の経営者たち」（Tibbetts, 1999, p. 43）が，高度な技術を有しながらも民間投資を受けられず，かといって政府の支援金を取り付けることもできずに，苦労する様子を目の当たりにしていた．

「スモールビジネスは革新的アイディアの宝庫である」という確信を抱いたティベッツであったが，当時はリスクの高いベンチャー企業に向けられる政府の支援プログラムはほぼ皆無だった（Tibbetts, 1999）．言い換えれば，起業した科学者たちに，自らのアイディアを公的資金で開発するチャンスは与えられていなかったのである．連邦政府（全米科学財団）職員となったティベッツは，研究開発活動の支援に深く関わっていくが，当時はたとえスモールビジネスが公的研究費を取り付けたとしても，そのほとんどは政府が特化した案件を公募し最終開発品を買い取る「コントラクト（業務委託）型」であり，研究実施者がリサーチの方向性を主導できる「グラント型」でなかったと，後に SBIR-STTR 経済効果シンポジウムの記録で回顧している（Tibbetts, シンポジウム資料）．税金を使って起業家たちの自由な発想を事業化する手伝いができないか……．そのような思いが当時のティベッツを駆り立てていた．

ブッシュとティベッツに共通する「市場の失敗」と「政府の役割」

RANN が解体の危機に直面していた 1976 年頃，ティベッツは全米科学財団内で説得活動に奔走していた．小規模ハイテク企業の自由な発想こそ革新的技術の源泉であり，これを公的資金で支えることは，国税の投資回収率を最大化する良策である．それがティベッツの主張であった（Tibbetts, 1999）．折しも 1970 年代後半から 80 年代にかけて，イノベーションと雇用の創出にスモールビジネスが果たしてきた役割に学会が着目し始め[29]，規模

---

29) ことに影響が大きかったのは，1979 年に商務省の委託を受けて調査を行なったデイビッド・バーチ（David L. Birch）の研究（Birch, 1981）であった．国内で雇用の

の小さな企業群を対象にした「産業政策」の必要性が研究者や政策立案者の間で議論されていた（清成，1993，第3章；Wessner, 2008, p. 15；Cable, 2008, p. 5）．「スモールビジネスはイノベーションの担い手である」という考え方が，いよいよ首都ワシントンに浸透し始めていたわけであり[30]，こうした動きも，おそらくティベッツのSBIR設計を後押ししたものと考えられる．「既に知られたブランド企業ではなく，リスクは高いが斬新なアイディアをもつスタートアップ企業を支援するための，新しいタイプの連邦政府プログラムをデザインするチャンスだった」というティベッツの言葉が残っている（Tibbetts, シンポジウム資料）．

SBIRプログラムの導入にあたり，ティベッツは，次のような主張をしている．

(1) スモールビジネスが市場で生き残るためには，革新的な技術を生み出し続けねばならない．
(2) そのような技術を有する規模の小さな企業が，米国のイノベーションを支えてきた．
(3) 科学・技術は公共財の性格をもつため，市場のメカニズムに任せてしまうとリスクの高い初期段階の投資は過小となり，技術開発は社会にとって最適のレベルに達しない．

過半数を生み出しているのはスモールビジネスであると主張したバーチの分析は，その後続いたスモールビジネスの雇用創出に関する一連の研究の端緒となった（Neumark et al., 2011；Wessner, 2004）．また中小企業総合研究機構（1994, pp. 117-118）の報告によれば，1976年に設立された助成政策審議局（Office of Advocacy）がイノベーションに関する一連の調査研究を行ない，20世紀の米国でスモールビジネスが創出した主要なイノベーションの事例を挙げつつ，ベンチャー企業が新技術の商業化に重要な役割を担ってきたことを指摘した．これらの研究は，スモールビジネスを対象にした連邦政府の施策に，理論的基盤を提供したとデイビット・ニューマーク（Neumark et al., 2011, p. 16）が指摘している．

30) 1970年代の貿易収支悪化を受け，米国産業の国際優位性と競争力の低下が国内で問題視されはじめた1980年代の議会では，民主党を中心として，特定産業を育成する日本型の「産業政策（industrial policy）」の実施を議論する声が高まっていた（Graham, 1994）．このことも，「高度技術を有する研究開発型の小規模企業群」という特定セクターの支援策を目的とした「中小企業技術開発法」（1982年）の導入を，政治的に受け入れやすくしていたとも考えられる．

(4) 技術の複雑化にともない，民間のVCは初期開発投資をますます回避する傾向がある．

(Tibbetts，シンポジウム資料)

　ティベッツはこれらの前提を掲げて，「高度な技術を抱えたスモールビジネスがイノベーションを起こさなければ，社会全体にとっての最適解は生まれないので[31]，連邦政府が国税を使って市場の失敗を是正し，無名の科学者たちの研究活動を効果的に下支えすべきだ」と熱心に関係者を説得した．その論旨は，戦後の科学議論を彷彿とさせるものである．営利目的の市場に任せておくと技術開発は最適解に達しないので，大学における基礎研究を連邦政府が支援しなければならないというブッシュの言い分の，「大学」を「スモールビジネス」に置き換えたものが，ティベッツの主張だとも考えられる．つまり，米国戦後史という大きな流れの中でSBIR制度の誕生を捉えるなら，1940年代のリベラル派による主張が思想的な土壌をつくり，1960年代に全米科学財団で「社会のニーズ」を取り込んだ研究支援制度の種撒きがなされ，その後，スモールビジネスがイノベーションに果たす役割に学界や政財界が着目しはじめるなかで[32]，1970年代後半にティベッツの設計で萌芽したも

---

31) スピルオーバー効果と市場の失敗，および政府の対応についての解説例として，宮田（2007）の第1章がわかりやすい．

32) 自ら中小企業主でもあったジェームズ・カーター（James Carter, Jr.）大統領自身は早くも1970年代半ばから中小企業促進のための政策の必要性を訴えはじめていた（Carter, 1979）．スモールビジネスがイノベーションに果たす役割は，この時期に学会の注目にくわえて政治的にも着目されはじめ，1978年から1979年にかけて，中小企業とイノベーションをめぐる様々な議論の報告書が提出されている．1979年6月には議会の中小企業小委員会が四度にわたる公聴会の結果を『産業イノベーション推進にむけた国家努力における中小企業の過小利用について（Underutilization of Small Business in the Nation's Efforts to Encourage Industrial Innovation）』と題するレポートにまとめた．同年10月，カーター大統領はイノベーション（industrial innovation）の促進を勧告するメッセージを議会に対して発し，全米科学財団のSBIRプログラムを他省に拡大し，スモールビジネスによる研究開発活動を支援する予算の拡充を，具体的な数値を挙げて呼びかけている（Carter, 1979）．1980年1月には，「ホワイトハウス中小企業会議（White House Conference on Small Business）」が首都ワシントンで開催され，中小企業の振興政策を全米からの参加者が議論した．同会議の結果は『アメリカの中小企業経済』という報告書にまとめられ，カーター大統領に提出された（White House Commission on Small Business, 1980）．「イノベー

のがSBIRプログラムだったと理解することができるのではないだろうか.

公共政策に市場原理を取り入れたSBIR

　商業化の可能性を秘めながら，開発リスクの高さゆえ民間投資が行き届かず，放っておけば「死の谷」行きの小規模ハイテク企業のアイディアを，補助金で支援して事業化を促す画期的なプログラムがSBIRである．支援方法に段階性を取り入れ，公共政策に巧みに競争原理を導入した点が特徴的だといえる．「フィージビリティー・スタディ」に当たるフェーズⅠの採択においては，応募案件の科学性・技術的利点・事業化の可能性が検討される．採択されるとアワード（賞金）が与えられ，半年間の研究開発に取り組むことができる．無事にフェーズⅠを終了させた企業には，次の開発段階に向けた企画書の提出が認められ，将来性があると判断されれば「プロトタイプ開発」の段階であるフェーズⅡの支援が2年間にわたって行なわれる．この段階で賞与される支援金はフェーズⅠの約10倍であり，採択企業はこのアワードを資金にして具体的な技術開発を進めていく．

　SBIRプログラムを特徴づけているのは，最終段階（フェーズⅢ）のデザインであろう．フェーズⅠ，フェーズⅡで開発した成果物の「商業化」を実現するフェーズⅢにおいては，連邦政府や州政府からSBIR以外の助成金をとってくるか，ベンチャーキャピタルなどの民間資金を調達することが義務づけられている[33]．公的資金でアイディアを育成し，最終フェーズで市場のメカニズムを取り込むデザインである．国税による研究支援を，単に補助金

　　ションと技術」は政策重点分野の1つとして取り上げられて大統領への具体的勧告がなされたが，その筆頭が「中小企業イノベーション法」（Small Business Innovation Act, S.1980)」およびその関連法案（H. R. 5607）の設置であった．前者は「連邦政府が支援する研究開発プログラムによって，革新的技術をもつ中小企業が果たす役割を強化し，その創出と成長を促進すること」を目的とし，具体的にはSBIRプログラムの設置を促すものであった．紙幅の関係上更なる分析を割愛するが，ティベッツの企画による「SBIRプログラム」の制度化は，こうした政治的な流れにも後押しされていたものと考えられる．

33)　「この段階で民間資金や連邦政府の調達契約を取り付けられないようなプロジェクトは，いずれにしろ継続させるべきではない」として，フェーズⅢのデザインには，プロジェクトの将来性を測るリトマス紙的な役割を盛り込んだと，ティベッツは語っている（Tibbetts, 2008, p. 1).

として撒布するのではなく投資として意識し,「経済効果を考えてリターンの最大化を図った」(Tibbetts, 1978；Tibbetts, シンポジウム資料) 点が, 連邦政府のプログラムとしては際立って革新的だったといえるだろう. ティベッツのSBIR構想は, 100万ドルの予算を取り付けて1976年にプログラム化された. 翌1977年には, 従業員500人未満の42のスタートアップ企業が選ばれ, 半年間の研究活動のために合計2万5000ドルが賞与され, さらにその半数がフェーズⅡに移行している[34]. ティベッツ (Tibbetts, 1999) によれば, SBIRプログラムは当初, "Small Business Innovation *Applied to National Needs*" という名で呼ばれていた. このことからも, SBIRの制度設計がRANN (Research *Applied to National Needs* というプログラム) に触発されたものであったことが見て取れる (Tibbetts, 1999；斜体は筆者による強調).

シマンテック社の誕生を支えたSBIR

SBIRプログラムが初期投資を支えたことで, 大型の技術開発に成功したスモールビジネスの例がシマンテック (Symantec) 社である. 首都ワシントンで連邦政府 (全米科学財団) の研究支援体制に「社会のニーズ」が取り込まれようとしていた1970年代半ば, 西海岸シリコンバレーでは, 技術の種を抱えた年若きエンジニアたちが起業の機会を模索していた. テキサス大学出身のゲアリー・ヘンドリックス (Gary Hendrix) も, そうした若者の1人であった. 博士号を取得した後, スタンフォード・リサーチ・インスティテュートで人工知能の研究をしていたヘンドリックスは, 職場の仲間たちを集め, 友人宅の居間を拠点にしてMachine Intelligence Corporations (MIC) を設立する. 1979年2月当時, まだ実体のないベンチャー企業だったMIC

---

[34] 2014年3月の現地調査で中小企業局から入手した資料によると, 現在の賞金額はフェーズⅠで最大15万ドル, フェーズⅡで最大100万ドルである. 2012年のデータによれば, フェーズⅠの採択率は平均17%であり, 受賞した企業の4割がフェーズⅡに応募し, そのうち55%が採択された. フェーズⅢの採択率は40%であった (中小企業局資料). ことにフェーズⅠの競争率は高く, 1990年と1993年にはそれぞれ11%, 12%しか採択されていない (野村総合研究所, 1998, p. 101). その後, 採択率は14% (1996年), そして17% (2012年) と徐々にあがってきてはいるものの, まだ10%台にとどまっている.

の社員たちは，自分たちのアイディアをどうやって事業化しようかと構想を語り合っていた．そこに仲間の1人が，「SBIRプログラム」という名の新しい研究開発補助金の話を持ちかけてきたのだ．全米科学財団に務める知り合いが，小規模ベンチャーの「面白そうな研究のアイディア」を公募しており，選ばれれば2万5000ドルの賞金（補助金）が出るらしい．十分に事業化の可能性を示せれば，さらに翌年25万ドルを供与してくれるという．さあこうしちゃいられない，締め切りは3日後だというじゃないか．若き起業家たちは寝る間も惜しんで申請書を完成させることになった．こうして，ヘンドリックスたちの芽生えたばかりの若葉のようなアイディアを，生まれてまもないSBIRプログラムが支援することになる[35]．

　ヘンドリックスたちが提案したプロジェクトとは，コンピュータにプログラミング言語ではなく，人間の言語を理解させるためのソフトウェア技術の開発であった．MICの申請書を審査したSBIRの担当官たちは，ヘンドリックスが語る夢のような技術の開発提案を前にして，正直なところ，半信半疑だったという．当時，人工知能の研究分野は，学会でさえ立ち上がって数年という未知の新領域であった．とはいえ万が一にでも開発に成功すれば，その技術が社会にもたらす恩恵は計り知れないだろうと，ティベッツたちはプロジェクトの潜在性にかけてSBIRを賞与する．ベンチャーキャピタルなら到底手を出さないような，無名の科学者たちによる，海のものとも山のものともつかない初期技術の開発プランに，夢があれば国益になろうと税金を使う決定がなされたのである．その後ヘンドリックスたちはソフトウェアの技術開発を成功させ，ベンチャーキャピタルの大手クライナー・パーキンズ（Kleiner Perkins）の投資を取り付けて，ノートン（Norton）社などのベンチャー技術を買収しつつ，シリコンバレーを代表する一大企業へと成長

---

35) ヘンドリックスは後に，技術開発の支援に非常に熱心だったという全米科学財団職員のことを振り返り，次のように語っている．「ローランド・ティベッツという名でしたけれど，とにかく君たちのアイディアを［SBIRに］応募してみてごらんよと，背中を強く押してくれたのです．将来国のために役立つ［革新的な技術の］アイディアはないかと，スモールビジネスの基礎研究を懸命に応援しようとしていました．とてつもない好人物でしたね」（シリコンバレーのコンピュータ歴史博物館編纂，ゲアリー・ヘンドリックスのインタビュー記録から（引用文中の［　］は筆者による補足説明）．

していく．今や総資産170億ドルと従業員2万1500名を抱え，経済誌『フォーチュン』の優良企業群"フォーチュン500"に選ばれるほどの世界的ハイテク企業である[36]．

このMICだが，実は1982年度に倒産の憂き目にあっている．ヘンドリックスはプロジェクト・メンバー4名とともに，残っていたSBIRの資金をかき集めて，それを基にシマンテック社を設立した．「SBIRプログラムの支援がなければ，こんな過激なアイディアにつきあおうという民間投資は皆無だったし，シマンテック社の成長も望めなかった」というヘンドリックスの言葉を，シンポジウム記録の中でティベットが紹介している．またヘンドリックス自身もインタビューの中で，SBIR制度が技術開発の目利きとして果たした役割が大きいことを述べている（Computer History Museum, 2004）．社会に役立つ技術の種を連邦政府が開発支援し，成功を収めた一例であるが，今でもシリコンバレーやボストンをはじめとするハイテク産業の集積地で技術開発に挑んでいる数多くのスモールビジネス事業主たちが，「SBIRアワードの支援がなければ，初期開発段階で生き残ることはできなかっただろう」と同プログラムの政策効果を評価している[37]．自然発生的に勃興したように語られることの多い米国のハイテク産業であるが，連邦政府の政策がシマンテック社のような数多くの小規模ベンチャー企業の技術の発芽を支えてきた．そのSBIRプログラムという制度の誕生を支えたのが，1940年代にリベラル派が共有していた「イノベーションを起こすのは，スモールビジネスである」という発想であった．

2-4　米国SBIR制度の歴史的考察に学ぶこと

社会科学の論述形態の1つである歴史叙述は，人間の営みである社会現象

---

36) http://investor.symantec.com/investor-relations/questions-contacts/faqs/default.aspx

37) 2014年3月に，米国西海岸シリコンバレーでSBIRの受賞企業を対象に行なったインタビューでは，ベンチャー起業家となった科学者たちが口を揃えて，スモールビジネスにとって技術開発の初期投資を取り付けることは困難であり，SBIRがなければ自分たちの研究開発活動を離陸させることは困難だっただろうと語った（2014年3月の米国SBIR被採択企業の事業主へのインタビュー）．

に関する研究者の解釈を，可能な限りデータで裏打ちしつつ時間軸に沿って物語る手法である．研究者は様々な手法を用いて多面的に情報を収集し，分析し，紡いでいく．なぜそうなったのか．そこから何を学べるのか．過去の資料から歴史を繙き，想像力を巧みにして時代の現場を浮かび上がらせる．現象が生まれた経緯や社会背景を浮き彫りにすることで，過去の経験に体系的な考察を加え，われわれの知見を広めることが可能となる．本章では，戦時中の米国議会に登場した民主的発想が作り上げた政治的土壌に，政策の素案が種として蒔かれ，SBIR プログラムとして萌芽する経緯を追いながら，紙幅の許す範囲で SBIR 前史の歴史叙述を試みた．

　SBIR プログラムは公共政策に市場原理をうまく取り込み，科学・技術の促進を狙った画期的な制度である．政策の対象を規模の小さな無数の企業にまで広げることで，革新的なアイディアを創出する人材と企業のプールを拡張し産業の競争力向上に結びつけようとした連邦政府の試みは，これまで数多くの新しい技術を生んできたと国内外で高く評価されており，各国政府が同様のプログラムの導入を検討している[38]．しかしながら他国が SBIR 制度を導入するにあたっては，これまで米国がたどってきた歴史的経緯を考慮し，また自国の経路依存性を省察する必要があると思われる．本章で見てきた通り，戦後の米国は，リベラリズムとエリート主義との葛藤や，RANN という大型プログラムの失敗という経緯を抱えており，SBIR 制度の誕生前史は紆余曲折に満ちていた．科学研究のための国家資源が大企業に独占されていた戦前と大学の基礎研究に集中した戦後の時代を経て，国税でスモールビジネスの研究開発を促進する SBIR プログラムが誕生するまでに，40 年近くの月日が費やされたのである．

　「スモールビジネスは革新的な技術の担い手である」という確信が 1940 年代の議会で科学論争のキーマンたちに共有され，時を経て政策立案プロセス

---

38) Wessner (2008) は，スウェーデン・ロシア・イギリス・オランダ・日本・韓国・台湾において，SBIR プログラムが政策として導入されたか，検討されつつあることを挙げている．また，2014 年 3 月に中小企業局イノベーション政策課の職員に対して行なった聞き取り調査では，上記の国以外にも，フィンランド・ラトビア・ドイツ・スペイン・フランス・トルコ・メキシコ・ブラジル・カナダ・リトアニアといった国がアメリカのモデルに関心を寄せており，これまで当課で助言を行なってきたとのことである（2014 年 3 月の米国中小企業局職員へのインタビュー）．

に浸透し，社会に最適解をもたらすイノベーションの創出を促進する制度として SBIR が誕生した．その意味で，SBIR プログラムとは科学技術政策である．また一方で，ニューディールの流れを受けて戦時中の議会に登場したリベラリズムが，大企業や大学エリートの手中にあった科学をスモールビジネスに開放するための思想的な原点を供し，中小企業セクターを対象にした一連の政策への道筋をつけたと考えられる．その意味で，SBIR プログラムとは中小企業政策でもある．いってみれば米国の SBIR とは，イノベーションの促進を狙った「科学技術政策」と，スモールビジネスの振興を策した「中小企業政策」を絡ませて，1 つの施策として体現した制度だと理解することができる．比して日本においては，中小企業をイノベーションの担い手と見なす発想がまだ広くは普及しておらず，SBIR はイノベーション推進策ではなく主に中小企業助成策として位置づけられている観が否めない．1999 年に米国のモデルを基に設置された日本の SBIR 制度が，最適解を生み出さないまま現在に至っている理由は，まさにこの点にあるのではないか．SBIR 制度を科学技術政策として位置づけ，よりマクロな視点から戦略的にプログラムを構築していくことが肝要だと思われる．

　本章では米国 SBIR 制度が生まれた歴史的経緯の探索を通して，その原点が 1940 年代の科学論争にあるという仮説を展開した．制度の前史を繙く行為は，SBIR プログラムという興味深い社会現象の体系的な省察を可能とし，各国がイノベーション政策のモデルを模索するにあたって，科学と社会との関わり方を考究する機会をもたらし，意義ある視点を与えてくれるのではないだろうか．

参考文献

Auerswald, P. and L. Branscomb, "Valleys of Death and Darwinian Seas: Financing the Invention to Innovation Transition in the United States," *Journal of Technology Transfer*, Vol. 28, 2003, pp. 227-239.

Birch, D. L., "Who Creates Jobs?" *The Public Interest*, Vol. 65, 1981, pp. 3-14.

Bronk, D. W., "National Science Foundation: Origins, hopes, and aspirations," a paper presented at the Annual Meeting of the National Academy of Science in Washington, D.C. on April 21-23, 1975, in a symposium commemorating The First Twenty-Five Years of the National Science Foundation.

Bush, V., *Pieces of the Action*. New York: William Morrow & Company, 1970.
Cable, D. A., "An Assessment on Increasing the Small Business Innovation Research Program Funding Allocation: A policy analysis on the merits and drawbacks of the politically controversial policy." July 20, 2008.
Carter, J., "Industrial Innovation Initiatives Message to the Congress on Administration Actions and Proposals," October 31, 1979.
中小企業総合研究機構編『アメリカ中小企業白書（1994）』同友館，1996 年
Computer History Museum, *Oral History of Gary Hendrix*, Interviewed by Dag Spicer, November 19, 2004 Mountain View, California.
Dupree, A. H., *Science in the Federal Government: A History of Policies and Activities*. Baltimore: The Johns Hopkins University Press, 1957.
Ehlers, V., *Unlocking our future: Toward a new national science policy*. House Committee on Science, U.S. Congress, Washington, D. C., 1998.
England, J. M., A Patron for Pure Science: The National Science Foundation's Formative Years, 1945-1957. Washington, D. C.: National Science Foundation, 1982.
Etzkowitz, H. and M., Gulbrandsen, "Public entrepreneur: the trajectory of United States science, technology and industrial policy." In *Science and Public Policy*. February 1999, pp. 53-62.
George E. B. and J. Turner, Reworking the federal role in small business research, *ISSUES in Science and Technology*, Vol. 15, 1999, pp. 51-58.
Graham, O. L., *Losing time: The industrial policy debate*. Harvard University Press, 1994.
Green, R. J. and Wil Lepkowski. "A Forgotten Model for Purposeful Science." In *Issues in Science and Technology*. Vol. 22, No. 2, 2006, pp. 69-73.
Greenberg, D. S., *The Politics of Pure Science*. Chicago: University of Chicago Press, 1967.
Heale, M. J., "The Sixties as History: A Review of the Political Historiography", *Reviews in American History*, Vol. 33, No. 1, 2005, pp. 133-152.
House Report 104-850 - Pilot Small Business Technology Transfer Program Extension Act of 1996.
Ikenberry, J. G., "Conclusion: An Institutional Approach to American Foreign Economic Policy," *International Organization*, 1988, Vol. 42, No. 1, pp. 219-243.
今井賢一，監修『ベンチャーズインフラ』NTT 出版，1998 年
Kennedy, J. F., "Address at the Anniversary Convocation of the National Academy of Sciences," October 22, 1963.
Kevles, D. J., "The National Science Foundation and the Debate over Postwar Research Policy, 1942-1945." *Isis*, Vol. 68, No. 241, 1977, 5-26.
Kilgore, H. M., "The Science Mobilization Bill," *Science*, Vol. 98, No. 2537, August 1943, p. 152.
清成忠男『中小企業ルネッサンス：市場経済の刷新と企業家活動』有斐閣，1993 年
Kleinman, D. L., *Politics on the Endless Frontier*. Durham: Duke University Press, 1995.
Lerner, J, Government as Venture Capitalist: The Long-run Effects of the SBIR Program, *Journal of Business*, Vol. 72, No. 3 , pp. 285-318.
Lomask, M., *A Minor Miracle: An Informal History of the National Science Foundation*.

Washington, D.C.: National Science Foundation, 1976.
前田昇『スピンオフ革命:新しい日本型産業創出のモデルとシナリオ』東洋経済, 2002年.
Mazuzan, G. T., *The National Science Foundation: A Brief History*. Washington, D.C: National Science Foundation, 1988.
Merton, R. K., *The Sociology of Science: Theoretical and Empirical Investigations*. University of Chicago press, 1973.
宮田由紀夫『アメリカの産学連携』東洋経済, 2002年
宮田由紀夫『プロパテント政策と大学』世界思想社, 2007年
宮田由紀夫『アメリカのイノベーション政策』昭和堂, 2011年
Mowery, D. C. and N. Rosenberg, *Paths of Innovation: Technological Change in 20th-century America*, Cambridge University Press, 1999.
National Academy of Sciences, Committee on Science, Engineering, and Public Policy. *Science, Technology, and the Federal Government*. Washington, D.C.: National Academy Press, 1993.
National Science Foundation Actions on Recommendations of GAO Report, "Opportunities for Improved Management of the Research Applied to National Needs (RANN) Program." HRD-77-54: Published Mar 15, 1977. Publicly Released: Mar 15, 1977.
Neumark, D., B. Wall, and J. Zhang. "Do Small Businesses Create More Jobs? New Evidence for the United States from the National Establishment Time Series." *The Review of Economics and Statistics*, February 2011, 93(1): 16-29.
野村総合研究所社会・産業研究本部『新産業創出の起爆剤:日本版SBIR』野村総合研究所, 1998年
小野正人『ベンチャー起業と投資の実際知識:ベンチャー・エコノミーの解明』東洋経済新報社, 1997年
Salancik, G. R. and V. C. Lamont. "Conflicts in Societal Research: A Study of one RANN Project Suggests that Benefiting Society May Cost Universities." In *The Journal of Higher Education*, Vol. 46, No. 2 (March-Apr. 1975), pp. 161-176.
管裕明『切磋琢磨するアメリカの科学者たち:米国アカデミアと競争的資金の申請・審査の全貌』共立出版, 2004年
Tibbetts, R. T., "NSF's three-phase program helps the small-business innovator bootstrap an idea to commercial success," IEEE Spectrum, Oct. 1978, Vol. 15, no. 10.
Tibbetts, R., "Origins of and Common Myths About the SBIR Program," in Wessner, Charles W., ed. *The Small Business Innovation Research Program: Challenges and Opportunities*. National Academies Press, 1999.
Tibbetts, R., "Reauthorizing SBIR: The Critical Importance of SBIR and Small high Tech Firms in Stimulation and Strengthening the U.S. Economy.", 2008
Tibbetts, R., "The Federal Small Business Innovation Research Program." Document prepared for the SBIR-STTR Economic Impact Symposium.
U.S. House of Representatives Committee on Small Business, Pilot Small Business Technology Transfer Program Extension Act of 1996. 104th Congress, 2nd Session. Report 104-185. SEPTEMBER 26, 1996. Washington, D.C.: U.S. Government Printing

Office.

U.S. Senate, Investigation of Concentration of Economic Power: Final Report and Recommendation of the Temporary National Economic Committee, 77th Cong., 1st Sess., Sen. Doc. No. 35, 1941.

U.S. Senate Select Committee on Small Business, *Small Business and Innovation: Report of the Select Committee on Small Business, United States Senate, on Underutilization of Small Business in the Nation's Efforts to Encourage Industrial Innovation.* Washington: U.S. Government Printing Office, 1979.

U.S. Senate Subcommittee of the Committee on Military Affairs, Technological Mobilization. 77th Congress, Second Session. Washington, D.C.: U.S. Government Printing Office, 1942.

U.S. Senate Subcommittee of the Committee on Military Affairs, *Scientific & Technological Mobilization.* 78th Congress, First Session. Washington, D.C.: U.S. Government Printing Office, 1943.

U.S. Temporary National Economic Committee, *Investigation of Concentration of Economic Power.* 76th Congress Third Session. Washington, D.C.: U.S. Government Printing Office, 1940.

Wang, J., "Liberals, the Progressive Left, and the Political Economy of Postwar American Science: The National Science Foundation Debate Revisited." *Historical Studies in the Physical and Biological Sciences*, 1995, Vol. 26, No. 1, pp. 139-166.

Wessner, C. W., ed. *The Small Business Innovation Research Program: Challenges and Opportunities.* National Academies Press, 1999.

Wessner, C. W., ed. *SBIR Program Diversity and Assessment Challenges: Report of a Symposium.* National Academies Press, 2004.

Wessner, C. W., ed. *An Assessment of the SBIR at NSF.* National Academies Press, 2007.

Wessner, C. W., ed. *An Assessment of the SBIR Program.* National Academies Press, 2008.

Wessner, C. W., ed. *An Assessment of the SBIR at DOD.* National Academies Press, 2009.

White House Commission on Small Business. *America's Small Business Economy: Agenda for Action: Report to the President.* Washington: U.S. Government Printing Office, 1980.

第3章　日本のサイエンス・イノベーション政策の思想史
——理化学研究所と技術院

　本章では，「自由主義」というキーワードを用いて基礎科学を特徴づけ，科学・技術振興を実施する上でこれがどのような難問を生み出すのかを検討する．イノベーションを活性化させるためには，科学に付随している自由主義の考え方とどのように向き合えばよいのであろうか．日本の歴史の中で，初めて本格的な科学・技術振興を試みた（戦前の）理化学研究所と技術院という2つの具体例を取り上げながら，日本のサイエンス・イノベーション政策の課題を探りたいと思う．

3-1　科学と自由

科学者共同体と自由思想
　近代科学の歴史を振り返ると，それが宗教的権威との闘争の中で彫琢されてきたことがよくわかる．宗教改革と科学運動は後期ルネッサンスの主要な知的運動であり，中世を支配した宗教的権威に対する反抗運動の表と裏をなしていた（Whitehead, 1925）．近代科学誕生のこうした来歴が，科学者集団のエートス（規範意識）に大きな影響を残したことは間違いない．科学的知識を生み出す集団は，第1に権威からの自由（特に思想の自由と表現の自由）を求めていたわけであるし，また臆断が知識に混ざることを防ぐために「系統的な懐疑主義」（Merton, 1945, 第15章）がとられた．この系統的な懐疑主義は，十分な根拠が示されるまで，言説を疑うということであり，疑うということそれ自体が科学研究の方法論でもあった．思想の自由とそれを表現する自由に加え，系統的な懐疑主義を尊重することにより，権威や臆断から解放された人々は知識の生産性を飛躍的に向上させたのだと言えるだろう．後に，19世紀の思想家ジョン・スチュワート・ミル（John Stuart Mill）は「たとえ誤っている言説であっても，真理を求める社会にとっては，それ

が発表されないよりは発表された方が有益である」と述べた．彼の考えを要約してみよう[1]．

1. ある意見の発表を禁じた場合を考える．この意見が正しい可能性がないわけではないのに，これを否定すれば自分の無謬性を主張することになり，真理の探究がとまってしまう．
2. 発表を禁じた意見がたしかに誤りだとわかったとしても，そこに真理の一部を含んでいる可能性があるし，実際にも含んでいるのが普通である．
3. （自分が持っている）主流の意見が真理であり，しかも真理の全体であったとしても，それに対する反対意見が許容され，活発な議論がゆるされなければ，主流の意見を信じるにしても，単に受動的な理解に止まるようになってしまう．
4. 3の結果，意見の意味が失われるか弱まってしまい，それが人格や行動に与える活き活きした影響を消すことになる．

これらの理由から，意見の発表は（他者に何らかの危害を加えない限り）常に禁止されるべきではないというのがミルの主張である．

あらゆる意見の発表を許し，それらの可能性を試し，多くの失敗を積み重ねる中から真理をつかみ取るという科学の方法論が，権威への反抗としての自由および懐疑に基礎づけられていることに注目しておこう．もし，これらを科学から切り離せば，科学の方法論そのものを否定することにつながり，知識の生産性を低下させるばかりか，その息の根を止めてしまうことにもなりかねないのだ．

科学の遊戯性

人間の文化を「遊び」という視点から分析したのはオランダの文化史家のヨハン・ホイジンガ（Johan Huizinga）であった．科学も人間の文化の一形態であり，そこにも当然遊戯性が関係していると彼は考えた．特に，古代の

---

[1] ミルは『自由論』の中で表現の自由の有益性を科学的次元のみならず，政治的，社会的，倫理的次元にまで拡張し一般化したといえる（Mill, 1859, 第2章）．

権威・宗教の権威に立ち向かった 17 世紀の自然哲学者たちにとっては，学問が闘技的な遊戯であったという（Huiznga, 1958, p. 322）.

のちにフランスの思想家ロジェ・カイヨワ（Roger Caillois）は文化現象に関わる人間の遊びを 4 つの系統に分類した．すなわち，1）競争（アゴーン，Agôn），2）賭け（アレア，Alea），3）眩暈（イリンクス，Ilinx），4）模倣（ミミクリ，Mimicry）の 4 つである．「競争」はスポーツを代表とする競い合いのゲームであり，「賭け」はサイコロ遊びなどの運試しのゲーム，「眩暈」はブランコやメリーゴーランドなどの感覚の攪乱をめざす行為で，最後の「模倣」は演劇やダンス，芸術一般をさしている（Caillois, 1967, 第 2 章）.

自然科学の営みには，少なくとも競争，眩暈，模倣の要素が含まれているといえるだろう．科学の営みの中には，同じ研究テーマで成果を競い合うゲームの要素があるし，新しい自然像を発見することには（精神的な）目眩を楽しむ側面がある．また，自然現象の解明をめざす心理には，芸術につながるような自然への模倣衝動が隠されているはずだ.

トーマス・クーン（Thomas Samuel Kuhn）のいう通常科学の領域（Kuhn, 1962, 第 2 章）では，科学者はパズルやゲームを解くような喜びを感じており，既存の分析枠組みから離れ新しい枠組みを作ろうとする革新的科学者はそれ以上の喜びを見出している（Csikszentmihalyi, 1990, pp. 168-169）. ユルゲン・ハーバーマス（Jürgen Habermas）が指摘するように，ガリレオ・ガリレイ（Galileo Galilei）の時代以降の近代的な経験科学は，技術的処理の可能性という方法論的関連体系の中で展開されており，近代科学の生み出す知識は「(主観的意図はともかく) その形式からすれば，技術的に利用できる知識」（Harbermas, 1968, p. 81）ではある．しかし，その根本において，科学は技術的応用を目的とした手段なのではなく，自己目的的な遊戯的行為なのである.

科学のジレンマ

歴史的に振り返ってみると，科学が成功した背景には自由に思考し，自由に発表し，遊戯としての思考を存分に楽しむ環境の成立があった．ところが，科学は純粋な遊戯の枠組みに収まっていることができなくなった．実験器具

の大規模化という科学内部の要因と，科学の「技術化可能性」を利用しようとする産業界の思惑という科学外部の要因により，科学の営みが根本から変わっていかざるをえなかったためである．自然の科学的探究には莫大な資金が必要となり，科学者には資金提供者を探す必要性が生じた．現実的にこれを提供できたのは，資本を蓄積した独占企業と，国家であった．科学は，権威からの自由を保つために，逆に権威に頼らねばならないというジレンマを抱えたのである[2]．

3-2 資本主義の破たんと科学・技術の計画

科学と技術の融合

19世紀は，科学と技術が一体化していく時代であったといえる．そもそも技術の歴史は科学の歴史に比べて数千年古く，また文化圏ごとに固有性をもっていた．しかし，現在圧倒的な影響力をもつ「科学的な知識を応用した技術」はヨーロッパ文明の中で誕生した．17世紀に生まれた近代科学が1世紀の知的蓄積を経て，技術的応用のための「鉱山」（Whitehead, 1925, p. 134）を形成したのだ．近代科学が実験に基礎を置いており，また実験が自然界から再現性のある現象を切り取ってくる行為であることを考えれば，科学知識の蓄積が新技術を準備する結果となったのは必然であったといえる[3]．

科学知識の普及や研究の推進によって産業が活性化したことは，当初は科学者の意図によるものではなかった．産業革命の始まりでは，科学の技術的応用もある種の天才や山師的な発明家の努力に委ねられており，散発的で不確定な要素が多かった．ところが，これを組織的に行なうための制度が整えられていくことになる．その主な舞台はドイツであった．彼らは工業学校や工科大学を整備することで，天才の時折の幸運な思いつきをまたなくても進歩できることを証明していった（Whitehead, 1925, p. 134）．そして，19

---

2) 朝永振一郎の分析が参考になる．「お互いに相反した人間の営み，あるいは場合によっては矛盾するような人間の営みが，お互いに無関係では，どちらも目的を実現できない，そういう事態になってきた」（朝永, 2000, p. 292）．

3) ここではジョン・デューイの分析が参考になる．「実験的諸科学にとって，知ることは知的に管理されたある種の行為を意味する」(Dewey, 1920, p. 70（邦訳 p. 108))．

世紀末の化学工業と電気工業の登場は，純粋科学が産業の進歩のみならず，その維持にとっても不可欠の要素になったことを印象づけるものであった (Bernal, 1953, p. 147).

科学者はもはや哲学者然としたディレッタントやアマチュアではなく，国や企業の研究所で常勤の職を得る専門家となっていった．こうして，発明がいわば制度化され，産業の活性化が図られ，経済成長そのものも制度化されていくことになった．この過程で，産業寄りの研究を行なう工業技術者（エンジニア）と基礎研究寄りの科学者（サイエンティスト）との間に溝が発生してきたことも特筆に値する．大学という制度に守られて社会的地位を固めた科学者たちは「半ばは文化人きどりから，また半ばは――これはもっと価値のあることだったが――実業家たちの恥知らずな金もうけ主義や俗物根性に対する嫌悪感から，産業界とはある距離を持つようにしていた」(Bernal, 1953, p. 165) 他方で産業の育成に力を貸す工業技術者たちは，「製図板や，計算尺や，ゲージをもちいるのに必要なだけの科学」(Bernal, 1953, p. 155) を吸収し，便覧に載っている公式を運用したのだが，実際のところ「彼等が真に頼りにしていたのは，先輩たち同様，実際的な経験であった」(Bernal, 1953, p. 155) この職業についた者の大多数は，根本から新しい原理を求めて冒険し，発見した原理を応用しようとするようなタイプの人々ではなかった．既存の道を疑わず，経験知を重視するような人々が，技術を維持し産業を安定化させていく上で求められるようになったのである．

このように，革新を求める基礎研究グループと，ある技術を完璧なものへと仕上げていく保守的な工業技術グループとの間に棲み分けが生じたのも，19世紀の特徴であった．

資本主義が科学を機能不全にする

19世紀末から20世紀初頭にかけて，資本主義の構造的な問題点が表面化した．資本主義は資本を有する経営者と工場労働者の間に経済格差と緊張関係を生み出し，その結果として繰り返される労働争議は国家の安定的な存立基盤を揺るがしかねないほどのものとなっていた．ここにロシア革命の衝撃が走り，資本主義国家は経済政策や社会政策という形で，自らを守るために市場に干渉するようになっていった．

科学・技術の振興についても市場にゆだねておくわけにはいかなくなった．初期の科学の発展にとって自由主義は1つの条件であり，思想および表現の自由があったからこそ，その発展があったのだといえる．しかし，自由競争の方は，科学者を秘密主義的にし，共同の企画の下に協力しあって研究する関係を阻害する働きをもつようになっていった．こうした状況を是正するために，国家が主導的に科学・技術に投資をする体制が築かれていくことになる．これが科学・技術政策のはじまりであった．

科学者および技術者を市況の浮き沈みから救い出し，継続的で安定的な投資の下で「秩序ある計画」(Bernal, 1939, p. 275) にしたがって研究に励ませる環境を整えること，また国益につながる投資先が何かを研究すること，これらが科学・技術政策の中身であった．

科学・技術政策の難問

ところで，マックス・ヴェーバー (Max Weber) が分析したように，官僚的な支配を特徴づけるものは合理性である．官僚に求められるのは「没主観的な事務処理」であり，それは「人柄のいかんを問わずに」，計算可能な規則にしたがって事務を処理することを意味する (Weber, 1947, p. 258)．官僚制組織が近代国家の中で巨大な勢力を持つに至ったのは，それが他の組織にくらべて「精確さ，迅速性，明確性，文書についての精通，持続性，慎重さ，統一性，厳格な従属，摩擦の除去，物的および人的な費用の節約」(Weber, 1947, p. 255) において優れていたからである．

科学・技術がこうした官僚制組織の下で管理および計画されるということは，科学・技術に関わる研究が没主観的な目的に従う人々の規範意識によって影響を受け始めることを意味した．徒弟主義的気風の残る工業技術者の世界では，このような規範意識になじむことはそれほど苦にならなかったであろう．ところが，根本から新しい原理を求めて冒険しようとする科学者にとっては，このような規範意識は受け入れがたいものだ．純粋科学の伝統においては，思想と表現の自由が重視され，何より方法論として「系統的な懐疑主義」が採用されている．権威をまず疑うのが科学者の性質であって，没主観的に権威に従うことなど不可能である．真摯な研究者にとって，既存理論の権威に盲従する態度ではなく，研究対象に能動的かつ主観的に関わろうと

する態度こそが，新しい自然像の発見のためには必要なのである．

ここで科学・技術政策は難問を抱えることになる．科学・技術の安定した発展をめざすならば，公的資金の供給が不可欠であり，そうした資金を運用するためにはどうしても官僚制組織が必要となる．しかし，トップダウンの位階制と合理的な意思決定を旨とする官僚制組織の規範意識が，科学の基礎研究を担ってきた人々の規範意識と鋭く対立してしまうのである．この対立は簡単に宥和できるものではない．基礎研究とその技術的応用をともに発展させようとした場合，官僚制組織と「科学者の自由を保障する場」をいかに両立するのかが問題となってくるのである．これを一言でいえば「自由と計画の両立問題」と表すことができるだろう．

日本の科学・技術政策を振り返ったとき，この「自由と計画の両立問題」はどのように処理されてきたのであろうか．次節からは，日本の科学・技術政策の歴史を振り返りながらこの問題について考察しよう．

3-3　日本の科学・技術政策——2つの源流

大河内正敏と宮本武之輔

大河内正敏（1878-1952）と宮本武之輔（1892-1941）はともに大正から昭和にかけての技術者であり，技術者や技術官僚の地位向上を求めて積極的に活動したという共通点をもっている．大河内は財団法人理化学研究所の三代目所長となり，基礎研究振興とその技術的応用の両面で巨大な業績を残した人物である．宮本は文官（法学部出身の官僚）中心の官界において，技官（理系官僚）が所管する初めての機構である技術院の創設に尽力した人物である．日本のサイエンス・イノベーション政策の思想を考える上でこの2人が残した影響を分析することは重要な作業である．

大河内は上総大多喜藩主の息子で学習院時代は大正天皇の学友をつとめ，東京帝国大学工学部造兵科を成績優等で卒業し，欧州留学（ドイツ，オーストリア）を経て母校の教授になった．日本の軍備を増強することが彼にとって最大の課題であったが，欧州で学んだことは，これを実現するためには産業を活性化させ，物資を豊かに流通させることが必要だということであった．民間の物資が豊かにそろってはじめて，それらを軍備に転用する機会が得ら

れ，最終的に兵力増強につながる．このことを悟った大河内は，さらに産業活性化に必要な条件について考え，基礎科学研究の充実こそが重要であると見抜いた．帰国した大河内は，東京帝国大学工学部造兵科のカリキュラムに物理実験を導入した．やがて1921年に理化学研究所（1917年設立）の所長に就いて，大胆な方法で基礎科学振興に取り組んでいった（宮田，2001, p. 79）．

宮本は，東京帝国大学工学部土木工学科を卒業し，内務省土木局で働いた有能な技官であった．彼が取り仕切った信濃川の治水工事への評価は高く，これにより技術界での地位を確立した．彼は技術者として有能なだけでなく，その政治的手腕も見事であった．当時まだまだ地位の低かった技官の地位を向上させるため，日本工人倶楽部を主宰し，官界にある文理の地位の格差を是正しようとする「技術者運動」の主体となっていった．

大河内も宮本も，国内の産業を発展させ「富国強兵」を実現しようという同じ目標を持っていた．しかし，その方法には大きな違いがあった．両者の立場の違いは基礎科学に対する態度にはっきり表れている．ここに日本の科学・技術政策の思想の2源泉を探ってみよう．

戦前の理化学研究所——自由のマネジメント

大河内は資本主義工業というものに疑義を唱えた．彼はその著書『資本主義工業と科学主義工業』の中で，資本主義工業は科学を理解していないと指摘した．資本家は貯蓄を増やすことを第1の目的に活動しており，科学の知見に乏しい．それが工業の経営権や支配権を掌握していたのでは大きな発展は望めない．これに対し，これから必要なのは「科学主義工業」なのだという．科学者が工業経営権をもち，最新の科学知識を用いて積極的に大量生産のための設備投資を行ない，「高賃金低コスト」をめざす．資本主義は労働者の賃金削減と熟練工への依存によって生産コストを抑えようとする．これに対し彼の構想する科学主義工業は，熟練工への依存をやめ，生産機械の単純化を行なうことで素人でもすぐに熟練できる体制を作ろうとする．複雑だった生産機械が複数の単純な機械に分かれるわけだから，当然そのために労働者を雇わねばならない．科学主義工業は失業対策にもなるという．科学主義工業においては，利益は生産設備の改善からもたらされる．最新の科学か

らもたらされる「新奇な考案，発明改良は，遅滞なく生産設備や方法の上に現れる」(大河内，1938，p. 34) ことになり，これが高賃金低コストを実現するというのである．

　財団法人理化学研究所（理研）は，ドイツのカイザーヴィルヘルム研究所（1911年設立）に大きな影響を受けながら，日本国内で初めて設立された基礎科学（物理，化学，生物）から応用科学までをカバーする総合科学研究所であった．三代目所長の大河内にとって，そこは科学主義工業を実践するための舞台であったといえるだろう．彼は理研の研究成果を商品開発に結びつけ，利益をあげることをめざして理化学興業という会社を設立した（1927年）．当初，理研は研究費を捻出するために特許の売却を行なっていたのだが，大河内は売られた特許が実際の商品開発に活かされない例が多いことに気づいた．理研から特許を買った企業は，そのアイディアに基づいて商品を開発しようとするのだが，うまくいかない場合が出てくる．そのとき，理研から助言を得ようとすればよいのだが，実際は利益を独占したいという思惑から理研の干渉を嫌い，結果として開発に失敗してしまうのだった．大河内はせっかくの特許が活かされないことを惜しみ，それならば商品開発までを独自に行なおうと考えたわけである．この発想が理研コンツェルンの誕生につながっていく．当初の仕事は，アドソール（吸着剤），理研酒，ビタミン，計器などの製造販売であったが，各研究室からの発明が相次ぎ，アルマイト，ウルトラジン（紫外線を吸着する有機化合物），陽画感光紙，ピストンリングおよび金属マグネシウムの工業化などが続いていった．1939年には理研産業団を形成した会社は63，工場数は121に達していった（理化学研究所，1988）．これだけの成功を収めて，その収益は何に用いられたかといえば，物理学や化学や生物学の研究資金として使われたのである．大河内は「理研コンツェルンは理研の研究を後援するためのコンツェルンである」(大河内，1938，110) と明確に述べている．科学主義工業においては，科学は工業のため，工業は科学のために行なわれるというわけであった．

　理化学研究所で純粋科学の研究をしている人々はどのような環境にいたのであろうか．当時，理研の仁科芳雄の下で研究をしていた朝永振一郎が『科学者の自由の楽園』の中で語ったことをまとめると，次のようになる（朝永，2000，p. 240）．

1．研究の自由：研究所から課される義務は存在しなかった．研究テーマは自由に選ぶことができた．
2．研究費の上限が実質存在しない：研究室単位の予算で赤字が出ても，翌年に持ち越されることはなかった．
3．主任研究員システムの存在：主任研究員に研究室運営の権限が託され，研究員，研究助手，研究生を何人雇うのかについて研究テーマに即して自由に決めることが許された．また，研究内容に即した予算配分がなされた．
4．知の横断性：分野の違う研究室間に常に交流があり，研究課題についての意見交換が行なわれ，必要とあれば別の研究室に手伝いにいくことも可能であった．異分野間の交流が自発的に生まれていた．
5．学閥なし：出身大学による差別がなかった．
6．大学との連携：一部の大学の研究室が理研の研究室を兼ねた．そうした研究室は大学からの予算の他に，理研からも予算をもらうことができ，なおかつ使い道を指定されることがなかった．
7．人材のプール：各大学にある理研の研究室と理研本部の研究室とは密な交流があり，理研本部を中心として様々な大学の若手研究者の出会いの場が用意されていた．

このような仕組みを大河内がどこから導いてきたのかは不明である[4]．ただ，ここから見えてくるのは，彼が「知的好奇心を満たす」（朝永，2000, p.291）ことを本質とする自然科学の遊戯性を十分理解していたということであろう．研究は，思想の自由が保障され，意見交換が活発に行なわれる場でこそ発展する．大河内は，研究者に義務を課さず，彼らに自発的な研究を求めた[5]．彼は「世界レコードを一階段だけ上げることのできる人」（大河内，1936, pp.80-81）が必要であると説いている．1つレベルを越す者が出れば，

---

4) 大河内（1936），pp.80-81 にデンマークのコペンハーゲン学派についての言及がある．大河内はニールス・ボーア（Niels Bohr）のやり方を参考にした可能性がある．
5) 大河内は「物理が化学をやっても，化学が物理をやっても結構です」と語っていたという（宮田，2001, p.344参照）．

後は直ぐに付いていけるのであるから，その1人を育てる必要があるという考え方であった．仁科研究室を例に見てみると，当時のメンバーの中から湯川秀樹と朝永振一郎という2人のノーベル物理学賞受賞者を出している．また，坂田昌一の下からは小林誠，益川敏英という2人のノーベル物理学賞受賞者が出ているし，荒木源太郎の近くからは福井謙一（ノーベル化学賞受賞）が出ている．仁科研が直接・間接に5人のノーベル賞受賞者と関わったことを偶然としてよいのであろうか．仁科研に関わった研究者たちの多くは，戦後主な大学の理学部や教育学部に移っており，大河内のまいた自由主義的な「理研精神」の種はこうした組織に受け継がれていったと考えてよいであろう（表3-1）．

　大河内の優れていた点は，このように基礎科学を奨励しながら，その成果を産業に結びつける研究を怠らなかったことである．彼は単に発明がなされるだけでは不十分であるという．特許申請が目標ではないのだ．その発明が大量生産に結びつき，商品の生産原価を下げられなければ事業化することはできない．そこで必要になるのが「発明の中間試験」だという．理研には工業化試験を行なうための試験工場が存在していた．彼は次のように指摘している．

　　　発明の工業化をやることの難しい所は，その発明を工業化するにはどんな
　　　設備にするか，どんな装置にするか，どんな機構にするかにある．それを企
　　　画し組み立てる人が大切だ．そうしてその人は発明をした人とは別人でなけ
　　　ればいけないという所に非常な困難がある（大河内, 1942, p. 183）．

　発明者というものは，とかく自分の発明に自信を持っているもので，それに対する厳しい批判精神にかける．したがって，中間試験を行なうのは発明者とは別人でなければならない．しかし，この中間試験で見出された問題を解決する際には，再び科学者からの助言が大いに助けになる．大河内は，発明者には「どしどし報奨金を与え」（宮田, 2001, p. 178），やがて事業の目処が立った分野については，子会社をつくり商品の販売を行なった．理研コンツェルンはこのように科学的発見と工業的発明を産業に結びつけていく場として機能していたのである（図3-1）．

表 3-1　理化学研究所仁科研究室（1942年）の主要メンバーとその進路

研究分野	職位	学位	氏名	戦後の進路
宇宙線，中間子	研究員	理学博士	仁科芳雄	科学研究所社長（理研四代目所長）
	同	同	朝永振一郎	東京教育大学理学部
	同	同	湯川秀樹	京都大学理学部
	助手	理学士	玉木英彦	東京大学理学部
	研究生	理学博士	荒木源太郎	京都大学工学部工業化学科
	嘱託	同	梅田魁	北海道大学理学部
	同	同	坂田昌一	名古屋大学理学部
	同	理学士	小林稔	京都大学理学部
	同	同	尾崎正治	東北大理，金沢大理，九州大理
	同	同	宮島龍興	東京教育大学理学部
	同	理学博士	渡辺慧	（東大第二工学部），立教大理，IBM，イェール大，ハワイ大
	同	理学士	谷川安孝	名古屋大理，神戸大理
	同	同	岡山大介	大阪歯科大学
	研究生	同	武谷三男	立教大学理学部
	同	同	全平水	不明（朝鮮半島出身）
	嘱託	同	井上健	京都大学理学部
	同	同	中村誠太郎	東京大学理学部
	同	同	有山兼孝	名古屋大学理学部
固体の量子論	助手	理学士	石井千尋	気象研究所地球電磁気研究部
	同	同	関戸弥太郎	名古屋大学理学部
	同		竹内柾	横浜国立大学教育学部
	同	理学士	飯尾慎	東京大学理工学研究所
	同		島村福太郎	東京学芸大学教育学部
	同		宮崎友喜雄	東京大学宇宙航空研究所
	研究生	工学士	猪木正文	山梨大学学芸学部
	同	理学士	亀田薫	神戸大学理学部
	同	同	三浦功	高エネルギー物理学研究所
	助手		増田時男	名古屋大学理学部

　大河内は「一工場一品主義」という考えを打ち出し，一会社の製品種目をできるだけ少数に制限し，そうすることで一品種を大量生産し，製品1個当たりの利益率を下げて薄利多売に出ることが全体の利益増につながると考えた（斎藤，2009，第4章3節）．

　この考え方は戦時下の生産力拡充を目的とした選別融資政策（「臨時資金調達法」）の考え方に反したため，大河内は岸信介をはじめとする革新官僚らと鋭く対立するようになっていった．大河内からみれば，当時の行政家たちは生産工程の実質を判定するだけの能力がないため，資本の大きな企業に

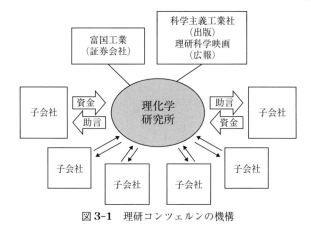

図3-1　理研コンツェルンの機構

重点をおけば大過ないと判断しているに過ぎなかった．実際は最小限度の生産原価によって，最も大量に生産しうる企業の選定が行なわれるべきで，それは大企業に限らないというのが大河内の立場であった．ベンチャービジネスの集合体であった理研コンツェルンは，当局の目の敵とされ，やがて再編を強制されることになっていった（斎藤，2009，第4章4節）．

技術院から科学技術庁へ——統制のマネジメント

　官界での理数系出身者の地位というものは低い．現在においても省庁のトップである事務次官に理系官僚が入ることが許されるのは国土交通省と文部科学省の2つに限られている．これらの2つにしても，宮本ら技術官僚による「技術者運動」がなかったなら，おそらく今でも法学部出身者に独占されていたであろう．

　法学部出身者を高く評価し，理工系学部出身者を低く評価する価値観は，明治以前の学問観を色濃く反映したものであったといえるだろう．江戸期の学問の主流は朱子学で，これは天の示唆する政治的規範の探究であった．明治以降，この分野を担当したのは法学部である．また，江戸期には士農工商の秩序を守り，受動的に自然の恩恵を受けて自給自足の生活体系を保持することがめざされていたので，新奇なものの発明や人工的なものはむしろ嫌わ

れる風潮があった（辻，2013，p. 118）[6]．農が工よりも価値をもった時代である．商人の実質的な勢力を考えれば，江戸期の身分制度は士「商」農工と捉えて差し支えないであろう．すなわち物作りをする職業階層の地位は最も低かったのである．

　このような価値観が，明治政府をつくった人々の背景にあったことを考慮しておく必要がある．官吏の任用は1893年の文官任用令と文官試験規則で固められており，技術官僚は各省技師と呼ばれ，高等文官試験ではなく選考によって任用された．彼らは正官としてではなく，「特別の学術技芸を要する行政官」として扱われていたのだ（大淀，2013，p. 29）．

　大正デモクラシーの雰囲気のなか，宮本ら内務省土木局（おもに東京帝国大学工学部土木科出身者で固められていた）の人間は技術者の社会的地位を向上させるために立ち上がった．前にもふれた日本工人俱楽部の設立である．「技術界の覚醒」，「技術界の団結」，「技術者の社会的機会均等」の3項目がこの会の最初の綱領であった（大淀，1997，p. 54）．

　宮本は満州に建設された興亜院に技術部長として招聘され，官僚主導で計画的に国土を豊かにするという大実験に参加した．満州国の設立は，日本の官界に活気をもたらしていた．本国の目の届かない場所で，前例にとらわれずに大胆な計画を立て実行することが許されていた．省庁間の縦割りも未発達で，各分野の官僚の水平性が保たれ，自由な交流の場が成立していた．当時の満州行政の青写真を作っていたのは日満財政経済研究会の宮崎正義らであった．ロシア帰りの宮崎が研究したのはソ連の五カ年計画の内容であった．強い官僚機構による経済統制により計画的に経済発展をめざすのが，満州国で行なわれた試みであった．本国から派遣された若手官僚たちは満州で統制の考え方と方法論を学び，のちに革新官僚として帰還し日本国内の国家総動員体制を築いていくことになる．宮本もこの流れの中にいたのである（小林，2012，第2章）．

　技術者の機会均等を求める宮本は，軍部の国家総動員計画の動きと合流することで具体的な成果を生む機会を得る．科学戦の様相を呈した第一次世界

---

6) たとえば，江戸時代の岡山の表具職人浮田幸吉は鳥に興味を持ち，自ら飛行機を考案して滑空に成功した．ところが，「騒乱の廉」により岡山所払いの罰を受けることになる．大河内正敏がこの件に言及している（大河内，1936，p. 77）．

大戦の実態が理解されるにつれ，軍部は科学者を動員して強兵を図ろうと画策していた．満州国では国内にあるすべての官庁研究機関を傘下におさめる大陸科学院がつくられており，科学分野と技術分野の両面を所掌し振興政策を計画実施していた（これの開設準備にあたったのは大河内正敏であった）．宮本は，興亜院政務部長鈴木貞一陸軍少将より日本国内にも同じような「総合科学研究機関」を設立するための準備を委託される．このような機関の設立に成功し，これを取り仕切ることができれば，官界における技官の地位が向上することは間違いなかった．宮本にとっては絶好の機会であった（大淀, 1997, p. 151）．

第一次世界大戦が化学兵器，戦車，航空機を用いた総力戦となったのを受け，各国が有事のための総動員体制を構築していったが，日本もその例外ではなかった．国家総動員体制を強化する軍部からの要求が高まり，1927（昭和2）年に内閣資源局が設立された．強力な科学研究統制への要望に応えるため，1935（昭和10）年政府はさらに内閣調査局を設置した．そこでは，実用化すべき技術案をまとめ，国内の各研究機関・大学に研究させる体制を構築することがめざされた．これが資源局と合併されて企画院が設立され（1937年），宮本はここで企画院次長に抜擢される（技官が次長クラスに昇進するのはこれが初めてであった）．この企画院において科学動員の基本方策が作成された．彼は，「科学技術新体制確立要綱」（1941年5月）を起草し，基礎研究・応用研究・工業化研究・軍事研究までを一貫した計画の下に統括指導するための機関として「技術院」の設立を提案した．やがて，1942（昭和17）年に企画院科学部より技術院が分離独立し，ここがその後の科学動員の中枢機関となった．ところが，宮本自身は技術院設立準備の激務から，その設立の前年に急逝してしまった（享年49歳）（大淀, 1997, 第6章）．

宮本が命がけでなそうとしていたことは何だったのであろうか．まず，当時の企画院の歴史認識を確認しておこう．

> 自由主義，個人主義の指導原理は人類生活の全領域において行き詰まってきた．営利活動の自由は単なる独占資本の自由を約束するのみで，かえって勤労者を苦しめ国家の発展要求と対立しつつある．デモクラシーの政治は国民大衆の政治的欲求を阻止する金権政治の手段に堕落し，貿易の自由，資源

獲得の自由，移民の自由はいまや世界の何処にも存しない．自由主義という近代世界秩序の指導原理が約束した自由と平等と博愛は，皮肉にもこの自由主義の下において最も冷酷に蹂躙されているのである．

　人類歴史の流れにおいて，進歩と発展があるとすれば，今こそこの自由主義，個人主義を清算し廃棄することこそ，歴史必然の運命であって，古き政治，古き経済，古き文化の一切が，この歴史転向の過程で批判し，検討されねばならぬ．しかしてこの自由主義，個人主義の精神的物質的所産の上に，新しい文化と新しい体系を創造することが，今日の歴史的な課題であって，この歴史の転換，歴史の創造がわれわれに課された任務である（企画院研究会, 1941, p. 4）．

社会全体を官僚による計画の下に置き，資本主義の害悪から国家を守るためには，自由主義の排除こそが必要であるということが明確に謳われている．このような思想が科学・技術政策に反映されたとき，どのような結果となるのであろうか．

宮本は科学動員に必要なことは，第1に国家が緊要とする研究目標の設定，第2に研究者，研究機関がこの目標に向かって動員されること，第3に研究者相互間および研究機関相互間に緊密な協力体制が採用されることであると述べる（宮本, 1941, p. 53）．ここで述べられていることは，「まずは計画」である．宮本によれば，計画が立ってはじめて義務が生じ，その義務に従う形で研究が進められるべきなのだ．ここに，大河内との比較において，大きな相違点が見出される．個人の自由な発想こそが新しい発見を生み出すと信じた大河内とは逆に，宮本は，

　科学動員方策においても，また科学能力動員方策においても，その中枢的指導理念をなすものは，国家目的のため，公共目的のために個人の自由意志が拘束されるということである．これはすべての動員に通ずる共通観念であって，そこに国家総動員の性格がある．即ち総動員の理念は自由主義の超克でなければならない．ただし自由主義の超克は，個人的恣意の抑圧であって，個人的創意の制約であってはならない（宮本, 1941, p. 53）．

と述べている．個人的恣意を抑制した上で，個人的創意を発揮するということが果たして人間に可能なのであろうか[7]．基礎研究の遊戯性を思い出してほしい．義務を課された研究が自己目的的な遊戯性を持ちうるのであろうか．

宮本のこの認識は，基礎科学の本質を見誤っているとはいえないであろうか．

宮本は，「日本科学」とも呼べる日本独自の科学の可能性についても論じていた．彼は「科学はすべてその基礎部門に関するかぎり功利的，厚生的な性格を持たない．功利的，厚生的な性格を持たないかぎり国家的性格もなければ，民族的性格もない」（宮本，1941，p. 122）といって批判する．彼によれば，人文科学，精神科学および自然科学の基礎部門は「普遍妥当性」を求めるが，応用科学において初めて国家的性格や民族的性格をおび，ここでこそ「日本的性格の科学」という概念が生み出されるのだと主張する（宮本，1941，pp. 119-120）．基礎科学は自由主義的であり，国家や民族の利益を超えた「普遍妥当性」を求める．そのような勝手は許されないがゆえに，それは国家による制約を受けるべきであるとされ，他方で応用科学の方は国家的，民族的であるからこそ独自性が発揮できるのだと考えられていた．

技術院の設立準備にあたり，宮本は基礎科学を担う文部省と，応用科学や産業育成を担う商工省（現在の経産省）から猛反撃を受けていた．そこで彼が考えた苦肉の策は，文部省の所掌である「科学」にも，商工省の所掌である「技術」にも抵触しない「科学技術」という概念の創出であった（大淀，2013，p. 18）．大陸科学院のように科学と技術に関わる一切の官庁研究機関を傘下におさめて科学技術の行政計画を実施することがめざされたのだが，実際のところは文部省からも商工省からも協力が得られず，設立された技術院が所掌できたのは新興部門の航空機産業のみであった（大淀，2009，p. 454）．

科学動員それ自体も文部省科学局との間で対立関係が生じ二重化された．技術院の下には科学動員協会がつき，文部省の下には全日本科学技術団体連合会がつき，両者は終戦まで一元化されることはなかった（湯浅，1961，pp. 284-285）．技術院は，壮大な構想をもって設立されたが，文官中心の官界の中で理系分野を全面的に掌握するまでにいたらず，敗戦とともに廃止さ

7）東北帝大で科学概論を講じ，その後京都帝大で教えた哲学者の田邊元は，「具体的に統制されるという場合には，真に自由に自分の自発性で動くようなものが，制限を外から加えられたとしてでなくして，自分自らが自由に自己を制限するという意味に於いて，統制に入り込むということでなければなりません」と述べて，科学の自由は「自由に自己を制限する」ことで統制と両立すると論じた．しかし，これは詭弁であろう（田邊，1937，p. 57）．

れてしまった．戦後，宮本の後継者たちの努力により新たな技官の城ともいえる科学技術庁が設立されたが，それが所掌できたのはやはり新興部門の原子力開発と航空宇宙開発のみであった（新技術振興渡辺記念会，2009，p. 201）[8]．

3-4 課題として残るもの

これまで見てきたことをまとめ，日本のサイエンス・イノベーション政策の課題を考えてみよう．最初に取り上げた「自由と計画の両立問題」に対して，大河内と宮本はそれぞれどのように応えたのかが論点である．

大河内は，基礎研究を「計画の外」においた．科学にできる限りの自由を与え，その生産性を最大化し，研究成果が出てから産業化の計画を立てた．実際のところ，研究費の上限を決めずに自由に研究をやらせるためには相当な努力があったに違いない．理化学研究所の死活問題として，大河内が常に取り組んだのは発明の事業化であった．研究によって特許が生まれたとしても，ただちにそれが社会に実装されるわけではない．それが採算のとれる大量生産可能な商品に結実するまでは，発明とは別種の努力が必要なのであった．大河内の業績として最大限評価しなければならないのは，社会実装のために中間試験が重要であると気づいた点ではないだろうか．

発明が事業化されるためには，まず基礎研究所で行なわれている研究の内容を把握できる「目利き」がいなければならない．その目利きが科学研究の現場から産業の種を見つけ出してくる．そして，その種を発芽させるために基礎研究に携わった者とは別に中間試験を行なう人物を選び事業化の目処を立てさせる．理研の場合，この目利きの役割を果たしたのが大河内本人であった．彼はどんなに忙しいときでも，研究所内を歩いて各研究室に立ち寄り，若手の研究者に研究内容を説明させたという．そして時折するどい質問を投げかけて研究者を刺激した．大河内は，自身が技術者であり，また基礎科学にも理解があった．そして科学主義工業という新しい経済システムを構想するセンスも持ち合わせた．1人で複数の専門家を合わせたような人物であっ

---

8) ここで技術院と科学技術庁の間に連続性が存在していることが強調されている．

た．彼のような人物を育て，制度的に再生産することは非常に難しい．しかし，発明の事業化を制度化するためには，彼のような人物が必要なのである．

「自由と計画の両立問題」に対して，大河内は自由を最大限保障しながら，そこに発生する経済的負担を発明の事業化によって解消するという方法を編み出したのだといえる．この実例は示唆に富んでいるといえるであろう．

戦災にあった理化学研究所は，戦後に財閥解体の指示を受け，いわば手足をもぎ取られた形で株式会社科学研究所として再編されたが，経営不振に陥り赤字をかかえた．その後，科学技術庁傘下の特殊法人理化学研究所として生まれ変わったが，そこにはかつての「理研精神」はなかった．正力松太郎（初代科学技術庁長官）は理研を再建する際に，特殊法人化する理由として，「政府の方針を研究所に反映させるため」，また「新技術の開発という国家的事業の遂行を同研究所に実施せしめる」ためだと述べた（理化学研究所，1988, p. 12）．基本的に研究内容は研究者自身に選ばせていた大河内の考え方とはまったく異なる思想がこの言葉の中には含まれている．戦後の理研はむしろ計画を旨とする技術院の流れをくむ思想に支配されたのである．

さて，宮本が「自由と計画の両立問題」に対して出した答えは，大河内とは対照的に基礎研究を「計画の下」に置くことであった．自由主義こそが経済を疲弊させ，国家の存立を危険なものとするという立場から，科学者の自由にも制限を加えようとしたのであった．しかし，科学者の自由がないところでいったいどうやって計画が立てられるのであろうか．たとえば，SF小説のような未来像を求めて計画を立てたとしても，それが科学的にみて現実的であるか否かは科学者にしか判断できないであろう．実際には，失敗のない堅実な計画を立てようとするわけだが，その場合はすでに成功している実例を探してきて模倣することが一番簡単だということになる．現に戦中の科学・技術政策を立案するに当たっては，ソ連の五カ年計画やナチス・ドイツの科学・技術政策という模範が存在していたし（森川，1942），戦後の日本の発展には米国社会という模範が存在していた．

基礎研究から工業化までを一貫して研究するという宮本の構想は壮大だったが，実現しなかった．技官の地位向上の手段として科学・技術振興に取り組んだため，綱領は言葉こそ大きかったけれども具体的提案に乏しかった．その上で文部省と商工省（現在の経産省）に君臨するそぶりを見せたため，

両省からの反発をまねき,基礎科学を担当する文部省と,技術を担当する商工省の橋渡しに失敗してしまった.ただし,この構想が失敗したことによって,官界の構造上の問題が浮き彫りになったということもできるだろう.日本の官僚機構の中では,基礎科学部門と技術部門が分離しており,互いに没交渉なのである.基礎科学部門は国際的に通用する学問レベルを保つことが使命であるし,技術部門は世界の最新技術を国内に導入することが使命である.ところが,両者をつなげて,自前の基礎研究から産業を生み出すことがなかなかうまくいかない.これは,この構造問題に由来するのだ.大河内が指摘したように,基礎研究がいくら充実しても,勝手に産業が活性化するわけではない.発明を事業に結びつけるには,発明とは別種の研究が必要なのである.

　今後,日本のサイエンス・イノベーション政策に課されるのは,未解決の「自由と計画の両立問題」に制度上から取り組むことだろう.大河内の運営した理化学研究所には多くのヒントが隠されている.科学者の自由の気風は制限しても制限しても後から勝手に湧いて出てくるようなものではない.彼が周到に設計したような制度上の枠組みがあってはじめて育つものなのである.研究の自由が思想の自由を前提としていることを考えれば,恣意の自由を抑制して,創意だけを発揮させるなどということは不可能である.研究者が個人の性格を全面的に開花させることができて初めて,創意もまた生み出されると考えるのが自然である.そのことを踏まえた「研究の自由」を保障する場を社会につくること,またそのことを国民に納得させる交渉が是非とも必要である.

　さらに,基礎研究から産業の種を見つける「目利き」を育成する教育制度も必要となってくるであろう.その上で,基礎研究に携わる科学者,技術開発に携わる技術者,産業化のための試験を行なう技術者,目利きとなる実務家,これらが相互に交流し,互いに意見を交わすことができる場を設けることで,イノベーションを活性化させる道が開けてくるのではないだろうか.

参考文献

天野郁夫『教育と近代化　日本の経験』玉川大学出版部,1997年.

Bernal, J. D., *The Social Function of Science*, London: George Routledge & Sons LTD., 1939（バナール『科学の社会的機能』坂田・星野・龍岡訳, 勁草書房, 1981 年). 引用・参照は邦訳頁.

Bernal, J. D., *Science and Industry in the Nineteenth Century*, London: Routledge & Kegan Paul Ltd., 1953（バナール『科学と産業』菅原仰訳, 岩波書店, 1956 年). 引用・参照は邦訳頁.

Caillois, R., *Les Jeux et les Hommes（Le masque et le vertige）*, édition revue et augmentée. Paris: Gallimard, 1967（カイヨワ『遊びと人間』多田・塚崎訳, 講談社〈文庫〉, 1990 年). 引用・参照は邦訳頁.

Csikszentmihalyi, M., *FLOW: The Psychology of Optimal Experience*, New York: Harper and Row, 1990（チクセントミハイ『フロー体験　喜びの現象学』今村浩明訳, 世界思想社, 1996 年). 引用・参照は邦訳頁.

Dewey, J., *Reconstruction in Philosophy*, New York: Dover Publications, INC.,1920（デューイ『哲学の改造』清水幾太郎訳, 岩波書店〈文庫〉, 1968 年).

後藤晃『イノベーションと日本経済』岩波書店〈新書〉, 2000 年.

Habermas, J., *Technik und Wissenschaft als >Ideologie<*, Berlin: Suhrkamp Verlag, 1968（ハーバマス『イデオロギーとしての技術と科学』長谷川宏訳, 平凡社, 2000 年) 引用・参照は邦訳頁.

橋田邦彦「行としての科学」辻哲夫（1980）所収.

橋田邦彦『教學叢書第九輯　科学する心』教學局, 1940 年.

廣重徹『科学の社会史（上）　戦争と科学』岩波書店〈文庫〉, 2002 年.

廣重徹『科学の社会史（下）　経済成長と科学』岩波書店〈文庫〉, 2003 年.

Huizinga, J., *Homo Ludens ―proeve eener bepaling van het spel-element der cultuur*, Tjeenk Willink & Zooon, Haarlem, 1958（ホイジンガ『ホモ・ルーデンス』高橋英夫訳, 中央公論新社〈文庫〉, 1973 年). 引用・参照は邦訳頁.

石原純『科学と思想』河出書房, 1938 年.

企画院研究会『国防国家の綱領』新紀元社, 1941 年.

小林英夫『満鉄が生んだ日本型経済システム』教育評論社, 2012 年.

小林英夫, 岡崎哲二, 米倉誠一郎, NHK 取材班『「日本株式会社」の昭和史』創元社, 1995 年.

Kuhn, T. S., *The Structure of Scientific Revolutions*, Chicago: The University of Chicago Press, 1962（クーン『科学革命の構造』中山茂訳, みすず書房, 1971 年). 引用・参照は邦訳頁.

Merton, R. K., *Social Theory and Social Structure: Toward the Codification of Theory and Research*, New York: The Free Press, 1949（マートン『社会理論と社会構造』森・森・金沢・中島共訳, みすず書房, 1961 年). 引用・参照は邦訳頁.

Mill, J. S., *On Liberty*, 1859（ミル『自由論』塩尻・木村訳, 岩波書店〈文庫〉, 1971 年) 引用・参照は邦訳頁.

宮田親平『「科学者の楽園」をつくった男』日本経済新聞出版社〈文庫〉, 2001 年.

宮本武之輔『科学の動員』改造社, 1941 年.

森川覚三『ナチ政治と我が科学技術』岡倉書房, 1942 年.

村上陽一郎『工学の歴史と技術の倫理』岩波書店, 2006 年.

中谷宇吉郎『科學と社会』岩波書店〈新書〉, 1949年.
大河内正敏『新興日本の工業と発明』日本青年館, 1936年.
大河内正敏『資本主義工業と科学主義工業』科学主義工業社, 1938年.
大河内正敏『持てる國　日本』科学主義工業社, 1939年.
大河内正敏『科學宗信徒の進軍』科学主義工業社, 1939年.
大河内正敏『国防経済と科学』科学主義工業社, 1942年.
大淀昇一『技術官僚の政治参画』中央公論新社〈新書〉, 1997年.
大淀昇一『近代日本の工業立国化と国民形成―技術者運動における工業教育問題の展開』すずさわ書店, 2009年
大淀昇一「日本における戦時科学技術動員体制の淵源と展開」CD-ROM版『戦時期科学技術動員政策基本資料集成』所収, すずさわ書店, 2013年.
Polanyi, M., *The Logic of Liberty*, Indianapolis: Liberty Fund, 1951（ポラニー『自由の論理』長尾史郎訳, ハーベスト社, 1988年）. 引用・参照は邦訳頁.
Polanyi, M., "Science: Academic and Industrial," *Journal of The Justitute of Metals*, vol. 89, pp. 401-406, 1960-1961（ポラニー『創造的想像力』慶伊富長訳, ハーベスト社, 1986年）. 引用・参照は邦訳頁.
理化学研究所『財団法人理化学研究所案内』理化学研究所, 1942年.
理化学研究所『特殊法人　理研30年』理化学研究所, 1988年.
理化学研究所『理化学研究所　六十年の記録』理化学研究所, 1980年.
斎藤憲『新興コンツェルン理研の研究―大河内正敏と理研産業団―』時潮社, 1987年.
斎藤憲『大河内正敏　科学・技術に生涯をかけた男』日本経済評論社, 2009年.
沢井実『通商産業政策史9　1980-2000』財団法人経済産業調査会, 2011年.
沢井実『近代日本の研究開発体制』名古屋大学出版会, 2012年.
思想の科学研究会編『東洋文庫824　共同研究転向3　戦中編上』平凡社, 2012年.
新技術振興渡辺記念会編『科学技術庁政策史―その成立と発展』科学新聞社, 2009年.
杉靖三郎『科學と傳統』培風館, 1942年.
鈴木淳『日本史リブレット　科学技術政策』山川出版社, 2010年.
世界経済調査会『大東亜共栄圏の建設と技術体制』財団法人世界経済調査会, 1942年.
田邊元『自然科學教育の兩側面』文部省思想局, 1937年.
辻哲夫監修『日本の科学精神⑤　科学と社会　世界のなかの科学精神』工作舎, 1980年.
辻哲夫『日本の科学思想　その自立への模索』こぶし文庫, 2013年.
鶴見俊輔「翼賛運動の学問論」思想の科学研究会（2012）所収.
朝永振一郎『科学者の自由な楽園』岩波書店〈文庫〉, 2000年.
Weber, M., *Wirtschaft und Gesellschaft*, Grundriess der Sozialökonomik, III. Abteilung, J. C. B. Mohr, Tübingen, 3. Aufl. 1947（ウェーバー『権力と支配』濱嶋朗訳, 講談社〈文庫〉, 2012年）. 引用・参照は邦訳頁.
Whitehead, A. N., *Science and the Modern World*, Lowell Lectures, 1925（ホワイトヘッド『科学と近代世界』上田・村上訳, 松籟社, 1981年）. 引用・参照は邦訳頁.
湯浅光朝『日本現代史大系　科学史』東洋経済新報社, 1961年.

第4章 日本のSBIR制度と
その効果の米国との比較

　SBIR制度は米国で発案され，日本はそれを参考に実施してきた．SBIR制度の目的はスタートアップ企業によるイノベーションを促すことにある．これらの国の間でどのような違いが生じているかを分析することを通じて，同様の政策を理解する上での助けとなる．本章では，すでに第1章1-3節で述べられた「日本版SBIRのしくみ」を補足する形で，日本においてSBIR制度が導入された当時の背景と，その後の変遷について，中小企業庁技術課・振興課による出版物（中小企業庁技術課・振興課編，1999）や国会審議等を参考に簡単に整理する．次に，データによる評価について議論する．ここではジョシュ・ラーナー（Josh Lerner）による米国のSBIR制度に関する先行研究（Lerner, 1999）と，この先行研究と同じフレームワークで日本の検証を行なった井上と山口の研究成果（Inoue and Yamaguchi, 2014）の比較を通じて，これらの国での評価を比較し，この政策とその作用への理解を深める．

4-1　日本版SBIR制度の背景

　1990年代の長い不況に苦しんでいた日本政府は，米国の活況を支えているのがベンチャー企業の創業の多さと，ベンチャー企業を支える施策にあると考えた．そこで，日本版SBIR制度を含んだ新事業創出促進法を1998年に成立させ，1999年から実施した．日本のSBIR制度の正式な名称は中小企業技術革新制度である．実施当初では科学技術庁，厚生省，通商産業省，農林水産省，郵政省の5省庁が指定されており，現在では総務省，文部科学省，厚生労働省，農林水産省，経済産業省，国土交通省，環境省の7省が指定されている．

　日本版SBIR制度の根拠となる法律は新事業創出促進法であるが，これが

制定されるまでの国会審議と法律制定後の運用について述べておこう．

新事業創出促進法が国会本会議で初めて言及されたのは小渕恵三による1998年11月27日の所信表明演説である．その後，本法案は主に経済産業委員会，商工委員会により議論され，1998年12月8日に可決された．経済産業委員会にて当時の国務大臣（与謝野馨）が新事業創出促進法案に関して発言したが，要旨は次のようなものである．

「わが国経済につきましては，その新陳代謝の速さを示す開業率が総じて低く，特に近年，廃業率が開業率を上回るなど，事態が深刻化しております……．こうした課題を克服するためには，わが国の産業資源が新たな事業に向けて有効に活用されるよう，それに必要となる資金，情報等を適時適切に提供するための政策措置や支援体制を整備することで，新たな事業の創出を促していくことが必要です」．

その後の委員会での議論では米国のSBIR制度を意識し，その摺り合わせを確認する発言が見られる．たとえば，米国で予算の2.5％をSBIRに振り向けなければならない（set aside）については，政府委員（鴇田勝彦）が「我が国の予算制度あるいは財政制度からいいますと，法律にそこまで書き込むのは許されておりませんので，われわれとしては断念せざるをえなかった」と発言している．あるいは分科員（島聡）は，日本の予算規模が1件当たりで500万円にしかならず，米国の20万ドルとかけ離れていていいのかという質問をしている．同様に，法律が実施された後まもなく議員（渡辺周）が，米国と質と量がかけ離れているという発言をしている．

一方で，参考人であった橋本寿朗は，単純に金額の規模だけでなく，シリコンバレーのように，研究を行なう人や間接部門も含めた多くの専門家がインフラとして整っていることも無視できず，日本が突如として金額を増やして実効性があるかは疑問であると発言している．さらに公述人であった濱田康行が，政府調達は大手企業優先のまま変わっていない，という指摘をしている．西田実仁は2006年の決算委員会で，日本版SBIR制度は量と質の両面で当初の予定どおりには成長していないと指摘している．その他，主にスタートアップ企業の税制面での優遇に関して法律の修正が行なわれた．新事業創出促進法は2005年4月13日に廃止され，中小企業の新たな事業活動の促進に関する法に統合された．その後，議論はあまり活発に行なわれていな

い．ただし，目標額については1999年の110億円から2014年の455億円と成長している．

　日本において本制度が機能していないというのが次節の主旨であるが，日本政府が米国のSBIR制度の本質を捉えるのに失敗しているのが遠因であると筆者は指摘する．その具体例として，米国のSBIRが助成金であるのに対し，日本は補助金や融資であることがある．スタートアップ企業が抱える一番の問題は資金不足であり，利益が出るまでに相当の時間がかかる．したがって，一定割合の負担の必要な補助金，あるいは返済期限のある融資はスタートアップ企業にそぐわない．このような自明の点が理解されていない，あるいは解決できていないため，スタートアップ企業を成長させるという意味での実効性がない．ほかにも米国で行なわれていること——現役の科学者による革新的課題の設定，大規模な政府調達，ベンチャーキャピタルの投資を受けるためのトレーニングやマッチング，SBIR獲得自体をブランド化し企業価値を創出すること——などが日本にはほとんど，あるいはまったくない．これらは米国のSBIR制度の本質である．これらの点に留意した上で，次節の定量分析を参照してほしい．

4-2　SBIR制度に関する定量分析による日米比較

　本節で議論するSBIR制度の成果の検証は，米国についてはラーナー（Lerner, 1999），日本については井上と山口（Inoue and Yamaguchi, 2014）に基づく．

　本節では米国との違いを企業や特許のデータで示すが，基となる制度上の違いを把握しておくことは重要である．米国のSBIR制度は多段階選抜が共通スキームになっているが，日本のSBIR制度ではごくわずかの公募でこの選抜が行なわれているに過ぎない．また，米国ではAward（使途について精査されない）であるのに対して，日本では補助金（使途について精査される）と融資である．米国の予算規模は2006年度で2000億円[1]，日本では2006年度で370億円[2]である．なお，日本の1999年度は110億円であった．

---

[1] SBIR/STTR Webページ，https://www.sbir.gov
[2] 中小企業庁Webページ，http://www.chusho.meti.go.jp/keiei/gijut/sbir

このように制度上に違いがあるため，成果の比較の妥当性について注意しなければならない．

ラーナーが用いた米国における企業データは，U. S. General Accounting Office と Corporate Technology Directory のデータベースによる．これに，フェーズⅠに採択された933企業やすべてのフェーズⅡ被採択企業が含まれている．このデータから，フェーズⅠに採択され，フェーズⅡに採択されなかった294企業を抜き出した．さらに2つの300企業のセットをランダムに抽出した．1つのセットは，フェーズⅡまで到達した企業と同じ産業分類に属し，かつ企業のサイズが近い300企業，もう1つのセットは，フェーズⅡまで到達した企業と同じ地域に属し，かつ企業のサイズが近い300企業である．

井上と山口が用いた日本における企業データは，帝国データバンクによる．SBIRによる交付を受けた企業（SBIR被採択企業）として用いたのは301企業である．日本では多段階選抜がほとんど行なわれていない．いうなれば一段階，すなわち採択されるか採択されないか，しかない．そのため，米国のようにフェーズⅡ被採択企業に合わせるということはできない．したがって企業の産業とサイズ，地域とサイズをSBIR被採択度に合わせるように301企業のセットを2つ作成した．さらに日本企業については各企業の特許数のデータを用意した．

さらにここでは，この結果が今回のデータで偶然起きたのではないことを検定している．p値というのは平均や中央値における差がどれぐらい偶然で発生したか，ということを意味する．p値0.05は5%の確率で偶然起きた，ということを意味し，すなわち偶然でない，ということを意味する．同様に中央値についてはSBIR被採択企業が7万ドルの減少，対照企業が40万ドルの減少であり，p値は0.00である（有効桁を越えて小さい）ことから，SBIR被採択企業の方が（減少ではあるものの）優れており，偶然でないことを表している．

一方，日本での2006年から2011年にかけての売上変化比較では，SBIR被採択企業の平均が1.97億円の減少，対照企業（SBIRに採択されなかった企業）の平均が0.65億円の減少である．これは，SBIR被採択企業のほうが，1.32億円だけ平均売上高が低く，かえって悪い結果になっていることを示す．ただし，p値0.38はこの結果が偶然起きたことを否定していない．

表 4-1 SBIR 企業と対照企業の成長比較

	米国			日本		
	SBIR 企業	対照企業	p 値	SBIR 企業	対照企業	p 値
売上変化	(百万ドル)	(百万ドル)		(億円)	(億円)	
平均	4.03	1.14	0.05	−1.97	−0.65	0.38
中央値	−0.07	−0.40	0.00	−0.28	−0.27	0.68
サンプル数	493 社	836 社		301 社	602 社	
特許数変化						
平均				2.61	1.03	0.00
中央値				1	0	0.00
サンプル数				301 社	602 社	

ラーナー (Lerner, 1999) と井上と山口 (Inoue and Yamaguchi, 2014) の論文から筆者作成．米国の SBIR 企業はフェーズ II 被採択企業．米国における SBIR 企業の定義は，1986 年から 1988 年までに採択された企業．日本における SBIR 企業の定義は 2004 年から 2006 年までに採択された企業．また対象企業は産業を合わせたデータセットのみ．米国における変化を見た年は 1985 年と 1995 年．日本では 2006 年と 2011 年．売上における単位は米国で百万ドル，日本で億円．平均の差の検定は t 検定，中央値の差の検定はマンホイットニーの U 検定．

したがって，少なくとも SBIR に採択されることは売上の増加に（悪影響とまではいわないまでも）寄与しないといってよい．中央値についても同様である．ところで，企業の売上は正規分布（平均付近にデータが集まっている）でなく，べき分布（売上が大きいほど稀に存在する．平均付近の企業に意味がない）であることから，平均による検定よりも中央値の検定の方が信頼できる．

売上における米国の有意差の原因の 1 つは政府調達契約にあるとされる．日本においても政府調達契約がこの制度にとって重要であることは指摘されているが，ほとんど行なわれていない．少なくとも日本では SBIR 被採択企業の売上を増加させるほどではない．以上から，売上の単純な集計（平均や中央値）によってわかるほどに米国の SBIR 制度は成功しており，日本の SBIR 制度はそうではないということである．

特許数の変化は日本のみデータがあるが，表の見方は売上の場合と同じである．平均・中央値のいずれも有意に SBIR 被採択企業のほうが優れている．特許の数は増加する方がよいが，SBIR 制度の主旨であるスタートアップ企業の支援という意味では，売上につながっていないのであるから，まだ道半ばということがわかる．

上述の表 4-1 における全体的な評価は，SBIR 被採択企業がどのような効

果を受けたかという点に関して不十分さが残っている．たとえば，売上のさまざまな企業がSBIR被採択企業と対照企業には含まれているが，企業によって異なる売上の大きさが売上の変化に影響を与えているかもしれない（表4-1ではSBIR被採択企業・対照企業は売上の大きさを合わせたペアで作られているが，そのペアの間の比較ではなく全体の売上変化の平均で議論している）．このような問題を解決する一般的な方法が回帰分析である．すなわち，もともとの売上の大きさの影響を取り除いた上での採択の有無の影響を観察することができる．

　前述のラーナーも，井上と山口も，他の変数の影響を取り除いた上での有意性を議論するために回帰分析を行なっている．これらの分析では，上述のようなもともとの売上の大きさのほかに，地域別の（ベンチャーキャピタルを主とした）初期ステージ融資の金額や，産業の種類，複数回のSBIR被採択などの影響を取り除いている．その上で，SBIR採択の有無がどのように売上変化（あるいは雇用変化）に影響を与えるかを観察している．ここでも日米の比較をするために対となる表を作成した．

　表4-2は米国のSBIR被採択企業に対する回帰分析の結果を表している．被説明変数（すなわち変化があったかを見たい値）は売上変化額および売上変化率である．説明変数（すなわち被説明変数に影響を与えたか見たい値）は，1985年の売上額，地域内（同一州内）初期ステージ融資の額，SBIRのフェーズⅡに到達したかのダミー（到達した場合を1，しなかった場合を0とした疑似的な変数），そして地域内初期ステージ融資とフェーズⅡ到達ダミーの交互作用項（交互作用項は単純に掛け算の変数である．同時に起きたときにだけ大きくなる値と考えてよい）である．回帰分析の手法は線形回帰であり，（被説明変数）＝（説明変数）$_1$＋（説明変数）$_2$…＋（切片）という関係において，被説明変数ができるだけ予測できるように説明変数の係数や切片を求める．

　表4-2ではp値がアスタリスク＊を用いた目安で示されている．p値の意味は表4-1の場合と同様に，その係数がどの程度偶然起きたかを示している．p値が必要な理由は，説明変数が被説明変数とまったく無関係な場合でも，係数は求めることができるためである．その説明変数が被説明変数にきちんと影響を与えているかを知るための指標といってよい．＊＊＊は偶然起きた確

表 4-2　米国の SBIR 企業の成長における回帰分析

		(a) 売上変化（額）		(b) 売上変化(率)	
(1)	1985売上額(a)と(b)（百万ドル）	−0.18	**	−2.28	*
(2)	地域内アーリーステージ融資額（百万ドル）	0.07	*	1.90	*
(3)	フェーズⅡ到達（ダミー）	1.88		25.05	
(4)	(2)×(3)	0.16	***	2.41	***
	サンプル数（社）	1,329		1,329	

ラーナーの論文（Lerner, 1999）から筆者作成. SBIR 企業の定義は, 1986年から1988年までに採択された企業. 売上における単位は百万ドル. 変化を見た年は1985年と1995年. 有意性の記号は ***：$p<0.001$, **：$p<0.01$, *：$p<0.05$, ．：$p<0.1$.

表 4-3　日本の SBIR 企業の成長における回帰分析

		(a) 売上変化（額）		(b) 売上変化(率)	
(1)	2006売上額(a)と(b)（億円）	-8.38×10^{-2}	***	-4.47×10^{-3}	
(2)	地域内アーリーステージ融資額（億円）	-1.55×10^{-3}		1.25×10^{-3}	
(3)	SBIR 獲得（ダミー）	1.81		1.29	
(4)	(2)×(3)	-1.43×10^{-2}		-2.93×10^{-3}	
	サンプル数（社）	894		894	

井上と山口の論文（Inoue and Yamaguchi, 2014）から筆者作成. SBIR 企業の定義は2004年から2006年までに採択された企業. 売上における単位は1億円. 変化を見た年は2006年と2011年. 有意性の記号は ***：$p<0.001$, **：$p<0.01$, *：$p<0.05$, ．：$p<0.1$.

率が0.1％以下といった意味である．この表4-2の結果では「説明変数(3)のフェーズⅡに採択されることが，売上変化額や変化率を増やす」ということが見て取れない（＊が付いていない）．この結果は重要である．すなわち，すべてを混ぜた表4-1の結果では，SBIR 被採択企業の優位が示されたように見えたが，実際には採択されるだけでは効果がないことになる．一方で説明変数(4)の交互作用項はいずれの被説明変数の場合も強く有意性を示しており，かつ係数が売上変化額については0.16，変化率については2.41で正の値である．この交互作用項の結果はすなわち，ベンチャーキャピタルのような初期ステージ融資と採択が結びついて効果を示すことを示している．この

初期ステージ融資の効果も含めた上で，SBIR被採択企業がよい結果になっていたのが表4-1ということになる．なおこれら係数の解釈であるが，SBIRに採択されかつ100万ドルの初期ステージ融資を受けると，売り上げは16万ドル上がるということである．他の係数についても同様に解釈してよい．

表4-3は日本のSBIR被採択企業に対する回帰分析の結果を表している．金額の単位は100万ドルから1億円に変わっている．被説明変数は表4-2と同様である．説明変数は表4-2と同じであるが，日本にはフェーズⅡはないためSBIRに選ばれたかのダミーが代わりに用いられている．また地域内初期ステージ融資額における地域とは日本の地方，すなわち北海道，東北，関東（東京都以外），東京都，中部，近畿，四国，九州沖縄としている．表4-2の米国の結果と同様に単純にSBIR被採択企業というだけでは成長できないことが明らかにされている．さらに，初期ステージ融資とSBIR被採択の交互作用項をみると，係数がマイナスであることに加えて，有意性が見て取れない．初期ステージ融資における情報の不完全性を取り除いて融資を促す証明効果が，米国のSBIRでは最も重要とされている．この結果から少なくともいえることは，その証明効果が日本では（少なくともここまでの分析では）機能していないということである．直接的な売上の増加ももちろん重要であるが，経済政策の本来の目的は，社会全体として投資よりも大きなリターンを得るレバレッジである．そのレバレッジが発揮されているかの1つの目安といえるものが初期ステージ融資であるが，日本はこの点で機能していないといえる．注意しなければならないのは，日本で十分な初期ステージ融資が行なわれているかということである．米国のベンチャーキャピタルの総投資額は2670億ドル．1ドル=100円換算でおよそ20兆円である（Thomson Reuters, 2013）．一方で日本のベンチャーキャピタルの総投資額は10億ドル，およそ1000億円である（Venture Enterprise Center, 2013）．したがって，日本は米国の2.7%程度の投資規模でしかない．これが小さすぎるために売上に影響が現れなかった可能性も否定はできない．

表4-2, 4-3では初期ステージ融資とSBIR被採択が合わさって売上に変化をもたらしているかを調べた．ここではその分析をさらに産業で分けて詳しく見ていく．表4-4はハイテクとローテク産業に分けた上での，回帰分析

表 4-4 アメリカの SBIR 企業の R&D 投資額比率別の成長における回帰分析

		雇用変化（人）	
		(a) R&D 投資額／売上が中央値以上（ハイテク産業）	(b) R&D 投資額／売上が中央値以下（ローテク産業）
(1)	1985 雇用(a)と(b)	−0.15	−0.19 ***
(2)	地域内ステージ融資額（百万ドル）	0.10	0.60
(3)	フェーズⅡ到達（ダミー）	10.1	19.5
(4)	(2)×(3)	3.60 ***	−1.19 *
サンプル数（社）		735	600

ラーナーの論文（Lerner, 1999）から筆者作成. 有意性の記号は ***：$p<0.001$, **：$p<0.01$, *：$p<0.05$, ．：$p<0.1$.

の米国における結果である．被説明変数および説明変数は表 4-2 で使われたもののうち，売上額が雇用に代わっている．(a)および(b)はハイテクとローテク産業を分けて分析した結果である．非上場企業においては直接 R&D 投資額を知ることができないため，データの得られている企業から，各産業でR&D 投資額の売上に対する比が中央値以上の場合にその産業をハイテク，中央値以下をローテクとしている．

地域内初期ステージ融資額とフェーズⅡ到達の交互作用項の係数が表 4-2 のときよりもハイテク産業において大きく，ローテク産業においてはマイナスになっている．これは重要な発見である．またこれらの係数は有意である（p 値が低い）．米国の SBIR の選考プロセスでは産業による差別等は行なわれていないにもかかわらず，このような結果になった理由は，ハイテク産業において SBIR 獲得企業が初期ステージ融資を受けて成長につなげているためであることが，この結果から推察できる．

表 4-5 は表 4-4 で行なった米国の産業別分析を日本について行なったものである．ここでは岡室博之によるハイテク・ローテク産業の日本標準産業分類に基づいた分け方を用いた（岡室, 2006）．説明変数および被説明変数は表 4-3 と同じである．この結果で特筆すべきは，モデル(a)の交互作用項が正で有意であることである．これまでの分析では SBIR 被採択であるかについ

表 4-5 日本の SBIR 企業の成長における回帰分析 (ハイテク・ローテク別)

		雇用変化（人）	
		(a) ハイテク産業	(b) ローテク産業
(1)	2006 雇用	-0.15 ***	-0.2 ***
(2)	地域内初期ステージ融資額（億円）	-0.17 **	-0.02
(3)	SBIR 獲得（ダミー）	-39.7	-4.19
(4)	(2)×(3)	0.23 *	0.07
サンプル数（社）		102	46

有意性の記号は ***：$p<0.001$, **：$p<0.01$, *：$p<0.05$, .：$p<0.1$.

ては一切有効でないという結果であったが, この分析で初めて有意となった. 日本においても米国と同様に, ハイテク産業においては SBIR 被採択企業が, 初期ステージ融資のある地域においては成長することが確認された. ローテク産業では成長は有意ではない.

表 4-6 は複数の SBIR 被採択は企業の成長に影響を与えるかについて検討を与えるものである. ここまでの仮説の1つは, SBIR 被採択は初期ステージ融資の際の投資リスクを下げる証明の効果があることであった. もしこれが正しければ SBIR にたとえ複数採択されても何の有意性も発見されないはずである. 一方でこれと反対の仮説として, 単純にスタートアップ企業は資金不足であるため, 金があるほど成長することができるという逆仮説も考えられる. 表 4-6 ではそのどちらの仮説が正しいのかを調べた. 表 4-6 で用いた被説明変数と説明変数は, 表 4-2 で用いたものに加えて, 新たな説明変数が加わっている. 行(4)：複数のフェーズⅡ獲得と, 行(6)：(2)初期ステージ融資額と(4)複数のフェーズⅡ到達の交互作用項である. 結果をみると, 複数のフェーズⅡ到達は有意でなく, その交互作用項はモデル(a)において負で有意, (b)では有意でない. 一方で, (5)のフェーズⅡ到達と初期ステージ融資額の交互作用項は有意のままである. すなわち, ここでは前者の仮説, SBIR 被採択の証明の効果が示されたといってよい.

表 4-7 は表 4-6 と同様の分析を日本について行なったものである. モデル(a)および(b)のいずれにおいても, 行(5)と(6)の交互作用項は有意性が示されていない. 産業を分けない効果では, すでに表 4-3 で見たように日本の SBIR

表 4-6 米国の SBIR 企業の成長における回帰分析(複数の SBIR 被採択効果)

		(a) 売上変化(額)		(b) 売上変化(率)	
(1)	1985 売上額(a)と(b)(百万ドル)	-0.19	**	-2.28	*
(2)	地域内初期ステージ融資額(百万ドル)	0.07	*	1.90	*
(3)	フェーズⅡ到達(ダミー)	0.11		19.83	
(4)	複数のフェーズⅡ到達(ダミー)	4.02		15.61	
(5)	(2)×(3)	0.48	**	8.71	*
(6)	(2)×(4)	-0.58	*	-10.93	
サンプル数(社)		1,329		1,329	

ラーナーの論文(Lerner, 1999)から筆者作成.有意性の記号は ***:$p<0.001$, **:$p<0.01$, *:$p<0.05$, .:$p<0.1$.

表 4-7 日本の SBIR 企業の成長における回帰分析(複数の SBIR 被採択効果)

		(a) 売上変化(額)	(b) 売上変化(率)
(1)	2006 売上額(a)と(b)(億円)	-7.57×10^{-2} ***	-4.51×10^{-3}
(2)	地域内初期ステージ融資額(億円)	-9.33×10^{-5}	1.50×10^{-3}
(3)	SBIR 獲得(ダミー)	-4.10×10^{-1}	0.12
(4)	複数の SBIR 獲得(ダミー)	2.95	1.59
(5)	(2)×(3)	-2.26×10^{-3}	-1.04×10^{-3}
(6)	(2)×(4)	-1.87×10^{-2}	-2.78×10^{-3}
サンプル数(社)		892	892

有意性の記号は ***:$p<0.001$, **:$p<0.01$, *:$p<0.05$, .:$p<0.1$.

は効果を確認できなかったが,複数の SBIR に採択される企業(SBIR mill と呼ばれる)の成長に寄与しないことが示された.

 この表 4-6, 4-7 の分析では,(1)スタートアップ企業の一般的な問題である資金不足に対して公的資金によって直接補う効果と,(2)公的資金を与えるのは能力の証明のためで,間接的に初期ステージ融資を呼び込む効果,とどちらなのかについて検証した.米国では後者の証明効果が示されたが,日本

においてはこの検証ではどちらでも効果を発揮していないことが示された.

表 4-1 では日本の SBIR 被採択企業がより多くの特許を出願できていることがわかったが,この表 4-8 における分析ではそれを詳しくみていく.表 4-8 は日本の SBIR 被採択企業の特許数の変化における回帰分析の結果を表している.被説明変数は特許数の変化,説明変数は 2006 年の売上額(特許数でコントロールすることも考えられるが,対象期間の設定等が難しいため,代理変数として売上額でコントロールしている),SBIR に選ばれたかのダミー,地域内初期ステージ融資額,および最後の 2 つの変数の交互作用項である.この分析では,SBIR に選ばれることが特許数の変化に寄与する,ということが有意に示されている.この結果は,ここまでの日本の分析結果を支えるものである.すなわち SBIR 被採択企業は,選抜によって研究開発の能力が確かにあり,資金が入ることによって研究開発を進めている.これまでの分析では,初期ステージ融資が鍵となると述べたが,投資を受けて成長につなげるためには,ここで述べたような適切な研究開発の能力がなければならない.この日本における回帰分析はその能力の存在,すなわち SBIR 被採択企業の選抜は最低限行なわれていることを明らかにした.ただし,交互作用項が入った場合には有意性はない.すなわち SBIR 被採択に採択された企業が地域内初期ステージ融資の大きな地域にいたとしても特許数が増えることはない.SBIR の補助金は特許につながるが,その後仮に初期ステージ融資を受けても特許の生産,すなわち研究のための資金になっていない可能性がある.

表 4-8 日本の SBIR 企業の特許数の変化における回帰分析

		(a) 特許数変化(数)	(b) 特許数変化(数)
(1)	2006 売上額(億円)	3.65×10^{-2} ***	3.63×10^{-2} ***
(2)	地域内初期ステージ融資額(億円)		4.21×10^{-3}
(3)	SBIR 獲得(ダミー)	1.59 **	0.75
(4)	(2)×(3)		4.32×10^{-3}
サンプル数(社)		892	892

井上と山口の論文(Inoue and Yamaguchi, 2014)から筆者作成.SBIR 企業の定義は 2004 年から 2006 年までに採択された企業.変化を見た年は 2006 年と 2011 年.有意性の記号は ***:$p<0.001$,**:$p<0.01$,*:$p<0.05$,.:$p<0.1$.

4-3 まとめ

本章ではまず初めに日本の SBIR 制度策定の様子について触れ，米国の政策との違いについてその背景的な違いを示した．次に，米国と日本の SBIR 被採択企業の成長に関する分析を比較することによって SBIR 制度の効果の検証を試みた．本章での発見は以下のようにまとめられる．

1. どちらの国においても SBIR に採択されるだけでは成長することはできず，初期ステージ融資が不可欠である．
2. 米国においては，SBIR 被採択企業が初期ステージ融資の大きな地域にある場合は売上の成長がある．日本では起きていなかった．
3. 日米両方で SBIR 被採択企業はハイテク産業においてのみ初期ステージ融資と結びついて成功している．
4. 研究・開発の能力がある企業を選ぶ点では日本の SBIR 制度は機能していると思われる．したがって，よい企業を掘り起こしたにもかかわらず適切に育てる機会を逸している可能性がある．

本章では平均・中央値による分析をまず行ない，その後回帰分析により他の要因がどのように影響しているかを見てきた．この一連の分析は1つの意味合いを持つ．それはすなわち，もし SBIR 制度の効果が大きければ，細かく分けるような分析ではなく，より一般的な分析で観察しても政策の効果が発見できるはずである，ということだ．たとえば日本ではハイテク産業だけを取り出して初めて有効性が発見された．これは米国がオーバーオールな，つまり雑な分析である平均・中央値でも有効性が発見されたのと対照的である．

本章における主要な発見を再度強調しておく．

ラーナーの結果によれば，1985年から1995年にかけて，SBIR 被採択企業では，1社当たり平均して403万ドルの売上増があった．一方，SBIR に採択されていない同等の企業では，1社当たり平均して114万ドルの売上増があった．1ドル＝100円換算を用いると，SBIR 被採択企業のほうが，289

万ドルすなわち2.89億円ほどパフォーマンスが高かったということだ．よって米国のSBIR制度は，初期ステージ企業に対して十分に有効なレバレッジ効果をもたらしたと結論できる．

井上と山口は，このラーナーと同じ分析を日本版SBIR制度について行なった．ただし，2006年から2011年までの5年間の売上高の変化を，SBIR被採択企業とそうでない企業について調べたのである．するとSBIR被採択企業では，1社当たり平均して1.97億円の売上減であった．一方，SBIRに採択されていない同等の企業では，1社当たり平均して0.65億円の売上減であった．したがって，SBIR被採択企業のほうが，1.32億円パフォーマンスが低かった．SBIRに選ばれた企業の方が売上を減らしているということは，採択する側の目利き力がきわめて悪かったことを意味する．すなわち，日本のSBIR制度は，失敗であることが証明できた．

1999年より継続的に行なわれ，少なくない国民の資源を投入して実施されてきた日本版SBIR制度の失敗の意味は，きわめて大きい．まずは米国版SBIR制度の本質に立ち戻り，イノベーションがスモールビジネスからもたらされるという信念をかみしめ，その精神を共有すべきである．「米国版SBIR制度は，日本の現状に合わないから日本独自のSBIR制度を施行してきた」という言い訳は，もう許されない．もし米国版SBIR制度を当初よりフォローして実施していれば，少なくとも日本のバイオ産業や半導体産業などのサイエンス型産業は，ここまで凋落することはなかったはずだ．

今からでも遅くはない．米国版SBIR制度を愚直にフォローし，実施することこそ，沈みゆく船・日本を救う最善の政策である．

参考文献

中小企業庁技術課・振興課 編『中小企業技術革新制度』ぎょうせい，1999年．
Inoue, H. and Yamaguchi, E., Evaluation of Small Business Innovation Research Programs in Japan, *MPRA Paper*, 2014, 53898.
Lerner, J., The Government as Venture Capitalist : The Long-Run Impact of the SBIR Program. *Journal of Business*, 1999, Vol. 73, No. 3, 285-318.
岡室博之，製造業の開業率への地域要因の影響：ハイテク業種とローテク業種の比較分析，RIETIディスカッションペーパー，06-J-049, 2006年．

Thomson Reuters, *National Venture Capital Association Yearbook 2013*, 2013.
Venture Enterprise Center. Survey on venture capital investment trends in Japan - prelimina, 2013.

第5章 イノベーション指標の開発と現状

　イノベーションシステムにおける知識の流れを可視化することに，これまでOECDは多大な貢献をしてきたといっても過言ではない．OECDではイノベーションシステムの枠組みが提唱され，2010年には「イノベーション戦略」が上梓された．その中で，「イノベーション政策の評価」は最優先課題の1つに挙げられている．さらにイノベーションの分析やその計測方法に対しても，OECD Science, Technology and Industry Scoreboard 2013等を通して提示している．政策評価は，その政策が実行された結果どのような効果があったのかを見極め，さらにフィードバックを通じ，政策実行の効率性を向上させるために，非常に重要な手段と考えられ，それらに資する分析手法や指標を開発することは喫緊の課題である．

　上記「イノベーション戦略」におけるイノベーションの定義は，新規または顕著に改良された製品・サービス（Product innovation）またはプロセス（Process innovation），新しいマーケット手法またはビジネスの方法（Marketing innovation），および，雇用現場の組織または対外関係における新しい組織手法の実施（Organisational innovation）であり，これらの実現のためには各イノベーションプロセスの可視化が重要である．研究開発においては，インプット，つまり資源であるヒト・カネを投資し，それによってアウトプットが生じる．このインプット後のプロセスについては，これまで多くがブラックボックスであった．したがって，従来のイノベーション分析においては，このインプットおよびアウトプットを変数として用い，重回帰分析により分析を行なってきた．このブラックボックスがイノベーションプロセスと呼ばれるものであり，イノベーションプロセスを多くのケーススタディを通して枠組みにまとめたものの1つが，山口栄一が提唱するイノベーション・ダイヤグラムである（イノベーション・ダイヤグラムについては第15章参照）．コーリー・フェルプス（Corey Phelps）らも"Knowledge

Network（知識のネットワーク）"として，枠組みを提唱し，イノベーションプロセスにおける知識の担い手あるいは担い手同士が如何に関わり合い，どのような目的で，知識の流れ（Knowledge flows）を作り出すか，それぞれの要素を定義づけている（Phelps, 2012）．山口の提唱するイノベーション・ダイヤグラムでは，知識の流れに注目し，その知的な営みを「演繹」「帰納」「創発」「回遊」と表現している．知識は「暗黙知と形式知の2つのタイプに還元できる」とされている．形式知は，論文や特許等を通して言語化された知識を代表とし，暗黙知はノウハウなどの言語化されない知識を示す．イノベーションにおいては，形式知だけでなく，暗黙知も大いに貢献していると考えられるが，現実的には暗黙知を把握することは難しい．イノベーション指標は，分析対象として，形式知だけでなく暗黙知も含め，それらが担い手によって如何に伝搬されるかを表現できる指標であることが理想といえる．

本章では，OECDが2013年に発表した"OECD Science, Technology and Industry Scoreboard 2013"（以下，「OECDスコアボード」という）を使用して，これらインプット，アウトプット，さらにイノベーションプロセスを如何なる指標によって評価できるかを述べてゆく．OECDスコアボードは，任意の国が34のOECD加盟国およびBRIICSの中でどのような位置づけにあるのかを示しており，世界の政策立案者やグローバル企業の戦略立案者にとって，座右の書となっている．

5-1　インプットにおけるイノベーション指標

インプットとしての研究開発費

企業あるいは公共財において，どのくらい研究開発費を投資するかということに関して，研究開発に不確実性が伴うだけに，その最適値を導出することは困難である．日本においてもGDPの何％を政府研究開発投資とするかは，政策立案者の苦慮するところとなっている．「新成長戦略」においては，「2020年度までに官民合わせた研究開発投資をGDP比の4％以上にする」とされたところであるが，政府負担研究費割合が諸外国に比して低水準であること，政府の研究開発投資が呼び水となり，民間投資が促進される相乗効

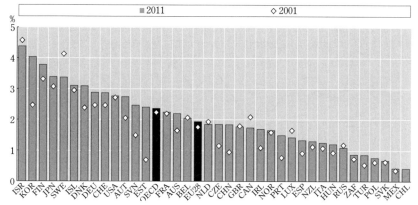

図 5-1 各国における GDP に対する研究開発費総額（GERD）の割合，2001 年および 2011 年

出典：OECD Science, Technology and Industry Scoreboard 2013
カラーの図に関しては，以下の StatLink を参照．
http://dx.doi.org/10.1787/888932890580

凡例：本章で用いる略表記と国名

表記	国名	表記	国名	表記	国名
AUS	オーストラリア	GBR	英国	NOR	ノルウェー
AUT	オーストリア	HRV	クロアチア	NZL	ニュージーランド
BEL	ベルギー	HUN	ハンガリー	POL	ポーランド
BGR	ブルガリア	IND	インド	PRT	ポルトガル
BRA	ブラジル	IRL	アイルランド	ROU	ルーマニア
CAN	カナダ	ISL	アイスランド	RUS	ロシア連邦
CHE	スイス	ISR	イスラエル	SGP	シンガポール
CHL	チリ	ITA	イタリア	SVK	スロバキア
CHN	中国	JPN	日本	SVN	スロベニア
CZE	チェコ	KOR	韓国	SWE	スウェーデン
DEU	ドイツ	LTU	リトアニア	TUR	トルコ
DNK	デンマーク	LUX	ルクセンブルク	TWN	台湾
ESP	スペイン	LVA	ラトビア	USA	アメリカ合衆国
EST	エストニア	MEX	メキシコ	ZAF	南アフリカ
FIN	フィンランド	MLT	マルタ		
FRA	フランス	NLD	オランダ		

果が期待されること等を勘案し，第 4 期科学技術基本計画においては，「官民合わせた研究開発投資を対 GDP 比の 4% 以上にするとの目標に加え，政府研究開発投資を対 GDP 比の 1% にすることを目指す」とされた．世界各国において，研究開発費総額（Gross domestic Expenditures on R&D：

102　第5章　イノベーション指標の開発と現状

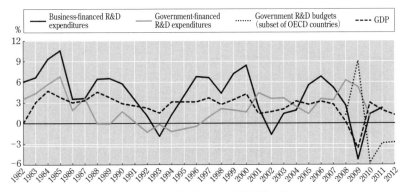

図 5-2　景気循環を通した研究開発の伸び

出典：OECD Science, Technology and Industry Scoreboard 2013
カラーの図に関しては，以下のStatLinkを参照．
http://dx.doi.org/10.1787/888932889516

GERD）は対GDP比でどのくらいになっているのだろうか．図5-1に，各国におけるGDPに対する研究開発費総額の割合を示した．これは，国の経済活動に占める研究開発強度の指標と考えられ，科学技術政策のメルクマールとして使われる場合も多い．

図5-2は，1982年から2012年までのビジネスセクターにおける研究開発費の割合，政府予算における研究開発費の割合，GDPを表示したものである．ビジネスセクターにおける研究開発費の割合は，景気循環の影響が強い．2009年は，過去前例を見ないGDPの減少率を記録したが，それに伴いビジネスセクターにおける研究開発費の割合も最大の減少率を記録している．しかしながら，その後回復基調にある．

図5-3は，米国GDPおよび米国特許庁に提出された商標出願数を示したものである．商標権とは，特許権と同じく知的財産権の1つである．ロケットやコンピュータ等の製品は，何千，何万もの特許で構成されているのに対し，1製品に対する商標の数はより限られている．したがって，新しい販路の開拓や新たな製品をイノベーションのタイプの1つとして考えるならば，特許よりも商標の方がイノベーションの指標としては適切かもしれない．一方で，1製品に対して様々な名称を戦略的に商標出願している場合もあり，必ずしも1商標が1製品に対応しているわけではない点に留意する必要があ

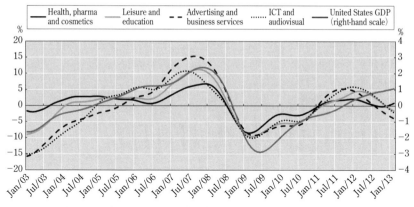

図 5-3 米国 GDP および米国特許庁に提出された商標出願数

出典：OECD Science, Technology and Industry Scoreboard 2013
カラーの図に関しては，以下の StatLink を参照：
http://dx.doi.org/10.1787/888932889535

る．

図 5-3 を見ると，米国の商標出願総数のなかで ICT とオーディオヴィジュアル，娯楽と教育，広告業界とビジネスサービス，健康，製薬および化粧品の商標がどのくらい占めているか，また GDP の伸び率，すなわち経済成長率が如何に商標出願動向に影響を及ぼすかが示されている．

また，研究開発支出に対する優遇税制（タックスインセンティブ）について，OECD では各国比較が可能なように B-Index を使用している．B-Index とは，R&D 投資の初期コストおよびそれに対する法人所得税の支払いに必要な課税前所得の現在価値であり，$(1-A)/(1-\tau)$（A = R&D 資産に係る税額控除や所得控除等のタックスインセンティブの割引現在価値，τ = 法定法人税率）で表される．研究開発に対する活動促進のために，各国ともタックスインセンティブは，近年拡充方向に見られる（OECD Science, 2009）．

図 5-4 において，Y 軸である B-Index を 1 から引いたものは租税補助金を示す値，すなわちタックスインセンティブの指標である．B-Index の値が低ければ低いほど，租税補助金は大きくなる．大企業よりも中小企業，ベンチャーに優遇措置がある国は，ポルトガル，フランス，オランダ，カナダ，英国，韓国等である．

104 第5章 イノベーション指標の開発と現状

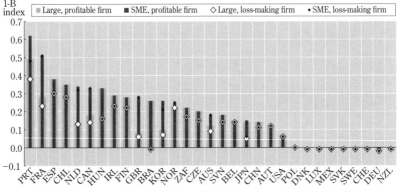

図 5-4 研究開発支出に対する優遇税制（タックスインセンティブ）

出典：OECD Science, Technology and Industry Scoreboard 2013
カラーの図に関しては，以下のStatLinkを参照．
http://dx.doi.org/10.1787/888932891150

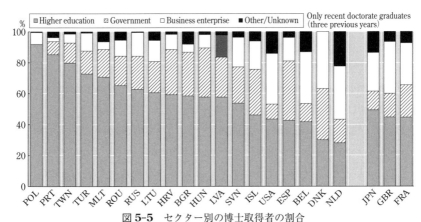

図 5-5 セクター別の博士取得者の割合

出典：OECD Science, Technology and Industry Scoreboard 2013
カラーの図に関しては，以下のStatLinkを参照．
http://dx.doi.org/10.1787/888932890884

インプットとしての人的資源

第1章で示したように，米国の中小企業，ベンチャーを支援する制度であるSBIR/STTR制度に採択された米国の中小企業，ベンチャーの企業家の学歴を調査したところ，SBIR企業の代表者の74%が博士号取得者であることがわかった．

図5-5は，セクター別の博士号取得者の割合を示したものである．図5-5から，特に米国では博士号取得者の32.7％がビジネスセクターで働いていることがわかる．米国に比して日本はビジネスセクターでの博士号取得者の活躍がまだまだ少ない現状を示している．

第1章で，米国の中小企業，ベンチャーを支援する制度であるSBIR/STTR制度が，米国のイノベーションを如何に成長させたかを見てきた．当制度は，そのフェーズⅢにおいてベンチャーキャピタルへの紹介が行なわれ，また，政府調達によって政府が後押しをするファンディング制度である．このベンチャーキャピタルが，新しいテクノロジーに基づいたベンチャーの成長にとって重要な資金源になっている．ベンチャーキャピタルによる投資についての指標が図5-6である．

図5-6は，ベンチャーキャピタルによる投資額および投資先社数を米欧で比較したものであるが，米国は，1社に対する投資額が欧州に比べ大きいことがわかる．

図5-7のY軸は，雇用者1000人に対する研究者数，X軸はGDPに対する研究開発費の割合を表し，円の大きさは研究開発費の大きさを示している．研究開発費は米国が世界1位で，中国，日本と続く．GDPに対する研究開発費の割合からすると，韓国が最も多く，次にフィンランド，日本と続く．

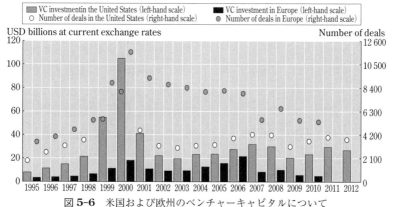

図 5-6 米国および欧州のベンチャーキャピタルについて

出典：OECD Science, Technology and Industry Scoreboard 2013
カラーの図に関しては，以下のStatLinkを参照．
http://dx.doi.org/10.1787/888932889611

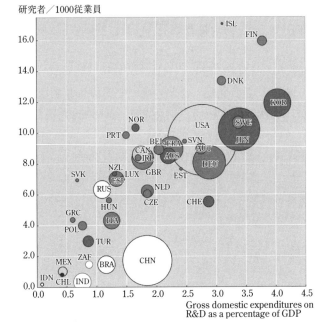

図 5-7 国別の研究者数・GDP に対する研究開発費の割合・研究開発費

出典：OECD Science, Technology and Industry Scoreboard 2013
カラーの図に関しては，以下の StatLink を参照．
http://dx.doi.org/10.1787/888932890124

　雇用者1000人に対する研究者数からすると，イスラエル，フィンランド，デンマークという順に多く，日本は7位である．GDP に対する研究開発費の割合と雇用者に対する研究者数には，密接な関係があると考えられている．

　図5-8は，ビジネスセクターに対する政府投資を GDP に占める割合で見ているが，韓国，フランス，ロシアの政府投資は大きい．米国もそれに続いている．一方，日本は BERD (Business enterprise expenditure on research and development) の GDP 比は高いにもかかわらず，政府援助の割合は諸外国に比して低い．

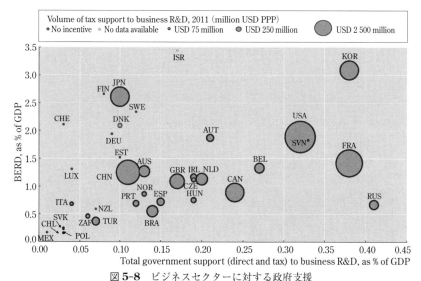

図 5-8　ビジネスセクターに対する政府支援
出典：OECD Science, Technology and Industry Scoreboard 2013
カラーの図に関しては，以下の StatLink を参照．
http://dx.doi.org/10.1787/888932890143

5-2　アウトプットにおけるイノベーション指標

　アウトプットは，山口が提唱するイノベーション・ダイヤグラムにおける「演繹」を示す指標といえる．この「演繹」には，新規のイノベーション以外にも，既存技術を使って商品開発を行ない，既存のパラダイムに基づき新商品を開発する動きも含まれる．既存技術の延長線上での技術開発や企画開発なので「パラダイム持続型イノベーション」と呼ばれる．多くの企業で行なっている改良発明のほとんどはこの既存のパラダイムに基づいた演繹である．「演繹」の指標として，以下では商標と特許，意匠，RTA（Revealed technological advantage）指標を紹介する．

アウトプットとしての商標と特許の関係

　企業において特許戦略が重要であることはいうまでもなく，特許の取得，維持管理，他者へのライセンス供与等，各企業とも多大な投資を行なって，

特許を競争力の源泉の1つとしている．特許は以前より，テクノロジーに依拠したイノベーションを測る指標として用いられている．

一方，前述のように，特許よりも商標の方がイノベーションの指標として適切な場合もある．また，一般的に，新商品・新サービスに対して企業は新しい商標を付与するため，テクノロジーに依存しないイノベーション（Marketing innovation や Organisational innovation など）についても測定しうる．

図5-9では，企業における特許および商標出願を調べ，特許または商標のみを出願する企業，両者を出願する企業の割合を示している．特許のみを出願する企業の割合は，日本が68.4％と最も高く，スペインが8％と最も低い．逆に商標のみを出願する企業の割合は，日本が19.5％と最も低く，スペインが89.5％と最も高い．これらの違いは，企業年齢・サイズの分布，知的財産に依存する企業の性質，経済の開放性，グローバル・バリュー・チェーンへの参画，産業の特殊性等の経済構造の違いに起因するものといえる．

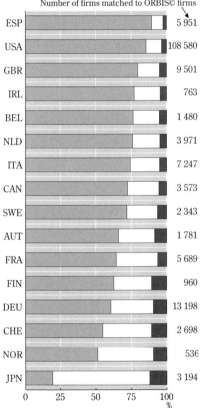

図5-9 企業における特許および商標出願
出典：OECD Science, Technology and Industry Scoreboard 2013
カラーの図に関しては，以下のStatLinkを参照．
http://dx.doi.org/10.1787/888932891625

アウトプットとしての意匠

優れた製品デザインが消費者の購買意欲を直接的にかき立てることは周知の事実である．近年，新興国企業の技術力向上や製造手法のモジュール化を背景に，先進国が技術的な優位性のみで産業競争力を維持することは難しくなっているため，優れ

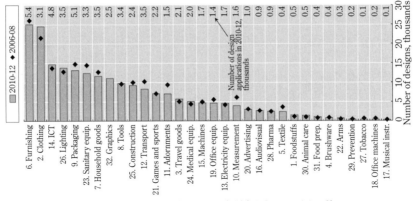

図 5-10 意匠出願数および 1 出願当たりのデザイン数

出典：OECD Science, Technology and Industry Scoreboard 2013
カラーの図に関しては，以下のStatLinkを参照．
http://dx.doi.org/10.1787/888932892746

たデザインの創出および適切な保護は，先進国にとって重要な課題といえる．

図 5-10 には，意匠出願数および 1 出願当たりのデザイン数が示されている．顧客を魅了する製品の複雑性や美的特性の射程は，意匠出願に含まれる個々のデザイン数により把握しうる．平均して，1 出願当たり 3.5 個のデザインが含まれ，2010 から 2012 年にかけては，家具，衣服，および ICT 機器がデザイン数全体の 30％を占めている．

RTA（Revealed technological advantage）指標

特許出願（特許明細書，特許請求の範囲，および図面）は，特許発明の技術的範囲を明示する権利書としての機能の他，発明の技術的内容を公開するための技術文献としての機能をも有する．特に，国際特許分類は，特許文献の国際的に統一した分類を得るための手段であり，特許出願中の技術開示について，新規性，進歩性を評価するために，各国特許庁や他の利用者が特許文献を検索するための有効なサーチツールの確立を第 1 の目的とするものであるが，一方で，新技術の出現および発展を調査するためにも有用である．RTA（Revealed technological advantage）指標は，各特許に付与された国際特許分類情報に基づき作成される指標であり，国や地域における特定技術の占有率を示している．

110　第5章　イノベーション指標の開発と現状

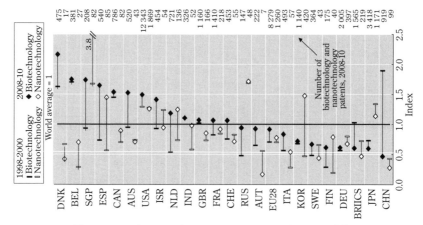

図 5-11　バイオおよびナノテクノロジーにおける RTA 指標

出典：OECD Science, Technology and Industry Scoreboard 2013
カラーの図に関しては，以下の StatLink を参照．
http://dx.doi.org/10.1787/888932893316

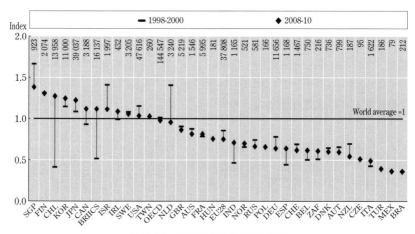

図 5-12　ICT における RTA 指標

出典：OECD Science, Technology and Industry Scoreboard 2013
カラーの図に関しては，以下の StatLink を参照．
http://dx.doi.org/10.1787/888932893335

図5-11には，バイオおよびナノテクノロジーのRTA指標の年代（1998〜2000年および2008〜2010年）による変化が示されている．デンマークが最もバイオテクノロジーに特化した国であり，オーストラリア，イスラエル，オランダ，シンガポール，およびスペインも比較的バイオに特化していることがわかる．また，シンガポール，ロシア，韓国がナノテクノロジーに特化しており，スペインおよびオランダも相当にRTA指標を増やしている．

また，近年，成長著しい中国においては，ICTの分野においてRTA指標の急激な上昇が見られ，フィンランド，韓国，および日本に類似したRTAとなっている（図5-12）．

5-3　ブラックボックスにおけるイノベーション指標

以下に紹介する3つのプロセス（帰納，創発，回遊）自体は，イノベーションプロセスにおけるブラックボックスであるため直接見ることはできない．しかし，これらのプロセスに関連する指標を通して，類推することができる．

帰納

イノベーションが起こるとき，研究開発者は往々にして「本質」すなわち科学の研究に立ち戻ることが，さまざまなケーススタディによりわかっている（山口，2006）．特許出願は，特許審査官により，その発明に新規性および進歩性等があるかどうかを判断される．審査官が新規性・進歩性欠如の理由によりその出願を拒絶する場合は，その根拠を示すために文献が引用される．また，その出願を拒絶しない場合においても，審査官が判断の客観性・透明性の担保や第三者による特許査定後の情報提供等に資するために必要と判断した場合には，特許メモが作成され，参考文献によりその根拠が示されることがある．つまり，審査官や出願人がその特許出願に対して引用した文献（後方引用文献）は，その特許発明の基礎となった知識のソースとして参照される（治部・長部，2014a）．その中でもNPL（Non Patent Literature）は，科学が技術に与えた貢献度を示し，科学知識と発明がいかに近いか，つまり科学の発展と技術の発展の距離を表している．

図5-13は，特許の審査官引用のNPLの中の論文を分析したものである．

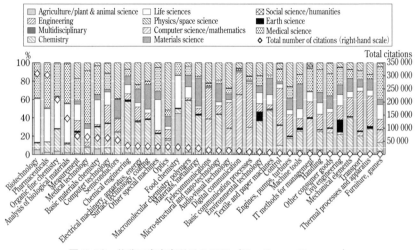

図 5-13 特許の審査官引用の NPL（Non Patent Literature）
出典：OECD Science, Technology and Industry Scoreboard 2013
カラーの図に関しては，以下の StatLink を参照．
http://dx.doi.org/10.1787/888932890352

バイオテクノロジー，創薬等の特許は，科学論文を引用する率が非常に高い．この指標は，科学と技術の距離を表しているといわれている．つまりバイオテクノロジー，創薬等の技術は科学に非常に近いことがわかる．

特許出願における NPL の引用は，科学的基礎からイノベーションシステムへと向かう知識の流れの指標となる．図 5-14 は，特許に引用された NPL の発信元を示している．バイオテクノロジー，健康，ナノテクノロジー，ICT，および環境技術の分野においては，米国に基づく機関に所属する文献著者が全体の 3 分の 1 以上を占める．米国においては，基礎科学において培われた多くの知識が，応用技術へと発展していることがわかる．また，中国，日本，および韓国は，ナノテクノロジーおよび環境技術について，比較的多くのシェアを有している．

創発

既存のパラダイムから脱却するため，本質に向かって知の土壌へと潜ること，すなわち開発レベルから研究レベルに立ち戻り，新たな知を創造するこ

とで，初めて「創発」を実現することができ，新しいパラダイムを見つけられる．この「創発」プロセスを実現させるためには，知を具現化する技術者や開発者以外にも，知を創発する「科学者」が必要であり，また両者が会合しうる「共鳴場」の形成が必要である．

図 5-15 は，知の創発者たる科学者を生み出す大学のホットスポット，地理的分布を示したものである．特定の分野（Y 軸）におけるトップ 50 の大学の割合および国・地域（X 軸）が示され，米国が最も多く，ついで欧州が続いている．米国は特に，バイオ，コンピュータサイエンス，神経科学，心理学の分野が強い．非 OECD 諸国の大学も，化学工学，エネルギー，獣医学の分野で突出している．

異なる分野の融合から生ずる新技術や新領域は，発展・成熟に時間を有する．一方，R&D や創作活動などの試験フェーズは，イノベーションの急激な増加に次いで現れるため，これら試験フェーズに関する指標では新技術・新領域の発生を捉えにくい．図 5-16 は，国際特許分

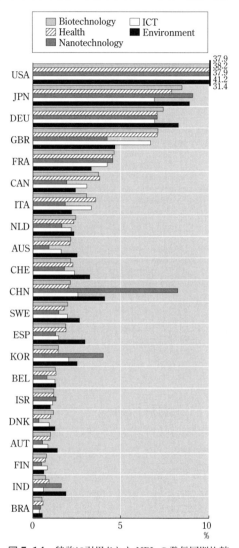

図 5-14 特許に引用された NPL の発信国別比較
出 典：OECD Science, Technology and Industry Scoreboard 2013
カラーの図に関しては，以下の StatLink を参照．
http://dx.doi.org/10.1787/888932891625

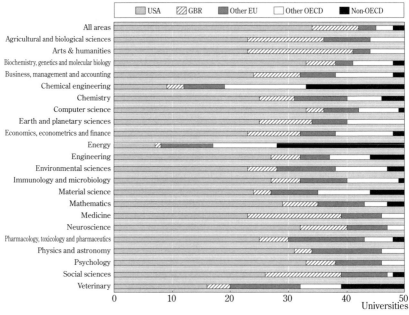

図 5-15 インパクトの高い機関の地理的分布

出典：OECD Science, Technology and Industry Scoreboard 2013
カラーの図に関しては，以下の StatLink を参照.
http://dx.doi.org/10.1787/888932890219

類ごとに技術形成の加速（パテントバーストともいわれる）を示したものである．当該技術形成の加速は，異なる技術分野における特許出願の頻度の急激な上昇を検出することにより同定される．

2000 年代前半は，A61P（化合物または医薬製剤の特殊な治療活性），C12N（微生物，酵素，遺伝子工学等）および G06Q（データ処理システムまたは方法等）などの密度が高く，同時期のバイオバブルおよび IT バブルを反映している．また，2009 から 2010 年にかけては H04W（電気通信技術に関する無線通信ネットワーク）の密度が高く，携帯電話やスマートフォン関連技術が加速していることが窺える．

回遊

本来「回遊」とは，意味の洞察や見極めを行ない，まったく違う評価軸を

取ることを意味する．ここでは，研究者が技術分野の壁を越えて移動したり，研究者自身が（研究所や国を）移動したりすることで異なる価値を創造することであり，「知の越境」ともいわれる．

OECD スコアボードにおいては，新しい指標として，論文および特許のデータベースを使って，「回遊」を指標化したものが，新しい試みとして導入されている．

図 5-17 の(a)と(b)を比較すると，国際共同研究は 1998 年に比して 2011 年になると明らかに増加し，特に中国においては約 8.2 倍になっている．米国と各国の共同研究は，1998 年の約 2000 件から 2011 年には 2 万 2000 件以上となり，米国を中心とした国際共同研究により，「回遊」が発展してきている様子を見ることができる．さらに，図 5-18 に示すように，共同研究率が高いと論文のインパクトも高くなることがわかる．

図 5-18 は，国際共同研究と論文のインパクトとの関係が示されている．個人よりも集団，単一研究所よりも複数の研究所，国内共同研究よりも国際共同研究というように，集団が大きい方が多種・多様の専門知識を活用できることから，国際共同研究はより多くの論文のインパクトを生み出せる傾向にある．図 5-17 で捉えることができた米国を中心とした「回遊」

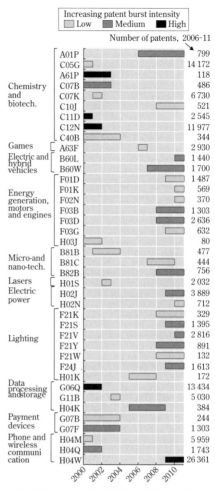

図 5-16　国際特許分類ごとの技術形成の加速（パテントバースト）

出　典：OECD Science, Technology and Industry Scoreboard 2013
カラーの図に関しては，以下の StatLink を参照．
http://dx.doi.org/10.1787/888932892366

116　第5章　イノベーション指標の開発と現状

(a)
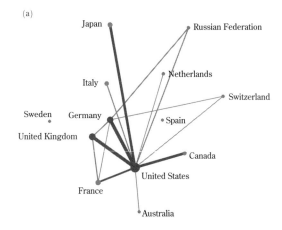

(b)
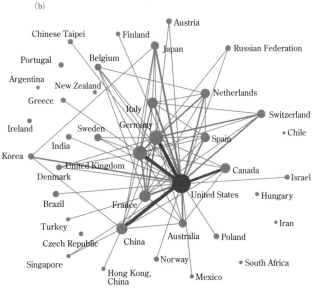

図 5-17　国際共同研究の状況
(a) 1998 年，(b) 2011 年．
出典：OECD Science, Technology and Industry Scoreboard 2013

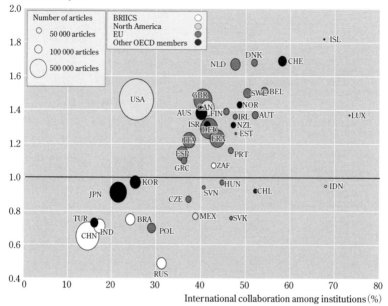

図 5-18 国際共同研究と論文のインパクト

出典：OECD Science, Technology and Industry Scoreboard 2013
カラーの図に関しては，以下の StatLink を参照．
http://dx.doi.org/10.1787/888932890314

は，ひいてはインパクトの大きい論文がどの国で生み出されるかを示すといえる．

「回遊」には，研究者が国境を越えて移動すること，すなわち流動性もその1つに含まれる．研究者の流動性も科学の発展に大きく寄与していると考えられている．研究者の流動性を論文の著者情報により計測したのは，エルゼビア（Elsevier）社で，2011年のことである（Science Europe and Elsevier's SciVal analytics, 2013）．彼らは論文に記述されている研究者の所属機関情報を使用して，この指標を計測している．論文の公表にはタイムラグがあるため，今実際に所属している機関と論文の対象となった研究をした機関とが別な場合もありうる．大いにある．また複数の機関に所属している研究者も多い．エルゼビア社の論文データベースである Scopus Custom Data は，著者IDおよび機関IDを持っている．著者によっては，複数のIDを持ってい

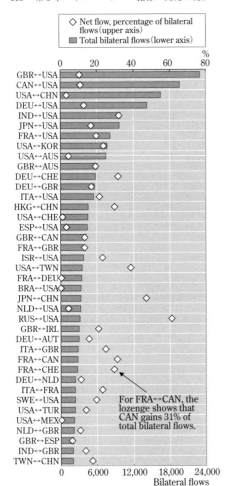

図 5-19 研究者の流動性
出典：OECD Science, Technology and Industry Score board 2013
カラーの図に関しては，以下の StatLink を参照．
http://dx.doi.org/10.1787/888932890333

るなど，注意が必要な指標ではあるが，マクロスコピックな研究者の流動性を見ることは可能である．また，論文により，このような指標をより正確に計測するためにも，Open researcher and contributor ID（ORCID）のような，世界中の研究者に共通の ID を付与するような動きは，研究者のアウトプットを測定する上でも重要と思われる．

図 5-19 は，論文データベースにおける著者の所属先の変化を追跡することによって，アクティブな研究者の国際流動性の状況を見たものである．科学の発展と国際流動性は非常に相関が高いといわれている．

図 5-20 は，論文著者を，他国への異動がない者（Stayers），帰国者（Returnees），新しくその国に参入した者（New inflows），および他国へ異動した者（Outflows）に分け，それぞれの著者のインパクトファクターを数値化したものである．米国に所属機関がある研究者のうち，帰国者が執筆した論文がインパクトの高い雑誌に掲載されている率が高い．一般的に他国への異動がなく，長期間自国に所属機関がある研究者は，インパクトの低い雑誌に論文を掲載する傾向が強いことがわかっている．

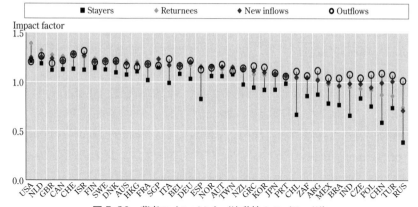

図 5-20　著者のインパクト（流動性カテゴリー別）
出典：OECD Science, Technology and Industry Scoreboard 2013
カラーの図に関しては，以下の StatLink を参照．
http://dx.doi.org/10.1787/888932891549

5-4　医薬品開発における新しいイノベーション指標の提案

　山口のイノベーション・ダイヤグラムに沿って，OECD スコアボードから，さまざまな指標を紹介してきた．これらの指標は定点観測にすぎないが，これらの点を稠密にすることにより，アナリストが描く空間描画は，政策立案・戦略立案に貢献しうる．

　最後に医薬品分野の研究開発に特化して，パイプラインという指標を中心に論文，特許，ディール等のさまざまなデータをリンケージすることによって，基礎研究から最終製品である医薬品へとつながってゆく知識の流れを捉えた空間描画をご紹介しよう．政府あるいは製薬企業における政策立案・戦略立案に資するエビデンスベースの分析である．

　われわれは，各製薬企業が有する研究開発パイプライン（研究開発段階にある医薬品候補物質のこと）に着目することで，各国の現状および将来における新薬創出力が把握できることを明らかにし，さらに，複数段階にわたる開発プロセスにおいてオープンイノベーションを円滑に進めるためには，中小企業・ベンチャーを中心とする「創薬のラウンドアバウト（円形交差点）」の存在が重要であることを，ディールデータベースから分析した（長部・治

部，2013a, b, 2014).

　また，医薬品開発に対する米国政府，財団，および企業におけるファンディング動向の把握をディールデータベースで試み，商品化を目的としたファンディング制度やフェーズ制の導入，積極的な政府調達やベンチャーキャピタルへの紹介等が必要なことが把握できた（治部・長部，2014b）.

　次に，化合物または医薬品組成物の治療活性を有する特許出願に付与される国際特許分類サブクラス A61P を使用して，Thomson Reuters Derwent World Patents Index（以下 DWPI）データベースおよび Thomson Reuters Derwent Patents Citation Index（以下 DPCI）データベースから，特許文献を 1981 年から 2011 年まで抽出．さらに，Thomson Reuters Cortellis for Competitive Intelligence（以下 Cortellis）データベースに登録されている医薬品またはパイプラインとリンクした特許文献をすべて抽出した．前者から後者を差し引いたものを医薬品につながらなかった特許とし，後者を医薬品につながった特許とした．これらすべての特許に対して，サイテーション・ラグ，ジェネラリティー・インデックス，サブジェクト・インデックス，スコープを計算し，プロットしたのが図 5-21 である．

　その結果，医薬品につながらなかった特許（図 5-21 の黒線）は，後方引用（特許および文献）の技術領域は狭く，サイテーション・ラグも短いことから，発明の基礎となった知識のソースは，比較的狭い領域から直近の知識を用いている傾向にあるといえる.

　一方，医薬品につながった特許（図 5-21 の灰色線）は，後方引用（特許および文献）の技術領域は広く，広範囲の技術領域に属する特許群や NPL 群がその発明の基礎となっているといえる．また，後方引用のサイテーション・ラグが比較的大きいことは，審査官が，過去長い期間に遡り特許や NPL の調査を行ない，それらを引用した結果といえる.

　また，医薬品につながった特許は，自らがカバーする技術領域は狭く，特定の技術に特化した特許であるのに対し，前方引用における技術領域は広く，将来の発明に対して広範囲に影響を与えているといえる.

　特許の引用等の分析により，地政学的空間，時間，技術的分野，組織の枠，共同研究，ソーシャルネットワーク等さまざまな次元を超えて知識が伝播していることが示されている．またそれらが，イノベーションを生起するため

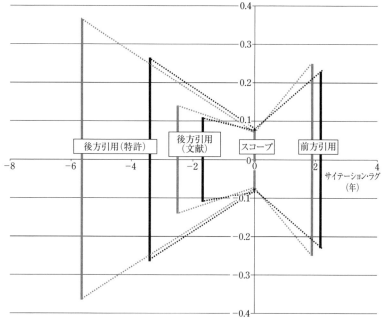

図 5-21　各指標でみた医薬品につながった特許とそうでない特許の相違
出典：治部眞里, 長部喜幸. AMED（日本版 NIH）創設に向けた新しい指標の開発（8）. 情報管理. 2014, vol. 57, no. 8, p. 562-572.

に重要な鍵であることもわかってきた（Lukach and Plasmans, 2002). 今回，パイプラインおよび医薬品につながった特許とつながらなかった特許を分析することで，この両者で知識の流れにどのような違いがあるのかを分析することが可能となった．医薬品につながった特許は，そうでない特許に比して，より広範囲の技術領域から影響を与えられ，かつより広範囲の技術領域に影響を与えていることがわかる．それにもかかわらず，中心となる特許自体は，非常に技術的に特化しているのが特徴である．さらに医薬品につながった特許の審査には，そうでない特許よりもさらに過去の特許を審査官が参照していることが特徴である．つまり，医薬品開発においてイノベーションにつながるような知識は，広範囲・長期間の技術領域を必要とし，さらに広範囲の技術領域へと影響を与えるのである（治部・長部，2014c)．

これまでイノベーション研究において，基礎研究から医薬品へと発展して

ゆく過程を捉えることが困難であったが，パイプラインという指標を中心にさまざまなデータをリンケージすることによって，その過程が把握可能になったわけである．

このように，知識の流れを多様な角度から分析することにより，この中からシグナルを導き出してゆくデータ分析が，エビデンスベースの政策立案，戦略立案に不可欠となることは間違いない．その際，どのようなデータベースを選択し，リンケージしてゆくかも今後の課題となるだろう．

参考文献

治部眞里・長部喜幸「日本版 NIH 創設に向けた新しい指標の開発（4）」情報管理. 2014a, Vol. 57, No. 1, pp. 29-37.

治部眞里・長部喜幸「AMED（日本版 NIH）創設に向けた新しい指標の開発（7）」情報管理. 2014b, Vol. 57, No. 6, pp. 395-206.

治部眞里・長部喜幸「AMED（日本版 NIH）創設に向けた新しい指標の開発（8）」情報管理. 2014c, Vol. 57, No. 8, pp. 562-572.

Lukach R. and J. Plasmans. "Measuring knowledge spillovers using patent citations: evidence from the Belgian firm's data" *CESifo Working Paper*, No. 754, Category 9: Industrial organization., 2002.

OECD Science, Technology and Industry Scoreboard 2009, pp. 78-79.

長部喜幸・治部眞里「日本版 NIH 創設に向けた新しい指標の開発（1）」情報管理. 2013a, Vol. 56, No. 7, pp. 448-458.

長部喜幸・治部眞里「日本版 NIH 創設に向けた新しい指標の開発（2）」情報管理. 2013b, Vol. 56, No. 9, pp. 611-621.

長部喜幸・治部眞里「日本版 NIH 創設に向けた新しい指標の開発（3）」情報管理. 2014, Vol. 56, No. 10, pp. 685-696.

Phelps, C., R. Heidl and A. Sadhawa. "Knowledge, networks, and knowledge networks: A review and research agenda", *Journal of Management*, July 2012, Vol. 38, No. 4, pp. 1115-1166.

Science Europe and Elsevier's SciVal analytics, "Comparative Benchmarking of European and US Research Collaboration and Researcher Mobility", 2013.

山口栄一『イノベーション　破壊と共鳴』NTT 出版, 2006.

第6章　サイエンスの風景
——「分野知図」の生成と分析

　本章では，本書のイノベーション理論の基盤として利用されている「分野知図」の作成を通して，知識構造の可視化と，その背景となる理論を扱う．

　広範な知識のありようを全体として把握し，視覚的に提示することの有用性が近年改めて認識されている．これらの試みは Knowledge Domain Visualization あるいは Science Map などともよばれ，分析対象となる知識の詳細な理解の代わりに，対象に関する十分なデータを数学的に処理することによって構造を抽出し，これを視覚的に表現するところに特徴がある．

　なお，本章では行列の固有ベクトルやスペクトル分解に関する知識と経験を前提としている．必要に応じて線形代数のテキストの当該項目を参照してほしい．

6-1　距離概念とデータの取得

　包含関係や親子関係など知識の総体の中に見出されるべき構造には様々な種類があるが，固有の方法論に基づいて，また固有の目的をもって実践される諸学問の間には，ある種の類縁関係はあっても，一般的にいって包含関係は成り立たない．その一方で学際研究が典型であるが，類縁関係はある程度成り立っているのが普通である．

　学問や知識といった，抽象的な存在どうしの距離（あるいは近さ）とは何であろうか？　抽象的な問題は，常に具体的なレベルに引き戻して考えると扱いやすくなる．学問の外部から見た場合，学問とはそれを実践する人物あるいは学問知識に属する書籍や論文である．すなわち文献を列挙することで，かなりの程度その学問という存在を代替できそうである．次は，それら要素を集めたもの（集合）同士の隔たりを扱うことができれば学問間の距離を得られる．

集合間の隔たりの尺度としては，様々な関数が知られているが，できればその尺度が距離関数の条件すなわち2つの対象 x, y の距離が，

1. 「距離が0であること」と「同一の対象であること」が同値
2. x から y への距離と y から x への距離が等しい（対称性）
3. 直進するほうが，中継点を通るよりも近い（三角不等式）

これらの条件を満たすものであってほしい．これらの条件は，距離の概念を抽象化したもので，この条件を満足する関数が定義されている空間を数学で「距離空間」と呼ぶ（具体的な参考文献はここでは挙げないが，これらの条件について更に知りたい人は数学科の専門課程で一般的に使われるような集合・位相空間論のテキストを参照してほしい）．ある尺度を「距離」という名称で呼んでしまうと，これらの条件が成り立っているのは当たり前に思えるかもしれないが，目で見て測れる空間に対象が配置されているわけではない状況で人工的に導入した尺度にとって，これらの条件はそれなりに高いハードルである．

　われわれの最終的な目標は視覚表現であり，そこでは特段の事情がない限り日常的に慣れ親しんだユークリッド空間が使われる．ユークリッド距離は上記の性質をすべて満たしているので，対称性や三角不等式の成り立たないような隔たりの尺度を採用すると，見慣れない視覚表現になってしまうおそれがある．

集合間の Jaccard 距離

　以下に挙げるのは一般に Jaccard 指数として知られる関数を基にした Jaccard 距離と呼ばれる関数である（Andowski, 1971）．x, y を集合，集合 x の要素の数を $|x|$ とすると，

$$d(x, y) = 1 - \frac{|x \cap y|}{|x \cup y|}$$

上記関数の後半部である Jaccard 指数

$$J(x, y) = \frac{|x \cap y|}{|x \cup y|}$$

は2つの集合 x, y の要素が一致するとき，かつ，そのときに限って値が1となり，2つの集合の共通部分が存在しないとき，かつそのときに限って0

となる．したがってこの関数 $d(x, y)$ は2つの集合が一致するときは0，共通部分が存在しないときに最大値である1となる．またこの関数 $d(x, y)$ は先に挙げた距離の条件を満たす．なお Jaccard 距離が三角不等式を満たすことの証明は必ずしも自明ではないが，紙数の都合上省略する．

　Jaccard 距離はこのように視覚表現の出発点として適した性質を持っているだけでなく，データ取得という点でも適している．たとえば各種データベースの検索式として比較的容易に実装可能であり（最低限論理積 "and" を使った検索が可能であればよい），また，様々な最適化手法も利用可能である．

学問の選択とデータの取得

　Wikipedia（ja）項目「学問の一覧」および，Google Scholar サービスの検索結果を勘案し，39 の学問を選択した．選択にあたっては人文科学，社会科学，自然科学を包摂し，かつ，基礎科学と応用科学を適宜配分し，哲学，言語学，心理学，文学，考古学，地理学，人類学，政治学，経営学，法学，経済学，商学，社会学，物理学，化学，生化学，生物学，地学，生命科学，地球科学，数学，医学，歯学，薬学，解剖学，生理学，栄養学，看護学，農学，機械工学，情報工学，化学工学，生物工学，電気工学，電子工学，教育学，情報学，環境学，家政学について距離データが計算可能となるよう検索ヒット件数を約 1600 件収集した．

　Google Scholar サービスは，商用の学術記事データベースを組み合わせた，学術記事および文献に主眼をおいたデータを保持しており，純粋な学術成果以外の記事もある程度カバーしつつ，一般の Web 記事に見られるような時局に依存した情報の爆発的増減を免れている，という点でデータ源として適切である．

6-2　多次元データ分析の理論と実践

　そもそも情報の分析とは何であろうか？　根源的には，人がデータを閲覧して何かに気づくことが分析であるが，データをそのまま見て了解可能であれば「分析」など不要である，ともいえるのであり，数理的には情報量を保

ってサイズを縮小し，かつ，それを人間が容易に理解できる形式にする操作であるという側面がある．不必要な細部を省略することで意味を浮かび上がらせる分析は，数学的にいえばサイズ当たりの情報量を増幅する，それはすなわち情報の圧縮操作にほかならない．

　現在対象としているデータの次元数は39であるが，人間に認識できる次元の数はいくつだろうか？　ここで問題にしているのは視覚表現であるから，目で見るということに限っていえば，位置の3次元に加えて時刻，形状，サイズ，色などを総動員したとしても，1桁の次元数が限度であろう．したがって，たとえデータの規模は小さくとも，39の次元をあますところなく視覚表現に盛り込むことは不可能であり，次元数を削減する必要がある．

　統計学，機械学習，画像処理などの分野では，このような多次元データの分析について既に豊富な蓄積がある．高次元データの次元数の削減手法は一般に次元圧縮あるいはdimension reductionと呼ばれている．

古典的多次元尺度法（CMDS）

　今回，利用するのは古典的多次元尺度法 Classical Multidimensional Scaling（以下CMDS）という線形代数を用いる手法で，やはり次元圧縮の1つである（Torgerson, 1952）．

　図6-1のように，地図の上に n ヵ所（図では3ヵ所）の都市が掲載されているとする．この地図で都市相互の距離を測定すれば，距離のデータが n 次の実対称行列として得られる．CMDSとは，この逆問題を解決する手法

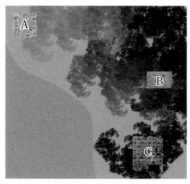

図 6-1　相互距離と幾何学的配置

である．すなわち，相互距離のデータがn次の行列として与えられたときに，これから元になった地図を再構成する，という問題を解くのがCMDSである．

これは一見すると，今われわれが直面している課題にまさにぴったり合う手法に見えるが，次のような疑問は残る．地図の例であれば，距離データは既に2次元平面上に配置された点から生成されたものなので，この距離データに対応する布置の存在は保証されている．だが，今われわれが扱っている距離のデータでは，この前提は成り立たず，距離に対応する布置の存在は保証されていない．p.124で述べた距離関数条件には，適切な付置がそもそも存在しないという事態を，あらかじめある程度数学的に排除できる利点がある．

以下，やや技術的になるが，本章の重要なテーマに関連することであるから，CMDSで行なわれる処理内容について解説する．CMDSのアルゴリズムは以下のとおりである．

1. 距離のデータを内積のデータに変換する．
2. 内積行列の固有ベクトルによるスペクトル分解を求める．
3. 視覚表現に使う空間の次元数の固有値と固有ベクトルを布置の座標とする．

距離から内積への変換は，行列の次数をn，距離の行列をD，内積の行列をB，それぞれのi行j列の要素をd_{ij}, b_{ij}とすると

$$b_{ij} = d_{ij}^2 - \frac{\Sigma_j d_{ij} + \Sigma_i d_{ij}}{n} + \Sigma_{ij} \frac{d_{ij}}{n^2}$$

により得られる．こうして得られた行列Bのスペクトル分解はi番めの固有値をλ_i，対応する固有ベクトルをv_i，その転置をv_i^tとして

$$B = \Sigma_i \lambda_i v_i^t v_i \lambda_i$$

k次元空間への布置であれば，上位k個の固有値と対応する固有ベクトルから座標が得られる．たとえば，2次元空間への最大固有値と対応する固有ベクトルを乗算したものと，その次を2つの座標として用いる．以上がCMDSのアルゴリズムである．

次元圧縮としてのCMDS

CMDSを次元圧縮の観点から見ると，スペクトル分解から固有ベクトルを必要な数だけ選び出す部分が核心である．これに対して距離から内積への

変換やスペクトル分解は可逆な処理であり，データサイズの変更もない（したがって圧縮されていない）．

　スペクトル分解の左右は等号で結ばれているが，実際に視覚表現に使われるのは，そのうちもっともメジャーな k 個の固有値と固有ベクトルである（2次元ならば2個）．他のベクトルは使われないので，布置の座標データは元の内積行列の（したがって距離行列の）近似である．よく知られているように，固有ベクトルによる行列の近似は，解とデータの間の2乗誤差（差の2乗を合算した値）を最小にする．

　このように，大きな固有値に対応する固有ベクトルから順に採用することで，少数のベクトルに元の行列の情報を可能な限り盛り込むことができる．情報の損失を抑えて次元を切り詰めているこのステップは次元圧縮という点から見た核心部分である．

　またCMDSのもう1つの長所は，同じデータに対して常に同じ結果が得られる点である．第三者による検証や，異なるデータ間の比較も容易になるなど，この性質は非常に都合が良い．これに対して，なんらかの評価関数を都度計算しながら漸近的に布置を変更してゆくアルゴリズムでは，一般に計算開始時の座標その他のパラメータに依存して結果が変化し，同一性の確保が困難である．

データの分布とCMDSの適性

　CMDSを適用する際に気をつけるべきことは，欠損する情報の評価関数は，近似である射影行列と元の行列の乖離の2乗和だという点である．たとえ乖離の分布が分散を持たない（収束しない）場合であっても，有限個の観測データからは2乗誤差が常に計算可能であり，したがってそれを最小にする固有ベクトルも計算可能である．しかしそのような解には数学的な根拠はなく，したがって結果的に必要な情報を捨ててしまうことになる．この手法を適用する際には，分布をよく検討することが重要である．

　図6-2は39学問分野間距離の累積分布を縦軸を確率，横軸を距離として両対数グラフにプロットしたものである．縦軸はJaccard距離を確率変数 x，その確率密度を $p(x)$ とすると，ほぼべき分布 $p(x) = x^{-a}$ であり，かつ，そのべき a の値が2に近いことがグラフから読み取れる．累積分布は確率密度

関数 $p(x)$ の x による積分なので，べき a が 2 のときの両対数累積分布グラフの傾きは -1 である．Hill の最尤推定法による当該データの巾の推定値は -2.3 であった．したがって，この分布の 2 次の積率は発散し有限の値を持たない．以下に取得データから CMDS を用いて算出した座標のプロットを示す．一部の対象が 1ヵ所に集結し，残りがまばらにランダムに散らばった図になっている．

ここでとるべき選択肢は，1 つめは線形代数による解析的な解決を捨て，違うアルゴリズムを模索することである．しかしテストした他のアルゴリズムでも距離データの分布の偏りのために，バランスの悪い配置は避けられなかった上に，初期配置に依存して布置が変化する問題も新たに発生するので，

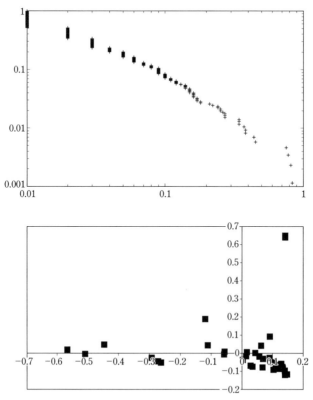

図 6-2　Jaccard 指数の分布と，この分布に基づくプロット

130　第6章　サイエンスの風景

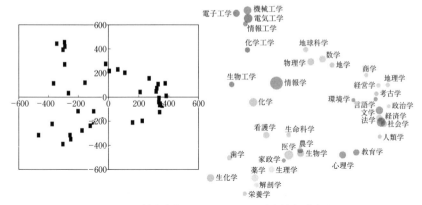

図 6-3　一様分布化したスコアによる座標と視覚表現

CMDS に対する優位性がない.

　一方，偏った分布を扱う頑健な手法としてよく知られているのが，データの即値の代わりに順位を使うことである．すなわち一様分布に変換するのである．この変換を行なうと，一般に三角不等式は成立しなくなり，指標が持っていた距離としての条件は満たされなくなってしまうが，われわれの最終的な目標は数学的な整合性ではなく，客観的なデータという根拠に立脚した再現可能な自然な視覚表現であるから，ここでは一様分布に変換して座標を計算したものを用いて視覚表現を構成することにしよう．図 6-3 は一様分布に変換した行列から得られた座標のプロットと，それに基づいて構成した視覚表現である．

6-3　分野知図の応用と展開

　構成された視覚表現の検討や応用は本章の中心的なテーマではないが，前節で構成した視覚表現の座標が高次元（39 次元）空間の正規直交基底であるという点を利用して，個人や企業など，学問以外の対象を，分野知図に布置することができる（山口・藤田，2014）ので，本項でこれを可視化アルゴリズムという観点から紹介する．プロット対象は米国 SBIR プログラムの受賞企業の Prinicipal Investigator（研究代表）5639 名である．

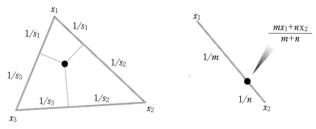

図 6-4 内分を使った分野知図への布置

　いま，分野知図に布置したい人物と，学問 i の関連性を示す重み付けが s_i として得られているとする．分野知図の x 軸として利用した第1固有ベクトルの学問 i の成分を x_i とする．

　このとき，対象人物の x 座標はどのようにして算出するのがふさわしいだろうか？　事情を簡単にするために，学問が2つしかない場合を考える．重み値が m, n であるとき，x_1, x_2 の間を $1/m$ 対 $1/n$ に内分する（重みスコアが大きいほうに近づかねばならないので，内分比は逆数になる）点 $\frac{mx_1 + mx_2}{m + n}$ とするのが適当であろう（図6-4参照）．すなわち一般に，基底ベクトル x 上の座標は

$$\frac{\Sigma s_i x_i}{\Sigma s_i}$$

である．これは成分 s_i かつ $\Sigma s_i = 1$ であるようなベクトルを s，固有ベクトルを x としたときの内積 sx であり，かつ，x は視覚表現空間の基底であるから，すなわち，この操作はベクトル s から視覚表現の空間への射影である．

　このアルゴリズムは，s の成分間の比によって座標が決まるので，すべての x_i と等しく密接に関連している場合と，等しく関連が薄い場合では，同じ座標になる．今回の趣旨を考えるとこの2つの場合が図の中で区別できないのは妥当であるが，これでは都合がよくない場合には，何か区別できるよう表現をもりこむ，たとえば Σs_i^2 の値によって描画する点の不透明度を変更する，などの対応が必要になる可能性もある．

　また，このアルゴリズムの特性上，すべての点 x_i を含む最小の凸多角形の内部だけが布置の対象となり，その外部は利用されないので x_i の配置によっては空間の利用が非効率的になったり布置のバランスが悪く見やすくな

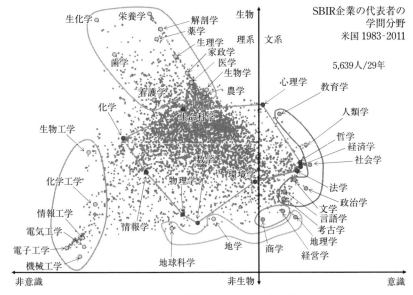

図 6-5　分野知図への射影による SBIR 主任研究者の布置

いものになるおそれがある（本章で扱った分野知図では p. 130 で述べた一様分布への変換によってこの問題を克服してある）．

各 s_i のデータは，Jaccard 指数 $J(x, y) = \frac{|x \cap y|}{|x \cup y|}$ を使えばよく，そのためには人数*39 回の検索と，人名単独，学問名単独それぞれの検索件数を用意すればよい．

図 6-5 は，約 20 万回の検索を（自動で）行なって蓄積したデータをもとに，Jaccard 距離から内分比ベクトルを算出，これを視覚表現空間へと射影することで対象の座標を算出したものである．対象のサイズは SBIR プログラムにおける受賞回数を反映している．

実装

実際に本章で述べた視覚表現を構成する上で，まず必要となる処理は距離のデータから座標を算出するステップ，すなわち行列のスペクトル分解である．

実対称行列のスペクトル分解を n 次すべてについて実行する必要はなく，

視覚表現に必要な分だけ固有ベクトルを取り出せば十分であるが，行列のサイズが小さければ，計算は無駄になるが行列全体をスペクトル分解することも，現代の計算機の処理能力を考えると特段の配慮を必要とせずに実行可能である（ただし，必要な計算量は n の3乗に比例して増大する）．

一般的な行列演算ライブラリは固有ベクトルを計算する機能を備えている．また科学計算用のツール（MATLAB, Octave, R, Mathematica など）も行列をスペクトル分解する機能を持っている．通常は，科学計算ツールを活用するほうが，数値演算ライブラリを呼び出すコードを書くよりもずっと手軽である．たとえば Octave でスペクトル分解を得るには，変数 a に行列が格納されているとして

$$[v, l] = \text{eig}(a)$$

とするだけでよく，この1行で v に固有ベクトルが，l に固有値が格納される．本章に登場する分野知図の39学問の座標も上の1行で計算している．また，行列のスペクトル分解以外の計算はすべて一般的な表計算ソフトで実行可能である．表計算ソフトのポテンシャルは一般事務用途に限定されず，科学計算やデータ分析にも実力を発揮する．一般的な数学の関数はほぼ装備しており，一通りの可視化機能も組み込まれている．

計算結果の視覚化には，近年様々な高機能なライブラリがフリーソフトウェアとして利用可能なので，それらのライブラリを利用するとよい．出力も，通常のラスタ画像（jpeg や png など）以外に，svg などのベクタフォーマットも扱えるものが多く，ブラウザやスマートフォンなどを組み合わせれば対話的な機能を備えた動的な視覚表現を構築することもできるようになった．本章執筆時点では3次元的な奥行きを持たせた表現にはまだ決定的といえる実装は見当たらないが，既に環境は整いつつある．本章では2次元に限定したが，この本が出版される頃には奥行きを備えた対話的に閲覧するタイプの視覚表現が手軽に利用できるようになっている可能性はあるので，興味があったり必要に迫られたりしている読者はぜひ調査して実験してみて欲しい．

データの取得のほうが，座標の計算よりも経験が必要な場合もある．グーグル（Google）社をはじめ，人気のあるサービスを運営している会社はサービスの可用性の確保に非常に注意深く取り組んでおり，アクセスの集中や攻撃に対して神経質である．そのため，たとえ悪意はなくとも自動的にデータ

を収集するためのコードを大規模に実行すると，攻撃と判断されてアクセスを遮断されるおそれがあるし，場合によってはネットワーク接続プロバイダとの契約を解除されたり刑事訴追を受けたりする危険もある．また，Tor などの匿名オープンプロキシへの対策もぬかりがなく，多数のホストを経由しての分散処理で大規模なデータ収集を一気に片付けようとしても，CAPTCHA（機械可読性の低い画像に描かれた文字を読み取って入力することで，生身の人間が操作していることを保証する仕組み）などの認証に阻まれる．同一ホストからの繰り返しリクエストでは時間間隔と検索パターンをランダム化するなどの対策を講じる必要もあり，データの収集にはかなりの時間と手間がかかるのが普通なので，時間的な余裕を十分にとることが重要である．焦りから拙速な操作をしてアクセス制限を受けてしまうと，更に貴重な時間を浪費することになる．

データ収集のテクニックについては書籍も利用できるが，状況が非常に流動的なので，Web scraping あるいは crawling といったキーワードで都度調査することも併せて行なう必要がある．効率的なデータの取得には，情報通信技術の基礎的（入門的という意味ではなく根本的という意味である）な仕組みなどのノウハウも必要になる場合があり，読者の技術的なバックグラウンドと取得したい情報によっては本章で扱った数学よりも，習得に時間が必要になる場合もある．

参考文献

Andowski, M. and D. Winter, "Distance between Sets", *Nature*, 234, pp. 34-35.
Manning, C. D., *et al.*, *An Introduction to Information Retrieval*, Cambridge University Press, 2008.
Torgerson, W. S., "Multidimensonal Scaling: I Theory and Method", *Psychometrika*, Vol. 17, No. 4, 1952.
山口栄一・藤田裕二，第 29 回研究・技術計画学会年次学術大会，2014 年 10 月 26 日．

第 II 部

サイエンス型産業の分析

第7章　医薬品産業
——日本はなぜ凋落したか：イノベーション政策の最適解

7-1　医薬品産業とは何か？

膨大な投資が生み出す未来産業

　一般に，バイオ産業と聞いて真っ先に連想されるイメージの1つに，医薬品産業が挙げられるのではないだろうか．ハイリスク・ハイリターンの知識集約型ビジネスとして知られるこの産業は，1つの画期的な新薬の開発に成功すれば，たちまち年間数千億円という莫大な売上に繋がる可能性を秘めている．また，特許の有効期間中はその高い売上と利益を長期に亘って維持することができるグローバルな巨大市場である（佐藤，2010）．ただし，こうした華々しい一面を持つ一方で，1つの新薬を開発するためには，十数年にも及ぶ長い歳月と，数百億円とも数千億円ともいわれる膨大な研究開発資金が必要とされることもまた事実である（Goozner, 2004）．最近では，1つの医薬品が製品化されるまでの研究開発におけるその成功確率は，3万分の1（日本製薬工業協会，2013）とも100万分の1（Shook, 2007）ともいわれており，自動車産業やエレクトロニクス産業といったその他製造業の研究開発プロセスとは，不確実性の観点から見ても根本的な違いがある．医薬品産業がハイリスク・ハイリターン型産業と称される所以は，まさにこの点にあるといえるだろう．

　近年，このような医薬品の研究開発プロセスの長期化，コスト・リスクの増大に伴い，その不確実性がますます高まりつつあるなかで，製薬企業は限られた経営資源の効率化をこれまで以上に求められている．このことは，生命科学そのものが持つ不確実性，複雑性，学際性，知識や技術の変化のスピードによって，さらに拍車がかかっているといっても過言ではない．その結果として，物理学，化学，生物学，情報科学といった分野横断的な生命科学

に基礎をおくいわゆるバイオテクノロジーは，伝統的な医薬品産業をまったく新しい知識集約型産業へと急速に発展させつつある．これは，既存の大手製薬企業とともに，1970年代後半に米国で頭角を現し始めた創薬ベンチャーが織り成す未来産業と呼ぶにふさわしい．20世紀のコンピュータ産業の雄として名高い，スティーブ・ジョブズ（Steve Jobs）やビル・ゲイツ（Bill Gates）も，21世紀のイノベーションの源泉としてこのバイオ産業に大きな期待と関心を寄せている（Wohlsen, 2011）．20世紀にパーソナルコンピュータが時代を大きく変えたように，新しい時代が今まさに生命科学から始まろうとしているのである．

医薬品産業の市場規模

生命科学に基礎をおく医薬品研究開発ビジネスとは，いったいどのようなものなのだろうか？　本項では，まずこの産業の市場規模を簡単に概観しておきたい．

図7-1に，世界の医薬品市場規模の推移を示した．この図からわかるよう

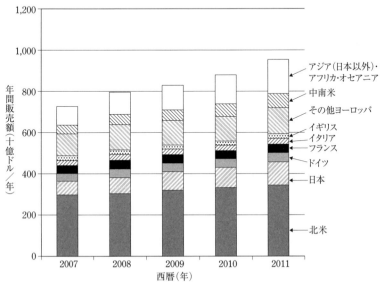

図 **7-1**　世界の医薬品市場規模の推移（販売額）（日本製薬工業協会（2013）に加筆修正）

に，2011年の世界の医薬品市場規模は，9529億ドルに達し，ついに1兆ドルを突破する勢いを見せている．また，2007年以降の5年間では，年間平均5％以上の成長率を有しており，リーマンショック（2008年）のような景気の浮き沈みにも左右されにくい産業であるといえる．日本の医薬品市場は，世界全体の11.7％を占めており，国別に見たシェアでは米国（36.2％）に次いで第2位の市場であることがわかる（2011年）．

これらのデータからも明らかなように，医薬品産業が21世紀の成長産業であることは間違いない．特に近年では，先進国市場が安定化する中で，新興国市場の拡大が顕著であり，医薬品開発ビジネスそのものが急速にグローバル化しつつあることを窺わせるものである．

7-2　問題意識――日本の医薬品産業の実態

拡大し続ける貿易赤字

まずは，日本の産業競争力を根底から議論するために，図7-2(a)を見てほしい．このグラフは，1988年から2013年までの日本の貿易収支年次推移を品目別で示したものである．自動車（含部品）および鉱物性燃料は，それぞれ1988年から一貫して第1位の輸出品および輸入品であり，統計上のインパクトが著しく大きいため，これら2品目を除いたグラフを改めて図7-2(b)で示す．ここで改めて日本の貿易赤字産業を見てもらおう．それは，鉱物性燃料に加え，直近の貿易赤字額（2013年度）が大きい順に，通信機，医薬品，電算機類（含周辺機器および部品），音響映像器類（含部品）の4品目であることがわかるだろう．特に医薬品は，1988年から一貫して貿易赤字が継続しており，なおかつ2000年代後半からその赤字額が著しく拡大している品目であることがわかる．医薬品産業が，鉱物性燃料，通信機（iPhoneをはじめとするスマートフォン関連製品）に次ぐ，日本の主要輸入産業であることを証明している．また，2000年頃に当該産業が何らかの相転移を起こしたことを示唆するデータとして捉えることができる．このようなトレンドは，日本の医薬品産業に警鐘を鳴らすものであり，当該産業の国際競争力について議論する上でも，非常に興味深い研究対象であるといえるだろう．

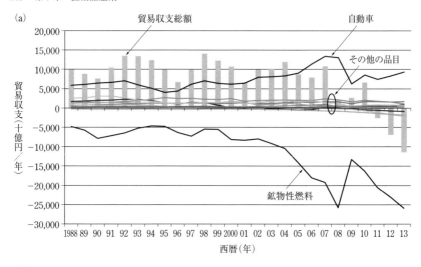
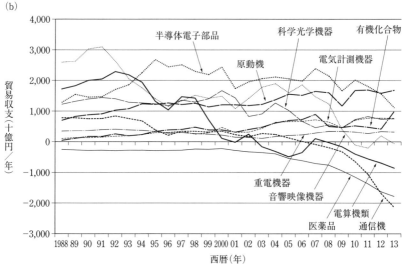

図 7-2 日本の貿易収支推移（総額および品目別）(a) は貿易収支総額と自動車および鉱物性燃料を示し，(b) はそれ以外の品目を示す．（財務省貿易統計より作成）

そもそも日本の医薬品産業のこのような貿易赤字の傾向は，前述の通り1980年代後半から一貫して続いている現象であるが，最も問題視しなければならない点は，2000年代以降，その赤字額が著しく拡大を続けていることである．2013年の日本の医薬品貿易赤字額は，約1兆7786億円であり，この産業が深刻な貿易赤字に陥っていることを如実に物語っている．むろん自動車産業やエレクトロニクス産業をはじめとするその他の製造業と同様，経営のグローバル化に伴い，日本の製薬企業が2000年頃を境に製造拠点と市場戦略を海外に移転したという仮説は十分に成り立つ．すなわち近年の医薬品の貿易赤字額の増加は，製造拠点と市場戦略を海外に移転した日本の製薬企業による経営戦略の結果であり，一概に貿易赤字の拡大が日本の医薬品産業の衰退を結論付けるものではないとする仮説である（長澤，2013）．

そこで，日本市場での外資系製薬企業の出荷額構成比の経年変化を調べた．結果を図7-3に示す．注目すべきは，1990年代後半から外資系製薬企業の出荷額およびその構成比が急速に上昇していることである．2000年から2011年にかけては，出荷額ベースで1兆6351億円，構成比では25.2％から

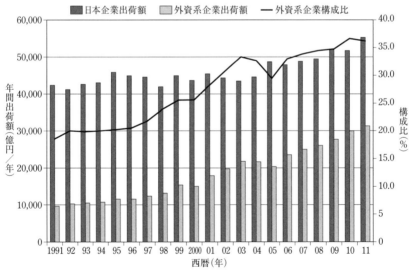

図 **7-3** 日本市場における日本の製薬企業と外資系製薬企業の年間出荷額（左目盛），および外資系企業の構成比（右目盛）の経年変化（厚生労働省薬事工業生産動態統計より作成）

36.2%へと11%もの急上昇を見せている．ここで気づかされるのは，1990年代後半からの外資系製薬企業の出荷額の伸びが，日本の貿易赤字額とほぼ同水準で推移している点である．もちろんこのデータからは，輸入額のすべてが外資系製薬企業由来のものであるとは断言することができない上，日本の製薬企業の海外製造が拡大したという前述の産業構造の変化についても否定はできない．しかし，日本の製薬企業がたとえばコストを理由に製造拠点を国内から海外にシフトしたと仮定するならば，外資系製薬企業がこの期間にわざわざコストの高い日本で製造を強化したとは考えにくい．つまり，外資系製薬企業によって海外で製造された医薬品が，そのまま輸入されたと考えるのがごく自然ではないだろうか．

そういう意味では，図7-2(b)で示した日本の医薬品貿易収支の推移と，図7-3で明らかになった外資系製薬企業の出荷額の伸びは，何らかの相関関係があるといっても差し支えないだろう．特に，表7-1に示すように，2012年に日本が医薬品を輸入している主要相手国は，①米国3400億円（前年比＋16.9%），②ドイツ3200億円（前年比＋23.2%），③スイス2300億円（前年比＋15.0%），④フランス1700億円（前年比＋26.4%）の順であり，4ヵ国合計で1兆600億円に達している．いずれの国も，世界市場で上位10社に名を連ねるようなグローバルの大手製薬企業を有する医薬品産業の先進国である．日本の製薬企業が，米国，ドイツ，スイス，フランスでの製造を拡大したことに起因する輸入額の増加であるとは到底考えられない．そのように考えると，ものづくり大国ニッポンとして戦後の日本経済を牽引してきた自動車産業やエレクトロニクス産業と比べると，医薬品産業の構造はどうやら似て非なるもののようである．

表7-1 日本の主要な医薬品輸入相手国（2012年）

輸入相手国	輸入額（億円／年）	前年比（%）
米国	3,400	16.9
ドイツ	3,200	23.2
スイス	2,300	15.0
フランス	1,700	26.4
上記4ヵ国	1兆600億円（合計）	+20.4%（平均）

財務省貿易統計より作成

本章では，日本の医薬品の産業構造が，2000年頃をターニングポイントになぜ相転移したのかという問題意識を提起した上で，今後必要とされる医薬品産業のイノベーション戦略という観点を主たる軸として議論を進めることにしよう．

産業組織の新陳代謝を促す創薬ベンチャー

創薬ベンチャーと呼ばれる医薬品産業の新興企業が米国に初めて誕生したのは，今から40年ほど前のことである．当時，遺伝子組換えの基本技術の発明者の1人であったハーバート・ボイヤー（Herbert Boyer，1997年ノーベル化学賞受賞）と若きベンチャーキャピタリストのロバート・スワンソン（Robert Swanson）によって，1976年にカリフォルニア州サウスサンフランシスコで設立された企業がジェネンテック（Genentech）社である．今となってはあらゆる産業でベンチャー大国と呼ばれる米国であるが，驚くべきことにこの年までの32年もの間，医薬品産業への新規参入に成功した企業は1社もなかった（Pisano, 2006）．もちろん巨額の研究開発コストと開発リスクの大きさがこの産業の参入障壁になっていたことはいうまでもない．

このような状況を一変させたのが，遺伝子組換えと呼ばれる医薬品をつくるための画期的な新技術であった．この技術の登場により，これまでの有機化学的方法では合成できなかった分子量の極めて大きなタンパク質を人工的に製造することが可能となった．サイエンスに基礎をおくビジネスとして，医薬品産業に革命がもたらされた瞬間であった．それ以来，これまでこの産業に参入しようと試みた創薬ベンチャーは，米国だけでも数千社に上るといわれている（佐藤，2007）．

では，1976年のジェネンテック誕生以降，米国の医薬品産業では果たしてこのような革命が継続的に起こっていたのだろうか？ この素朴な疑問に答えるために，米国で設立された製薬企業で構成される産業組織の変遷を概観することで，伝統的な製薬企業と，1976年以降に設立された創薬ベンチャーとの関係について議論することから始めよう．なお，本章で言及する創薬ベンチャーとは，新薬開発のための新しいテクノロジーの研究，開発，商業化を目的として1976年以降に設立され，かつそれ自体が医薬品のパイプラインを保有している企業と定義しておく．

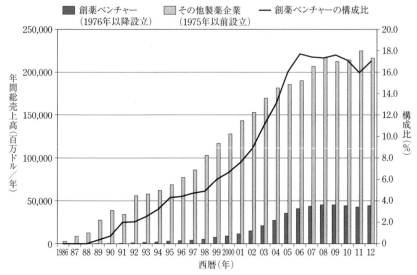

図 7-4　米国の創薬ベンチャー（各年左の棒グラフ）とその他製薬企業（各年右の棒グラフ）の年間総売上高（いずれも左目盛），および創薬ベンチャーの構成比（折れ線グラフ；右目盛）の経年変化（EvaluatePharma を基に作成）

　図 7-4 から，米国発創薬ベンチャーの総売上高が 1989 年から急速に伸びていることがわかる．注目すべきは，ここ数年の創薬ベンチャー由来の総売上高が，産業全体の 17% 以上に達している点であり，これは，伝統的な製薬企業の総売上高が近年鈍化しつつある中で，創薬ベンチャーによって産業全体が底上げされていることを示唆するものであるといえる．

日本の創薬ベンチャーの実態

　それでは，日本の医薬品産業でも，同じような現象が果たして起こっているのだろうか？　図 7-5 から，日本では，伝統的な製薬企業がその売上を伸ばすことで産業全体の底上げを図っている一方，創薬ベンチャーの出現は皆無に等しい状況にあることがわかる．日本の創薬ベンチャー由来の総売上高（2012 年）は，産業全体の 0.0003% にも満たない．

　では，いったいどれくらいの数の創薬ベンチャーが日本で新たに設立されているのだろうか？　図 7-6 から，1990 年代前半から 2000 年代前半にかけて，バイオテクノロジー企業の設立件数が増加しており，2004 年には初め

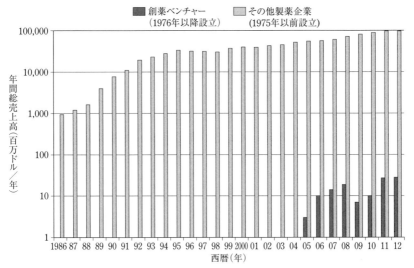

図 7-5 日本の創薬ベンチャー（各年左の棒グラフ）とその他製薬企業（各年右の棒グラフ）の年間総売上高（対数表示）の経年変化（EvaluatePharma を基に作成）

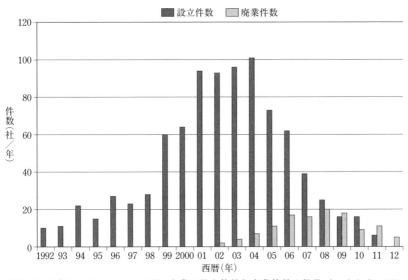

図 7-6 日本のバイオテクノロジー企業の設立件数と廃業件数の推移（バイオインダストリー協会『2012 年バイオベンチャー統計・動向調査報告書』を基に作成）

て年間100件を超えていたことがわかる．ここでいうバイオテクノロジー企業とは，創薬ベンチャーを含むあらゆるバイオ関連企業をさしており，医薬品とはまったく無関係のバイオ関連ベンチャー（たとえば，エネルギーや農業等）も含んでいる．これが日本のいわゆるバイオベンチャーバブルという現象である．それでも米国に比べると設立件数には圧倒的な開きがあるといわざるをえない．注目すべきはその後の傾向である．2004年の101件をピークに減少の一途をたどり，何と2012年ではついに設立件数が0件になってしまったのである（バイオインダストリー協会，2012）．つまり，1976年に米国シリコンバレーで始まったとされるサイエンスに端を発する革命は，日本ではまったくといっていいほど起こっておらず，その後もベンチャーの種は増えるどころか創業自体がなくなってしまったことを意味している．

7-3　バイオテクノロジー革命

発見する薬から創る薬へ

　本来，薬の歴史は古代ギリシャ時代にまで遡ることができるが，病気の原因を分子レベルで解明することにより，新薬を発見あるいは開発するという近代的なアプローチは，130年ほどの歴史しかない．そして，受容体や酵素といった体内の特定のタンパク質（薬物標的）と選択的に結合する化合物（医薬品）を見つけ出すという新薬開発の基本的なゴールは，今日に至るまで変わっていない．

　20世紀後半頃までの新薬開発のアプローチは，薬効があるとわかっている，あるいはそれを期待する植物をはじめ，無作為にサンプリングされた土壌などに生息する微生物など，天然物由来の有効成分から有機化合物を発見し，その物質を人工的に化学合成することに主眼を置いていた．つまり，当時の医薬品研究開発のコンセプトは，「薬は発見するものである」という前提に基づいていたということができる．

　このような状況は，前節で述べた1970年代後半に始まったバイオテクノロジーの急速な発展に伴い，その様相を一変させることになる．図7-7は，医薬品産業の技術革新と製品系譜を図示したものであるが，まさに時代の変遷を垣間見ることができる．ゲノム情報から得られる病気の原因（薬物の標

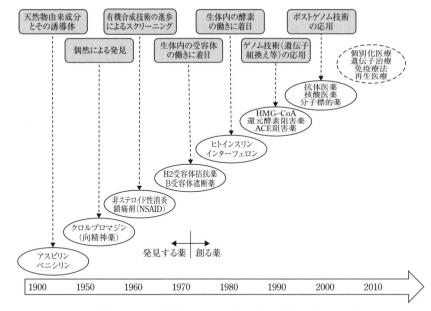

図 7-7 医薬品産業における技術革新と製品系譜（厚生労働省『有効で安全な医薬品を迅速に提供するための検討会』に加筆修正）

的分子）を解明し，そこに作用する候補化合物をデザインし，ライブラリー化することで，標的分子との親和性を全自動で高速スクリーニングするアプローチへと大きく転換したのである．それはまさに「発見する薬」から「創る薬」への転換点であった．

　医薬品の研究開発プロセスが飛躍的に拡大したことは，バイオテクノロジーがもたらしたポジティブな側面であることは間違いない．一方，それらがますます複雑化し，多様化していることは，ネガティブな側面として捉えることもできる．医薬品産業の20世紀の課題が，薬を発見する機会の乏しさであったとするならば，21世紀の課題は薬を創るための方法論や情報量が豊富になった分，常にその裏側に潜む不確実性と対峙していかなければならないということに他ならない．そのような21世紀型のリスクに対するソリューションとして，医薬品産業に求められたパラダイムシフトとはいったいどのようなものであったのだろうか？

インテグラル型からモジュラー型へ

　1995年以降に加速したといわれているIT革命の下で，その産業構造に生じた基本的変化を捉えるキーワードとして，アダム・スミス（Adam Smith）の古典的分業論に基づく「モジュール化」という概念がある（青木・安藤, 2002；安藤・元橋, 2002）．今日の医薬品研究開発でも，諸工程を分解し，それぞれが異なったプレーヤーによって専門的に分担されることで，その生産性が向上するとすれば，複雑性を処理する一般的原理として有効であるはずである（玄場, 2010）．

　「発見する薬」の時代であった1970年代後半までは，いわゆる伝統的な製薬企業の研究開発にアカデミア（大学や公的研究機関）が積極的に協力するかたちが主流であった（図7-8）．前節でも述べたように，米国初の創薬ベンチャーとして1976年に誕生したジェネンテックの設立以前は，医薬品産業への新規参入は実に30年以上なかったのである．このように，化合物の発見から非臨床試験，臨床試験を経た承認申請に至るまでの医薬品開発の全工程は，いわゆる伝統的な製薬企業1社で完結していたといえる．これをイ

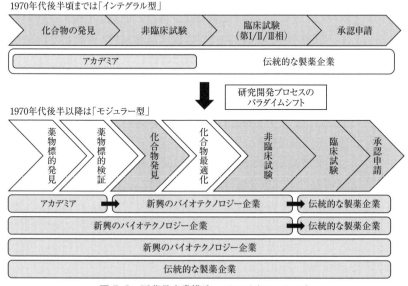

図 **7-8**　医薬品産業構造のパラダイム・シフト

ンテグラル型の研究開発プロセスモデルと呼ぶことにしよう．一方，1970年代後半に始まったバイオテクノロジーの発展により，新たな不確実性を内包する研究開発プロセスの変化を伴った「創る薬」の時代が到来した．それは，アカデミア，創薬ベンチャー，伝統的な製薬企業といったそれぞれ役割が異なるプレーヤーによる専門的な分業の幕開けを意味している．つまり，1970年代後半を境に，医薬品産業の研究開発プロセスモデルは，「インテグラル型」から「モジュラー型」へと大きく転換したのである．

本章では，次に掲げる仮説を検証することで，創薬ベンチャーの重要性を改めて提言し，科学・技術・イノベーション政策の本質を明らかにすることを最終的なゴールとしたい．

仮説導出――医薬品産業のパラダイム・シフト

1970年代に始まったバイオテクノロジーの急速な発展に伴い，医薬品産業の研究開発は，「発見する薬」から「創る薬」へとそのコンセプトやプロセスが変容した．新薬の探索が極めて効率的になった一方で，研究開発競争の優位性が創薬のための標的分子の質や候補化合物のライブラリーの数に左右されるという，よりアカデミックな機能に依存する結果となった．つまり，アカデミアが発見した標的分子を商業化するための役割，あるいは自らアカデミアの一部としてサイエンスビジネスの一翼を担うという意味で，創薬ベンチャーの重要性が増大したのではないだろうか？　これは，不確実性の伴うこの産業の研究開発初期段階では，大企業というよりもむしろ科学者やベンチャー企業がトリガーとして果たす役割が大きくなっていることを意味している．このような研究開発プロセスと産業組織の同時並行的なパラダイムシフトは，20世紀終盤に米国から始まり，日本はこのトレンドに今なお乗り遅れているといえる．そして，その結果として，ちょうど2000年頃をターニングポイントに，医薬品の貿易赤字拡大や日本市場での外資系製薬企業の台頭が顕在化し，日本の医薬品産業の衰退を招いたのではないだろうか？　また，サイエンス型産業特有の課題として，創業期・創業初期のベンチャー企業が抱える「ファイナンス・ギャップ」や「技術シーズと市場ニーズのマッチング」が声高に叫ばれて久しいが，科学・技術・イノベーション政策主導のエコシステムがその唯一無二の最適解として機能するのではないだろう

か？

　これまで議論してきたように，医薬品産業の研究開発プロセスと産業組織のパラダイムシフトは，同時並行的に起こっていたと考えられる．これらは，サイエンス革命によってもたらされたバイオテクノロジーの発展に伴い，1970年代後半から始まった米国発の興味深い現象である．本章では，主として創薬ベンチャーが医薬品産業全体に与える影響に着目し，その牽引役となる科学・技術・産業政策の重要性について議論していく．特に，世界市場シェアでそれぞれ第1位，第2位である米国と日本がこれまでとってきたSBIRと呼ばれる中小企業技術革新に関する主要政策を分析することで，科学・技術・イノベーション政策の本質に迫りたい．

7-4　SBIRがもたらした医薬品産業へのインパクト

大成功を収めた米国SBIR

　米国の国際競争力が失われつつあった1982年当時，「イノベーションは，サイエンス型ベンチャー企業から生まれるものである」という，当時としては画期的な基本理念を礎とし，SBIRは産声を上げた．SBIRとは，Small Business Innovation Researchの頭文字をとったプログラムの略称であり，米国のいわゆるハイテクベンチャー企業が提案する研究開発プロジェクトのうち，有望な商業化の可能性を秘めつつもその研究開発リスクが高いと判断されるプロジェクトの事業化を支援するものである（野村総合研究所，1998；Wessner，2008；宮田，2011）．なお，SBIRの詳細については第1章と第2章そして第4章を参照されたい．

　中小企業の技術革新を促すためのこの新制度も，法制化されてから既に米国で30年以上，日本では15年以上（中小企業庁，1999）の月日が流れている．米国で始まったこの壮大な社会実験が，医薬品産業にもたらしたインパクトとは果たしてどのようなものであったのだろうか？

　まずは，図7-9を見てほしい．この図が示すように，1989年から売上を計上し始めている米国発の創薬ベンチャーのうち，その大半をSBIRフェーズⅡ被採択企業（以下，SBIRフェーズⅡ企業）が占めている．注目すべきは，図7-4で示した2012年の創薬ベンチャー由来の総売上高（産業全体の

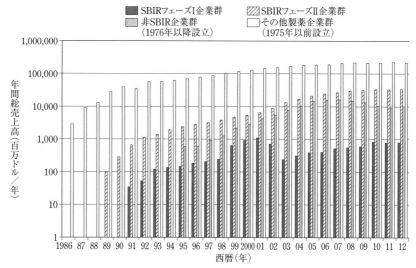

図 7-9 米国医薬品産業の年間総売上高（対数表示）（EvaluatePharma および SBIR.gov を基に作成）

各年の棒グラフは左から，SBIR フェーズ I 被採択企業，SBIR フェーズ II 被採択企業，1976 年以降に設立され SBIR に採択されなかった企業，1975 年以前に設立された製薬企業の年間総売上高．

17.0％）のうち，SBIR フェーズ I 被採択企業（以下，SBIR フェーズ I 企業）および SBIR フェーズ II 企業が占める割合は 77％以上に達しており，過去 30 年に亘るその売上累計額は，3170 億ドルにも及ぶのである．なお，SBIR フェーズ I 企業がもたらしたインパクトが，SBIR フェーズ II 企業のそれと比べて著しく低い点については，次の 3 つの仮説が立てられる（図 7-9）．第 1 に，フェーズ II 審査に合格しなかった SBIR フェーズ I 企業が，その後成長することなく廃業に追い込まれた．第 2 に，存続しているものの現在も売上を上げていないか低調である．第 3 に，フェーズ I 採択後に M&A によって既に売却している，というものである．

一方，SBIR フェーズ I 企業および SBIR フェーズ II 企業は，過去に売上を計上しているもので合計 42 社，うち前者が 15 社，後者が 27 社であった（図 7-10）．ここでも SBIR フェーズ II 企業に優位性が存在することになる．また，近年ではその他製薬企業よりも，圧倒的に創薬ベンチャーの企業数の方が多いことがわかる．2012 年では，その他製薬企業（29.0％），SBIR に採択されていない創薬ベンチャー（以下，非 SBIR 企業）（52.7％），SBIR

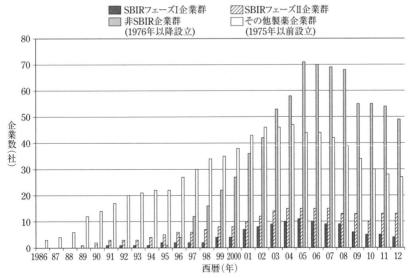

図 7-10 米国医薬品産業における各年売上 $1M 以上の企業数(EvaluatePharma および SBIR.gov を基に作成)

各年の棒グラフは左から,SBIR フェーズ I 被採択企業,SBIR フェーズ II 被採択企業,1976 年以降に設立され SBIR に採択されなかった企業,1975 年以前に設立された製薬企業の企業数.

フェーズ I 企業 (4.3%),SBIR フェーズ II 企業 (14.0%) という割合になっており,非 SBIR 企業の方が 3 倍近い企業数であるにもかかわらず,SBIR に採択された企業の総売上高はその 3 倍以上となっている.このデータは,非 SBIR 企業よりも SBIR に採択された企業(特に SBIR フェーズ II 企業)の医薬品産業での優位性を示唆するものであるといえる.

これまで,過去 30 年に及ぶ米国医薬品産業のインカムゲイン(売上高)を概観してきた.それでは次に,キャピタルゲイン(M&A 売却額)としてこの産業に与えてきたインパクトについて分析を進めていこう.われわれの詳細な調査によれば,SBIR フェーズ I 企業および SBIR フェーズ II 企業のこれまでの M&A 売却件数は合計で 139 件,M&A 売却総額は 1229 億ドル(総取引金額の 17.2%)に上ることがわかった.また,M&A 売却金額の規模ではいわゆる伝統的な製薬企業由来の案件が目立つものの,M&A 売却件数については圧倒的に創薬ベンチャー由来の案件に依存しており,総売却件数の 77.8% に達していることもわかった.特筆すべきは,そのうち SBIR

フェーズⅠ企業が12.6%，SBIRフェーズⅡ企業が14.4%となっており，売上高のデータと比較するとほとんど有意差がないことである．これは，前述の第3の仮説「フェーズⅠ採択後にM&Aによって既に売却している」を裏付けるものであるといえる．また，このようなM&A売却件数は，非SBIR企業を中心に近年急激に増加していることが見て取れる．

このように，SBIRフェーズⅠ企業およびSBIRフェーズⅡ企業が過去30年の間にもたらした当該産業へのインパクトは，インカムゲインで3170億ドル，キャピタルゲインで1229億ドルにも及ぶのである．年間売上高とM&A売却額の合計を付加価値額[1]と定義し，その累計を図7-11に棒グラフ（白色）で示した．急激に増加するその付加価値額累計は，2012年で4399

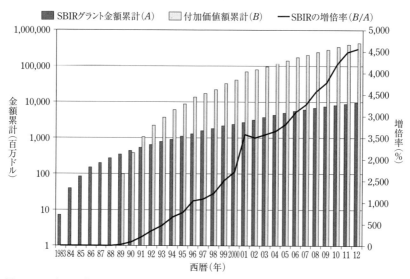

図 7-11 米国医薬品産業におけるSBIR（HHS拠出分）の増倍率（EvaluatePharmaおよびSBIR.govを基に作成）
SBIRに採択された創薬ベンチャーの付加価値額（年間売上額＋M&A額），HHSが拠出したSBIRグラント総額，それぞれを棒グラフで示し，前者を後者で除した値（SBIRの増倍率）を折れ線グラフで示した．

1) 元来，付加価値額は，加算法では第12章12-1節 p.270で定義され，控除法では，
   付加価値額＝年間売上高－原価等
   （原価等＝原材料費＋仕入原価＋委託加工費＋燃料費＋運賃・倉庫費）
   と定義される．しかし，医薬品産業では原価等は年間売上高よりもはるかに小さいので，本章では近似的にこの定義を用いる．

億ドルに達している．

　それでは，分野横断的なSBIRグラントの中で，バイオ関連分野に果たしてどれくらいの予算がこれまで投じられてきたのだろうか？　図7-11に，過去30年間に米国保健福祉省（HHS：U. S. Department of Health and Human Services）から拠出されたSBIRグラント金額の累計も示した（灰色の棒グラフ）．2012年には，ついに96億ドルに達していることがわかる．これらのデータを基に，ここではSBIRの産業政策としての効果について議論したい．図7-11の折れ線グラフは，SBIRに採択された創薬ベンチャーの付加価値額をHHSが拠出したSBIRグラント総額で除した値（費用対効果）を示したものである．この値をSBIRの増倍率と呼ぼう．SBIRの増倍率が1を超えた年を探ってみたところ，SBIR運用開始後9年目となる1991年にいわゆる損益分岐点とも呼べるポイントが存在することが明らかとなった．SBIRの運用が開始されてからちょうど30年後にあたる2012年の時点では，HHSから拠出されたSBIRグラント金額累計の実に45倍もの増倍率を医薬品産業にもたらしている．

　以上，定量的に示してきたように，医薬品産業におけるSBIR被採択企業の成長と産業への貢献は著しい．この成長と産業への貢献は，SBIRに採択されなかった創薬ベンチャーに比べて果たしてどの程度の差異があるのだろうか．これを調べるために，SBIR（HHS拠出分）に採択された企業と採択されなかった企業について，年間付加価値額（年間売上高＋M&A売却額）の1社当たりの平均値を年ごとに求めてみた．ここで，対象とする企業は，いずれも当該年に100万ドル以上の売上があるかM&Aで売却に成功した創薬ベンチャー．そして「SBIRに採択されなかった創薬ベンチャー」とは，1976年以降に設立されたもののSBIR（HHS拠出分）を獲得しなかった企業である．

　図7-12に，その平均値の累計を示す．この図からわかるように，SBIR（HHS拠出分）フェーズⅠ，Ⅱに採択された創薬ベンチャーの1社当たりの平均年間付加価値額の累計は，2012年においてそれぞれ154億ドル，424億ドルである．一方，SBIRに採択されなかった医薬品ベンチャー企業の1社当たりの平均年間付加価値額の累計は，2012年において94億ドルで，SBIRフェーズⅡ被採択企業の4分の1に満たない．すなわち，SBIR（HHS拠出

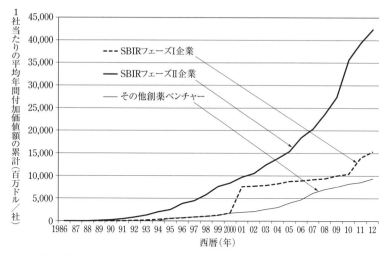

図 7-12 米国医薬品産業において，米国 SBIR（HHS 拠出分）フェーズ I, II に採択された創薬ベンチャーと，採択されなかった創薬ベンチャー（1976 年以降設立）の1社当たりの平均年間付加価値累計額を経年で示す．ここで，「1社当たりの平均年間付加価値額」とは，各年の付加価値額（年間売上高 + M&A 売却額）を，当該年の企業数で除した値．（EvaluatePharma および SBIR.gov より作成）

分）フェーズ II に採択された創薬ベンチャーは，採択されなかった創薬ベンチャーに比べて1社当たり平均して4倍以上の付加価値をもたらした，ということだ．この性能比の値は，1992 年以降一貫して3倍以上であることもわかった．

さらに，SBIR 被採択企業の成功確率という観点から米国 SBIR の目利き力について議論を進めよう．図 7-13 は，米国 SBIR の効果を成功確率としてデータ化した年次推移グラフである．ここでいう「成功」の定義とは，年間売上高 100 万ドル以上を一度でも計上した企業あるいは M&A による売却に成功することをさす．注目すべきはその成功確率である．SBIR フェーズ II 被採択企業の成功確率も年々増加傾向にあるだけでなく，2012 年時点では 1.29% に達している．これは，千三つといわれるようなベンチャー企業の成功確率や，そもそも3万分の1（日本製薬工業協会，2013）とも 100 万分の1（Shook, 2007）ともいわれている医薬品研究開発の成功確率と比較すると，桁違いの高確率であるといえる．実際のところ，近年の新薬開発

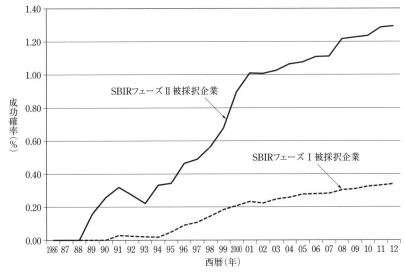

図 7-13 米国医薬品産業における成功確率の年次推移（EvaluatePharma および SBIR.gov を基に作成）

SBIR フェーズ I のみに採択された企業，フェーズ II に採択された企業について，その成功確率を示した．その合計も示した．

の成功確率は限りなくゼロに近く，数字では表現できない．たとえば，1970年代までは既存製品の化学構造を巧みに変化させたような新薬が多く，その成功確率は 5000 分の 1 といわれたこともあった．つまり，有効性はある程度織り込み済みであったからである．しかし，新薬は既存製品よりも常に優れているものであるという前提条件の下では，新薬が出れば出るほど，次の成功確率は低くなるというジレンマに陥ることになる．つまり，科学の進歩とともに近年の新薬開発の成功確率は急激に低下し続けているのである．その意味においても，米国 SBIR の成功確率のデータは，そのジレンマを克服していることを示唆する．

最後に，製品ごとの売上シェアという少し異なる観点から，米国 SBIR が医薬品の世界市場にもたらしたインパクトについて改めて論証する．図 7-14 が示すように，SBIR に採択された企業をオリジネーター（由来）とする製品の総売上高は，1991 年に初めて売上上位 50 位圏内に名乗りを上げて以来，急速にその存在感を増しつつある．特筆すべきは，SBIR の運用が開

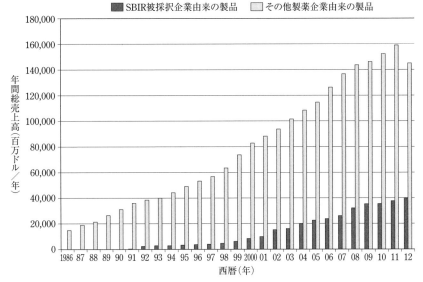

図 7-14　世界市場における医薬品売上上位 50 製品についての SBIR 被採択企業由来の製品とその他製薬企業由来の製品との年間総売上高（EvaluatePharma を基に作成）

始されてからちょうど 30 年後にあたる 2012 年には，売上上位 50 製品（世界市場）の総売上高のうち，21.45％が SBIR に採択された企業をオリジネーターとしていることである．

以上の分析結果から，次の結論を導くことができる．すなわち米国 SBIR は，過去 30 年の間に創薬ベンチャーの技術革新，育成支援を推進することで，世界の医薬品産業で著しい業績を収めてきた．

日本版 SBIR の失敗

それでは，日本版 SBIR（中小企業庁，1999）がもたらしたインパクトについて議論を進めよう．まずは，図 7-15 を見てほしい．このデータが示すように，創薬ベンチャー由来の売上高は今日までほぼ皆無であることがわかる．また，日本版 SBIR に採択された企業由来の累積売上高は，1999 年の日本版 SBIR 運用開始以降わずか 1 億 700 万ドルにとどまっている．一方，図 7-16 は売上高の代わりに縦軸を企業数とした同様のグラフであるが，日本版 SBIR に採択され，かつ過去に売上を計上している企業は，合計でわず

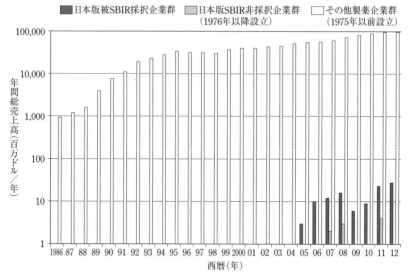

図 7-15 日本の医薬品産業の年間総売上高（対数表示）(EvaluatePharma および技術開発を支援する！SBIR［中小企業技術革新制度］を基に作成)

各年の棒グラフは左から，日本版 SBIR 被採択企業，日本版 SBIR に採択されていない企業（1976 年以降設立），1975 年以前に設立された製薬企業の年間総売上高．

か 4 社しか存在しない．このように，日本の医薬品産業では，日本版 SBIR に採択された企業に米国 SBIR のような優位性が存在することはなく，今も昔も伝統的な製薬企業によって支えられた保守的な産業であることがわかる．

それでは，いわゆるキャピタルゲインとして日本の医薬品産業に与えてきたインパクトについてはどうだろうか？　これについて詳細に調査したところ，日本版 SBIR に採択された企業の M&A 売却は過去に 1 件もないということがわかった．日本版 SBIR に採択されていない企業（創薬ベンチャー）が 2010 年に 1 社，500 万ドルで取引されているのみである．また，伝統的な製薬企業由来の M&A 売却案件についても，1990 年から 2012 年の 23 年間で，取引件数で 12 件，取引金額で 86.4 億ドルであり，米国の医薬品産業と比較すると，日本の流動性は著しく低いことがわかる．このように，日本版 SBIR に採択された企業が，当該制度の運用を開始した 1999 年以降にもたらした日本の医薬品産業へのインパクトは，いわゆるインカムゲイン 1 億 700 万ドルのみであることが明らかとなった．

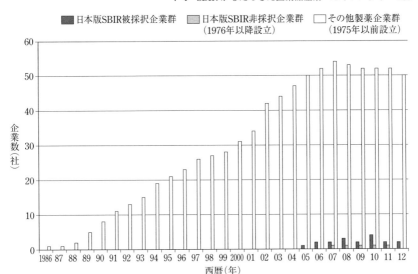

図 7-16 日本の医薬品産業における各年売上 $1M 以上の企業数（EvaluatePharma および技術開発を支援する！SBIR［中小企業技術革新制度］を基に作成）

各年の棒グラフは左から，日本版 SBIR 被採択企業，日本版 SBIR に採択されていない企業（1976 年以降設立），1975 年以前に設立された製薬企業の企業数．

　以上の分析結果から，次のように結論できる．すなわち日本版 SBIR は，その運用開始から既に 16 年目を迎えているが，創薬ベンチャーの技術革新，育成支援に成功しているとはいえず，米国のような成果はまったく上げられていない．

日本の医薬品産業が抱える構造的問題

　日本市場での医薬品売上上位 50 製品の中から，外資系企業をオリジネーターとする製品のみを抽出してプロットしたところ，日本の医薬品輸入金額および貿易赤字額とほぼ同じ傾向で増加していることが明らかとなった（図 7-17）．つまりこの図は，外資系企業由来製品の売上高（国内市場）と，日本の医薬品輸入金額および貿易赤字額との間に正の相関関係が存在することを示唆している．この理由としては，販売元の製薬企業が日本企業であれ外資系企業の日本法人であれ，当該医薬品のオリジネーターである企業の祖国で製造された製品を輸入している可能性が考えられる．このような状況は，

表 7-2 日本の製薬企業による主な外資系製薬企業の買収（林（2012）に加筆修正）

時期	買収企業	被買収企業	国籍
2012年8月	大日本住友	Elevation	米国
2012年7月	大正 HD	CICSA	メキシコ
2012年5月	武田薬品工業	マルチラブ	ブラジル
2012年4月	武田薬品工業	URL ファーマ	米国
2012年4月	第一三共	上海欣生源	中国
2012年2月	大日本住友	ボストンバイオメディカル	米国
2012年2月	マルホ	Cutanea Life Sciences（米国 SBIR フェーズ I 企業）	米国
2011年12月	武田薬品工業	Intellikine	米国
2011年9月	参天製薬	ノバガリファーマ	フランス
2011年8月	塩野義製薬	C&O ファーマシューティカル	中国
2011年5月	武田薬品工業	ナイコメッド	スイス
2011年4月	大正 HD	ホウ製薬	マレーシア
2011年3月	第一三共	プレキシコン（米国 SBIR フェーズ I 企業）	米国
2011年2月	協和発酵キリン	プロストラカン	イギリス
2010年12月	第一三共	ROXRO PHARMA	米国
2010年6月	アステラス製薬	OSI ファーマ（米国 SBIR フェーズ II 企業）	米国
2010年1月	第一三共	PharmaForce	米国
2009年12月	エーザイ	AkaRx	米国
2009年11月	塩野義製薬	アドレネックス	米国
2009年10月	大日本住友	セプラコール（米国 SBIR フェーズ II 企業）	米国
2009年9月	大正 HD	BMSI	インドネシア
2009年7月	久光製薬	ノーベン	米国
2009年5月	武田薬品工業	IDM ファーマ	米国
2009年5月	帝國製薬	Travanti	米国
2008年9月	塩野義製薬	サイエル	米国
2008年8月	興和	ProEthic	米国
2008年6月	第一三共	ランバクシー	インド
2008年5月	第一三共	U3 ファーマ	ドイツ
2008年4月	武田薬品工業	ミレニアム（米国 SBIR フェーズ II 企業）	米国
2007年12月	エーザイ	MGI ファーマ	米国
2007年11月	アステラス製薬	アジェンシス	米国
2007年3月	エーザイ	モルフォテック	米国
2007年3月	武田薬品工業	パラダイム・セラピューティック	イギリス

今後益々顕著になることが予測される．

また，表 7-2 に示すように，近年，パイプラインの枯渇に喘ぐ日本の大手製薬企業は，海外の企業買収を加速させ（米国 SBIR 被採択企業を含む），新製品の導入や共同開発の機会を常に模索している（林，2012）．ちょうど

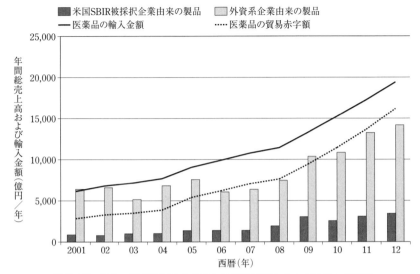

図 7-17　日本の医薬品貿易赤字額と外資系製薬企業由来製品の相関性
（EvaluatePharma および財務省貿易統計を基に作成，1ドル
=100 円にて計算）

　この原稿を執筆している最中にも，大塚製薬による米国発創薬ベンチャーの大型買収に関する報道が飛び込んでくるほどである．今回同社が 35 億ドルで買収することになる AVANIR　Pharmaceuticals も，ご多分に漏れずSBIR フェーズ I / II 企業であり，2000～2004 年に採択されたカリフォルニア州発の創薬ベンチャーである．2000 年代後半頃から毎年のように繰り広げられている日本の大手製薬企業による大型 M&A 案件には，たかだか 10 年ほど前に米国 SBIR によって育成された創薬ベンチャーを対象としたものを数多く含んでいることをわれわれは再認識する必要があるだろう．米国のイノベーション・エコシステムが創出した付加価値を日本企業が毎年莫大な金額で買収しているのである．いずれにしても，このような場合，当該製品の開発段階によっては，オリジネーター企業の祖国でその医薬品を製造することが，事業戦略上必要になってくることは至極当然のことである．一方，日本のように創薬ベンチャーが創出されない状況下では，ベンチャー企業自体や画期的な新製品が国内市場で流動することは，ほぼ皆無であるといっていいだろう．図 7-17 で特筆すべき点は，①米国 SBIR 被採択企業をオリジ

ネーターとする医薬品は，日本市場でも増加傾向にあること，② 2012 年に日本で販売されている外資系企業由来製品のうち，24.17％を米国 SBIR 被採択企業をオリジネーターとする製品が占めていることである．つまり，米国 SBIR の成功は，それによって創出された創薬ベンチャーや画期的な新製品の流動性を，グローバルレベルで高めていくことにより成り立っているといえる．その結果として，1970 年代後半から米国が創出し続けているサイエンスに基礎を置く付加価値の高い無形資産は，2000 年以降の日本の医薬品産業で貿易赤字というかたちで大きな脅威になっているのである．

7-5　ナショナル・イノベーション・エコシステム

構造的なギャップを埋める SBIR

　近年のベンチャーキャピタルのファンド運用方針の保守化（野村総合研究所，1998；宮田，2011）は，運用資金の投資効率やベンチャー企業の成功確率という観点だけがその原因ではなく，ベンチャーキャピタリストのいわゆる目利き力の欠如という問題に起因する部分が大きい．特に医薬品産業のようなサイエンスビジネス特有の不確実性に左右される研究開発型のベンチャー企業に対しては，技術シーズと市場ニーズをうまくマッチングさせるためのサイエンスとビジネスの両方を読み解く力が必要であり，そのような最先端の科学的バックグラウンドを兼ね備えたベンチャーキャピタリストが不在であることはいうまでもないだろう．その結果として，通常の民間投資は後期ステージに必然的に集中することになり，エンジェルと呼ばれるような個人投資家と大規模な投資を行なうベンチャーキャピタルとの間を埋める投資家が市場に存在しないことになる（野村総合研究所，1998）．このようなファイナンス・ギャップが，初期ステージや中期ステージに位置するベンチャー企業の資金調達環境を益々悪化させていることは想像に難くない．

　SBIR は，このようなサイエンスビジネス特有のファイナンス・ギャップや技術シーズと市場ニーズのマッチング・ギャップを埋めることを目的とした科学・技術・産業政策といっても過言ではない．つまり，SBIR が供給するリスクマネー（1996 年以降 1 社当たり平均して，フェーズ I で 8 万ドルから 16 万ドル，フェーズ II で 60 万ドルから 90 万ドル）や多段階選抜方式

による専門家の高度な科学的・事業的評価機能は，前述のような構造的ギャップを埋める有効な手段として非常に大きな意味を持っているのである．その結果として，過去30年の間に米国発創薬ベンチャーの育成が促進され，医薬品産業全体の振興に多大な効果がもたらされたことを本章で証明することができたといえるだろう．事実，米国SBIRでは，民間のベンチャーキャピタルでは決して叩き出せないようなパフォーマンスを実現している．このような科学・技術・産業政策では，投資対象となる企業数を年間数千社単位にまで拡大することで，サイエンスに起因する不確実性という名のリスクをヘッジ（回避）することが可能になるのである．

エンジェルとしての政府

不確実性の高い研究開発型ベンチャー企業を創業する場合，エンジェルと呼ばれるような個人投資家であれ，ベンチャーキャピタルであれ，銀行融資であれ，民間からのリスクマネーの供給はまったくといっていいほど期待できない．起業を志す科学者の中には，自身のビジネスのスタートアップに個人資産を投じることができる恵まれた者もいるかもしれないが，大抵の場合はそのような芸当は不可能であるといえる．

SBIRという政策の革新性は，科学者の頭の中にある科学的なアイディア1つで，初期ステージはおろか，シーズの段階から一切の身銭を切ることなく，ノーリスクでサイエンスビジネスを起業することができる点にある．しかもその副産物として，科学者としての雇用機会を自ら創出することができるのである．これまで科学者の知的好奇心に基づいて行なわれてきた経済的価値を生まない知の創造（山口，2006）プロセスを，SBIRという制度がアカデミアの研究室からサイエンスビジネスの入り口へと昇華させるモデルを切り拓いたのである．このモデルこそ科学・技術・イノベーション政策の礎といっても過言ではない．そういう意味では，今から30年以上も前の国際競争力が低迷していた米国で，このような大胆かつ斬新な政策を科学者の視点で立案し，法制化にまで漕ぎ着けたことはまさに特筆に値する．当時の米国中小企業庁のSBIRの生みの親に対して，われわれは敬意を払うべきであろう．資本主義経済のジレンマとでも呼ぶべき不確実性に起因する前述のような構造的ギャップを埋めることができるのは，エンジェルとしての政府だ

けであることに彼らが最初に気付いたのだから.

創薬におけるベンチャー企業創出の意義

ロバート・ケネラー（Kneller, 2010）は，創薬ベンチャーの重要性について次のように分析している.

> 米国FDAが1998年から2007年の間に認可した252の医薬品のうち，42％が大学および創薬ベンチャーの発明に由来し，58％がいわゆる伝統的な製薬企業の発明に由来している. また，このうち米国で発見された医薬品118品目の61.5％は，大学および創薬ベンチャー由来の発明であるのに対し，日本で発見された医薬品23品目のうち，大学および創薬ベンチャー由来の発明は18.6％に留まっている.

また，松崎淳一（2013）は，バイオ医薬品と呼ばれる付加価値の高い先端製品の研究開発の現状と課題について，以下のように言及している.

> バイオ医薬品は，バイオテクノロジーを用いて製造される医薬品で，一般的には，遺伝子組換え技術や細胞培養技術により生産されるタンパク質を高度に精製した医薬品を意味する. 現在では，抗体医薬品も含めその大部分は遺伝子組換えタンパク質製品となっている. バイオ医薬品は，1980年代から本格的な開発が行われ，ヒトインスリン，ヒト成長ホルモン（hGH），インターフェロン，エリスロポエチン（EPO），顆粒球コロニー刺激因子（G-CSF）などが次々と発売された. しかしながら，世界的に見てもその後の約10年間は大型の新製品が生まれない低迷期が続いた. その間，米国を中心にバイオベンチャーにより次の世代のバイオ医薬品の研究開発が地道に続けられたが，多くの日本企業はバイオ医薬品の研究開発を積極的に進めることはなかった. その結果，抗体医薬品が1990年代の後半に登場し，新たなバイオ成長期を迎えた時に，欧米企業と日本企業のバイオ医薬品の開発力に大きな差が生じ，現在の日本のバイオ空洞化ともいえる状況につながっている.（中略）2012年のバイオ医薬品市場においては，約1兆円のうち国内生産されたものは約2割である. さらに，抗体医薬品については，国産は，わずかに5％程度にとどまり，2000年以降急成長のドライバーとなった，バイオ医薬品や抗体医薬品が輸入超過の大きな部分を占めている.

表 7-3 2012 年における製薬企業ランキング（年間売上高，世界上位 20 社）
EvaluatePharma より作成

順位	企業名	年間売上高 (10 億ドル／年)	年間売上高の 前年比 (%)	世界市場 シェア(%)
1	Pfizer	47.4	-11	6.6
2	Novartis	45.4	-3	6.4
3	Merck & Co	41.1	-2	5.8
4	Sanofi	38.4	-2	5.4
5	Roche	37.5	1	5.3
6	GlaxoSmithKline	33.1	-5	4.6
7	AstraZeneca	27.1	-16	3.8
8	Johnson & Johnson	23.5	5	3.3
9	Abbott Laboratories	23.1	3	3.2
10	Eli Lilly	19.7	-9	2.8
11	Teva Pharmaceutical Industries	17.7	13	2.5
12	Amgen（米国 SBIR フェーズ II 企業）	16.6	9	2.3
13	武田薬品工業	15.2	3	2.1
14	Bayer	14.7	0	2.1
15	Boehringer Ingelheim	14.7	4	2.1
16	Novo Nordisk	13.5	9	1.9
17	Bristol-Myers Squibb	13.2	-22	1.9
18	アステラス製薬	11.0	-1	1.5
19	第一三共	10.7	2	1.5
20	Gilead Sciences（米国 SBIR フェーズ II 企業）	9.4	16	1.3

　これらの分析結果は，1976 年に米国で設立された前述のジェネンテックをはじめ，アムジェン（Amgen）社，ギリアド・サイエンシズ（Gilead Sciences）社，バイオジェン・アイデック（Biogen Idec）社など，米国発の創薬ベンチャーが 30 年の時を経て日本の伝統的な大手製薬企業をも上回る規模にまで成長したことを裏付けるものである．なお，ジェネンテックは，スイスの大手製薬企業グループであるロッシュ（Roche Holding）社によって 2009 年に完全子会社化され，同グループにおけるイノベーションのエンジンとして今なお機能している．しかしながら，日本ではこのような創薬ベンチャーは未だ育っていないのが実状であり，創薬ベンチャーの永きに亘る欠如が日本発の創薬を困難にしている最大の要因であることは間違いないだろう．

　表 7-3 からも明らかなように，売上高でアムジェンは，既に武田薬品工業をはじめ，アステラス製薬，第一三共を凌いでおり，ギリアド・サイエンシ

表 7-4　2012 年における製薬企業ランキング（当期純利益額，世界上位 20 社）
EvaluatePharma より作成

順位	企業名	当期純利益額 (10 億ドル／年)	当期純利益額 の前年比 (%)	当期純利益率 (%)
1	Pfizer	16.5	-8	27.9
2	Johnson & Johnson	14.3	3	21.3
3	Novartis	12.7	-5	22.1
4	Roche	12.4	5	25.6
5	Merck & Co	11.3	-4	23.8
6	Sanofi	10.5	-14	23.4
7	GlaxoSmithKline	8.9	-5	21.2
8	Abbott Laboratories	8.1	11	20.4
9	AstraZeneca	8.1	-18	28.9
10	Bayer	5.7	2	11.1
11	Amgen（米国 SBIR フェーズ II 企業）	5.1	6	29.3
12	Teva Pharmaceutical Industries	4.7	5	23.0
13	Eli Lilly	3.8	-23	16.7
14	Novo Nordisk	3.7	16	27.5
15	Bristol-Myers Squibb	3.3	-17	18.6
16	Reckitt Benckiser	3.1	5	20.3
17	Gilead Sciences （米国 SBIR フェーズ II 企業）	2.7	-5	28.2
18	Baxter International	2.5	2	17.7
19	Merck KGaA	2.1	3	14.8
20	Celgene	2.0	22	36.0

ズもその後を追うかたちで 20 位にランクインしている．また，当期純利益額（表 7-4），当期純利益率（表 7-5）のデータでは，武田薬品工業，アステラス製薬，第一三共を含むすべての日本の製薬企業が 20 位圏外であるのに対して，アムジェン，ギリアド・サイエンシズ，バイオジェン・アイデックなどの米国発の創薬ベンチャーは，その順位を 10 位圏内まで上げている．

これらのデータから，以下の 3 つの結論を導き出すことができるだろう．①創薬ベンチャーの経営効率は大手製薬企業よりも高い（大手製薬企業の当期純利益率は創薬ベンチャーの半分以下）．②米国の SBIR フェーズ II 企業が占める割合が多い（当期純利益率では上位 20 社の中に 5 社がランクイン）．③日本の伝統的な大手製薬企業の経営効率は世界標準と比較しても著しく低い．

表 7-5 2012 年における製薬企業ランキング（当期純利益率，世界上位 20 社）
（EvaluatePharma を基に作成）

順位	企業名	当期純利益率 (%)	当期純利益率の前年比(pp)	当期純利益額 (100 万ドル／年)
1	PDL BioPharma	56.5	1.3	212
2	Warner Chilcott	40.3	4.6	1,024
3	Valeant Pharmaceuticals International	37.6	1.4	1,335
4	Celgene	36.0	2.3	1,982
5	Alexion Pharmaceuticals（米国SBIR フェーズⅡ企業）	32.7	4.5	371
6	Amgen（米国SBIR フェーズⅡ企業）	29.3	-1.3	5,060
7	AstraZeneca	28.9	-0.6	8,085
8	Biogen Idec（米国SBIR フェーズⅡ企業）	28.3	-0.2	1,561
9	Gilead Sciences（米国SBIR フェーズⅡ企業）	28.2	-6.3	2,737
10	Pfizer	27.9	0.6	16,476
11	Novo Nordisk	27.5	1.7	3,702
12	Roche	25.6	1.0	12,421
13	Shire	25.1	1.0	1,176
14	Sun Pharmaceutical Industries	24.7	-10.6	476
15	Merck & Co	23.8	-0.5	11,250
16	CSL	23.4	1.9	1,271
17	Sanofi	23.4	-2.9	10,516
18	Teva Pharmaceutical Industries	23.0	-1.2	4,671
19	Cubist Pharmaceuticals（米国SBIR フェーズⅡ企業）	22.9	-2.7	212
20	Novartis	22.1	-0.4	12,698

マクロ経済に影響を与える基礎研究の重要性

1990 年代における「中央研究所の終焉」と呼ばれた現象は，果たして医薬品産業においても等しく起こっていたのだろうか？　その意味において，2000 年代後半は，ファイザー，メルク，グラクソ・スミスクライン，バイエル，ノバルティスといった外資系大手製薬企業の中央研究所が次々と日本から撤退していった時期と重なる．バブル崩壊後の経済低迷に喘いでいた日本の伝統的な製薬企業についても，時を同じくしてこのトレンドに追従し，中央研究所の機能を大幅に削減していったに違いない．この問いに対する答えを導くために，創薬ベンチャーや伝統的な製薬企業の基礎研究活動に関する実態について，本章の締めくくりとして議論していきたい．

まずは，図 7-18 を見てほしい．図 7-18(a)が示すように，米国の伝統的

168　第7章　医薬品産業

(a)
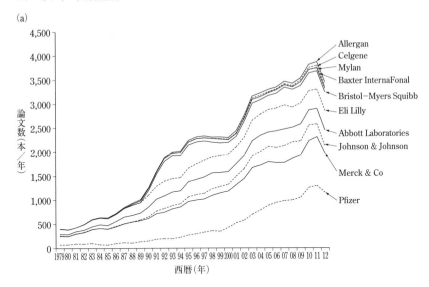

(b)
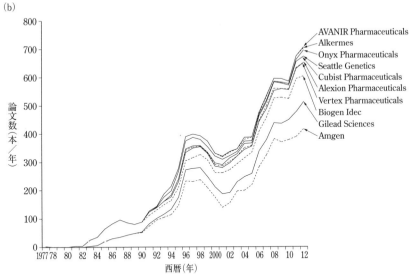

図 7-18 米国における (a) 1975 年以前設立の大手製薬企業と (b) SBIR 被採択企業の論文数の経年変化（EvaluatePharma および Web of Science を基に作成）
いずれも 2012 年売上上位 10 社を取り上げた（積み上げ折れ線グラフ）．

な製薬企業は，1975年から2012年までの過去38年間において，基礎研究活動の規模を今日まで常に拡大させていることがわかる．2011年から2012年にかけての論文数の減少は，当該データの出所であるWeb of Science（Thomson-Reuters）の直近データが，まだ完全に更新されていないことによるアーティファクト（人為的結果）であると考えられ，現在の論文数は年間4000本以上に達すると推測される．そして，図7-18(b)が示すように，SBIRフェーズⅡ企業についても同様，基礎研究活動の規模を今日まで常に拡大させているのである．特筆すべきは，SBIRフェーズⅡ企業の論文数が2012年において700本以上に達しており，後述するように日本の大手製薬企業とほとんど変わらない点である．なお，実際2012年に売上を計上しているSBIRフェーズⅠ企業は4社しか存在しておらず，総売上高も論文数も非常に少ないため，今回の分析ではSBIRフェーズⅡ企業のみを対象とした．

これらの結果から，米国に本社機能を置く製薬企業は，規模の大小に関わらず過去38年間に基礎研究活動を今日まで常に活発化させ続けていることがわかる．ちなみに，図では示されていないが，SBIRフェーズⅡ企業の基礎研究活動の規模は，非SBIR企業のそれと比較して圧倒的に上回っていることもわかった．なお，SBIRフェーズⅡ企業と非SBIR企業（それぞれ2012年における売上上位10社）の総売上高を比較すると，前者が334.4億ドル，後者が60.0億ドルであり，その売上規模には5倍以上の開きがある．つまり，創薬ベンチャーにおいて，「売上規模」と「論文数」との間には正の相関関係が存在することをここで強調しておきたい．前述のSBIRフェーズⅠ企業について，その社数を含む売上規模や論文数が共に著しく少ない理由は，これで説明がつくといえる．

それでは日本の状況についてはどうだろうか？　驚くべきことに，日本では1998年をピークに論文数が急落しているのである（図7-19(a)）．これは，日本のいわゆる伝統的な大手製薬企業の中央研究所モデルが崩壊したことを示唆するデータであるといえる．興味深いことに，2007年を折り返し地点に論文数が再び上昇に転じている．これは，1970年代後半をターニングポイントとした医薬品産業のパラダイムシフトにやっと気付いた大手製薬企業の巻き返しの結果と解釈できる．

さらに，日本版SBIR被採択企業4社の論文数データが示唆するものは，

170　第7章　医薬品産業

(a)

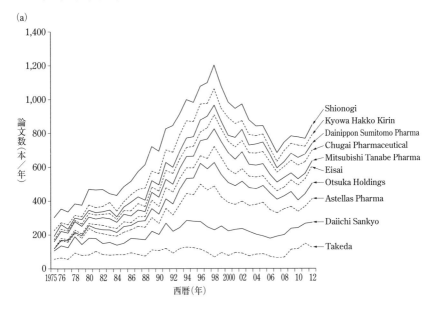

(b)

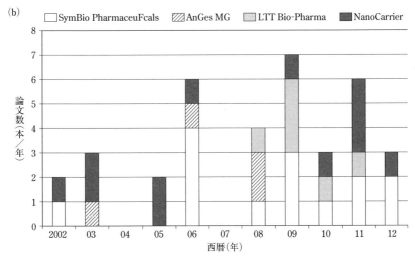

図 7-19 日本における (a) 1975 年以前設立の大手製薬企業（積み上げ折れ線グラフ）と (b) 日本版 SBIR 被採択企業の論文数の経年変化（EvaluatePharma および Web of Science を基に作成）

いずれも 2012 年売上上位 10 社を取り上げた。

もちろん基礎研究活動の著しい欠如である（図 7-19(b)）．年間の論文数は 1 桁台であり，その増加傾向もまったく見られない．

　冒頭で述べた外資系大手製薬企業による日本での中央研究所モデル終焉物語には，実はまだその続きがある．彼らは，次々と日本から撤退していった時期と前後して，シンガポール，中国，インドといった新興のアジア諸国を中心に新たな研究拠点を次々に設立していたのである．彼らの論文数が日本企業とは対照的に今なお増加し続けている理由は，基礎研究活動の重要性を深く理解した，まさに技術経営上の英断にあるといっても過言ではないだろう．

参考文献

青木昌彦・安藤晴彦編『モジュール化　新しい産業アーキテクチャの本質』東洋経済新報社，2002 年．

安藤晴彦・元橋一之『日本経済競争力の構想　スピード時代に挑むモジュール化戦略』日本経済新聞社，2002 年．

バイオインダストリー協会編『2012 年バイオベンチャー統計・動向調査報告書』バイオインダストリー協会，2012 年．

中小企業庁技術課・振興課編『中小企業技術革新（SBIR）制度』ぎょうせい，1999 年．

玄場公規『イノベーションと研究開発の戦略』芙蓉書房出版，2010 年．

Goozner, M., *The 800 Million Pill: Truth Behind the Cost of New Drugs*, University of California Press, 2004（東京薬科大学医薬情報研究会訳『新薬ひとつに 1000 億円!?　アメリカ医薬品研究開発の裏側』朝日新聞出版，2009 年）．

林邦彦『医薬品市場における日本の製薬企業の存在感』医薬産業政策研究所・政策研ニュース No. 37，47-50，2012 年．

Kneller, R., "The importance of new companies for drug discovery: origins of a decade of new drugs," *Nature Reviews*, Vol. 9, 2010, pp. 867-882.

松崎淳一『バイオ医薬品産業の現状と課題』生物工学会誌，第 91 巻 9 号，495-498，2013 年．

宮田由紀夫『アメリカのイノベーション政策　科学技術への公共投資から知的財産化へ』昭和堂，2011 年．

長澤優『日本の医薬品の輸入超過と創薬の基盤整備の課題』医薬産業政策研究所リサーチペーパー・シリーズ No. 58，2013 年．

日本製薬工業協会 / 広報委員会編『DATA BOOK 2013（日本語版）』医薬出版センター，2013 年．

野村総合研究所社会・産業研究本部『新産業創出の起爆剤　日本版 SBIR』野村総合研究所，1998 年．

Pisano, G. P., *Science Business: The Promise, the Reality, and the Future of Biotech*, Harvard Business School Press, 2006(池村千秋訳『サイエンス・ビジネスの挑戦 バイオ産業の失敗の本質を検証する』日経BP, 2008年).
佐藤健太郎『医薬品クライシス 78兆円市場の激震』新潮社, 2010年.
佐藤光編『生命の産業 バイオテクノロジーの経済倫理学』ナカニシヤ出版, 2007年.
Shook, R. L., *Miracle Medicines: Seven Lifesaving Drugs and People who Created Them*, Penguin Group, 2007(小林力訳『新薬誕生 100万分の1に挑む科学者たち』ダイヤモンド社, 2008年).
Wessner, C. W., *An Assessment of the SBIR Program*, The National Academy Press, 2008.
Wohlsen, M., *Biopunk: DIY Scientists Hack the Software of Life*, Penguin Group, 2011(矢野真千子訳『バイオパンク DIY科学者たちのDNAハック!』NHK出版, 2012年).
山口栄一『イノベーション 破壊と共鳴』NTT出版, 2006年.

第8章 半導体産業における日本勢の盛衰要因を探る——システムアーキテクチャの視点から

8-1 日本の半導体産業凋落の原因を求めて

　日本の半導体産業は，1980年代後半に最高潮に達した後，1990年代半ばから急速な衰退のプロセスを辿ってきている．このような日本の動きとは対照的に，世界の半導体産業は，半導体自体の重要性がさらに増加してきたことを反映し，2000年初頭やリーマンショック後の2009年の大きな落ち込みはあるものの，出荷量・出荷額ともに急速に伸びてきている．このような日本と世界の相反する傾向は，図8-1の指標群の推移（WSTS[1]：1976-2013）に赤裸々に示されている．特に，この図に示されているように，世界半導体出荷額の中の日本出荷額の比率を示す折れ線（座標は右端）は，1990年代初頭の40%超から急速に低下，現在では10%を少しだけ上回る程度にまで下落している[2]．このような日本の著しい比率低下傾向とは対照的に，世界出荷額（座標は左端）を示す折れ線は1980年代半ば以降に，そして，（日本を除く）アジア・パシフィックの出荷額を示す折れ線は2000年以降に一貫して大きな伸びを示している．また，図には示されていないが，世界の地域別の半導体投資額で比較すると，1990年には日本比率が51%だったが2013年には6%にまで低下しており，こちらも限りなく存在感が小さくなってきている（Lineback et al., 2014）．

　日本勢凋落の背後要因としては，これまで数多くの仮説が唱えられてきた．

---

1) World Semiconductor Trade Statistics の略．なお，図8-1に示されているのは，地域別の出荷額データであり当該地域での生産額ではない．そのため，たとえば，台湾 TSMC で生産された iPhone（Apple）用の半導体を組み込んだ製品が中国の工場で組み立てられて出荷されれば中国地域での出荷となる．

2) ちなみに，グラフの1980年代半ばまでのデータには日本のデータが入っていなかった．

図 8-1　世界半導体出荷額の推移（3 ヵ月移動平均：1976 〜 2013）

代表的なものは，設備投資・研究開発（R&D）投資の不足やタイミングの遅れ，ファブレス・ファンダリモデル（水平統合型モデル）出現への対応の後れ，インテル（Intel）流オープン・プラットフォーム戦略[3]によるDRAM[4]汎用品（コモディティ）化への認知の後れ，日米半導体協定（1986-1995）に象徴される米国のなりふり構わない強攻策の後遺症，PCの時代に不相応な品質への過剰なこだわり，80年代後半から急速に進んだ円高基調，ものづくり（製造）重視・価値づくり（設計）軽視の経営スタイル等々である[5]．そのような状況から判断すると，もはや筆者の出る幕などないほどで

---

3) インテル製 MPU 活用のためにその周辺ハードウェアやソフトウェアを徹底的にオープン化・汎用化して同社製 MPU の入ったパソコン市場自体を急拡大させようとする戦略（Burgelman, 2002；Gawer and Cusumano, 2002；Gawer and Henderson, 2007 など参照）．
4) Dynamic Random Access Memory の略．
5) 諸説のいくつかに関しては，西村（2014）に，同氏の持論とともに要領よくまとめられている．

ある.

　もちろん，本論でもこれらの仮説の妥当性を否定はしないし，そうすべきではない．どのような事象にも表層から深層まで数多くの層（レイヤー）が存在しているし，どのようなレイヤーのどのような事象を説明したいかで多数のもっともらしい仮説の提示が可能なためである．ただし，そのような社会科学的仮説の多様性は認めるとしても，これらの仮説の多くには，説明したい事実によって説明したい事実を説明しようとするトートロジー（同語反復）が少なからず見え隠れしている．実際，それらの仮説が真であるとしても，そもそも，次々に湧き上がってくる「なぜ投資不足，ファブレス・ファンダリモデルへの対応やDRAMコモディティ化への認知の遅れ，長期にわたる過剰品質へのこだわり，製造重視・設計軽視の経営スタイル，等々が発生したのだろうか……」といった素朴な疑問への一般則的な返答はなかなか得られない．

　もちろん，現象の表層から深層まで1枚ずつ剝いでいったにもかかわらず，接近方法のまずさから，結局芯がなかったということでは元も子もない．そのような事態を避けるためにも，諸説に耳を傾ける謙虚さは必須である．ただし，もっと深層に迫って背後要因を一般化できないものだろうか．たとえそのような試みの難度が恐ろしく高いとしても，そのような試みなしに今後の克服策など模索すらもできないのではないだろうか．本章の目的は，大言壮語に終わる危険性を認識しながらも，そのような深層での一般化を志向することである．その際に特に留意する点は，事象の特定レイヤーの状況を高い解像度で描くボキャブラリー（語彙）を保有する多様な人々との対話と連繋（C&C：Communication & Collaboration）である．実際，「我々の視野は，我々が言葉で表わせる範囲に限定されてしまう．これは思考にとっては不可欠であり，避けられないことである」（Winograd and Flores, 1986：邦訳 p. 157）という孤立した個としての思考限界の突破は，上記のC&Cなしにはとても実行できない．もちろん，C&Cを掲げて多様な人々の協力を得ながら多層にまたがる形で深層の規則的パターンに到達しようとすると，多様性の増大に伴うコミュニケーション効率の低下が不可避となるので，核心に到達できずじまいになる可能性も高い．以下では，そのようなことは承知の上で，敢えて多様性とコミュニケーション・ギャップのトレードオフ関係をど

うにか克服するための試行錯誤に挑戦してみたい.

8-2 なぜシステムアーキテクチャなのか?

上記の一般化を試みるために,やや唐突に思われるかもしれないが,本論ではシステムアーキテクチャに着目することから始めたい.そのために,まず,アーキテクチャの定義に遡ってみよう.本論では,後々の議論のために,下記の国際電気電子工学会(IEEE)の定義が極めて重要だと考える.

> 「アーキテクチャとは,様々な部品,部品間の繋ぎ方,部品の(使用)環境との関係に組み込まれている(製品)システムの基本構造とそのような基本構造に関する設計・進化(方向)に関する指針である.」[IEEE Standard 1471:2000 – Recommended Practice for Architecture Descriptions of Software-Intensive Systems]

このIEEE定義の前半は,使用環境に配慮しながらも製品を構成している部品の繋ぎ方としてのアーキテクチャを記述しているので,常識的な狭い意味での"製品アーキテクチャ"とほぼ同義である.他方,IEEE定義の後半は,前半に定義された製品アーキテクチャ自体の設計指針や進化方向にまで言及しており,従来型の製品アーキテクチャ論(たとえば,Simon, 1962;Ulrich, 1995;Suh, 2001;日野, 2002;柴田他, 2002;中川, 2011)の範疇を飛び越えた広義なものとなっている.このような広義のアーキテクチャは,製品アーキテクチャそのものではなく製品アーキテクチャ自体の"変化能"(進化可能性:Evolvability)を示している.したがって,本論では,それを"システムアーキテクチャ"と呼ぶこととする.

システムアーキテクチャを探索するためには,設計しようとする製品システム自体をサブシステムとして包摂するより上位のシステムに関する的確な知識と,そのような上位システムの中で自らの製品システムを第三者的な視点から位置づける"メタ認知能力"が不可欠となる.そのため,システムアーキテクチャの探索は,そもそも定義からして,一企業・一組織内に留まる形ではなかなか実行できない.企業・組織や産業の境界,そして場合によっては国境を頻繁に飛び越えた対話と連繋(Communication & Collaboration:

C&C) が必須となる．本論では，日本勢凋落の背景に関する一般化のヒントが，システムアーキテクチャ探索の非効率性に深く関わっていると主張する．

　数多くのシステムアーキテクチャの中で，上記の変化能が最も高いと判断されるシステムアーキテクチャこそ，モジュール・システムアーキテクチャだと考えられる．IEEEの定義が見事に言い表しているように，モジュール・システムアーキテクチャとは，独立性の高いモジュールで組み立てられている製品の状態そのものを意味するのではなく，そのような製品アーキテクチャの変化能をも包摂したものだからだ．そして，そのような変化能の重要性は，当然のことながら，人工物だけではなく生命体にも同じように当てはまる[6]．したがって，現状打開の糸口は，王道としてのモジュール・システムアーキテクチャに回帰することなのではないだろうか．

　もちろん，モジュール・システムアーキテクチャには，イノベーション（社会に変革をもたらす創造的な発見・発明・改良）を抑制してしまう効果もあるし促進する効果もある．実際，可能な限りムダ・ムラ・ムリを取り去る形でモジュール化を推し進めていけば，製品には，ちょっとやそっとの環境変化ではビクともしない頑健性や保守性が生み出される．その結果，少々の攪乱があっても既存システムで対処可能なので，本来は新しい構造変革が要請されているにもかかわらず，現状にロックインされてしまう傾向を助長してしまう（Meyers and Fontana, 2005 参照）．まだ大丈夫だ！　まだこれで行ける！　という風に，ズルズルと既存製品の改良改善に拘ってしまうからである．実際，多くの日本勢は，このような構造的なロックイン（"structural Lock-in"（Meyers and Fontana, 2005））状態に陥ってしまっているのではないだろうか．

　他方，モジュール・システムアーキテクチャでは，モジュール間の繋がりが，共通のインタフェースを通じて可能な限り少なくなるように工夫されている．そのため，斬新な試みの負の効果を局所化でき，それらの良否を事前

---

6) 実際，生命体のアーキテクチャを扱う生物学分野（たとえば，Eble, 2005）は，前者を Organizational Modularity（⇔ the state of being modular），後者を Variational Modularity（⇔ the state of varying in modular fashion）と呼んでいる．

により多く，しかも，並列的に試すことができるので，進化速度を大幅に加速することができる．さらに，各々のモジュールの独立性が高くて細分化されていればいるほど，各モジュールの汎用性が増大するので，既存の知識・ノウハウの再利用性が拡大する．また，モジュール・システムアーキテクチャでは，インターフェースの共通化のためにモジュール間の連結度がかなり抑えられている（徹底的な摺り合わせを実行できない）ので，冗長性（Co-Option）が必然的に生まれる．ところが，一見弱点に見えるそのような冗長性は，各モジュールの想定内のみならず想定外転用を可能とさせる豊富なリアル・オプション（将来の不確実性に対処するための意思決定の選択権や自由度）を生みだす源泉となる（Baldwin and Clerk, 2000）．

加えて，冗長性が豊富であればあるほど，表現力豊かな状況の文脈化（Contextualization）が可能になる．冗長性があれば，関係者間でコミュニケーションを行う際に，様々な文脈に多様な意味や表現を対応させることができるからである．しかも，そのような文脈依存的な相互理解は，おもちゃのレゴブロックに示されるように，システム構成要素としてのモジュールが単純であればあるほど迅速かつ容易になる（Said *et al.*, 2001）．したがって，相応しいモジュール・システムアーキテクチャが導入されていれば，関係当事者間のみならず第三者にとってもシステム内での部分と全体の関係をより簡単により細かい粒度で一目瞭然化できるようになる．また，システム内での代替・補完関係の"見える化"が進むことによって対話と連繋（C&C）の幅と深さが拡大し，より多くの人々がシステムアーキテクチャ探索を効率的に行えるようになる．ということは，現状打開に必要なことは，デジタル革命がもたらした幅と深さが増した異次元の"見える化"便益の追求なのではないだろうか．

実際，市場やテクノロジーの移り変わっていくスピード（"クロックスピード", Fine, 2000）が飛び抜けて速い半導体産業では，莫大な設備投資やR&D投資が必須であるにもかかわらず相変化が短期間で頻発する．そのため，上記のシステムアーキテクチャ探索の重要性が極めて大きい．しかも，半導体製品（デバイスまたはチップと呼ぶ）に組み込み可能な機能の数が指数関数的に急増してきたため，探索自体が格段に難しくなってきた．半世紀

にわたるムーア（Moore）の法則[7]の進展に伴って，半導体デバイスの微細化による集積度が1.5年で倍増し，数ミリ角のデバイスに莫大な数のソフトウェアとハードウェアの機能を集積することが可能になってきたことによる．しかも，インターネットに象徴されるように，生みだされた高精細な半導体チップを組み込んだ電子機器の活用によって世界の連結度が急速に高まってきた．その結果，個々の経済主体の実世界での諸活動が，クラウドシステムに象徴される社会反射鏡を介して瞬く間に自らに跳ね返ってくるようになってきた．リアルタイム（即時）での情報伝達，ジャストインタイム（必要なものを，必要なときに，必要なだけ）での情報利用，ズームイン・ズームアウト（拡大・縮小）が自在な分析視点の切り替え，歴史上類例のないあらゆる境界を越えた対話と連繋（C&C）の広がり，という風に．その結果，進化可能性の高いシステムアーキテクチャが組み込まれた半導体デバイスでなければ直ちに陳腐化してしまうようになった．

　将来の不確実性が大きくクロックスピードの速い産業では，特定製品アーキテクチャ内での改良・改変と製品アーキテクチャ自体の検索とを同時に，しかも企業の境界を頻繁に飛び越える形で迅速に実行しなければならなくなる（Watts, 2003, 第9章）．そして，そのためには，半導体デバイスでも企業・組織でも，情報の伝達速度の高速化，情報の応答遅延速度の低減，環境変化への事前・事後の柔軟性の向上，走りながら考えるための結果ではなくプロセス（過程）の"見える化"の4点が何よりも重要となる．ところが，深い階層構造を持つ旧来の垂直統合型企業では，トップダウン方式での情報伝達速度は速くなるが情報混雑が発生しやすいボトムアップ方式は遅くなる．前者の速度が元々遅い日本勢の場合，後者の相対的な遅れはさらに致命的となる．

　情報混雑に喘ぐボトムアップ方式を補強するためには，階層構造のフラット化（Friedman, 2005），遠く離れた階層間にもまたがる太いバイパス経路の設置（Watts, 2003, 第9章），デジタル化が可能にした詳細なプロセスに関する一目瞭然化情報の階層内・階層間共有（Zuboff, 1984, 第9章），そのための階層内情報の正確な抽象化と階層間情報の明瞭・迅速な遡及を促進

---

[7]　インテル（Intel）のムーア（G. Moore）が1960年代半ばに提唱したとされる，半導体の集積度が3年で4倍になっていくという経験則．

する仕組み（D'Souza and Will, 1998, 序章），等々の組織イノベーションが不可欠となる．そして，日本勢がシステム・アーキテクチャ探索競争で劣後してきた原因には，かつて世界に誇った垂直統合型組織の綻びとそのICT[8]活用型の組織変革の後れが大いに関係している．

しかも，最終ユーザの潜在欲求の個性化・多様化が世界規模で急速に拡大するなか，半導体デバイス自体が最終製品に限りなく近づいてきた．そのため，自社内・自組織内で閉じた形では，そもそもどのようなスペック（仕様）のデバイス・製品を作れば良いかさえなかなかわからなくなってきた．妥当なスペックの決定を行なう際に必要な分析対象が，スタンドアロン（孤立）型で画一な大衆としての消費者から，インターネットで複雑に絡み合う個性化・多様化した個人としての消費者に変化してきたことによる．しかも，後者の分析には，顕在化した消費行動だけではなく，それらを支える意識下の価値体系やその形成過程にまで文理連繋して踏み込むことが必須となってきた（Zaltman, 2003；Zaltman and Zaltman, 2008；矢野, 2014）．

このような時代になると，旧来のマーケティング活動によって大衆の消費活動の中から最大公約数としての価値を抽出して大衆に提示するといった"上から目線"の「価値づくり」スタイルが廃れ，彼らの日常活動を支える主観的な価値体系（"Relationship Value", Zuboff and Maxmin, 2002, 第1章）そのものに分け入るエスノグラフィック（参与観察的）な「価値聞き取り」スタイルが支配的となる．各自が個性実現のために望む商品特性やその組合せは極めて多様なので，彼ら固有の価値観やその変化方向に関するメタ情報をも恒常的に提供してもらうためである．そのため，妥当な製品スペックに辿り着くには，様々な企業・組織間の対話と連繋（C&C）を必須条件としつつ，ICTを駆使した消費者／ユーザへの親身のサポートを恒常的に提供することが不可欠となってきた（Zuboff and Maxmin, 2002, 第10章）．そして，日本勢は，誠に残念ながら，このような広汎な叡智結集型の「価値聞き取り」スタイルを必須とするスペック探索競争でも劣後しつつある．

---

8) Information and Communication Technology の略．

8-3 栄枯盛衰要因の一般化——システムアーキテクチャの視点から

繰り返しになるが，本論では，上記のシステム・アーキテクチャの視点から日本勢凋落の背後要因の一般化を試みる．そのために，1980年代後半に汎用DRAMで絶頂期にあった日本勢がどのような契機で衰退プロセスを辿りはじめたのか，そのようなプロセスにシステム・アーキテクチャがどのように関わってきているのか，等々に関して，現象の表層から深層までを1枚ずつ剝いでいく形で詳述してみたい．なお，多くの業界通には，「DRAMビジネス衰退の背後要因……」と言い始めた途端に，「DRAM？ 古いね．DRAMは至って簡単なデバイスだよ．今や格段に複雑なSoC（System-on-Chip）の時代なんだから，SoCでなぜうまくいかないかをやってもらわないと……」とコメントされる方々が多い．そのようなコメントに対し，この節では，DRAMもSoCも本質的なところでは類似のパターンで躓いてきたのだという命題を強調するために，とことんDRAM事例にこだわってみたい．

凋落を誘発した大きな要因——"4層基板のスパコン"登場とシステム化実装技術

日本勢凋落の基本要因は，世の常ではあるが，絶頂期にあった1980年代半ばに既に深く忍び寄っていた．それは，表8-1に示されるインテル（Intel）製MPUの急激な高速化に関連していた．この表には，インテル製MPUの内部（動作）クロックとそれが搭載されているマザーボード[9]上の各種デバイス間同期用クロック（外部クロック）が年代別に示されている．表によれば，内部クロックは，1989年導入の初代80486で既に30 MHzに近づいており，1993年の初代Pentiumでは66 MHz，1995年のPentium Proに至っては166 MHzにまで達している．1980年代に一世を風靡したクレイ（Cray）社のスーパーコンピュータ（スパコン）を遥かに上回るほどの高速化が90年代半ばには達成されていたのである．

---

9) MPUを中核にしてDRAMその他の周辺デバイスを統一的に配線して動作可能にするためのコンピュータ用プリント基板．

表 8-1 スパコン(クレイ)対パソコン(インテル)のクロックスピード

製品名	導入年次	CPUクロックスピード(Mhz)	マザーボード・クロックスピード(Mhz)
Cray1A	1979	80	80
Cray XMP-22	1984	112	112
Intel 80386	1985	16	16
Intel 80486	1989	25	25
Intel 80486DX2	1992	50	25
Intel Pentium	1993	60	60
Intel Pentium Pro	1995	166	66

　MPUとDRAM等の周辺デバイスを搭載するマザーボード上の配線ネットワークの中心には,チップセット[10]と呼ばれる中核デバイスがある.そして,よく知られているようにMPUの動作クロックが30 MHzを超えると,このチップセットとDRAM等の周辺デバイスとの間で信号の遅延・揺らぎ・歪み,信号線間の干渉といった信号品質(Signal Integrity)の劣化問題が深刻化する.さらに,40 MHzや50 MHzを超えると,デジタル信号が単純な矩形波では扱えなくなり,アナログ信号的な扱いが必要になる[11].そのため,MPU⇔チップセット⇔周辺デバイスの間の信号品質の確保には,システム全体を睨みながらデバイス間の正確な信号伝送距離を最適化する技術(システム化実装技術)が不可欠となってきた.つまり,日本勢の絶頂期と重なる1980年代末になると,デバイス間の伝送距離が無視できる回路(集中定数回路)の時代に代わり,伝送距離を厳密に考慮した回路(分布定数回路)の時代が訪れた[12].

　そのような時代の到来を反映し,1980年代半ばを過ぎる頃になると,大型コンピュータ(メインフレーム)用のJEDEC(Joint Electron Device Engineering Council)標準を満たしたDRAMが,IBM互換パソコンでは信号品質の問題のために動作しないという信じがたいケースが少なからず発生

---

10) チップセットとは,MPUとDRAM,HDD等の記憶装置やキーボード,グラフィック装置その他を繋いで効率的な制御を司る役割を持つマザーボード上の中核となる論理制御装置.
11) 以上については,Goyal (1994),Lipman (1996) 参照.
12) この点に関しては,明星大学の大塚寛治先生(元日立の実装技術開発の重鎮)のご教示による.

しはじめた．実際，当時を知るインテル技術者への聞き取りによると，このような問題を解決するため，インテルは，当時からDRAMメーカーに対してメインフレーム用に定められたJEDEC標準に加えて満たすべき追加要件の提示を非公式に行なっていたという．

信号品質の問題が廉価版のIBM互換パソコンで特に発生しやすかった理由は，普及型パソコンを可能なかぎり安価にするためにマザーボード基板内部の層数を最低限に留めたためである．事実，当時のインテルは，"4層基板"での動作をターゲットに定めた．ところが，自社の高速なMPUを4層のマザーボード基板で安定動作させるには，極めて難度の高いシステム化実装技術が必要だった．ただし，個人ユーザを対象とする普及型パソコンの場合，マザーボードの4層という厳しい制約によって，極めて高度な分布定数回路上の工夫が必要とされたのである．しかも，驚きであるが，そのような"4層基板のスパコン"用のシステム化実装技術は，80年代半ばにおいてもインテル内には存在しなかった．この点に関して当時のインテル技術マーケティング部門トップは，「今までビットだとかバイトだとかしか考えてこなかった連中に，システムのレベルで考えさせることは大きな挑戦だった」（Burgelman, 2002, 邦訳258頁）と述懐している．

したがって，インテルが"4層基板のスパコン"市場で生き残るためには，MPUをサブシステムとして含むマザーボードのシステムアーキテクチャを，社外のリソースに全面的に依存しながら探索しなければならなかった．そのようなシステムアーキテクチャがないまま高速MPUを次々に市場投入しても，普及型パソコンへの組込みがどんどん難しくなるため，自らのビジネスの破綻に繋がってしまうことが歴然としていたからである．インテルは，この困難な状況を打開するために，MPU市場における大きな市場シェアを背景に，外部リソースを徹底的に集積・活用する仕組みを導入した．なかでも，設計ベンダーや半導体メーカーに呼びかけて1990年代初頭に設立されたIBIS[13] Open Forumが象徴的である[14]．

IBISモデルとは，信号品質に関連するシステム化実装技術上の難題をシ

---

13) Input Output Buffer Information Specificationの略．
14) IBISの重要性に関しては，元日立・前エルピーダで実装開発を主導されていた安生一郎氏のご教示による．

ステムレベルでのシミュレーションを多用することで解決するためのものである（庄司・前田，2009）．しかも，IBIS モデルでは，当時一般的だった同類の SPICE（Simulation Program with Integrated Circuit Emphasis）モデルとは異なり，半導体メーカーのノウハウの塊であるデバイスの内部構造に関する情報を必要とせず，デバイスがそのインターフェース（接触面）を通じて外部のデバイスとやりとりする信号情報（より正確には"等価回路"[15]）を活用するだけでシミュレーションが可能だった．インテルは，上記の自社の抱える難局を打開するために，1989 年にチップセット市場に，そして 1993 年に初代 Pentium 用マザーボードで市場に参入し，たちまちのうちに両市場で突出した市場シェアを占めるまでになった．

IBIS モデルを動かすには，IBIS 用 DRAM 関連パッケージモデルに代表される数多くのサブモデルの作成が必要となる．つまり，MPU を取り巻く周辺デバイスメーカーの協力が不可欠である．しかも，生半可な協力では作成できず，たとえば DRAM の場合，日立とサムスン（Samsung）といった同業他社間で役割分担が必要なほどのリソース投入が必要だった[16]．しかも，インテルだけが，DRAM を含む周辺デバイスのサブモデルをすべて集めてマザーボードレベルでの大がかりなシステム・シミュレーションを実行できた．IBIS モデルに基づくシミュレーション結果は，もちろん協力 DRAM メーカーにもいち早くフィードバックされるので，正常・安定動作する DRAM 仕様をより早く獲得できた．さらに，後述するように，1990 年代後半以降の急激な MPU 高速化に伴って DRAM 要求仕様が大幅に異なるインテル製チップセットが次々に投入されたので，インテルからのサポート情報が提供されない限り，とても市場のクロックスピードについて行けなくなった．このように，IBIS には，インテルと周辺デバイスメーカーとの利益相反問題解決の仕組みが上手に組み込まれていた．ただし，"4 層基板のパソコン"の正常・安定動作を保障するためには，徹底した標準化・モジュール化に行き着くことが必然であった．その結果，DRAM のコモディティ化が格段に促進され，DRAM メーカー間に激しいコスト競争を誘発した．

---

15) 複雑なデバイスの内部要素を，その特性を表す最小限の要素に単純化した回路．
16) 元日立・前エルピーダの主導的な実装技術開発者談．

凋落を誘発した大きな要因——日米半導体協定と"もの造り"の比較優位喪失

1986年にはじまり1995年に幕を閉じた日米半導体協定は日本勢への供給制限を課したため，原価を大幅に（3～4倍）上回る価格での汎用DRAMビジネスが常態化した．その様子の一端は，すべての種類のDRAM平均ビット価格は日米半導体協定下の9年間には1/5しか低下しなかったが，大暴落した95年以降の9年間では瞬く間に1/250にまで下落していったことに表れている（ICE Corporation, 1997；Chuma and Hashimoto, 2010）．このような急激な汎用DRAM市場の変化は，当時のDRAMの（容量）種類別のDRAM平均ビット価格の推移を追うことによってさらに浮き上がってくる．その様子を示しているのが図8-2である．

この図には，1974年に現れた4KビットDRAM製品から1998年に現れた256MビットDRAMまでの平均メガビット価格が示されている．この図の網がけがしてある期間が日米半導体協定によって日本勢に供給制限がかけられていた時期に相当している．この時期（1986～1995年），日立やNEC

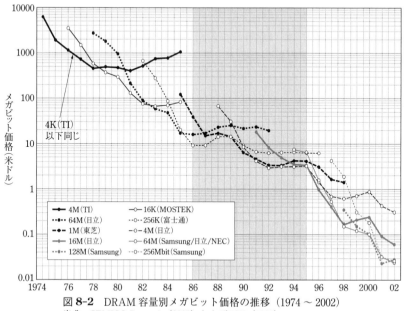

図 **8-2** DRAM容量別メガビット価格の推移（1974～2002）
出典：SEMICO Resarch（2003）およびICE（1997）．
（　）内は先行メーカー．

に多大な利益をもたらした64Kビットや256Kビットの価格はほぼ一定かや上昇すらしている．また，東芝や日立，富士通に大きな利益をもたらした1Mビット，4Mビット（1988年開始），16Mビット（1992年開始）の価格下落幅も各々1/10，1/21，1/5と小さい．したがって，この期間は価格/原価比率が3〜4倍に達するほどの売り手市場であったこと，当時は原価が30％/2年ほどの速度で下落していたことを考慮すると，日本勢は大きな利益を享受していた．そのため，たとえ作り過ぎて製品在庫を大量に抱えたとしても何の心配もなかった．品種によっては値上がりさえしたので，在庫を積み増す動機さえもあった．

　ところが，栄華は春の夜の夢のように突然終わってしまった．そして，価格の大暴落がはじまった95年末以降になると市場のクロックスピードが急加速して見込み生産が難しくなったため，流通・製品・仕掛のすべての在庫がたちまち腐ってしまう状況になった．価格暴落後の巨大な半導体部門の赤字に恐れをなした経営陣は，95年以降になると半導体部門への投資をさらに大幅削減した．しかも，日本勢の各社ともに，栄華の続いた期間に当時の最先端200 mm工場への投資を躊躇していた．つまり，同一事業部門の拡大再生産という意味では，80年代に米国半導体メーカーの羨望の的だった強力な資金力を保有する総合電機メーカーという形態が，半導体部門の絶頂期には同部門成長の足枷となってきていた．そのような流れの中で，ほとんどの日本勢が2000年前後で汎用DRAMビジネスから撤退せざるをえなくなった．日本勢凋落の原因として"設備投資・R&D投資の不足やタイミングの遅れ"仮説が業界関係者に根強い理由である．

　加速した市場クロックスピードと増大した将来の不確実性に対処するには，ビジネス上の事前・事後の柔軟性を確保するため，生産リードタイム（材料投入後製品としてできあがってくる期間）の大幅削減が重要な事業戦略となる（Hopp and Spearman，2008，第10章）．したがって，ジャストインタイムを特徴とするトヨタ生産方式（"プル型生産方式"：後工程の要求する量だけ前工程が生産する方式）の威力が格段に増す．ところが，ほとんどの日本勢は，ほぼ例外なく日米半導体協定下に一般的だった"プッシュ型生産システム"（各工程に常に最大限の生産量達成を要求する局所最適化型の生産方式[17]）を2000年頃まで採用し続けた．その結果，誠に驚きであるが，90

年代を通じてものづくりの比較優位性すらも喪失していった．そして，この優位性の喪失が，日本勢凋落の根本要因の１つともなったのである．

既に1990年代前半には，日本勢がものづくりのパフォーマンスで劣後しはじめていた．その様子は，日米半導体協定下の米国の圧力を背景に実施されたUC Berkeleyグループによる包括的な調査結果に表れている（Leachman and Hodges, 1996）．この調査結果によれば，驚きであるが，日本勢はCycle Time per Layer（回路が刻まれたマスク原版１枚の平均処理時間）のみならずDelivery On Time（納期遵守率）で米国勢を下回っていた．また，最もボトルネックとなりやすい露光装置のスループット（処理枚数で測った生産性）は日本が高かった．したがって，当時の日本では，典型的なプッシュ型生産に基づく作り置き方式が採用され，その結果として，生産リードタイムが長く，スケジュール管理もうまくいっていなかった様子が垣間見える．他方，欠陥の少なさ（良品率）とオペレーターの１日当たり処理枚数で測定した生産性では日本勢が数段勝っており，丁寧な設計・製造技術に基づき，優秀な現場の人材によるものづくりが行なわれていたことが推測できる．

なお，上記のロバート・リーチマン（Robert Leachman）教授は，サムスンで1996年からはじまる生産システム改革のコンサルタントとして主導的な役割を果たした．その結果，当時の最先端64MビットDRAMの生産リードタイムが，96年初頭の90日前後から98年末に30日に短縮された（Leachman *et al.*, 2002）．他方，NEC等の当時の日本勢の同様な生産リードタイムは，聞き取りによれば少なくとも60日前後だった．したがって，この頃になると，既に製造コストでもサムスンと勝負にならなくなっていた．ただし，この生産システム改革以前は，サムスンは日本勢から積極的に技術導入を行なっていたので，日本勢と同じプッシュ型を採用していたはずである．にもかかわらず，なぜ魔法でもかけたように３年弱でリードタイムの2/3削減が可能だったのだろうか？

それは，半導体版リーンシステム・アーキテクチャ[18]に裏付けされた米国発のICT駆動型汎用MES（Manufacturing Execution System：製造実行シ

---

17) したがって，生産が見込み通りに進まないとボトルネック（隘路）の前工程に多量の仕掛在庫が溜まり生産リードタイムが長くなる．
18) リーンシステムとは，米国版トヨタ生産システムを意味する．

ステム)という"伝家の宝刀"(後述)がもたらした強烈なイノベーションの恩恵以外に考えられない.同じように生産リードタイムが激減する現象が,2000年頃に日本で起きたトヨタ生産方式ブームによっても頻発したからである.このときのブームの火付け役は,米国よりも10年以上も遅れてやっと2000年3月期に導入されたキャッシュフロー計算書作成の法的な義務化だった.在庫の増大が,キャッシュフローの減少に直結することが丸見えになったからである.

半導体版リーンシステムアーキテクチャに裏付けされた米国発のICT駆動型汎用MESは,米国だけではなく,欧州・台湾・韓国メーカーにも急速に普及していった[19].事実,トヨタ思想を体現した汎用MESは,米国のみならず韓国のサムスンに代表されるDRAMメーカーや,台湾TSMCに代表されるファンドリーにただちに普及していった.たとえば,韓国サムスンでは,1995年にファステック(Fastech,現Brooks Automation)社の"FactoryWorks"の第1号が先端200 mm工場に導入された.同じ1995年には,ドイツ・ドレスデンにあるシーメンス(Siemens)社の先端200 mm工場にコンシリウム(Consilium,現Applied Materials)社の"Workstream"が導入された.さらに,高度な自動化システムを世界に先駆けて導入した台湾TSMCは,"Promis"を同社の先端200 mm工場用MESとして1996年に導入した.

他方,日本勢は,少なくとも90年代末までは自社製MESを用いたプッシュ型生産にこだわり続けた.この点に関し,伊佐治弘(2001)は,「アメリカはトヨタのジャストインタイムの思想を実際のラインに適用している.アメリカでは納期遵守が日本よりも重視されている.そこでいかに生産量を落とさずに納期を短縮するかを真剣に検討した結果,トヨタ方式が解であるという結論に達した」(同,16頁)と指摘している.日本勢の90年代後半におけるものづくりシステムでの比較優位喪失が,実は日本発のトヨタ生産システムに起因していたとは何というアイロニー(皮肉)だろうか…….

上記の米国発汎用MES登場の背後要因は,当時の日本勢にとっては想像さえできないものだったに違いない.というのは,生産技術者を含むほとん

---

19) 詳しい引用文献に関しては中馬(2007)を参照されたい.

どの関係者には，日本勢打倒を旗印にDARPA（Defense Advanced Research Projects Agency）等の支援を受けて1988～1993年に実施された米国政府肝いりのMMST（Microelectronics Manufacturing Science & Technology）プロジェクトの成果だったとの意識がないからである[20]．彼らの思惑をそれほどまでに越える形で，日本勢は，米国にとって経済的・政治的のみならず軍事的にも脅威だった[21]．

それにしても，そもそも日本勢は，なぜトヨタ的なプル型の生産ライン導入に手間取ったのだろうか．米国発の汎用MESを導入するだけでプッシュ型からプル型に直ちに移行できるのではないだろうか．ところが，それは，リーンシステムアーキテクチャを基本に据えない限りできないのである．その理由は，先に触れたシステム化実装技術の事例と酷似している．というのは，半導体工場の自動化レベルの不連続的な増大が，現場オペレーターや保全工の作業（タスク）の抽象度をワンランクもツーランクも不連続に増大させる，という現象に深く関わっているからである．事実，作業の抽象度が増大すると，以前のより下位の抽象度で稀少だった知識やノウハウが汎用化・陳腐化してしまう．そして，そのような汎用ノウハウの上に新たに蓄積されていくワンランク・ツーランク上の抽象度での新たな知識・ノウハウが，ものづくりでの比較優位の源泉となる．その結果，IBISに象徴されるシステム化実装技術によって汎用DRAMのコモディティ化が発生したのとほぼ同じ時期に，リーンシステムアーキテクチャに裏付けされた汎用MESによって生産システムのコモディティ化が起こった．

半導体生産システムの場合，そのようなタスク抽象度の不連続的な増加現象が1995年半ばに一般的となった150 mm工場から200 mm工場への切り替え時点で顕著になった．実際，オンライン化率向上をめざした150 mmとは異なり，200 mmでは製品作業完全自動化（工程内・工程間自動搬送）が達成された．これが300 mmになると各種の特殊作業も自動化されるようになり，200 mmで一般的だった一括処理（バッチ処理）方式からウェーハを1枚ずつ管理する枚葉処理方式に移行した．しかも，300 mm工場では高速

---

20) United States General Accounting Office（1992）参照．
21) 米国発汎用MESが当時既にトヨタ的な思想に基づいて運用されていた様子は，IBMバーモント工場の事例として誇らしげに報告されている（Leonovich, 1994）．

なOHT(天井走行式無人搬送車)が多用され,200 mm工場で一般的だった工場内のウェーハ集中保管施設を経由して各工程に搬送する間接搬送から,工程間を直接繋ぐダイレクト搬送が一般的となった[22]．

　では，なぜそのような作業の抽象度の増大が，特に日本勢の場合，より大きなマイナスの効果をもたらしたのだろうか．その答えは，半導体産業か否かにかかわらず，日本の製造現場が"組長ライン"となっていることと密接に関わっている．組長ラインとは，各工程の進捗管理や問題発見・解決が，それらの工程を束ねる組長および前後工程の組長間の属人的調整能力に依存している生産ラインを意味する．しかも，日本では，彼ら組長が，オペレーター・保全工・技術者を結ぶ重要な調整役(コーディネーター)としての役割をも担っている．もちろん，多くの製造業では，そのような組長の高い調整能力が世界に名だたるものづくり能力を支えている(小池他, 2001)．ところが，プロセス技術の微細化・高度化に伴い，組長の属人的な調整能力に頼るだけでは生産システム内での全体最適を図れなくなってきた．特に半導体の生産システムの場合，微細化追求が進めば進むほど，そのような局所最適性の弱点が発生しやすくなる．というのは，生産ラインが極めて複雑なジョブショップ(Job-Shop)型になっているからである．

　複雑なジョブショップ型とは，完成品が生産システムから出てくるまでに，その仕掛品が各々の工程に複雑なパターンを描きながら何回も戻ってくる工程の特徴をさす．半導体デバイスは，数十枚の異なるマスク(回路原板)を使ってできあがる．たとえば，その際の露光によってウェーハに刻み込む工程(露光工程)に注目すると，その工程では異なるマスクを使って加工の済んだ同じ仕掛品に次々に回路を写し込んでいく．しかも，そのようにして自工程に戻ってくる仕掛品が各工程を巡っていくパターンは，マスクごとに異なっている．このようなジョブショップ型のラインとは対照的に，通常の流れ作業の生産ラインでは，製品が完成するまでに各工程を通過する回数はたかだか1回のみである．そのようなラインは，フローショップ(Flow-Shop)型と呼ばれる．そのため，いわゆる"トヨタコンサルタント"のノウハウは，フローショップには通用することがあっても，複雑なジョブショップにはな

---

22)　以上の点については，主に元NECの技術者である本間三智夫氏のご教示による．

かなか通用しない．システム思考に富む半導体製造のプロが必須とされる理由である．

　半導体の生産ラインは，微細化が進んでデバイスが複雑になればなるほど，どんどん複雑なジョブショップ型になっていく．マスク枚数やマスクに刻まれる回路がより微細で複雑になってくるからである．そして，ジョブショップ型ラインが複雑になればなるほど，組長ラインの局所最適性が問題になってくる．全体最適を図るためには，組長の工程間にまたがる横断面管理能力だけではなく，何回も自工程に回帰してくる仕掛品の時間軸に沿った流れの管理，つまり時系列管理の重要性が倍化してくるからである．このような複雑な時系列管理をも適切に行なうためには，各々の組長は，他工程の組長が行なう様々な横断面管理の状態を鳥瞰しながら自工程の適切な管理を行なわなければならない．

　ところが，組長に時系列管理に必須のシステム情報が提供されなければ，全体的な視点からの横断面管理と時系列管理を実行できない．もちろん，そのような離れ業ができるような組長・オペレーター・保全工を数多く生みだすことは，既存の生産システムにこだわる限り不可能である．そのような状況を打開するためには，米国版汎用MESのような強力な複雑性軽減ツールを活用して横断面管理と時系列管理がより簡単にできるような生産システムを導入することが必須となる．しかも，日本の多くの組長は，そのようなシステムが提供されれば，横断面管理のみならず時系列管理でも格段の力を発揮する（中馬, 2002, 2007）．

　米国版汎用MESが組み込まれ高度に自動化された半導体工場では，生産プロセスに関する一目瞭然化情報の階層内・階層間共有，そのための階層内情報の正確な抽象化と階層間情報の明瞭・迅速な遡及を促進する仕組みを簡単に実現することができる．ところが，そのような高度の"見える化"能力を誇るMESが利用可能になったとしても，工場全体の生産性は，どのような生産システムアーキテクチャで運営されているかで大きく左右されてしまう．たとえば，プッシュ型の生産システムにこだわる工場の場合，特定の工程の組長には，自工程に関しては高い解像度の情報が与えられるが，工場全体の中での自工程の状態を鳥瞰するための情報がなかなか提供されない．プッシュ型の局所最適性の弊害に非感応的な生産システムの設計者が，そのよ

うな必要性を明確に自覚しないままシステム設計していくからである．

実際，2000年の初頭に2年間にわたって調査させていただいた某社の300 mm工場では，少なくとも調査の初期段階において，そのようなメタ情報が特定のエンジニアたちだけに利用可能とされていた．もちろん，そのような情報は，組長には担当エンジニア経由である程度までフィードバックされていた．そして，それらは，組長経由でさらにオペレーターや保全工にも伝言ゲーム風に伝えられていた．ところが，現場での意思決定は，依然として組長依存的だった．正確にいえば，組織設計上の問題から，豊富な局所情報を持つ組長たちと豊富な大局情報を持つエンジニアたちのせめぎ合いが起きていた．そのようなせめぎ合いは，デジタル化が可能にした詳細なプロセスに関する一目瞭然化情報の階層内・階層間共有によってたちどころに解消できる．実際，このようなリーンシステム思考に基づく土屋孝行氏の独自な生産方式に基づいて運営されていた広島エルピーダの300 mm工場では，NEC時代と同じMESをそのまま使いながら，極めて短い生産リードタイムや驚くほどの良品率，納期遵守率を誇っていた（中馬，2002，2007）．しかも，そのような相変化を，わずか6ヵ月〜1年ほどで達成していた．

凋落を誘発した大きな要因──DRAM市場のクロックスピード急加速とプロセス技術の複雑化

日本勢は，"4層基板のスパコン"に具現化されたインテル流システム化実装技術によって外堀が，ものづくりでの比較優位喪失によって内堀が埋められることになった．そして，最後の本丸に関連してくるのが，90年代半ば以降に急加速した市場のクロックスピードと企業間にまたがった対話と連繋（C&C）が不可欠なほどに複雑化した64MビットDRAM用プロセス技術だった．しかも，後述するように，C&Cの必要性は64Mビット以降にさらに増大していった．以下では，この市場と技術の2つの要因に着目してみよう．

まず，市場のクロックスピードの加速は，インテルのPentium Proが登場する1995年に注目するとよりハッキリしてくる．前節で触れたように，95年から96年にかけてDRAM価格大暴落の引き金が引かれ，DRAMの仕様自体がほぼ毎年大きく変化することとなり，さらに市場のクロックスピードが加速した．それを象徴する最初の出来事が，大型コンピュータ用の

JEDEC 標準として知られていた EDO（Extended Data Output）と呼ばれる DRAM を使用するチップセット（Triton と呼ばれた）の 1995 年における登場である．

当時をよく知るインテルの技術者によれば，この Triton になってはじめてインテルが直接 DRAM に関わり始めた．先の IBIS の利用が本格化した結果だと推測される．EDO-DRAM により，それまでの 22 MHz に代わって 33 MHz の速度で MPU との通信が可能になった．驚きであるが，EDO-DRAM 以前は，1986～1995 年の長きにわたってこの 22 MHz で動作する Fast-Page Mode（FPM）と呼ばれる方式の DRAM が使われてきていた．この時期は，奇しくも日米半導体協定下で日本勢が栄華の春を享受していた低速な市場クロックスピードの時期とまったく重なっている．なお，極めて興味深いのは，FPM や EDO 等の非同期型 DRAM は，MPU とのタイミング処理等に関連した内部構造もかなり特殊で複雑だったため，日本勢の優れた設計能力や製造能力が発揮しやすいものだったという事実である（Itoh, 2001）．

ところが，この EDO-DRAM も PC 用としては直ぐに賞味期限が切れはじめた．そして，早くも翌年の 1996 年には，マザーボードのクロックと 66 MHz で同期する SDRAM（Synchronous DRAM）方式のチップセットが登場した．しかも，SDRAM の登場とともに現在一般的となっている日立発の DIMM（Dual Inline Memory Module）型メモリモジュールが導入されたが，このモジュールには SPD（Serial Presence Detect）と呼ばれるインテル製 MPU と DRAM とを効率的に同期させるインテル考案の特殊な小チップが搭載されるようになった．その結果，MPU とのタイミング処理に関連した DRAM チップの内部構造等が非同期型のチップに比べて格段に簡素化され，様々な高速化のための設計上の工夫を組み入れやすくなった（Itoh, 2001，第 6 章）．IBIS に象徴されるインテルのシステム化実装技術が，このような形でも汎用 DRAM のコモディティ化推進に拍車をかけたのである．

上記の 66 MHz で動作する SDRAM の仕様は，メインフレームメーカーが主導した JEDEC の PC66 と呼ばれる方式で標準化されたものだった．ただし，先のインテルの技術者によれば，PC66 に準拠するだけでは IBM 互換パソコンで正常に動作しないケースが少なからず起きた．その大きな原因

の1つは，前々項で指摘した"4層基板のスパコン"で特に発生しやすいMPUとDRAMの信号タイミングのズレ（信号品質問題）だった．そのため，そのような問題の発生が少なかったEDO-DRAMとPC66準拠のSDRAMとが併存する形が2年ほど続いた．さらに，インテルは，このような状況を打開するために100 MHzの動作クロックをDRAMに要求するPC100という独自規格を1998年に導入した．そして，DRAMメーカーに製品サンプルの提出を促し，それらがPC100に準拠して問題なく動作するか否かをインテル自身が検証しネット上で公開するというアプローチを採った．

飽くなきMPUの高速化は，このPC100もすぐに時代遅れにした．そして，翌年の1999年には，インテル主導のPC133が，そして2000年にはPC200がJEDEC標準として提示された．さらに，同じ2000年には，SDRAMをさらに高速化させるために，DRAM内の処理を二重に並列化してMPUと400 MHzで同期可能なDDR（Double-Data-Rate）方式のDRAM規格に準拠したチップセットを導入した．この方式は，2003年にはDDR2方式として4倍の800 MHz，2007年にはDDR3として8倍の1600 MHzで同期可能な方式として進化していった．2014年現在には，DDR4として16倍の3200 MHzまでに対応可能な規格まで標準化されている．

なお，興味深いのは，2000年のPC200以降は，グラフィックス用やモバイル用のDRAMという例外はあるが，DRAM固有のクロック数が200 MHzから変化していないという点である．言い換えれば，PC用としての汎用DRAMが，2000年にほぼ成熟の域に達したということになる．そして，エルピーダをのぞく日本勢のすべては，この2000年を過ぎた辺りで事実上汎用DRAMビジネスから撤退していた．しかも，日本勢にとって不幸だったのは，2000年から2001年にかけて，米国半導体産業を苦境に陥れた1980年代半ばの半導体不況に勝るとも劣らない大きな不況が訪れたことであった．そして，本丸は，1995年のDRAM価格暴落後わずか5年で落ちた．

時代絵巻のような表現で誠に申し訳ないが，本丸が落ちる前の1998年に"関ヶ原の戦い"に類する大きな出来事が発生した．PC66やPC100に準拠する128 MビットのSDRAMが，サムスンから日本勢に先行する形で登場したのである．しかも，サムスンは，128 Mビットを1998年の前半に，256 Mビット SDRAMを同年後半に発売開始するという離れ業をやっての

けた．128 M ビット登場以前は，インテルの 1 K ビット DRAM の 1971 年における登場以来，4 K, 16 K, 256 K, 1 M, 4 M, 16 M, 64 M と 4 倍・4 倍のパターンで汎用 DRAM 製品の容量が拡大してきていた．ところが，64 M ビット DRAM 以降，128 M, 256 M, 512 M, 1 G, 2 G, 4 G, 8 G, 16 G という風に現在に至るまで 2 倍・2 倍のパターンで拡大するパターンに相変化した．相変化が起きた大きな理由の 1 つは，インターネット元年（1994 年）前後から急速に増大した PC サーバーや Unix サーバーの登場に象徴される動きの速いマーケットの変化を読む力（マーケティング力）に関連していた．もう 1 つは，意外ではあるが，64 M ビット DRAM 開発を起点に顕在化したプロセス技術上の複雑性の不連続的な増大（後述）に関連していた．

　サムスンサイドからの情報によれば，当初大量に製造された 128 M ビット DRAM のほとんどがローエンドサーバー向けに販売され，大きな利益を生んだ．ローエンドサーバーにとって，この時期の 256 M ビット DRAM は，「帯に短し襷に長し」の状態だったのである．事実，世界出荷量が 500 万個を超えたのは，128 M ビットでは 1999 年，256 M ビットでは 2001 年だった（SEMICO Reseach, 2003）．ただし，4 倍・4 倍の時代から 2 倍・2 倍の時代への変化の兆しには，日立も気づいていた．事実，サムスンの 128 M ビット登場とほぼ時を同じくして，日立から 64 M ビット DRAM を 2 枚使用した 128 M ビット DRAM も売り出された．日立が当時世界に誇っていた先進的な実装技術を駆使できたからである．ただし，このユニークな日立製 DRAM はかなり高価であり，サムスン製 128 M ビットに比べると生産量もわずかであった．そもそも日立は，生産量を急増させるためのキャパシティさえ既に保有していなかった．

　もちろん，NEC や東芝も 1999 年に PC133 にも対応したサムスン流 128 M ビット SDRAM 市場向けの量産をすぐさま開始した．ところが，その頃になると 128 M ビットの価格が対前年比で 60％超も下落してしまった．この下落傾向は，その後もさらに加速した．1998 年に 128 M ビット DRAM の世界出荷量は 260 万個だったが，翌年の 1999 年には 2212 万個と 8.5 倍にも増えたからである（SEMICO Reseach, 2003）．ここでも足の速い市場のクロックスピードが日本勢の復活を阻んだのである．このように，現在の

SoCの時代でも大勢の業界関係者が嘆く日本勢のマーケティング力不足が，既にDRAMの場合でも露呈していたのである．

　90年代半ばを過ぎると，日本勢は，技術開発のクロックスピードにも遅れはじめた．64Mビット以降に，DRAMが格段に難しくなり，その難しさに挑むためのR&D費用・人材を一企業では抱えきれなくなってきたからである．言い換えれば，その後の半導体産業を特徴付ける企業の境界のみならず国の境界をも越えた対話と連繋（C&C）の時代がMPUより一足先にやってきた．たとえば，NECは90年代前半にサムスンと64Mビットや256Mビットの共同研究開発プロジェクトを立ち上げた．日立とテキサス・インスツルメンツ（Texas Instrments）社との256Mビットや1Gビット共同開発・製造や東芝とIBM，シーメンスとの256Mビット共同開発もこのような制約に直面した結果だと思われる．ただし，前述の90年代後半の日本勢のじり貧状況にも示されているように，いずれの共同開発も当初の思惑通りには進まなかった．

　新構造DRAMキャパシタ（後述）の発明で世界的に有名な元日立の角南英夫（2008, p. 87）は，過去のDRAM開発のプロセスを，"K（キロ）ビットの時代"＝微細加工，"M（メガ）ビットの時代"＝構造改革，"G（ギガ）ビットの時代"＝材料革命と特徴付け，その明白な分岐点が64MビットDRAMにあるとしている．同じくDRAM設計で世界的に名高い日立の伊藤清男（1994, p. 19）も，1990年に登場した64MビットDRAMの試作品とそれ以前のものとを比較し「多層化・立体化・新構造・新材料の使用が目につく」としている．なかでもキャパシタ用新材料の研究開発は，困難を極めた（西岡，2000）．以下では，門外漢の語りで申し訳ないが，このキャパシタ材料の事例を中心に取り上げて，日本型の垂直統合型企業が一企業内に閉じた形で研究開発を進めていくことの大きな限界が1990年代後半に訪れたことを実感してみたい．

　DRAMには，既に1990年代前後になると，ムーアの法則に従って微細化をすすめることの限界が現れた．その時期は，MPUがトランジスタ電極（ゲートと呼ばれる）で同じ限界に直面し世界規模での本格的な対話と連繋（C&C）が一般化した時期よりも約10年も早かったことになる（詳しくは中馬，2011参照）．DRAMにいち早く微細化の限界が訪れた本質的な理由は，

トランジスタのオン・オフに応じて 0, 1 のデジタルデータ（電荷）を蓄えるためのキャパシタと呼ばれる蓄電デバイスに起因した．このキャパシタに蓄えなければならない電荷量は，微細化がムーアの法則にしたがって急速に進んでいったにもかかわらず，16 M ビット DRAM 以降は一定に保持しなければならなくなったのである（Sharma, 2003, p. 133 の表 3.1 参照）．その結果，DRAM の先行者利益を得るにはキャパシタを制しなければならないといった状況になった．

より専門的な説明で申し訳ないが，キャパシタは，特定の絶縁膜を上下の電極で挟み込むような構造になっている．そして，このキャパシタに蓄えることのできる電荷量（Q_s）は，下記の式に従って決まることがよく知られている（角南, 2008 参照）．

$$Q_s = \frac{V_s x \,(定数 \times A \times \varepsilon_0)}{t}$$

V_s：信号電圧，A：キャパシタ電極の面積，t：絶縁膜の厚さ，ε_0：絶縁膜の比誘電率

上記の比誘電率とは，他の条件を一定とした場合の物質の電気を通さない程度を示したもので High-k（ハイケー）とも呼ばれる．上述のように，16 M ビット以降の DRAM では微細化しても Q_s を一定値以上に保たなければならなくなった．そのための選択肢は，この式から明らかなように，a) DRAM の動作電圧を上げる[23]，b) キャパシタ電極の面積を増やす，c) キャパシタ絶縁膜を薄くする，d) より高い比誘電率を持つ材料（High-k 材料）をキャパシタ絶縁膜として利用する，の 4 つだった．そして，64 M ビット DRAM では，先ほどの「多層化・立体化・新構造・新材料」という表現が示すように，4 つのすべての選択肢に工夫が必要になったのである．中でも，High-k 材料を利用して安定した絶縁膜を形成するという選択肢の難度が極めて高かった（西岡, 2000）．

---

[23] ただし，実際には，「誘電率と絶縁破壊電界の関係においては，理論的に $-1/2$ 乗の関係があり，高い誘電率では絶縁破壊電界が低下するので，低電圧で使う必要がある」（角南, 2008, p. 87）．

もちろん，そのような厳しい状況は，サムスンに代表される韓国勢にとっても同じであった．では，先のサムスンに大きな先行者利益をもたらした128Mビット DRAM や 256M ビット DRAM では，そのような厳しさがどのような形で克服されたのであろうか．それを知るための最も確実な方法は，当時のサムスン製DRAMの電子顕微鏡写真を使った解析結果を手に入れることである．それらは，幸いにも，カナダのチップワークス（Chipworks）日本支社等のご厚意により破格の値段で入手することができた．そこで明らかになったのは，上記b）に関連したキャパシタ電極を2〜3倍ほどまで大きくするHSGと呼ばれるNEC発の画期的な技術が使われていた，という事実である（Chuma and Hashimoto, 2006）．より具体的には，サムスンは，HSG を 1998 年の 64 M ビット量産品に NEC とほぼ同時期，しかも，同社にやや先んじる形で適用した．また，1998年のサムスン製64Mビット DRAM には，公開されている1992年発売のサムスン製64Mビット DRAM で使用されたプロセス技術をベースにして，NEC から技術導入した HSG 技術がほぼそのまま追加される形で適用されていた．そして，この 1998 年の 64 M ビット DRAM に対して，より一段と進んだ微細化技術を適用する形で 128 M ビット品が製造された．このような意味で，サムスンの 128 M ビット品での先行は，明らかにマーケティング力によるものだったといえる．しかも，前述のように，サムスンは，この時期にはものづくりの質と量の双方でも日本勢より有利になっていた．

さらに驚くのは，サムスンが1998年に導入した256Mビット DRAM と同等品と思われる製品についてのチップワークスの分析結果である．そこには，IBM が1989年に初めて公開したCMP（化学的研磨法：Chemical Mechanical Polishing）と呼ばれる革新的な平坦化技術が使用されていた[24]．そのことは，微細化に有利なSTI（浅溝素子分離：Shallow Trench Isolation）と呼ばれるトランジスタ等の素子を分離する高度な技術が使われており，素人の筆者にも容易にわかる．ちなみに，日本勢によるCMP技術の導入はなかなか進まず，日立製DRAMでも，同社の技術の粋を集めて1999年に製品化した 64 M ビット DRAM で初めて量産適用された．

---

24) CMP技術導入前は，相当に匠的な技能・技能を要する平坦化技術（特に SOG：Spin-on Glass と REB：Resist-Etchback 技術）が不可欠であった．

しかし，この1999年の日立製64 MビットDRAMは，当時他社の追随を許さなかった五酸化タンタルと呼ばれるHigh-k絶縁膜が20年近いR&Dの成果として世界で初めて量産適用された極めて先進的なものであった．つまり，この時期，日立はキャパシタを確実に制していた．ところが，この先進プロセス技術に対しても，サムスンは，早くも1999年のIEDM（著名なプロセス技術関連の国際会議）で開発成功を報告している（日経マイクロデバイス2000年1月号）．さらに2000年のIEDMになると，サムスンが当時次世代のHigh-k材料だった酸化アルミニウム（Al_2O_3：アルミナ）を使ったHigh-k膜で一歩先んじることとなった（日経マイクロデバイス2000年11月号）．しかも，アルミナの次の酸化ハフニウム（HfO_2）でもサムスンが世界に先んじることとなった[25]．

このようなサムスン先行の理由をより深く探るために，関連の米国特許を調べてみた．より具体的には，このアルミナや酸化ハフニウムをHigh-k膜として利用する頃からフィンランドの物理学者であるツオモ・スントーラ（Tuomo Suntola）博士が生みだしたALD（Atomic Layer Deposition）と呼ばれる原子層を堆積させる形の極めて斬新な装置が使われるようになった点に注目した[26]．分析の詳細は紙幅の都合で紹介できなくて残念だが，ALD関連のUS特許8369件の共同発明者に基づくネットワーク分析結果によれば，サムスンとスントーラ氏設立のマイクロケミストリー（Microchemistry）社ならびに同社を特許共々2000年頃に買収したオランダASM社の研究開発者たちを共同発明者とする特許は2000年頃から出始めている．しかも，サムスンとASM-マイクロケミストリーとの関係は，このようなネットワーク関係の中で飛び抜けて稠密であった．そのことを確認するため，1996〜2006年の間のALD関連US特許（出願＋登録）を集計してみると表8-2のようになっていた．この値は，エルピーダの合弁元のNECと日立分を入れてもほとんど変わらない．この表は，スタンドアロン型のR&Dを進めてきた日本勢が，2000年以降になって世界の叡智を活用するネットワーク型のサムスンやマイクロンに太刀打ちできなくなっていた状

---

25) この点に関しては，先の角南英夫氏のご教示による．
26) フィンランド発のALDによって，初めてHigh-k膜が本格的に量産適用できるようになったことはよく知られている．

表 8-2 ALD 関連 US 特許の推移（エルピーダ，マイクロン，Samsung）

	1996	1997	1998	1999	2000	2001	2002	2003	2004	2005	2006	合計
エルピーダ	0	0	0	0	0	2	0	4	0	24	27	57
マイクロン	1	4	6	3	86	81	194	147	203	58	29	812
サムスン	0	9	11	7	19	70	97	137	135	134	150	769

況をハッキリと物語っている．

では，マイクロンは，どのようにして先の 64 M ビット DRAM に象徴される難関を克服したのだろうか．先のチップワークスの分析結果を見ると，既に同社の 16 M ビット DRAM では，本家本元の NEC より 1 年前に独自の HSG 技術が量産適用されていた．加えて，その際に，CMP を使った浅溝素子分離（STI）が導入されていた．さらに，マイクロンは，このような最先端プロセス技術を最先端ではなく 1 世代前のデバイスに適用するというユニークな戦略を採った．そこに一般向け PC 用の莫大な潜在需要があったからである．事実，16 M ビット DRAM の出荷量は，1997 年と 1998 年が各々 21 億 140 万個（対前年比 2.2 倍）と 21 億 930 万個（対前年比 1.0 倍）と史上最高を記録するが，99 年には対前年比で 0.55 倍と下落した（SEMICO Reseach, 2003）．そして，日本勢は，この市場でもマイクロンのマーケティング力に太刀打ちできなかった．その結果，当時の日本で"マイクロン・ショック"という言葉が流行ったほどコストパフォーマンスに優れた製品で日本勢を蹴散らした．このように，日本勢は，先行者利益をねらった前門の虎のサムスンと量産利益をねらった後門の狼のマイクロンに挟み撃ちされる形になった．

マイクロンの対話と連繋（C&C）のすごさは，HSG よりも CMP の技術により顕著に表れていた．CMP 技術は，IBM が 80 年代初頭より秘蔵してきたキーテクノロジーとして有名である．同社は，その有用性を，1989 年の IEDM ではじめて公開した．IBM は，この虎の子の CMP 技術を 1987 年にインテル，1988 年にマイクロンにライセンス供与する（Perry, 1998）．IBM 歴史録[27]によれば，IBM は，この頃にマイクロンとのメモリに関する

---

27) http://www-03.ibm.com/ibm/history/history/year_1989.html

共同研究開発も開始している．日米半導体協定下において米国半導体メーカーの間にあった挙国一致志向の強さを物語る逸話でもある．

加えて，マイクロンによる CMP 関連特許の公開・登録数（3133 件：1989～2005 年）は，本家本元の IBM の 2030 件を遥かに上回っていた．また，それらの特許で興味深い点は，マイクロン CMP 関連トップテン発明者のうち，実に7名が（IBM，フィリップス，インテル，モステック，コダック等の）米欧メーカーの出身者たちと推定される点である．さらに，他社経験のないマイクロン社員と推測されるトップテン内の2名も，IBM，テキサス・インスツルメンツ，モトローラ（Motorola），アプライド・マテリアルズ（Applied Materials）などと共同発明や共同研究を頻繁に行なっている（詳しくは Chuma and Hashimoto, 2010 参照）．このように，日本勢は，この時期マイクロンとではなく，全米 DRAM 連合と戦っていたのである．

8-4 むすびに代えて——何をなすべきなのだろうか?

これまで，汎用 DRAM ビジネスに徹底的にこだわる形で日本勢盛衰の要因を検討してきた．そして，その背景として，汎用 DRAM 市場のみならず，DRAM のデバイス構造，生産システム，R&D システムのいずれにも既存競争領域での汎用品（Commodity）化とその領域よりもワンランク・ツーランク抽象度の高まった新領域での付加価値獲得競争が発生してきた諸事実を確認した．そして，日米半導体協定下で栄華の春を迎えていた日本勢は，1995 年末からの DRAM 価格大暴落に象徴された多段階競争・淘汰[28]の厳しい洗礼を不意に浴びることとなった．なかでも，DRAM の構造に関しては IBIS に象徴されるシステム化実装技術，生産システムに関しては米国発のリーンアーキテクチャに基づく汎用 MES の出現，R&D システムに関しては世界の叡智を活用するネットワーク型 R&D システムのインパクトが強烈であった．ところが，日本勢はこの急激な変化に直面してなす術もなく立ち往生してしまい，新次元の競争に旧来の事業・組織戦略で対応し続けた．

その結果，1995 年の DRAM 価格大暴落に端を発した新次元の市場のクロ

---

28) 多段階競争・淘汰に関しては Bowles ら（2011）第4章，Nowak（2011）第4章を参照．

ックスピードについて行けなくなった．同じような後れは，ものづくりのシステムやスタンドアロン型のR&Dシステムにも発生した．そして，1995年を境に，あっという間に汎用DRAMの世界の表舞台から退場していった．しかも，残念ながら，このような新次元の競争に非感応的な傾向は，依然として大きな変化が見られないまま続いている．95年危機からの起死回生策として日本勢が世界に先駆けて打ち出したシステムLSI（現在のSoC）の時代が，2000年前後で予想通り世の趨勢となったにもかかわらず，である．

　では，以上のような分析結果に基づいて，どのような一般化（類似性の指摘）が可能となるのだろうか？　最後に，この難問に取りかかってみたい．

　上記のような日本勢凋落傾向に関する"類型化された事実"が正しいとすると，そもそも，なぜ日本勢は相変化の潮目に気づくのが相対的に遅れてしまいがちなのかと問いかけることが自然である．この問いに答えるには，まず，このような現状が出現するに至った本質的な要因の理解が早道だと考えられる．それらの中で最も現状の日本勢にとって逆風となっている要因は，第三次産業革命の原動力であるデジタル化が社会にもたらした未曾有の衝撃をなかなか活かせないという点に尽きると思われる．では，そもそもデジタル化は，どのような衝撃をわれわれの社会に与えているだろうか．それは，ショーシャナ・ズボフ（Shoshana Zuboff）が四半世紀以上も前に見事に看破した「あらゆる事柄を自動化する（automate）」，「あらゆる事柄を一目瞭然化する（informate）」の2つである（Zuboff, 1984）．この中の前者はとてもポピュラーであるが，その社会への衝撃の大きさを考えると，後者こそ極めて本質的だと考えられる．

　デジタル化（その本質としてのモジュール化）は，「あらゆる事柄の一目瞭然化」を極めて迅速かつ安価に行なえるようにする．具体的には，それが半導体デバイスであろうと企業・組織であろうと，階層内の情報の正確な抽象化と階層間情報の明瞭・迅速な遡及を可能とする．「あらゆる事柄を自動化する」プロセスをもメタで記録する「あらゆる事柄を一目瞭然化する」という威力によって，部分と全体の関係や部分間の代替・補完関係が，大勢の人々に高い解像度で見えるようになる．つまり，「メタ認知の大衆化」が起こる[30]．しかも，個々人や個々のグループが試行錯誤によって獲得した成果がコピー＆ペーストによって社会全体にもたちまち広がっていく．言い換え

れば，"社会実験の経済"や"社会学習の経済"とも呼べる便益が，多くの人々に広汎に，しかも素早く波及していく．その衝撃の大きさは，経済学者が好む"規模の経済"や"範囲の経済"など遠く霞んでしまうほどである．そして，本論の汎用 DRAM ビジネス分析は，日本勢が"社会実験の経済"も"社会学習の経済"も十分に享受できなかったことを伝えている．

　では，なぜ日本勢は，デジタル化のもたらした一目瞭然化の便益をなかなか活かせないのだろうか．これまで日本勢は，実践的な知識をもつ最前線の人々（"men on the spot"（Hayek, 1945）に"変化と異常"（小池 他，2001）の処理を大きく委ねる仕組みによって世界を席巻してきたのではなかったのか．ロラン・バルト（Roland Barthes）が『記号の国』（1970）で喝破したように，日本勢は，本来，結果ではなくプロセスを一目瞭然化して楽しむ得難い国民性を保有しているのではないか．そのような『記号の国』の人々が，なぜ ICT の最大の便益である一目瞭然化の便益を享受できないのか，極めて不思議である．このままでは，自律分散型システムの優位性がさらに急拡大していくなか，特定アーキテクチャ内でのスペック探索のみならずアーキテクチャ探索自体も迅速かつ適切に行なえるはずはない．

　ここでとても気になり始めるのは，「そもそも"あらゆる事柄を一目瞭然化する"は，トヨタ生産方式（TPS）の本質ではないか？　しかも，TPS は，デジタル化が社会の趨勢となる遥か以前から，一目瞭然化するための創意工夫とそれらを用いた組織イノベーションを継続的に実施してきたのではないか？」という点である．いわゆるトヨタ流"見える化"の威力である．とすると，日本（半導体）勢は，未だ TPS の本質を把握できていないのではないだろうか．極めてアイロニカルであるが，もしそれが真だとすると，米国という"社会反射鏡"に跳ね返ってきて世界に拡散していった TPS は，日本（半導体）勢のものづくりシステムだけではなく，事業・経営システムの競争力をも弱体化させてきたのではないだろうか[30]．

　半導体産業における事業・組織経営の難しさは，将来の不確実性が大きな

---

[29] 「メタ認知の大衆化」が起こると，経営層と一般社員，生産者と消費者，政府と国民，都会と地方，医者と患者，老人と若者，働き手の夫と専業主婦，等々のあらゆる境界を破壊していく．

[30] そのバイブル的な教科書が，Womack ら（1990）である．

巨大投資をしなければならないために"待ち戦略"が望ましいにもかかわらず市場のクロックスピードが極めて速いため"今が旬戦略"（Time-To-Market）が命である，という相矛盾する特徴にある．このような状況下で経済学は，リアル・オプション（意思決定の選択権や自由度：Real Options）をできるだけ残しておく戦略の有用性を説く（Dixit, 1994）．しかも，戦略を構成する各オプションがきめ細かくて独立性の高いモジュールとして設定されていればいるほど，したがって妥当なモジュール・アーキテクチャが実現されていればいるほど，リアル・オプション戦略の有用性が高まる（Baldwin and Clerk, 2000）．リアル・オプションの想定内のみならず想定外の転用が可能となるからである．

　このような二律背反状況に直面する半導体産業に対して，TPSは，①（ムリ・）ムダ（・ムラ）を回避する，②学習効果を高める，③決定をできるだけ遅らせる，④できるだけ早く提供する，⑤チームに権限を与える，⑥統一性を造り込む，⑦全体を見る，の7つを教える[31]．この中で，③は事前柔軟性を表し，④は事後柔軟性を表すものであるが，将来の不確実性を高めながら刻々と変化していく事業環境の変化に柔軟に対応する上で極めて重要な意味を持っている．なかでも，最もトヨタ生産方式の本質を捉えているのは，③の「決定をできるだけ遅らせる」[32]という原則である．たしかに，決定を最後の最後まで遅らせてしまうと，完成のために必要な時間的余裕がなくなるので，ビジネスチャンスを逃してしまう．ところが，将来の不確実性が大きい状況下では最後まで待てば待つほど相応しいスペックを見出すことができる．実際，早々とスペックを決めて見切り発車してしまうと，取り返しのつかない事態に陥る危険性が高まる．そのような危険性を軽減するためには，④の「できるだけ早く提供する」という原則に従うことが不可欠である．決定の実行速度が速ければ速いほど，ギリギリまで待つ余裕を持てるからである．このように考えれば，TPSとは，半導体産業における事業・組織経営

---

31) ここではTPSとして『Lean Software Development: Agile Toolkit』（Poppendieck and Poppendieck, 2003）に明示されている7原則を取り出してきている．この本については，京都大学の林晋氏に紹介していただいた．

32) 通常のTPSでは③が「後工程引き取り」，④が開発・生産リードタイム短縮に相当する．

に不可欠なリアル・オプション戦略そのものなのである.

　TPSの本質は，それだけに留まらない．まさにモジュール・アーキテクチャそのものであり，しかも，広義でのモジュール・システムアーキテクチャなのである．そう解釈が可能であることを確認してみよう．まず，①ムダ・ムラ・ムリを回避していけば，製品やそれらを生みだす生産システム・R&Dシステムには，ちょっとやそっとの環境変化にはビクともしない頑健性が組み込まれる．ところが，そのような環境の変化に対する頑健性は，保守性に繋がりやすい．その結果，現状にロックインされてしまう傾向すら生まれ，イノベーションを阻害すらしてしまう．そのようなトラップ（罠）に陥らないためには，ムダ・ムラ・ムリを回避する自らの行動をワンランク上の視点から眺め，その行動の方向性や進化可能性について認知する必要がある．そのために強調されるのが，⑥統一性を造り込みながら，⑦全体を見る（⇔システム全体を一目瞭然化する）である．その際に特に大切にするのが，⑤チームに権限を与えることと，②学習効果を高めること（⇔メタ認知の大衆化を可能なかぎり尊重すること）である．

　そうすれば，異なる才能や知識を持つ人々がより多く参加できるので，多様な人々の洞察をクラウド的な社会反射鏡を通じて集合知に自己組織化する有効な方法を獲得可能となる．「それは，組織の構成員自らが，研究対象とすべき現象の参加者となり，同時にまた観察者ともなることを示唆している」(Johnson and Anders, 2002, 257頁). そして，モジュール・システムアーキテクチャに基づくクラウド型の事業・組織経営システム，そこで生まれるメタ認知の大衆化，社会実験・社会学習の経済便益の大幅増大，そういうプラスのフィードバック効果が組み込まれている社会や会社，そういうことがなかなかできにくい社会や会社，両者が戦うとすると，後者はまるで竹槍で機関銃に挑むような戦いになるはずである．

　このように，半導体産業が直面する二律背反状況の打開には，"灯台もと暗し"だったのかもしれないが，日本発のトヨタ生産方式が参考になる可能性がとても高い．半導体産業は，最先端工場建設のために5000億～1兆円も要するような時代になり，世界でも数社しかそういう投資ができなくなっている．だから，もしかしたら，このような状況は今後の10年で大きく様変わりして，現状とは大きく異なる半導体産業ができているかもしれない．

その時点では,インテルやサムスンの独壇場ではなくなっているかもしれない.したがって,このような相変化が刻々と生じてくるような時代においては,先ほどの事前柔軟性と事後柔軟性とを併せもった TPS 的な事業・組織経営の重要性がさらに増していくだろう.しかも,そのような事業・組織経営が,企業レベルのみならず,国レベル,あるいは国境を跨いだ形で達成できていないとなかなかクロックスピードの速い経済環境の変化に適応していけない.半導体産業は,なんとも大変な産業になってしまったものだ.

参考文献

Baldwin, C. Y. and K. B. Clark, *The Design Rules: The Power of Modularity Vol. 1* MIT Press, 2000(安藤晴彦訳『デザイン・ルール——モジュール化パワー』東洋経済新報社,2004 年).
Barthes, R., *L'Empire Des Singes*, 1970(石川美子訳『記号の国』みすず書房,2004 年).
Bowles, S. and H. Gintis, *A Cooperative Species: Human Reciprocity and Its Evolution*, Princeton University Press, 2011.
Burgelman, A. R., *Strategy is Destiny: How Strategy-Making Shapes A Company's Future*, 2002(石橋善一朗・宇田理訳『インテルの戦略——企業変貌を実践した戦略形成プロセス』,ダイヤモンド社,2006 年).
Chuma, H. and N. Hashimoto, "Limits of Organization: The Modern Significance of Japanese Chipmakers' Commodity DRAM Business,"in Itami, Hiroyuki, Ken Kusunoki, Tsuyoshi Numagami, and Akira Takeishi(ed.)*Dynamics of Knowledge, Corporate Systems, and Innovation*, 2010, pp. 209-245.
Chuma, H., "Increasing complexity and limits of organization in the microlithography industry: implications for science-based industries," *Research Policy*, vol. 35, 2006, pp. 394-411.
中馬宏之「UMC ジャパンの強さを分析:半導体版『トヨタ生産方式』を実践か」,日経マイクロデバイス,2002 年 12 月号,2002, pp. 64-71.
中馬宏之「日本の半導体生産システムの競争力弱化要因を探る:Papert's Principle の視点から」,認知科学,Vol. 14, No. 1, 2007, pp. 39-59.
中馬宏之「半導体産業における国際競争力低下要因を探る:ネットワーク分析の視点から」,経済研究,第 62 巻,第 3 号,2011, pp. 224-240 頁.
D'Souza, D. F. and A. C. Wills, *Objects, Components, and Frameworks With UML: The Catalysis Approach*, Addison-Wesley Publishing, 1998.
Daniel, N. and P. McLellan, *Fabless: The Trandformation of the SEMICOnductor Industry*, SemiWili.com LLC, 2014.
Dixit, K. A., *Investment under Uncertainty*, Princeton University Press, 1994.
Eble, J. G., "Morphological Modularity and Macroevolution: Conceptual and Empirical

Aspects," in Werner Callebaut and Diego Rasskin-Gutman ed., *Modularity: Understanding the Development and Evolution of Natural Complex Systems*, the MIT Press, 2005, pp. 221-238.

Fine, H. C., *Clockspeed: Winning Industry Control in the Age of Temporary Advantage*, Perseus Books, 2000.

Friedman, L. T., *The World Is Flat: A Brief History of the Twenty-first Century Updated and Expanded Edition*, International Creative Management Inc, 2005.

藤本隆宏・武石彰・青島矢一編『ビジネス・アーキテクチャ：製品・組織・プロセスの戦略的設計』, 有斐閣, 2001年.

Gawer, A. and M. A. Cusumano, *Platform Leadership: How Intel, Microsoft, and Cisco Drive Industry Innovation*, Harvard Business School Press, 2002 (小林敏男訳『プラットフォーム・リーダーシップ――イノベーションを導く新しい経営戦略』有斐閣, 2005年).

Gawer, A. and R. Henderson, "Platform Owner Entry and Innovation in Complementary Markets: Evidence from Intel," *Journal of Economics & Management Strategy*, Vol. 16, No. 1, 2007, pp. 1-34.

Goyal, R., "Managing Signal Integrity," *IEEE Spectrum*, March, pp. 54-58, 1994.

Hayek, A. F., "The Use of Knowledge in Society," *American Economic Review*, Vol. 35, No. 4, 1945, pp. 519-530.

日野三十四『トヨタ経営システムの研究：継続的成長の原理』ダイヤモンド社, 2002年.

Hopp, J. W. and M. L. Spearman, *Factory Physics 3rd Edition*, McGraw-Hill, 2008.

ICE (Integrated Circuit Engineering) Corporation, *Cost Effective IC Manufacturing 1998-1999*, 1997, http://smithsonianchips.si.edu/ice/cd/CEICM/title.pdf

伊佐治弘, (2001)「ウェーハ搬送の自動化の現状：半導体工場の自動化の概要」, Break Through 11月号, No. 184, サイベック社. (http://www.realize-at.jp/items/bt/184.pdf)

Itoh, K., *VLSI memory chip design*, Springer-Verlag, 2001.

伊藤清男『超LSIメモリ』培風館, 1994年.

Johnson, H. T. and Anders B., *Profit Beyond Measure: Extraordinary Results through Attention to Work and People*, Free Press, 2001 (河田信訳『トヨタはなぜ強いのか――自然生命システム経営の真髄』, 日本経済新聞社, 2002年).

小池和男・中馬宏之・太田聡一『もの造りの技能――自動車産業の職場で』東洋経済新報社, 2001年.

Leachman, C. R. and D. A. Hodges, "Benchmarking SEMICOnductor Manufacturing," *IEEE Transactions on SEMICOnductor Manufacturing*, Vol. 9, No. 2, 1996, pp. 158-169.

Leachman, C. R., J. Kang, and V. Lin, "SLIM: Short cycle time and low inventory in manufacturing at Samsung Electronics," *Interfaces*, vol. 32 No. 1, 2002, pp. 61-77.

Leonovich, G., "An approach for optimizing WIP/Cycle Time/output in a SEMICOnductor fabricator," Proceedings IEEE/CPMT International Electronics Manufacturing Technology Symposium, 1994.

Lineback, R., B. McClean, B. Matas, and T. Yancey, *The McCLEAN REPORT 2014: A

Complete Analysis and Forecast of the Integrated Circuit Industry, IC Insights, 2014.

Lipman, J., "EDA tools accelerate high speed PC board design," *EDN* (Electronics Design, Strategies, News), March 28, 1996, http://www.edn.com/archives/1996/032896/07df2.htm

Meyers, L. A. and W. Fontana, "Evolutionary Lock-In and the Origin of Modularity in RNA Structure," in Werner Callebaut and Diego Rasskin-Gutman ed., Modularity: Understanding the Development and Evolution of Natural Complex Systems, the MIT Press, 2005, pp. 129-142.

Mueller, S, *Upgrading and Repairing PCs*, 20th edition, Que Publishing, 2012.

中川功一『技術革新のマネジメント――製品アーキテクチャによるアプローチ』, 有斐閣, 2011年.

西岡泰城「酸化タンタル膜」, 深水克郎・久末圭介編『次世代ULSIプロセス技術』リアライズ社, 2000年に所収, 264-272頁.

西村吉雄『電子立国は, なぜ凋落したか』日経BP社, 2014年.

Nowak, A. M., *SuperCooperators: altruism, evolution, and why we need each other to succeed*, Free Press, 2011.

Perry, A. K., Chemical Mechanical Polishing: The Impact of a New Technology on an Industry, *Symposium on VLSl Technology Digest of Technical Papers* (Invited), 1998, pp.2-5.

Poppendieck, M. and T. Poppendieck, *Lean Software Development: An Agile Toolkit*, Addison-Wesley Pub, 2003 (平鍋健児・高嶋優子・佐野建樹訳『リーンソフトウエア開発――アジャイル開発を実践する22の方法』日経BP社, 2004年).

Said, R., J. Roos, and M. Statler, "LEGO Speaks," Imagination Lab Working Paper 20, November, 2001, http://www.imagilab.org/pdf/wp02/WP20.pdf

SEMICO Research., DRAM by design: Comprehending DRAM life cycles. Report Number VM113-03, July, 2003.

Sharma, K. A., *Advanced SEMICOnductor Memories: Architectures, Designs, and pplications*, IEEE Press, Wiley-Interscience, 2003.

柴田友厚・玄場公規・児玉文雄『製品アーキテクチャの進化論：システム複雑性と分断による学習』白桃書房, 2002年.

庄司和良・前田真一『伝送線路シミュレーションモデルIBISガイドブック――IBISスペックオフィシャル日本語版』工業調査会, 2009年.

Simon, A. H., "The architecture of complexity," *Proceedings of the American Philosophical Society*, Vol. 106, No. 6, 1962, pp. 467-482.

Suh, N. P., *Axiomatic Design: Advances and Applications* (The Oxford Series on Advanced Manufacturing), Oxford University Press, 2001.

角南英夫『VLSI工学：製造プロセス編』コロナ社, 2006年.

角南英夫『半導体メモリ』コロナ社, 2008年.

Ulrich, T. K. (1995), "The role of product architecture in the manufacturing firm," *Research Policy*, Vol. 24, No. 3, 1995, pp. 419-440.

United States General Accounting Office, *FEDERAL RESEARCH: SEMKTECHs Technological Progress and Proposed R&D Program*, 1992.

VLIS Research, Industry Overview, Report No. 1101119AB1, 1988.
Watts, J. D., *Six Degrees: The Science of A Connected Age*, William Heinemann, 2003.
Winograd, T. and F. Flores, *Understanding Computers and Cognition: A New Foundation for Design*, 1986（平賀譲訳『コンピュータと認知を理解する――人工知能の限界と新しい設計理念』産業図書，1989年）.
Womack, P. J., D. T. Jones and D. Roos, *The Machine that Changed the World*, Free Press, 1990.
矢野和男『データの見えざる手――ウェアラブルセンサが明かす人間・組織・社会の法則』草思社，2014年.
Zaltman, G., *How Customers Think*, Harvard Business School Press, 2003（藤川佳則・阿久津聡訳『心脳マーケティング――顧客の無意識を解き明かす』ダイヤモンド社，2005年）.
Zaltman, G. and L. Zatman, *Making Metaphoria: What Deep Metaphors Reveal About The Minds of Consumers*, Harvard Business Press, 2008.
Zuboff, S., *In the Age of the Smart Machine: The Future of Work and Power*, Basic Books, 1984.
Zuboff, S. and J. Maxmin, *The Support Economy: Why Corporations are Failing Individuals and the Next Episode of Capitalism*, Penguin Books, 2002.

第9章　情報産業
——日本のITはなぜ弱いか

　本章に課せられたテーマは，日本の情報産業，特にソフトウェア産業が何故弱いか，そのことを分析・説明することである．その本章が，私（林）の思い出話風であることに読者は戸惑うかもしれない．本章を「思い出話」にする理由は，日本のソフトウェア産業，そして，ソフトウェア産業に限らず，日本の多くの企業・産業が陥ってしまった落とし穴の性格が，いわゆる「技術的」「産業的」なものではなく，社会的，文化的なものである故に，工学，技術，経済学，などの理論的・学問的な言葉では語れないと思うからだ．

　自転車の乗り方を物理理論で語っても，自分が会得した自転車の乗り方を伝えることはできない．本章を，思い出話として書くのは，これと同じ理由である．本章で伝えたいことを，私は自身の失敗の連続の中で理解した．無意識の内に自分に嵌めていた何重もの「タガ（箍）」に，失敗するたびに気づき，それを1つ1つ外していくことにより，それを理解した．私がこの経験から得たものは，理論的言葉によっては伝えることができないだろう．そう思って，思い出話として，この稿を書いている．

　現在の私は人文学者だが，もともとは数学者だった．学位研究の分野は，構成的数学というもので，チューリング計算可能関数と関係が深い．しかし，学位を取得したものの職がなく，ソフトウェア工学の形式的技法，特に形式的検証というものに分野を変えた．

　その後，さらにUML，アジャイルなどのソフトウェア工学，情報人材育成のための政策研究，などと情報関係の実際的分野での仕事を経て，最後に現在のような，文系の情報学，社会学と歴史学，さらには，それらと哲学の間のような研究分野に移ったのである．

　一見，好き勝手に分野を変えているように見えるかもしれない．しかし，この研究分野の変転の理由こそ本章で伝えたいことなのである．振り返れば，それはIT（Information Technology）の社会の中における役割の変化を反

映するものだった．このような分析は，最後に回し，まずは，私がどのように失敗し，その結果，どのようにタガを外し続けたかを語ろう．

9-1 構成的プログラミングの時代

数学から形式的検証へ

　私は，数学，詳しくいうと数理論理学で学位を取得したが，職がなく，危うく「オーバードクター」第1号になるところだった．幸い博士論文の主査の御好意で職を得たものの，それは長く座り続けるべき職ではなかったので，職を求めてIT，より正確にいえば，ソフトウェア工学に転向したのである．

　学位研究のテーマだった構成的数学を使って「検証された関数型プログラムを生成」する技術が提唱されていたので，その仕事をすることにした．これは後に，創始者の佐藤雅彦氏により「構成的プログラミング」と名付けられたものだが，要するに形式的検証（formal verification）の一種である．

　つまり，私のソフトウェア工学者としての第一歩は数学紛いのものだった．当然というべきか，そのころはソフトウェアというものを，数学的に理解し，「ソフトウェアとは，数学の関数の一種である」という立場に立っていた．

　これは，一旦は，忘れられたものの，MapReduce, Hadoop などの普及によって「復活」した関数型言語の思想である．ただ，この当時の私が信じていた思想は，現在の実用的なものとは異なり，「学的純粋性」が強かった．私は当時の関数型プログラミングの信念「副作用の存在故に，ソフトウェアの開発において，ソフトウェアの動向を論理的に推論できず，そのためにバグが入る」を本当に信じていた．

　この信念のもと構成的プログラミングを現実のものにするプロジェクトを開始した．この当時の構成的プログラミングは，理論的可能性を実験でちょっと示してみた，という段階にとどまっていたので，「将来，それがソフトウェアの標準となる」と関数型プログラミングの推進者たちが主張していた「副作用がない純粋な関数型プログラミング」の範囲で実用的なプログラムを生産できるツールを作ることにした．

仕様のバグ

　このツールは，形式的証明からプログラムを「抽出」する故に，Program eXtractor，PX と名付けた．理論的には，数学の証明の形式言語版である形式的証明からプログラムを作ると，その正しさが数学の証明の正しさにより保証され，抽出されたプロラムにはバグが存在しえない．バグのないプログラムの生産法を提供する，それが PX プロジェクトの目的だった．数年を経て，PX は完成し，最初の大きな抽出実験を行なった．

1．まず，証明記述用の形式言語も開発しつつ，1, 2 週間程度でターゲットの形式的証明を書いた．
2．それから PX に完全に自動的に関数型プログラムを生成させた．
3．抽出されたバグがないはずのプログラムの正しさを「一応」確認するため，簡単なデータを抽出されたプログラムに入力して走らせた．

　その正しさに「やはり，形式的検証は正しい」と納得する……．その筈だったのだが，抽出されたプログラムは，間違った結果を返してきた．PX が自動抽出したプログラムは，最初の例から躓いたのである．訳がわからなかった．最初に考えたのは抽出プログラムか形式的証明の文法チェック・プログラムのバグだった．しかし，幾ら見直してもバグが見つからない．悶々とした何日かを過ごした後，気が付いたのが，プログラムの仕様 specification の記述にバグがある可能性だった．仕様とは，ソフトウェアが満たすべき条件を文書にしたもので，この場合は形式言語で書かれていた．仕様を検討してみると多数のバグが見つかった．

　ソフトウェア工学には V&V，Verification & Validation という言葉がある．Verification は「ソフトウェアが示された仕様に対して正しいこと」を，validation は「仕様，そして，それを実現したソフトが，仕様の背景にある，そのツールに期待される機能（要求）に対して正しいこと」を，それぞれチェックすることであり，日本語ではどちらも「検証」という．

　仕様は数学の方程式のようなものである．数学の応用問題の場合，「（問題の状況を表現する）方程式を正しく立てることができたか」と，「方程式を正しく解けたか」という 2 つが問われる．細かいことをいうと，少し違うのだが，ここでは，前者が validation であり，後者が verification だと思えば良い．

現実の問題やシステムを方程式や数式で記述することは，工学など様々な分野で行なわれている．そういう分野では，たとえばロボット技術者がアームの動きを数式で記述しロボットを制御できるように，数学は現実を記述できる．ロボットの動きを表す数式が間違っていて，validation の意味で正しくないことは日常的に起きるが，それを技術者が現実的に許容できるくらいの労力と時間で修正できるのである．

形式的検証の推進者は，同じことが形式的検証でも起きると信じていた．実際，私の場合は，形式的検証という「未来の技術」を，この数学の方程式，特に微分方程式とのアナロジーを使って説明していた．しかし，私が PX の最初の実用的例で経験したのは，この見解が楽観的すぎるという事実だったのである．

形式的検証にも，モデル・チェッキングという成功例があり，CPU のユニットのように基本的構造は簡単だが，可能な状態の数が多すぎて人間には把握しがたいハードウェアやソフトウェアの検証に企業などで使われている．しかし，私がめざしていたのは，モデル・チェッキングの方法では，方程式にあたるモデルを記述できないような種類のソフトウェアの検証だった．ブラウザや OS も，この種類に属する．こういう現在，最も多く使われるソフトウェアの場合には，私の楽観的見通しは正しくなかったのである．そして，その見通しの甘さが，社会と IT の本質的関係を見落としたことから来たことを，私は以後のキャリアの中で段々と理解していくことになった．

私だけではなかった

今から見れば，私の失敗は歴史的必然だった．実は，私の経験と同じようなことが同時並行的に起きていたのである．私が，形式的仕様のバグが頻発し容易に修正できないことに驚いたのは，1986 年頃だったと思うが，同じ頃に，英国における軍事用 MPU Viper の verification プロジェクトで，ほぼ同じ結果が得られていた．また，私の実験の直後に 1 年ほど滞在したスコットランドのエジンバラ大学コンピュータ・サイエンス学科でも，私は同じようなものを見た．この研究機関は形式的検証の世界的拠点で，数学の理論を形式的証明のライブラリとして構築するというプロジェクトが進められていた．

すでに何度も出てきた形式的証明というのは，ソフトウェアのソースやＸＭＬのデータと似たもので，プログラムやＸＭＬデータの文法的正しさがコンパイラやバリデータで検証できるように，証明検証系というツールを使って形式的証明としての正しさをチェックできた．これを使って，ちょうど，ソフトウェア開発のように数学の形式的証明のライブラリを開発していくのである．それは実に根気のいる仕事である．

　ある日，みんなが廊下に出てガヤガヤやっている．何事かと聞いてみたらクレアという院生が数ヵ月かけて作った位相幾何学のライブラリにバグが見つかり，それまでの努力が無駄になったという．私の実験と同じで，問題は，証明検査系のバグか，数学上の概念をプログラム言語に似た形式言語に写し取るときに起きたバグのどちらかにある．そして，このケースでも，バグは後者だった．

　私の形式的証明の製作は実質１週間もかかっていなかったし，すぐに修正できた．しかし，クレアの場合は数ヵ月かかっていて修正も容易ではない．数学としては高度ともいえない基礎概念の形式言語による表現の誤りが数ヵ月も発見されなかったのである．

指摘されていた問題

　実は，仕様のバグの問題は，形式的検証研究の反対派が，その遥か前から指摘していた．形式的検証の研究者も，それは知っていたが，反対派もわれわれを納得させるだけの現実的な規模の実例を持っていなかった．だから，われわれは，「やればできる」「大した問題ではない」などと信じて前に進んだ．しかし，皮肉なことに，推進派であるわれわれが，つまり，私，Viperのグループ，院生のクレアが，反対派が提供できなかった「学問上の理屈ではなく，問題を実感できる規模と内容をもつ『仕様のバグの問題の重さを示す実例』」を作ってしまったのである．

　これは重要な発見であり，それを契機に形式的検証のグループを飛び出し，反対勢力に飛び移ることもできた．しかし，そうはしなかった．仕様のバグの問題を経験した当時，私は，まだ京都大学の助手であったが，欧米でPXシステムが知られるようになり，それなりの評価を得るようになった．その後，龍谷大学理工学部の助教授に転出したころからは，頻繁に欧米の国際会

議やワークショップの招待講演者や委員を務めるようになった．そういう評価を捨てるなど考えもしなかった．というより，このころは，まだ，これが大きな問題だと気が付かなかったのである．私は，日々の仕事に没頭し，それなりの評価に満足し，この問題を真剣に考えようとしなかった．

自己欺瞞

　学問的な事実が実験・調査などにより示されても，それを完全に正しいと言い切ることは難しい．ある主張の不可能性を示すことは特に難しい．すべての研究者が暗黙の了解としているために見落とされている条件があり，それが見つかって，できるわけがないと思われたことが，簡単に実現されてしまうことはよくある．

　これを「悪用」すると，「誤差です」「ちょっと間違えていましたが修正可能です」「データが十分でないだけです」とか言って，間違った結論を擁護し続けることができる．だから，最後は，社会がそれを認めるか認めないか，そういう社会的レベルでの決着になることさえある．これはSTAP細胞を巡って，われわれが目撃しつつあることだ．

　このような言い訳の連鎖は，自分自身を「欺く」ための格好の方法である．自身の，そして，クレアの例を見ながら，私が選択したのは，その自己欺瞞の道だった．つまり，新しい世界に飛び出すことはせず，「それまでの自分のやり方を何とか生かす」という道を選んだのである．

最初のタガを外す

　私の自己欺瞞のタガを外させたのは，形式的検証の教科書，『プログラム検証論』（林，1995）の執筆だった．研究大学と程遠い大学に勤務していた私は，教科書を書く際，日々接する学生たちに何を提供できるのかを考えざるをえなかった．そこで，この教科書を少しでもIT産業の現場に直結するものにしようと，形式的検証の現実への適用例を収集し，それらの分析と解説を行なったのである．

　それが眼を開かせた．良い例はあるが，労力がかかりすぎ適用して意味がある範囲が狭い．また，仕様や要求の不安定さは大きな問題だった．カナダの軽水炉の緊急炉停止装置制御プログラムで，冷却水の水位の定義がプロ

グラムのあちこちでまちまちに解釈されていたことが形式的検証を適用する努力の中で発見されたという事例があったが，深く考えてみれば同じことが形式的仕様においても起きる可能性がある．そして，この本を脱稿した後のことだったと思うが，Viper プロジェクトの仕様のバグの論文も知った．

それまで「たいしたことない」と思っていた仕様のバグの問題が，現実的に大変大きな問題であることに漸く気が付き，自分の PX での実験の意味も初めて理解できた．

この教科書の苦しい執筆期間が終わるころには，構成的プログラミングを捨てる決意をしていた．しかし，構成的プログラミングの分野で研究を続けている若い人たち，特に私と同じ大学の 2 人の若い助手をどうするかという問題がのしかかった．自分独りなら「間違いでした」と言って恥をかくだけで済むが，それは，この 2 人の仕事の評価にも影響する．そこで何とか構成的プログラミングに意味をつけようと，「証明アニメーション」というものを考えた．

教科書執筆時の調査で，仕様をインタラクティブに実行して validation を行なう「仕様アニメーション」という技術を開発しているグループを知った．仕様のバグとは，仕様が valid でないということなので，これは PX での実験に深く関係していた．

構成的プログラミングは，「正しいと形式的証明から抽出されたプログラムにはバグがない」という原理だが，対偶をとれば「抽出されたプログラムにバグがあれば，もとの形式的証明にバグがある」こととなる．これは形式的証明を実例でデバグすることである．

実は PX を使った実験で仕様のバグに気づいたとき，この方法を使ってバグを発見・修正し，その後も，これを使ったお蔭でライバルたちより高速に形式的証明を構築できていた．仕様のアニメーションとの類似性から，これを証明アニメーションと名付けたのである．

この方法は，最終的には形式的検証を行なうので形式的検証なのだが，「デバグ自体が悪だ」という，私の周辺の理論的な形式的検証推進者の精神に反していたので，周りには隠していた．転向時には，その「形式的証明のデバグ」が主役になったわけである．

数学の証明検証系は，数学教育，数学研究への応用も期待されていたので，

そちらでは役立つのではないかと考えて，そちらに向けて方向転換したいと2人の助手に提案した．

　残念ながら2人は検証技術としての構成的プログラミングを捨てることに反発した．彼らのことを思って提案したが，それを蹴られたのならば，後は自分だけでやって良いはずだ．そう考え，以後，彼らを自分の部下のように思うことを止め（制度上は部下ではなかった），自分独りで自由に進むことにした．ちょうど，その頃，神戸大学の工学部に転職する機会が訪れた．研究以外でも能力を超えて働き体調を崩し限界を感じていた私は，独りで転職することに決めた．

9-2　UMLとアジャイルの時代

形式から半形式，さらに，アジャイルへ

　構成的プログラミングは捨てたが，仕様のアニメーションや，それを基に自分で考え出した証明アニメーションの研究は続けていた．しかし，神戸大の学生たちには，これさえも不評であった．彼らや彼女らは，すぐに役立つ技術を求めていた．

　そんなとき，ある学生が「半形式的（semi-formal）」と呼ばれる，UML（Unified Modeling Language）のことを教えてくれた．調べてみると変化しつつあった，私のソフトウェア観にぴったり合う．UMLのモデルというのは，ある意味で視覚化された半ば実行可能な仕様なのである．UMLモデルでは，視覚化などで技術者とソフトウェアの関係への配慮がなされていた．つまり，モデルは数学的存在ではなくて，カー・デザイナーが作る自動車のクレイモデルのような位置に置かれていた．ある意味で，仕様のバグの問題にアタックする道が開かれていたのである．

　また，UMLはソフトウェア技術者の基礎知識の1つとして急速に普及しだしていた．これは良いものだと思い，数学出身の院生などは証明アニメーションの研究に残し，それ以外の研究室の全学生をあげてUMLのモデラ（モデル作成用ツール）SMARTシステムを開発するプロジェクトを始めた．SMARTでは，モデルが実行可能であり，それを利用して当時流行していたテスト駆動開発を使ってモデルを開発できた．

形式的検証やUMLなどを使いプロジェクト初期に全体の労力の大半を投資して，仕様やモデルを極力最終版に近づけ，後でそれを極力修正しないで済むようにする方法をアップフロント開発という．テスト駆動開発というのは，このアップフロントの対極に位置するアジャイル（迅速）開発の技法の1つだ．

　アジャイル開発では，極端にいうと何も考えずに開発を始め，不具合を見つけては，それを修正してシステムを改善していくことにより開発を進める．テスト駆動開発では，その不具合を見つけるためにテストを使う．システムのユニット（小さなサブシステム）をテスト用の状態に設定し，ユニットを動作させ，結果が期待される結果に一致するかを自動的にチェックする「テストケース」というプログラムを作り，これを動作させてはエラーメッセージを見ながらシステムを開発していく．

　ロボット・アームの制御プログラムでいえば，そのプログラムで実際の制御を行なう前に，徹底的にプログラムを検査してバグを追い出すやり方がアップフロント，不完全なプログラムにロボットを制御させ，起きた不具合を見てプログラムを改善していくのがアジャイルにあたる．ロボットでアジャイル法をやったら，ロボットが壊れるが，ソフトウェアの場合は，エラーメッセージがでるだけだから，こういう方法が使えるのである．

　アジャイル法は小さいサイクルで改善を繰り返すため開発が常に前進しているという感覚を得られエンジニアにやる気を起こさせる．このように，アジャイルは日本発の生産方式KAIZENを思い出させる．実は，アジャイル法の提唱者の多くはトヨタ生産法や日本型経営に影響を受けているのである．

　SMARTの特徴は，水と油と思われていたアップフロントとアジャイルを融合した点であったが，そのアイディアの元は，実は証明アニメーションであった．SMARTは，常時実行のトレースを保存する仕組みを持ち，バグが起きた際には，その状況を自動的に図示し，またトレースとテストケースを組み合わせて自動的にモデルの修正の仕方をエンジニアに提案する意味論的クイック・フィックスという機能を持っていた．これも実はトヨタ生産法などをヒントにして考えた．

　この機能のため簡単なモデルの場合は，テストケースを少し書くだけで，モデルがほとんど自動的に構築できた．このプロジェクトだけは，参加した

優秀な学生・院生たちのお蔭で，私のソフトウェア工学人生のなかでは，唯一，成功しつつあったプロジェクトだったが，このプロジェクトの半ばに，神戸大工学部を辞めて，京都大学文学研究科に転職したために，これが継続できなくなったのは，実に残念なことだった．

社会学とソフトウェア工学

　この時期の私の変化は狭い意味でのソフトウェア工学内部に留まらなかった．ある日，大学の書店で平積みなっている本を何の気なしに取り上げた．それは米国でベストセラーとなった社会学者ジョージ・リッツア（George Ritzer）の『マクドナルド化する社会』の和訳（リッツア，1999）だった．少し読んでみて驚いた．ソフトウェア工学やITと関係がない社会学の本のはずなのに綴られていた内容は，日々直面するソフトウェア工学の問題と非常によく似ていたのである．当時，私は，仕様・モデルのバグの問題は，仕様アニメーションやSMARTのような技術的方法だけでは解決できないのではないかという疑問を直観的にもちつつあり，この本が，その直観を理論化するためのヒントになりそうに思えた．

　早速，この本を読み，さらにその背景であったウェーバー社会学を学んだ．ちょうど，この少し前から，私の生活は，昼は工学者，夜は歴史家という風に変化しつつあった．龍谷大学時代に引き受けた岩波文庫の仕事に本格的に着手したところ，最初の専門だった数理論理学の歴史の通説が矛盾や誤りだらけであることに気付き，中学生のころからの歴史好きの虫が動き始めてしまったのである．この話は，以前あるところで書いたので省略するが，実は，その歴史研究とウェーバー社会学は深い関係があったため，工学者ながら，難解なウェーバー社会学を簡単に理解することができた．

　その結果，verificationは，ウェーバー社会学の形式的合理性の概念に，validationは，実質合理性の概念に対応することに気が付いた．これは，仕様・モデルのバグは文化・価値のような社会的ファクターにまで関係する問題であることを意味していた．仕様のバグの問題を突き詰めると，最後は工学的手法では対処できない問題が出てくるはずだという私の直観はウェーバー社会学により理論化されたのである．この発見以後，私は，ソフトウェア工学を社会学と関連付けて思考するようになった．

9-3 科学技術政策研究の時代

科学技術政策研究所・動向センター

　私が社会学ターンを行ないつつあった，ある日，1980年代の通産省による第5世代コンピュータ・プロジェクトで知り合った黒川利明氏からメールが届いた．それは，現在は CSK のフェローだが，文部科学省の研究所である科学技術政策研究所 NISTEP（現在は科学技術・学術政策研究所）の研究員も務めていて，その関係で，最近何をしているか知りたいという内容だったと思う．そこで，SMART プロジェクトを説明するメールを書いたのではないかと思うのだが，よく思い出せない．とにかく，NISTEP で何か話せということになった．しかし，SMART の話をしても聴衆は理解できないだろうし，面白くないだろうから，科学技術政策立案をしている人たちにとって面白いだろう話をすることにした．

　仕様のバグの問題と並んで，その頃の私を悩ませたのは，日本のソフトウェア産業の問題だった．不況にもかかわらず学生たちは有名企業のソフトウェア関係の職を射止めてきた．ところが，卒業生たちの話を聞くと，どうも変だ．その当時の学生の一番人気の企業に，厳しい競争を経て学科推薦で入社した院生が，後輩のプロモーションのために帰って来たとき，ひどく寂しそうな顔をみせた．上司が非ソフトウェア部門の出身で，私に教わったソフトウェア工学の原理を理解してくれない，上申書のような物を書いたが駄目だった，というのである．辞めようかと思いつめる教え子を前にして，私は返す言葉がなかった．そして，他にも，同じような事例を卒業生たちから聞かされた．ある中堅企業のソフトウェア子会社に就職した院生などは，休職して学位を取得する予定だったのに，休職直前に働き過ぎでパニック症候群になってしまった．

　日本のソフトウェア部門が何かおかしい．自動車産業などでは，日本は世界に伍することができるが，ソフトウェアはまったく振るわない．そして，その中で働く教え子たちは苦しんでいる．どうしてだろうか．どうしたら，この問題を克服して，日本の他の産業分野と比較しても恥ずかしくないようなソフトウェア産業にできるのか，そういう問題を私は考え続けていた．

この問題は，大変に難しかったが，先に述べた V&V とウェーバーの合理性理論の関係から解決の糸口が見えつつあった．そこで，SMART で融合したアジャイルとアップフロントの関係を，スパイラル開発の提唱で有名なバリー・ベーム（Barry Boehm）が，軽快な猿（アジャイル）と重厚な象（アップフロント）の関係として説明する面白い寓話を作っていたので，この話を使い，V&V に対応する「形式合理性と実質合理性」のペアを「象の合理性と猿の合理性」と説明し，さらには，日本型の生産や経営は猿の合理性であることからトヨタのような非ソフトウェア産業に学んで，日本のソフトウェア産業を振興させるという案を考え，これを話した．

これは大変に好評で，NISTEP の動向センター（正式には科学技術動向センター）の客員研究員となって，この講演をレポートにまとめよということになった．その結果，月に一，二度，動向センターが出版している月刊誌の編集会議に出るようになったのだが，そこでの議論は，人工衛星から，砂塵（黄砂）の増加傾向の話までの最新の話題だった．この会議で聞いた話が，半年や数年後に世間の話題となっていたのである．雑学大好きの私は，楽しくて，普通は大学の先生は，あまり出ないらしいこの会議に頻繁に参加した．特に社会学ターンをして以来，リッツアに倣って技術や社会現象の社会学的背景を探ることが性癖になっていたが，その格好の材料が，この編集会議ではゴロゴロ転がっていた．

また，この雑誌『科学技術動向』は，国の科学技術政策の現場で働く人たちに資するために発刊されていたので，日本のソフトウェア産業の問題を改善する助けになれるかもしれないと思ったのも，この仕事にのめりこむ大きな理由であった．

結局，NISTEP 動向センターには 6 年近く在籍し，その間に 3 つのレポートを書いた．そして，この 3 つのレポートを書くための調査が，私に最後のタガを外させていった．

3 つのレポート

実は，動向センター最後の 2 年ほどは活動を完全に停止していた．この活動の停止の理由こそ，実は，本論で最も伝えたいことなのである．その話をするために，この科学技術政策研究所・科学技術動向センター発刊『科学技

術動向』の3つのレポートがどんな内容だったか説明しよう．

　　第1レポート：林晋，黒川利明共著，二つの合理性と日本のソフトウェア
　　　　　　　　工学
　　第2レポート：林晋著，情報通信技術と「思想」—科学技術の能力として
　　　　　　　　の「思想」—,
　　第3レポート：林晋，黒川利明共著，日本の危機としてのIT人材問題
それぞれ，2004年9月号，2006年10月号，2008年7月号の掲載である．

　第1レポートの内容は，すでに述べた講演の内容と同様に，verification/validation=形式合理性/実質合理性の見方を基に，アジャイル開発とトヨタ生産方式（TPS）の類似性を指摘し，TPSが生まれた日本では，その知恵や人材をITに流れ込ませることにより，プロセス改善，ひいてはIT産業の振興を一気に行なうことが可能ではないか，という提言をすることだった．つまり，これはソフトウェアという人工物を，車という人工物と同じようなものと考え，別の業界の生産方法をソフトウェア業界でも真似ることにより，その劇的改善の可能性を指摘したものだった．アジャイルを学ぶにも，日本のソフトウェア業界には，米国のようにそれを教える人材がいない．しかし，機械工学の世界には，日本にも，そういう人材があるはずだ，その人たちに学ぼうという提言であり，後の2つのレポートで掘り下げることになるIT人材の問題への意識の端緒が見られる．

　第2レポートでは，そのような人材問題などへの言及はあるものの，あくまでソフトウェア・プロセスの改善に主眼があった第1レポートと異なり，プロセスを担う人の問題に視点が移った．トヨタでは社員が「洗脳」されているが故にTPSが機能するように，プロセス（生産工程）を担う人たち，つまり，IT技術者のマインドを変化させないと良いプロセスは実現できない．そのためには，プロセスを理解するだけでなく，その背景にあるトヨタウェイのような「思想」まで理解して身に着けないといけない．そういうことを，ITにおけるオープンの思想から，明治時代のお抱え医学者ベルツの自然科学についての演説なども交えて議論した．

　その最後の方で私は，ITの能力，特にソフトウェアの能力が，ほとんどの産業の競争力の源になる時代が到来するのではないか，そのときに，「ソフトウェアに弱い日本」は，「科学技術，産業に弱い日本」を意味するので

はないか，という危惧を書いた．これは，動向センターで聞いたNISTEPのデルファイ調査などの話を聞き，また，動向センターの客員研究員になったお蔭で様々な産業での動向を目にするようになった結果，持ち始めていた危惧だった．

　動向センターの同僚の話では，確か2010年代半ばには，もう情報分野というのは，個別の重要分野ではなくなり，すべての分野のエンジニア，研究者たちが，自分でITを駆使するようになると多くの技術者・研究者が思っているらしかった．そして，その時代は到来しつつある．あるいは，世界的には既に到来している．ITの手法でEVを手掛けるテスラ・モーターズや3Dプリンタは，その象徴である．

　そして，この問題意識が最後のレポートに繋がることになった．第1, 2レポートのような提言を実現するには，まず人材が第1である．そういう人材を確保しないと，IT部門だけでなく，日本の産業全体が沈みかねない．それは目の前の危機である．では，どのような人材を，どうやって，この国で育成するのか，その問題に踏み込んだのが，このレポートだった．

第3レポート

　この第3レポートが，動向センター時代に，もっとも力をいれたものだ．私は，共同研究者の黒川氏と共に，日本や米国の先進的なIT教育の事例を探し出し，それらの幾つかを取材した．また，黒川氏の人脈を頼り，企業の方々にもコンタクトをとって議論を重ねた．

　それらの活動の中で，公立はこだて未来大学の学部の教育システムを取材したときのことである．各研究室が，こんなツールを作ってほしいという「注文」をだし，それを学生がグループを作って制作し，できたものは実際に研究や教育で使われるという教育システムを，この大学は実施していた．その教育コースを中心になって動かしていた鈴木恵二助教授（当時）に話を伺ったときのことである．

　この取り組みは非常に成功していて，こういう時は，非IT系の教員などが水をかけて来るものなのだが，そういうことがない．非IT系の研究室も自分たちのためになるツールができるものだから，むしろ後押ししてくれるという話を伺って，これは良い人材育成モデルになると考えつつも，ある懸

念が心に浮かんだ．自分のSMARTプロジェクトなどでも，学生たちの学習の活性化とスキル・アップが見られたが，学生たちが社会に出ると，上司に上申書を書いた私の研究室の卒業生のように，そこで水をかけられてしまうことを思い出したのである．教えたことと社会の現状との乖離が，むしろ，学生のストレスに繋がる．

　それを思い出し，そういう質問をしたところ，それまで楽しそうに説明をしてくださっていた，鈴木氏が悲しそうな顔になり，ある事例を話してくださった．

　この教育システムで育った学生が，ある鉄鋼グループの子会社のSソリューションズに内定した．この会社は中堅システム・インテグレータの中では評価が高い会社であったし，どうやら，鈴木氏の教育システムを背後からバックアップしていたようである．だから，学生や鈴木氏は，この内定に大変喜んだらしいのだが，学生の父親が，独り言のように「Sといっても鉄を作ってるわけじゃないのか……」と言って，それを聞いた学生が大変に落ち込んだというのである．

　このとき，突然，私の心の中にあるイメージが浮かんだ．それは太平洋戦争末期，沖縄沖に停泊する米海軍艦隊に勇猛に突っ込みながらも，猛烈な弾幕に次々と撃ち落とされる特攻機の映像だった．その操縦席には若者たちが座り，そして，その背景には，それを送り出した上官たちがいる．自分たちは，その上官と同じことをしているのではないか．

　いくら人材を育成しても，それは社会の中の人材なのだから，社会がそれを受け入れないのでは，その人たちを傷つけてしまうだけだ．日本のITの問題を，人材を生み出す人材育成の問題だと誤解し，それを改善すればすべてが解決すると安易に思っていたのである．しかし，これは人材の受け手側の問題でもあり，実は，そちらの問題の方が大きいのだ．どのようにプロセス改善や人材育成で頑張っても，受け手側が水をかけて消してしまう．これでは湿ったマキに火をつけようとする行為と変わらない．徒労ではないか……．

　実は，その瞬間は「撃ち落とされる特攻機」の映像を思い浮かべて，少し背筋が寒くなっただけだったが，宿に帰り，京都に帰り，何故，そういう映像が心に浮かんだのか分析しなおしていくと，そう思えたのである．そして，

この徒労感は，はこだて未来大の取材の2週間ほど後のスタンフォード大学デザイン・スクールの取材で，さらに絶望感に変わった．現在の日本社会でITを強化することは不可能だ，そう思うようになったのである．

スタンフォード大学デザイン・スクール

　ソフトウェアを，ハイデガー哲学などを使って，社会的存在として理解するアプローチがあり，これを始めた人が，スタンフォード大学教授ティム・ヴィノグラード（Tim Winograd）氏である．氏は若いころはAI推進派で，その可能性を実証する史上最初のシステムを作ったのだが，その後，ちょうど，日本の第5世代コンピュータ・プロジェクトの前期が終わるころ，AI（Artificial Intelligence）や自然言語認識の不可能性を説く著書『コンピュータと認知を理解する——人工知能の限界と新しい設計理念』（産業図書，邦訳1989）を出版し，この陣営を去り，CHIとかHCIと呼ばれる，人間とコンピュータのインタラクションを重視する，ある意味では，当時のAIの反対勢力に鞍替えしてしまった人である．

　IT人材育成の調査を進める一方で，私は，その第5世代コンピュータ・プロジェクトのリーダーであった渕一博氏の生涯と，第5世代コンピュータの経緯を歴史学者として追っていた．これは渕氏が急逝され，その追悼集会での基調講演を依頼されたためだが，AI分野には疎かったため，この調査の中で，私は初めてヴィノグラード氏の「デザイン思考法」と呼ばれるソフトウェアの社会的側面を考える思考法を知った．それはアジャイルによく似た思考法で，ヴィノグラード氏の転向は，形式的検証からアジャイルに鞍替えした私の転向を，15年ほど先取りして進んでいるように見えた．

　そこで，黒川氏の人脈を頼って米グーグル（Google）本社を取材する際，デザイン・スクールとヴィノグラード氏の取材もさせていただくことになった．ヴィノグラード氏の助言に従い，まず，デザイン・スクールの実際の授業を拝見したのだが，デザイン・スクールは想像以上にアジャイルに近いマインドで運営されていた．ビデオ作品作成が本職の准教授の方に，何を教えているのかと聞くと「失敗の仕方を教えている」ということだった．まずはやってみろ，失敗は上手く受け身して，その失敗から情報を得て，次に進め．まさにアジャイルの精神そのものだった．私は嬉しくなって，このような教

育システムを日本に導入すれば，日本でも IT 人材が育つのではないかと思った．

このデザイン・スクールという大学院レベルの教育機関は，ドイツのソフトウェア会社，SAP の創業者の 1 人ハッソ・プラットナー（Hasso Plattner）氏の寄付により運営されていた．ドイツの IT 人材育成に問題を感じたプラットナー氏が，パロ・アルト（Palo Alto）流の思考法を育成するシステムを作り，さらには，それをドイツに移入することを目的に設立したようだった．実際，ドイツ，ポツダム大学には，ドイツでもグーグル社のような会社を生む人材の育成をめざして，ドイツ版のデザイン・スクールが設立されていた．

日本でも，政府とか経団連のような業界とかが，よく似たシステムを作ることは可能だろう．ヴィノグラード氏を日本政府か財界が招請して，日本版デザイン・スクールを作る，そういう提案を第 3 レポートに書こう，私はデザイン・スクールの，セッションと呼ぶ方がよい授業風景を見ながら，そう思った．

その後，ヴィノグラード氏にインタビューさせていただいた．この人は，グーグルの創業者のラリー・ペイジ（Lawrence Edward "Larry" Page）の副指導教員で，グーグルの成功物語を書いた書籍などでも，よく登場する．私は，そのグーグルの企業運営にデザイン思考法的なものを強く感じていた．だから，最も聞きたかったのは，ペイジの思考法はヴィノグラード氏の思考法に影響を受けたのではないかということだった．

この質問は，氏にとって意外だったらしく，驚いたような顔をされて 2，3 秒考えた後で，「それは違う．ラリーも私もパロ・アルトの精神に影響されたのだ」と答えた．これは感激的な答であると同時に，後で私を絶望に追いやる言葉でもあった．しかし，そのことには，その時には気づかず，何か心に引っ掛かるものを感じながら，別な質問をした．それはスタンフォード大学機械工学の熱力学の専門家，スティーブ・クライン（Steve Klein）を知っていますか，という質問だった．

この人は，米国が日本の産業に劣勢だったとき，その原因を探り対処を考える委員会の一員だった人で，その中からチェーン・リンク・モデルというものを提唱し，それが米国の製造業の復活に資したと経営学の世界などでは

言われていた．このクラインの思考法は，デザイン思考にそっくりだった．しかも，その提唱時期が，ヴィノグラード氏のデザイン思考の提唱と，ほぼ同時期なのである．同じスタンフォード大学の工学部の教授であることから，きっと，この2人には人的繋がりがあるに違いないと信じ，クラインをご存じか聞いてみた．

驚くことに，ヴィノグラード氏は，どうもクラインを知らないようだった．そこで，クラインの提言したことをまとめたWebサイトを見せた．それを読んだ途端ヴィノグラード氏は，大変嬉しそうに「私の考え方と同じだ！」と声をあげたのである．

ほぼ同じ思考法が，面識のない2人のスタンフォード大学教授に，ほぼ同時期に生まれる．これは，「ラリーも私もパロ・アルトの精神から影響を受けたのだ」というヴィノグラード氏の言葉の正しさの何よりの証拠のように思えた．

絶望的結論

私が，この取材で経験したことの意味を本当に理解するには，少し時間がかかったが，はこだて未来大学での取材と，このスタンフォード大学での取材から，次のような結論を引き出した．「パロ・アルトで多くの優れたIT人材が育っているのは，Xerox PARC（Palo Alto Research Center）や，スタンフォード大学のような優秀な人材が集まる拠点が存在するという箱もの的な側面もあるが，何より重要なのは，広く根付いている失敗を恐れない文化だ．しかし，そういう文化的なものは，明治維新後の開化運動のように大規模かつ徹底的に行なわねば成功しない．たとえ特区のような特定地域で実現したとしても，そこで育った人材は，その外に出た途端，水をかけて火を消そう，それにより現在の自分の世界を守ろうとする日本社会に撃ち落とされてしまう」だった．

これは実に絶望的な結論だった．また，この結論は，日本社会のために少しは役立つことを願って行なっていた動向センターでの活動は役に立たないということも意味していた．人材育成の前に，まずは，日本社会，その成員の考え方を根本的に変えなくては，どうしようもない．そうでない限り，日本ではITが育たない，というのが私の結論なのである．科学技術政策とい

うようなものでは，どうしようもないのである．

　この結論に至ったときには，本当に絶望した．あまりに暗い結論だったので，動向センターの同僚には話さなかった．パロ・アルトに同行した黒川氏にさえ暫くの間は隠していた．私は，本心を隠し，取材先でみた素晴らしい取り組みの幾つかを紹介し，また，デザイン・スクールがめざすような人材を「新T型人間」と名付け，当たり障りのない範囲で，第3レポートを書き終え，その後は動向センターでの仕事をバッタリ止めた．

9-4　まとめ——なぜ日本のソフトウェア産業は弱いのか

ソフトウェア——数学的存在から社会的・文化的存在へ

　以上で，私の失敗続きのソフトウェア工学人生の話を終える．まとめとして，これが何だったのか分析してみよう．それにより，なぜ，日本のソフトウェアが弱いのか，では，どうすべきか，ということも自ずとわかるはずだ．

　私の変化は実はITの歴史的変化を少しずつ遅れながら追いかけている．初期のコンピュータの目的は弾道計算などの数学の問題を解くことだった．形式的検証時代の私がソフトウェアを数学の関数として理解していたのは，その時代なら，あながち間違いではなかった．この時代の主要アプリは，数値計算，制御，旧タイプのデータベースなどであり，その特徴は，ユーザがエンジニアなどの専門家であることと，ユーザとのインタラクションが少なく，それに比して正確性・精度などが求められたことである．それは，この時代のソフトウェアの応用対象が，自然科学のような比較的安定した法則を持つものが中心であったからである．だから，その仕様も容易には変わらないものだった．だから，アップフロント開発というものが意味を持ちえたのである．この時代のソフトは機械装置のように作られていた．

　しかし，コンピュータの応用ターゲットは，数値計算からオフィス・ツールなど様々なものに広がっていった．とはいうものの，その拡張の初期には，PCがかなり普及して，仕事以外にコンピューターが使われることも増えたとはいえ，それらのユーザインタフェースは技術者やオフィス・ワーカが使用する前提で作られたウィンドウシステムを，少し一般向けに変えたものだったという意味で，基本的には専門家が仕事に使う道具であることに変わり

はなかった．

　UMLやアジャイルは，そういう時代の最後を飾るものともいえる．システムが大規模化して大勢の技術者でシステムを作ることが当たり前となり，そのために共通言語が必要となる．それがUMLだった．また，ビジネス向けのシステムは機械装置のように作ることは不可能だ．機械装置や自然科学の法則と異なり，事業所というものは，その運営の仕方は生き物のように変化していく．

　また，大きな事業所の全体像を隅から隅まで把握することなど，もともと不可能だ．当然，それをサポートするシステムに要求される要件を最初から全部書き出すなどということはできない．それはシステムを使ってみて初めてわかるのである．だから，昔は悪とされた仕様の変更にもアジャイルに対応できることが求められるようになったのである．その主たる応用ターゲットが変化するに従い，システム開発の在り方は，大きく変化していったのである．私が神戸大時代に開発していたSMARTなどは，まさに，この変化を体現したようなシステムであったといえる．しかし，それはある時代の終わりの象徴であった．

　私のNISTEPでのレポートは，第3レポート執筆時には，すでに「社会とソフトウェア」という本質的問題に気づきながらも，それを隠したために，第3レポートも含めて，すべてITという「専門技術」についてのレポートとなっている．第1レポートがソフトウェアの生産技術の話，第2レポートが生産を担う技術者のマインドの話，そして，第3レポートが，その技術者をどうやって育てるかの話という風に段々と，技術そのものからは離れて行ってはいる．しかし，第3レポートを企画した最初の段階には，IT人材をあたかも「ソフトウェアを生産するための装置」のように考えていたことは否めない．その「装置」を作るための良い「生産装置」をパロ・アルトから移入すれば，日本のITの問題は解消する，そのように考えたのである．

　しかし，それは間違っていた．ヴィノグラード氏へのインタビューから私が学んだことは，グーグル検索のような優れたソフトウェアやサービスを生み出すのは，社会や文化なのである．それが持つ「精神」なのである．そして，ITは，装置の時代から，社会の時代に実際に突入したのである．

　今や，ITはわれわれの生活の隅々にまで浸透し，仕事や消費の形だけで

なく，人間の繋がり方まで変えてしまった．スマホを持った子供たちや若者は，われわれには理解できない形態でコミュニケーションしている．日本最初の Unix システムのユーザだった私は，日本の最初期の電子メールやネットのユーザでもあった．しかし，私にも，今の若者や子供たちの IT を使ったコミュニケーションの方法は理解できない．IT は文化・社会を変えてしまったのである．

　そういうときに，新しいものを理解できない旧世代は，新しいものに抵抗しようとする．「なんだ，鉄を作っているのではないのか」という一言は無意識の内の自分が理解できないものへの抵抗と見るべきだろう．日本社会という安定・安穏に寄りかかりたいという傾向を強く持つ社会が，現代のように満ち足りた状態に置かれていれば，新しいものを拒否しようとするのは当然である．

　これに対して，パロ・アルトが象徴する米国のある部分は，如何に豊かであろうとも，常にイノベーション・革新を求めて，先に先にと進もうとする．よしんば，世界中の富の大半を手中に収めていても，もし富をさらに拡大できるのならば前に進む．前に進むこと，努力すること，変わることが善だ，今可能なのに，それをしないことは怠慢であり罪悪だ，そういう彼らの倫理観・道徳観が，そうさせるのであり，金銭欲がそうさせるのではない．日本の IT の問題は，実は技術の問題ではなく，文化・社会の問題だったのである．

社会技術としての IT，社会変革としての IT

　WWW やスマホ，タブレットなどが登場して，IT の文化的・社会的性格は，さらに強まっている．WWW 初期の主役が，Web ページ，ブラウザ，メーラ，e-コマースのように個と大規模組織を繋ぐものであったのが，ブログ，SNS，Skype，Twitter，LINE のように個と個が繋がるためのツールへと変化していったことは，その象徴である．IT は公的レベルから，さらには生活の私的レベルにまで浸透した．この傾向は，さらに進むだろう．

　IT は生産，流通，交通，通信，販売，医療，治安，さらには人間関係など人間社会のあらゆる側面やレベルに浸透している．IT は社会そのものになりつつある．IT は単なる個別技術でなく，社会そのものを体現する，社

会技術なのである．そのITのあり方を変えるということは，社会を変えるということに他ならない．

もし，日本のITの弱さ，IT人材の不足の問題を変えたいというのならば，それは日本社会そのものを変えるしかない．そして，それに貢献することは「科学技術政策」の研究所では不可能なことであろう．私はそのように考えてNISTEP通いをやめた．

この後，私は，この章で紹介したような話を，自分の講義や講演で話し，若い世代や若くなくても，私と同じ考え方を持つ「同志」たちに私の経験したことを伝える努力を続けている．それは非常に小さな力でしかない．しかし，そのような小さな力が集まって大きな力や大きな流れが生まれるということは，様々な歴史が示していることである．そして，世代が変わるとき，大きな力が突然生まれることがある．もう数十年の後，その頃，この国が大きく変わりそうな予感を感じながら，今も，私は小さな努力を続けている．

参考文献

林晋『プログラム検証論（情報数学講座 8）』共立出版，1995年．
ジョージ・リッツア，正岡寛司訳『マクドナルド化する社会』早稲田大学出版部，1999年．

第10章　農業
——サイエンス型産業への変革にむけて

10-1　第3の農業革命への胎動

日本農業の現状

　農業は，人類にとってかけがえのない産業である．この産業が人類を地球上の生命進化の競争から浮揚させ，地球上の資源を管理し，イノベーションを生み出す地位へと押し上げた．18世紀にイギリスでおきた輪作と囲い込みによる生産性の向上は「農業革命」を引き起こした．現在，地球上の人口は72億人となり，穀物の需要は，1940年から1960年に起きた「緑の革命」による生産性の向上に追いつき，追い越そうとしている．

　ところが日本の農業は，基幹的農業従事者の高齢化，耕作放棄地の増加，農業所得の減少が進行し，厳しい環境におかれている．政府は2013年に構造改革を加速し，輸出拡大や6次産業化を通じて農業を産業として強化し，農業・農村の所得の倍増をめざすグランドデザインである「農林水産業・地域の活力創造プラン」を策定した（農林水産省, 2014）．プランでは，4本柱として，需要フロンティアの拡大，需要と供給をつなぐバリューチェーンの構築，多面的機能の維持・発揮，生産現場の強化を挙げている．そして，農地中間管理機構の創設，経営所得安定対策の見直し，水田フル活用と米政策の見直し，日本型直接支払制度の創設の4つの改革が進められている．

　農業におけるコメ，野菜，果実，畜産の4部門のうち，コメは北海道，東北において重要な作物である．2013（平成25）年農業産出額および生産農業所得（都道府県別）のデータから北海道，東北の農業生産額をみると，秋田県，山形県，宮城県，福島県では，コメが第1位である．

　農業を再編し，持続可能な産業となる条件として，ヨーロッパで行なわれてきた畑作農業や米国が展開している穀物メジャーによるアグリビジネスと

は異なる，水田を中心とした新しい産業の創造が必要となる．次にそのエンジンとなる科学と連携して開発された農業技術についてみていこう．

精密農業の誕生

水田農業の起源は，焼畑の陸稲が平地におりて水稲になったとする照葉樹林文化論と降水が豊富なアジア・モンスーン地帯の湿地における野生イネの栽培と水田造成がセットで起こったとする説が存在する（白岩，2008）．水田農業はヨーロッパで行なわれてきた畑作農業の問題点を水が解決している．水田への灌漑水からイネは養分を吸収し，水の表面の藻類は空気中の窒素を固定する．湛水による還元状態は，有機物の分解を遅らせ，土壌の肥沃度を保ち，雑草を抑制する．さらに，連作障害をひき起こす好気性微生物の増殖を抑制し，連作が可能となる．また，水田農業は畑作農業に比べて，土地面積当たりの収量，人口扶養力，土地生産性が高く，田植え・除草などに労働力が必要なため，経営面積が小規模なままであった．このことから農業技術の開発も経営面積が小規模であることを条件とした土壌や品種の改良による生産性の改善に集中してきた．

1996年に米国では，ハイテク産業から生み出された技術と従来の農業技術を融合させた技術体系として精密農業が提案された．この提案の背景には，ビジネス環境における変化があった．このビジネス環境は，市場の不確実性，技術の不確実性，競争要因の変わりやすさが交差することからハイテク環境と呼ばれ，この環境におかれた企業群はハイテク産業と定義された（Mohr et al., 2009）．

ハイテク環境のもとで，分子生物学者は，遺伝子組換え技術を応用し，除草剤耐性植物や病害に強い植物を作ることに成功した（レンネバーグ，2014）．さらに，建設機械メーカーであるキャタピラーの技術者が反応した（グリフィン・プライス・ポジャック，2014）．まず，グローバル・ポジショニング・システム（GPS，全地球測位網）を用いた農業用機械のナビゲーション・システムをつくりはじめた．さらに，GPSによる区間サンプリングにより，それぞれの区間における施肥の必要性を認識し，施肥の程度を変えることができるようになった．この技術により，肥料の使用量は最適化され，農業経営体の利益が拡大した．2005年には500 ha以上の営農規模をもつ

cost-driven company-based precision agriculture が行なわれている（澁澤，2006）．このようにして，ハイテク産業による技術を基盤にビジネスと農業が結合した穀物メジャーによるアグリビジネスが成立，拡大していったのである．

それに対して，2000年以降の日本では，小規模な経営面積を活用するために，value-driven community-based precision agriculture が研究されていたが，新規就農者が減少し，基幹的農業従事者の高齢化により，省力化技術の研究が急務となった．そこで，従来研究されていた田植えに代わる直播栽培の改良（野沢，2013）とそれに対応した多収品種の開発（吉永，2013）が行なわれている．さらに，病害虫防除に使用されていた無人ヘリコプターの用途を直播や除草などへ拡大する研究がはじまった．このように米国で誕生した科学と連携して開発された精密農業が気候や風土，作目にあった技術に体系化されようとしている．

では，農業の新しい姿を展望するために，これらの技術を経営体に導入し，農業をサイエンス型産業と捉えたシミュレーションモデルを構築してみよう．

10-2　システム・ダイナミックスによるコメ農業モデル

システム・ダイナミックスとは？

システム・ダイナミックスは，マサチューセッツ工科大学のジェイ・フォレスター（Jay Forrester）と彼の共同研究者によって開発された．はじめにフォレスターは1961年にフィードバックコントロール理論の考え方を産業研究に応用するインダストリアル・ダイナミックス（Forrester, 1961）としてまとめた（Ford, 2010）．

この考えは，1969年に刊行されたアーバン・ダイナミックス（Forrester, 1969）で，工業，住宅，人口の相互作用からなる都市モデルに応用された．都市は好ましい条件での速やかな成長をするものの，土地がなくなり，住宅が古くなり，工業が沈滞し，人口が減少し続ける．この問題を解消するために，新しく創出された工業は，土地をあまり必要としないか効率よく利用すると仮定した．そこで，都市のスラム街を取り払い，新しい工業へ土地を分配し，残った土地を住宅に配分する対策を行なうことで，都市の郊外に会社

と労働者が一緒に存在する新しい都市が形成され，沈滞した都市が再興できることを示した．フォレスターの生み出したこの手法は，産業から都市，そして後に世界環境等広範な応用対象を持つに至りシステム・ダイナミックスと呼ばれる様になった．この方法の利点は，ダイナミックなふるまいを情報のフィードバック・ループにより内生的に生み出されるものと考え，システムの遅れと非線形のインパクトを容易に表現できるところである．さらに，秒から100年単位までの時間スケール，空間スケールはもちろん，生物学，環境学，行動・心理学，政策学などの分野を越えた分析にも活用できる．

コメ農業モデルの構築

そこで，システム・ダイナミックスによるコメ農業モデルを構築した（図10-1）（Yamamoto et al., 2013）．モデルには，在庫量を高品質米，量産米に分け，高品質米の輸出入を把握できるように輸入量，輸出量を設定した在庫セクター，価格セクター，水田セクター，経営体セクター，経営安定対策（旧戸別所得補償制度），中山間地域等直接支払制度，農地・水・環境保全向上対策のうちの営農活動支援の総計と総額を算出する直接支払交付金セクターがある．

水田セクターは水田の利用状況を表している．利用中，余剰，生産調整，不作地のストックをもち，利用中はさらに高品質米と量産米に分けた．生産調整は1年ごとに需要量から算出された目標面積を配分する．生産調整の目標面積は，1995年から2003年までは中渡明弘（2010）から，2004年から2013年の生産数量目標を面積換算した値は農林水産省生産局農産部穀物課からのデータを使用した．

経営体セクターは平地と中山間地にある経営体の経営状況を表している．稲作栽培技術と規模の2つのカテゴリーを組み合わせて，ストックの名前や状態を定義した．移植・営農経営体は移植（田植え）栽培を行ない，経営規模1ha前後の経営体をさす．移植・危機経営体は移植栽培を行ない，経営規模1ha前後で農業所得が生産費（コスト）を下回る経営体をさす．環境保全型・営農経営体は，有機農業や特別栽培農産物を含む環境保全型農業を行ない，経営規模1ha前後の経営体をさす．移植・担い手経営体は移植（田植え）栽培を行ない，経営規模4ha前後の経営体で将来，大規模化を狙う

経営体をさす．直播・大規模・営農経営体は，直播（苗を作らずに，種籾をトラクターでまく）栽培を行ない，経営規模 20 ha 前後の経営体をさす．直播・ヘクト・営農経営体は，今回のモデルのみで使われている造語で，直播栽培を行ない，経営規模 100 ha 前後の経営体をさす．

また，FTA（Free Trade Agreement）や TPP（Trans-Pacific Strategic Economic Partnership Agreement）が妥結したときのシミュレーションを行なえるように，価格セクターは，過去のデータから価格を挿入する方法を採用し，在庫セクターと結合した．高品質・海外産の価格は，USDA Economics and Statistics System で収集している Rice Yearbook: Dataset の 1995 年から 2012 年の Milled rice:Average price, f.o.b. mills, at selected milling centers の short grain（短粒種），California（カリフォルニア産），単位は米国ドルを使用した．海外産の価格に米国産を選んだのは，コメの生産量と国内消費量から FTA や TPP が締結された場合，米国からの輸入が多くなることが予想されるからである（伊東，2013）．相対価格・高品質・国産の価格は，1995（平成 7）年から 2005（平成 17）年までは，コメ価格センターによる全銘柄落札加重平均価格（指標価格），2006（平成 18）年から 2011（平成 23）年までは，相対取引価格を使用した．高品質・海外産と Principal Global Indicators の年単位為替レート推移から単位を円に換算した．穀物は，米国では，ブッシェル単位当たりの価格で表記され，日本では，1 俵である 60 kg を単位として，価格が表記されている．米国産のコメには，関税が kg 当たり 341 円かかるので，それを加算し，10 kg 当たりの価格に換算して比較した．この比較から，FTA や TPP が締結されたときに安いほうのコメを消費者は選択すると仮定して，消費量を算出することにした．

伊東正一（2013）による試算では，TPP 加盟国のうち，米国とベトナム以外には日本へコメを輸出する国はないと考え，米国の輸出可能数量は 300 万トン，ベトナムは 100 万トンとしている．ただ，短粒種の栽培が確立しているのはカルフォルニア州のみで，ベトナムは短粒種の栽培が始まったばかりであるから，最大の 400 万トン輸出まで 5 年ぐらいの期間があると推測される．

さらに，短粒種のなかでも，日本の消費の現状からいえば，高品質米が多いので，量産米から高品質米への技術の切り替えが必要になる．このモデル

第10章 農業

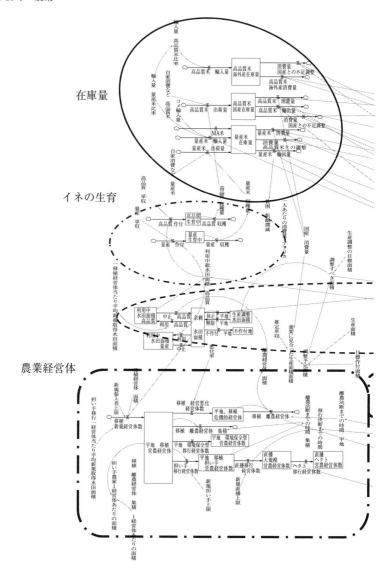

図 10-1

10-2 システム・ダイナミックスによるコメ農業モデル 239

価格

FTA/TPP

水田面積

直接支払

モデルの概要

では，輸入されたコメははじめ，量産米として輸入され，だんだんに高品質米へ移行し，10年で交代，その後高品質米の比率が高まることとした．また，過去のWTO交渉，FTA締結時に用いられた関税引き下げの事例をもとに，現在の関税が翌年には半分になり，翌年にはさらに半分になるルールを参照して，10年間でゼロになるよう設定した．

ここでモデルが構築できたので，①対策を行なわずに国内価格維持の仮定で輸入が開始された場合，②新制度の導入と国内価格維持の仮定で輸入が開始された場合，③新制度の導入と国内価格下落の仮定で輸入が開始された場合の3つのシナリオによるシミュレーションで，技術の導入による大規模経営体による産業の再編とそれに続く科学と連携した技術の開発と導入が持続可能な産業の創出につながることを以下証明する．なお，モデルのさらなる詳細については，山本の学位論文（山本，2014）を参照されたい．

10-3　3つのシナリオによるシミュレーション

シナリオ1：対策を行なわずに国内価格維持の仮定で輸入が開始された場合

まず，すでに短粒種が栽培されている米国から100万トン輸入され，輸出量50万トンとして考える．現在の輸出量が20万トンであるため，この数字は不可能な数字のようにみえるかもしれないが，50万トンのうち20万トンをいままでどおり輸出し，残り30万トンの市場をみつけるか援助米として活用することも考えれば，現在の中国，台湾，シンガポールへの輸出強化でも目標達成可能な数字である．

このケースの在庫量は，262万トンから301万トンの在庫で推移し，過去の在庫幅である170万トンから356万トンに収まる．しかし，輸出の圧力が強く，在庫減少の方向へシフトする（図10-2）．高品質米の水田は60万haあったものが30万haまで落ち込んでいる（図10-3）．量産米の水田は確保されているものの，中山間地の水田は放棄されている．また，経営規模4ha前後の担い手営農経営体数は増加している．このケースからは対策を行なわなくても，国内価格の維持に気を遣っていれば，自由化ができそうにみえる．

次に，短粒種が栽培されている米国から200万トン輸入され，輸出量50

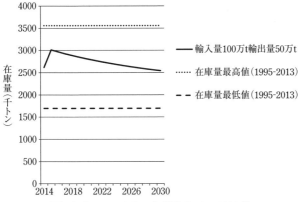

図 10-2 シナリオ 1 在庫量 2014 〜 2030 年
ケース 1 輸入量 100 万トン，輸出量 50 万トン．

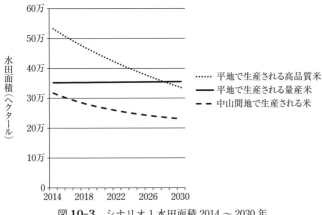

図 10-3 シナリオ 1 水田面積 2014 〜 2030 年
ケース 1 輸入量 100 万トン，輸出量 50 万トン．

万トンとして考える．

このケースの在庫量は，262 万トンから 422 万トンの幅で推移し，2013 年以前の在庫幅量である 170 万トンから 356 万トンの幅をこえる．これ以上，輸入量を増やした場合も在庫が余る．よって，なにも対策をしない場合には，輸入量が 100 万トン，輸出量 50 万トンとするケースしか成立しなかった．コメの場合すでに関税化されているため，TPP/FTA 交渉により，関税割

当を導入し，輸入量を調整できる可能性もある．これらのことから，1つのケースしか成立しないリスクの高いシナリオを選択することはないと考えられ，なんらかの対策が必要なことがわかった．

シナリオ2：新制度の導入と国内価格維持の仮定で輸入が開始された場合

では，日本の農業の現状を踏まえて，農業がサイエンス型産業であると考え，新しい戦略を立案してみる．

基本戦略は，WTO 体制下で積極的な FTA・EPA 交渉に臨める体制を整備するために，

1. 主食であるコメは自給率100％となる生産を確保する．
2. コメ貿易を行なうため，価格の低下に耐えられる構造の変化を促進する政策を導入する．

とする．派生的な政策オプションとして，

3. 環境保全型農業を補助し，生物多様性などの生態学的価値や景観を保護する．
4. 野菜，果樹，畜産部門は増産し，輸出できる品目数を増加させる．

が挙げられる．次に，構造の変化を促進する政策を考えてみよう．

1. 需要に見合った水田面積を担い手営農経営体，新規営農経営体，大規模営農経営体，ヘクト営農経営体の順に割り振る生産資源配分制度を導入する．
2. 交付金として，10 a 当たり1万5000円の離農交付金，環境保全型農業に取り組んでいる経営体に10 a 当たり5000円の環境交付金，直播・大規模営農経営体とヘクト・大規模営農経営体に支払われる10 a 当たり2万円の経営効率化交付金を創設し，経営安定対策（旧戸別所得補償制度）と中山間地交付金は廃止する．

経営安定対策（旧戸別所得補償制度）の欠点は生産調整への参加と対象農家の範囲があいまいなことである．利点は所得補償効果が高く，面積当たりの交付額にしたことで，規模が大きいほどより多く交付されることから規模へのインセンティブが働くことである．そこで，この対策の利点を活かした経営効率化交付金は，対象農家を大規模経営体に限定し，面積当たりの交付にすることにした．

10-3　3つのシナリオによるシミュレーション

　環境交付金を新設した理由は，幅広く環境保全型農業を行なう人へ交付するためと中山間地の棚田など農業遺産を守るためである．環境保全型農業は面積当たりではなく，生産量や農産物の品質を指標に交付することも考えられる．このような交付方法を採用することで，環境保全型農業の技術向上による生産性の向上やより安全で安心な農産物を得ることが期待される．

　さて，輸入量は100万トン，輸出量は50万トンのケースをシミュレーションする．このケースの在庫量は，259万トンから380万トンの幅で推移し，過去の在庫量である170万トンから356万トンの幅を超える．この場合，2020年から2030年にかけて，長期に亘り在庫超過に陥る．対策の効果は，利用中の水田面積と経営体数でみると明らかである．シナリオ1では，利用中の水田面積が次第に減るか横ばいであるものの，シナリオ2では，量産米の水田面積が増加し，高品質米は減少している．経営体数をみると，シナリオ1では直播・大規模営農経営体が一定数いるが，シナリオ2ではさらに大きいヘクト・営農経営体も増加している．

　次に，輸入量100万トン，輸出量は100万トンのケースをシミュレーションする．このケースの在庫量は，251万トンから330万トンの在庫で推移し，過去の在庫幅である170万トンから356万トンに収まっている．

　続いて，輸入量200万トン，輸出量は100万トンのケースと輸入量200万トン，輸出量は200万トンのケースをシミュレーションする．輸入量200万トン，輸出量は100万トンのケースでは，259万トンから375万トンの在庫で推移し，過去の在庫幅である170万トンから356万トンをオーバーする．輸入量200万トン，輸出量は200万トンのケースでは，173万トンから275万トンの在庫で推移し，過去の在庫幅である170万トンから356万トンに収まる．2022年をピークに在庫量が減少しているので，輸出量は100万トンから200万トンの間に最適値が存在するものと思われた．

　最後に，輸入量300万トン，輸出量は100万トンのケースと，輸入量300万トン，輸出量は200万トンのケースをシミュレーションする．輸入量300万トン，輸出量は100万トンのケースでは，262万トンから453万トンの在庫で推移し，過去の在庫幅である170万トンから356万トンをオーバーする．輸入量300万トン，輸出量は200万トンのケースでは，261万トンから353万トンの在庫で推移し，過去の在庫幅である170万トンから356万トンに収

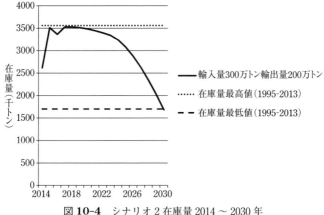

図 10-4 シナリオ 2 在庫量 2014 〜 2030 年
ケース 5 輸入量 300 万トン，輸出量 200 万トン．

まる（図 10-4）．2017 年をピークに在庫量が減少しているので，輸出量は 100 万トンから 200 万トンの間に最適値が存在するものと思われた．

ここでは，ベトナムからの 100 万トンが輸出された場合の総輸出量 400 万トンのシミュレーションを行なわなかった．その理由は，このモデルの海外産コメ価格が米国のカルフォルニア産短粒種を参照値としているからである．また，ベトナム産の短粒種は現時点では価格データが入手できなかった．このような限定されたシミュレーションではあるが，どのケースでも対応可能であった．

シナリオ 3：新制度の導入と国内価格下落の仮定で輸入が開始された場合
　これまでは価格が維持されている場合のシミュレーションであった．2013 年 11 月 26 日の農林水産業・地域の活力創造本部で生産調整の廃止と新しい農業改革が決定された．2013 年 11 月 27 日の規制改革会議で生産調整廃止後のコメ市場として，生産者団体を中心にするものから自由な市場への移行が提案された．コメの価格は，主食用米から飼料米・米粉用米への用途転作で維持されるようにみえるが，コストに利益を上乗せするコストプラス法と競争あるいは需要に基づく価格設定法の混合方式が採用されているため，FTA/TPP による国際市場への接続で価格動向が変化することは考えられる．

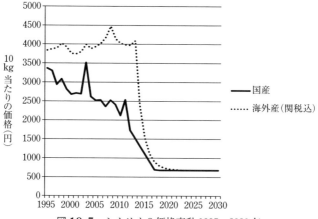

図 10-5　シナリオ3 価格変動 1995〜2030 年

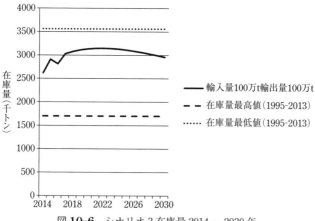

図 10-6　シナリオ3 在庫量 2014 〜 2030 年
ケース1 輸入量100万トン，輸出量100万トン．

　たとえば，シカゴ商品取引所のコメ価格をシグナルに値決めが行なわれた場合なども想定すると価格下落シナリオが必要不可欠である．そこで，国内価格が下落し，国際価格と同じ価格になったところで均衡するモデルへ拡張すると，価格動向は図10-5のようになった．なお，下落幅は2008年から2010年の3年のコメ価格から線形回帰で算出した．

　輸入量100万トン，輸出量は100万トンのケースでは，262万トンから

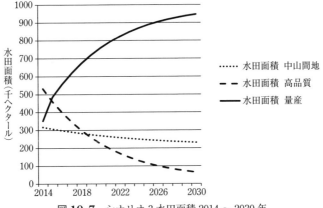

図 10-7 シナリオ 3 水田面積 2014〜2030 年
ケース 1 輸入量 100 万トン，輸出量 100 万トン．

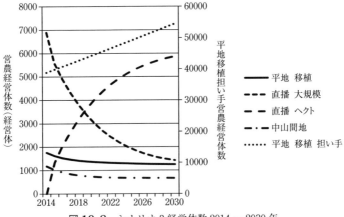

図 10-8 シナリオ 3 経営体数 2014〜2030 年
ケース 1 輸入量 100 万トン，輸出量 100 万トン．

315 万トンの在庫で推移し，過去の在庫幅である 170 万トンから 356 万トンに収まっている（図 10-6）．2020 年にピークがあり，その後だんだんと減少する．利用中の水田面積，経営体数はシナリオ 2 と同様であり，対策の効果が示されている（図 10-7, 10-8）．

輸入量 200 万トン，輸出量は 200 万トンのケースでは，261 万トンから 333 万トンの在庫で推移し，過去の在庫幅である 170 万トンから 356 万トン

に収まる．また，2017年をピークに在庫量が減少する．

　輸入量300万トン，輸出量は300万トンのケースでは，262万トンから363万トンの在庫で推移し，過去の在庫幅である170万トンから356万トンをややオーバーしている．2017年をピークに在庫量が減少し，減少幅が大きい．

　輸出量はシナリオ2よりも大きくなっているものの，いずれのケースも，在庫量はシナリオ2と同様の傾向である．したがって，ここで立案された基本戦略とその対策はこのシナリオでも対応可能であることがわかった．

10-4　新しいサイエンス型産業の創出

価値を実現するためのサイエンスとしての農学

　『広辞苑　第6版』（岩波書店）によれば，農業とは，「地力を利用して有用な植物を栽培耕作し，また，有用な動物を飼養する有機的産業」である．農学は農林水産業，関連諸産業，および農村社会の発展，それを通しての農林漁業者の幸福の追求，さらには広く社会に貢献することを理念とする学問領域である（祖田，2000）．農学のあり方を問う学問として農学原論がある．農学原論は，①農学史，②農学の価値目標，③農業・農村の本質と問題の解明，④問題解決に向けた農学の方法と体系に関する学問である．そして，地域に対して，「創造的，自律的，個性的な場であるとともに，広く世界に向かって開かれた場である」と述べている．このような観点をグローバル・リジョナリズムと呼んでいる．実際科学であり，野外科学である農学は，問題を解決することによって，農産物の価値を高めるために存在していた．しかし，農産物の価値を高めようという意識は薄れて，個々の科学の問題としての解答を出すことに力を入れたために，農学のなかで完結するシステムができあがった．そして，農学は農業が産業であることや社会に貢献することを理念としていたことを忘れてしまった．その結果，長年の農業問題研究により問題点がわかっていたにもかかわらず，産業の再編への対応策として，技術を基盤としない対策を実施し，新しい科学による技術の連携が妨げられたことによって，新しい産業へ移行できなかった．

　例を挙げると，離農促進対策については，すでに「農業構造改善事業がは

かばかしく効果をあげえないばかりでなく，農業生産そのものの停滞ないし衰退がはじまったことの背景を考えてみると，けっきょく日本の場合には，農業人口のいちじるしい減少と質的低下がみられるにもかかわらず，農家数の減少がそれにともなっていないという問題につきあたる」(大内，1968) と指摘されている．ここでは，農業人口の減少と農家数の減少が結合しない原因として，農外の雇用の不安定さと地価の著しい上昇をあげている．しかし，ここで考えられている対策を技術経営として組みなおして考えると，今回のモデルとシミュレーション結果のように，新たな対策が立案できる．

サイエンスとの連携でイノベーションする農業

　今後は，FTA 交渉中の EU やロシア，アフリカ諸国など新たな市場開拓が必要となる．EU，ロシア，G20 各国には寿司などの日本食の普及とセットになるだろう．販売面の技術開発として，精米技術の向上と炊飯器とのセット販売も考えられる．仙台市のアイリスオーヤマは，精米事業を主体とした舞台アグリイノベーション株式会社を 2013 年 4 月に立ち上げた．低温保存・低温精米・低温包装の工程を経て，精米されたお米を『新鮮小袋パック』に入れて販売する技術を核に，営農指導，全量買い取りの契約栽培も行なう株式会社型の農協として注目されている．また，パナソニックは「おどり炊き」の新シリーズを 2013 年 9 月に発売した．「おどり炊き」は，象印の「極め炊き」，タイガー「炊きたて」と並ぶ 3 大ブランドだったため，新シリーズのスチーム＆可変圧力 IH ジャーには期待が集まっている．そして，輸出拡大の効果は援助米としての活用が可能である．仮に援助米が 60 万トンとすると，アフリカ諸国の 1 人当たりコメ消費量から 230 万人分の援助となる．米国，イギリス，フランス，ドイツは海外への援助機関（米国の場合は国際開発庁）を通じた農業支援，食料援助を行なっている．日本の技術協力で育種されたネリカ米は西部アフリカの雇用安定と所得向上に貢献している．アフリカにおけるコメ食の住民は増加中で，2010 年の輸入量は 300 万トンと毎年増加している（Africa Rice Center, 2013）．

　このモデルでは，気候変動などで収穫が減少する場合やインクリメンタル・イノベーションが起きた場合には，生産セクターの変数を加え，新品種が育成された場合やブレークスルー・イノベーションが起きた場合には，ス

トックを増やし，拡張することによって，今後起こりうる科学と連携した技術との結合を数値として反映させ，産業再編の影響を知ることができる．

今回のモデルには，①量産米の品種改良による「新しい品質の財貨の生産」，②直播栽培と環境保全型農業の導入と「新しい生産方法の普及」，③FTA/TPP 合意による「新しい販路の開拓」，④経営効率化に成功した経営体が離農した経営体の水田を生産資源とする「新しい供給源の獲得」，⑤営農経営体の交代が進み，これらの構成割合が変化することによる「新しい組織の実現」というシュムペーター（Joseph Schumpeter）の定義するイノベーションの 5 項目がすべて含まれていた（シュムペーター，1977）．

これら 5 項目から成るイノベーションが新しいサイエンス産業を創出することで新開発された技術がエンジンとなり，農業の産業再編を促進することが，システム・ダイナミックスを用いたシミュレーションにより明らかにされた．このサイエンス型産業が国際競争力を持ち，持続可能なものになるには，その地域の環境，生活の質および幸福への配慮が必要となる．今後はそのような指標も取り入れたモデルを構築し，グローバルかつ地域と密着した産業の分析を行なっていきたい．

参考文献

Africa Rice Center, *Annual Report 2012*, Africa-wide rice agronomy taskforce 2013
Ford, A., *Modeling the environment, Second edition*, Washington, Island Press, 2010.
Forrester, J. W., *Industrial Dynamics*, MIT Press, 1961.
Forrester, J. W., *Urban Dynamics*, MIT Press, 1969.
アビー・グリフィン，レイモンド・L・プライス，ブルース・A・ポジャック『シリアル・イノベーター「非シリコンバレー型」イノベーションの流儀』プレジデント社，2014 年．
伊東正一「TPP コメへの影響は？　世界のジャポニカ米の生産と流通」（農政ジャーナリストの会編『日本農業　貿易自由化の備え』農林統計協会，2013 年，pp. 76-105．
Mohr, J., S. Sengupta, and S. Slater, *Marketing of High-Technology Products and Innovations*, the third edition Prentice Hall, 2009.
中渡明弘「米の生産調整政策の経緯と動向」『レファレンス』（国立国会図書館調査及び立法考査局），2010 年，pp. 3-71.
農林水産省『平成 25 年度　食料・農業・農村白書』2014 年，http://www.maff.go.jp/j/wpaper/w_maff/h25/index.html
野沢智裕「寒冷積雪地帯における水稲 V 溝乾田直播栽培」『水稲直播研究会会誌』水稲直

播研究会，第36号，2013年，pp. 21-31．
大内力「農業政策の対応」東畑精一編『日本農業の変革過程』岩波書店，1968年，pp. 92-129．
ラインハート・レンネバーグ『カラー図解　EURO版バイオテクノロジーの教科書　上』講談社，2014年．
澁澤栄『精密農業』朝倉書店，2006年．
白岩立彦「作物収量の過去・現在・未来」山末祐二編『作物生産の未来を拓く』京都大学学術出版会，2008年，pp. 61-90．
シュムペーター（塩野谷祐一，中山伊知郎，東畑精一訳）『経済発展の理論　企業者利潤・資本・信用・利子および景気の回転に関する一研究』岩波書店，1977年．
祖田修『農学原論』岩波書店，2000年．
山本晋玄『競争力強化に向けた持続可能な農業に関する政策分析』同志社大学，2014年，同志社大学学術リポジトリ https://doors.doshisha.ac.jp/webopac/catdbl.do?pkey=UA12850253&initFlg=_RESULT_SET_NOTBIB
Yamamoto, S., E. Yamaguchi and Y. Takahashi, "The influence of Technology Innovation for Rice Agriculture in Japan", 6th ISPIM Innovation Symposium 8-11 December, 2013, Melbourne, Australia ISBN 978-952-265-422-9
吉永悟志「多用途向け水稲の多収穫栽培研究について」『植調』日本植物調節剤研究協会，第46巻第12号，2013年，pp. 647-653．

第 III 部

イノベーション政策

未来への提言

第11章 「日本知図」の生成と分析

11-1 客観的根拠(エビデンス)に基づく政策立案へのツール利用の提言

　いままでの科学・技術政策の実態は，政策決定者の主観を根拠に決定されてきたとよくいわれている．それが科学・技術政策は科学的に行なわれてこなかったという反省につながって，「科学技術イノベーション政策のための科学」という政府の事業[1]を成立させている．

　この事業の一環で，本研究では政策立案への実装が求められている．しかし，「実装」とはいかなるソリューションを示せば良いか，きわめて難しい概念である．なぜならば，それは政策そのものではなく，政策立案に役立つ視点を与えるという，いわば「メタ的」な結果の提示であるからだ．

　私(内藤＝筆頭著者)は人工生命研究を冠とした会社を設立しているものの，実際には人工知能分野の仕事が多い．いずれも，普遍的学問としての豊かな知識を与えてくれる．この人工生命・人工知能の観点から科学・技術イノベーション政策を見てみる．

　科学・技術イノベーションの主体は，自律的な研究者・発明者である．なぜならば，研究者・発明者がイノベーションに至る過程には，その自由な発想や多様な参加者(研究者・発明者にとどまらず，技術者，経営者，場合によっては医者や建築家などの分野の異なる専門家)との相互作用が必須であるからだ．路線を決められて作業をこなすだけの研究者・発明者は，想定範囲内の結果しか生まないのは誰でもわかる．この「自律的」という部分は，人工生命・人工知能でも基本になる要素であり，だからこそ人工生命・人工知能で知られていることが参考になる．

---

1) http://www.jst.go.jp/crds/scirex/

まずは，多様な参加者が関与することにおいて，Edge of Chaos（カオスの縁）が結果として予想されるような場を基盤とすることが必要である．Edge of Chaos は，全体としての状態が決して一定にはとどまらないような混沌にありながら，最低限の制約を受けることでその進化を期待させるような環境である．人工生命ではこのような観測的分析をしながら，それが何億年もかかってやっと現在の生物に至ったことも示している．それほど時間のかかることに見える．

　次に，現在の人工知能では，人間の知能のありかたをうまく利用する技術につなげている．たとえば，検索エンジンの「言葉」を処理する技術はインターネットに存在する膨大な文書を集合知として利用し，次々に高度化して，ついには人間との会話にまで至るような処理ができている．すでに，「人工知能」と改めていわなくても，そういうことができる世の中になりつつあるという共通認識が存在している．この技術の中で，Edge of Chaos の制約に相当する部分に組み合わせることで，そのイノベーション・ダイナミックスを加速させるような可能性を見つけることができるであろう．この部分については，残念ながら機械（コンピュータ）では未だ実現していないが，人間が検索結果から知識を使うがごとく，すでに存在している「知」を集合して利用する集合知を用いることで，問題を解決する支援につなげることができるであろう．

　このような Edge of Chaos という概念をわざわざ使ったのは，政策への実装に相当するメタ的な観点につなげるためである．したがって，集合知として使うものは，参加者が可能な限り自由な発想でかつ相互作用を促しながらも，どのような制約が今までプラスの作用に働き，どのような制約がマイナスの作用であったかを理解できるようにしたい．ただし，参加者の条件が多様性につながるのか制約になるのかは，ケース・バイ・ケースであり，政策立案者は多くの条件を比較して，やっとその理解にいたることが想定される．

　このように，論文や特許などのデータは，集合知として客観的な視点を与えることができる貴重な政策資源であるということになる．筆者らは，この事業の研究開発プログラムにおいて，論文や特許などのデータを用いた典型的な客観的根拠を即座に検索・可視化するものとして，イノベーションが生起するための科学，技術，人間，機関などの有機的な連結を，日本地図上で

可視化，解析・評価するためのツール「日本知図」を開発した．これについて紹介する．

11-2　科学・技術政策のためのイノベーションマネジメントツール

　文部科学省の科学技術基本計画では，科学・技術とイノベーションを一体とし，国の総力を挙げて強力かつ戦略的に推進していく必要性が述べられている．一方で，科学・技術とイノベーションのマネジメントが，これまで必ずしもうまくできていなかった点も指摘している．このような問題は，日本に限ったことではなく，コリン・マキルウェイン（Macilwain, 2010）によっても指摘されているように，米国をはじめ世界各国が抱える問題である．

　科学・技術とイノベーションのマネジメントを改善するには，それに関わる人々の能力を向上することに加えて，それらの人々が使う道具の改良も求められる．

　これまで，科学・技術とイノベーションのマネジメントに使われてきた道具には，ケイティ・ボーナー（Börner, 2010）の Atlas of Science や Science of Science (Sci2)[2] など，人類が獲得してきた科学・技術の知識を，science map としてさまざまな方法で可視化する試みや，トムソン・ロイター（Thomson Reuter）社の Science Citation Index Expand[3]，エルゼビア（Elsevier）社の Scopus[4]，Google Scholar[5]，Microsoft Academic Search[6] など，論文や論文引用の検索ができるものなどがある．また，特許を，科学・技術とイノベーションをつなぐものと見なし，利用者が自由に特許データにアクセスできるようにしたものもある．具体的には，日本の特許データを検索できる特許電子図書館（IPDL）[7] や欧米の特許を検索できる Google Patents[8] などがある．また，NBER（現在はUniversity of California at Berkeley）のブロンウィン・

---

2) https://sci2.cns.iu.edu/user/index.php
3) http://ip-science.thomsonreuters.jp/products/scie/
4) http://japan.elsevier.com/products/scopus/index.html
5) http://scholar.google.co.jp
6) http://academic.research.microsoft.com
7) http://www.ipdl.inpit.go.jp/homepg.ipdl
8) https://www.google.com/?tbm=pts

ホール（Bronwyn Hall）らによる Patent Citation Data[9]（後藤・元橋，2005）による，研究者への利用・普及を目的としたIIPパテントデータベース[10]の貢献も大きい．

これらは，あくまで利用者として研究者や発明者といった個人を想定したものである．また，パテントマップ，知財ポートフォリオ・マネジメントや，（三宅他，2004）によるテクノロジー・ヒートマップ[11]などは，企業が自社の知財を評価する場合や，ライバル企業やM&Aの相手先の知財を分析するために考えられたものである．

このように，科学・技術とイノベーションを結びつける際に，個人や企業をサポートする道具は開発されてきた．また，世界の大学ランキング，論文の被引用数，米国との共著論文数などのように，科学・技術の国際競争力を比較する目安は，政策の中に取り入れられるようになってきている．しかし，科学・技術とイノベーションを結びつける政策を立案するときに，それをサポートする道具は，これまで積極的には開発されてこなかった．したがって，科学・技術政策の立案に資する道具を，社会インフラとして開発することには意義がある．

国の科学・技術政策の立案に資する道具として外せない要素は，上に述べたように，論文や特許などのデータベースへのアクセスである．また，それに加えて，地理空間という制約を把握することも必要である．産業クラスター政策の分析（松原，2013）に歴史的経緯が詳しく述べられているように，その根底には1980年代から続く地域イノベーションという考え方がある．2001年に経済産業省によって始められた産業クラスター計画や，2002年に文部科学省によって始められた知的クラスター創成事業を解析した研究も蓄積してきている．

しかし，クラスターに関する多くの研究は，産業クラスターや知的クラスターへの参加団体のみに着目した解析である点には，注意する必要がある．産業クラスターや知的クラスターへの参加団体は，クラスター内の参加団体

---

9) http://elsa.berkeley.edu/pub/users/bhhall/patents.html
　　http://www.nber.org/papers/w8498.pdf
10) http://www.iip.or.jp/patentdb/index.html
11) http://www.nri.co.jp/opinion/chitekishisan/2004/pdf/cs20041002.pdf

とも関係（リンク）を形成するが，クラスター外の団体とも関係（リンク）を形成する．つまり，第12章でも述べるように，必要な知識がいつでも地理的近傍にあるとは限らず，地理的に遠方にある必要な知識と関係（リンク）を築く場合がある．この原因の1つとして，「研究の粘性」がある．多くの研究者は，いくつかの研究機関や大学を渡り歩く．その際，移った先で，すでにその機関に所属している研究者や発明者と共同研究を始めるのではなく，移る前の所属先の研究者や発明者との共同研究を続ける傾向がある．

以上より，科学・技術政策の立案に資するための道具は，科学・技術を含む広義の「知識」としてどのようなものがあり，それらがどこにあるかということを，クラスターというフィルターを通さないで正確に把握する機能を装備する必要がある．その道具の目的は，マクロ経済を成長させるために，「知識」をどのように組み合わせれば「価値」を創造することができるかということを，政策立案者が客観的根拠（エビデンス）に基づいて考える作業を支援することである．

11-3 日本知図の内容

科学・技術とイノベーションのマネジメントを考える場合，利用すべきデータは大別して，論文，特許，企業，マクロ経済などのデータである．このうち論文や特許のデータは，イノベーション・ダイヤグラム（第15章参照）における「知の創造」に関するデータであり，特許，企業，マクロ経済のデータは，イノベーション・ダイヤグラムにおける「価値の創造」に関するデータと考えることができる．現在の「日本知図」では，「知の創造」と「価値の創造」をつなぐものとして，特許データと企業データを用いている．

使用するデータ

筆者らは2001年からイノベーション研究のための特許データベースの開発を開始し，現在まで多くの研究者にデータを提供して，それぞれの研究成果につなげてもらっている[12]．

「日本知図」で用いている特許データは，この特許データベースのうち，

---

12) http://www.alife-lab.co.jp/products/index.html

特許庁から公開されている特許公開公報を基にしたものであり，2000年から2012年[13]に出願されたものである．特許データベースには，発明者や出願人の住所が記録されており，それらと国土交通省の位置参照情報[14]を結合して用いることによって，発明者や出願人の所在地の緯度・経度を取得している．もちろん，その過程では住所表記のゆれや市町村合併・政令指定都市の変更などについて情報の収集・収録に労苦を支払っている．なぜならば，過去の住所表記について整理された詳細情報などは存在せず，また，特許データの収録にもOCR（光学読み取り）を用いて誤読されている場合や人手で誤字を入力されているなど，機械的に判断できない場合が多数存在しているからである．それを乗り越えて「日本知図」へのデータ提供では精度の高い状態を実現している．

これらをGoogle Maps APIを使ってGoogle Mapsにプロットすることによって，出願人や発明者の位置を地図上に表示している．ただし，「日本知図」では，個人の住所が特定されてしまう場合，個人情報保護の観点からその個人が所属する市区町村の役所を所在地として代用している．

この範囲で「日本知図」が含む出願人の総数は32万8227人であり，その内，企業件数（学校も含む）は15万2469社である．また，企業データは，2012年8月にファクティバ・カンパニー＆エグゼクティブ[15]から抽出した日本企業のデータであり，4万414社について，特許データと名寄せすることができている．

日本知図のWebサービス

ブラウザを開いて下記のURLを入力すると，図11-1に示す日本知図Ver. 11（以下，「日本知図」という）の開始ページが現れる．

http://knowledge-map.ifuture.jp/japan/map11.html

「日本知図」を使用するには，以下の項目を指定する必要がある．

表示対象　「発明者」か「出願人」のどちらかを選択する．

---

13)　本書の発行時点までには2013年まで収録する予定である．
14)　http://nlftp.mlit.go.jp/isj/index.html
15)　http://www.dowjones.co.jp/product_djce.asp

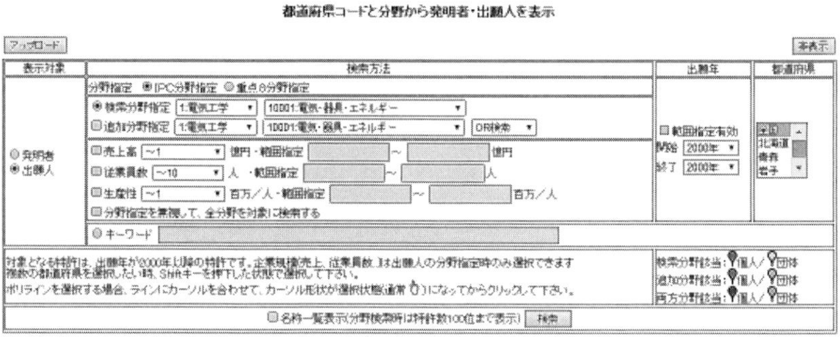

図 **11-1** 日本知図の開始ページ

指定分野

- 「IPC分野指定」[16] か「重点8分野指定」[17] のどちらかを選択する．それぞれ，詳細分類項目に対して，検索分野と追加分野のクロス検索（AND検索，OR検索）が可能である．
- 売上高，従業員数，生産性によって，出願人の企業サイズを指定することができる．ここで用いている生産性は，売上高を従業員数で割った量で定義している（一般に公開している「日本知図」では，この機能は利用できない）．
- 任意のキーワードでの検索が可能である．

出願年　2000年から2012年までの範囲で，任意の期間が設定可能である．

都道府県　全国および，単独または複数の都道府県が選択可能である．

名称一覧表示　この項目をチェックすることによって，検索結果のリスト（出願件数が多い上位100人）が得られる．

アップロード　このボタンを押すことによって，利用者が用意した出願人リストを読み込ませて表示することができる．

たとえば，表示対象：出願人，分野指定：重点8分野，検索分野指定：ユビキタスコンピューティング，追加分野指定：交通制御システム，OR検索，

---

16)　IPC：国際特許分類，http://www.wipo.int/classifications/ipc/en/ 参照．
17)　特許庁特許動向調査「重点8分野」，http://www.jpo.go.jp/shiryou/toukei/1402-027.htm 参照．

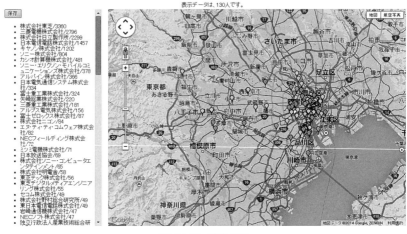

図 11-2　検索結果

企業サイズ：1000 人以上，出願年：2007 年から 2011 年，都道府県：東京とし，名称一覧表示をチェックして検索すると，図 11-2 を得ることができる．検索結果は，検索結果の件数（今の場合，対象となる出願人の数は 130 人），出願人リスト，地図で表示される．出願人リストは，特許の出願件数の多い順に並べられた上位 100 人の出願人リストであり，「保存」ボタンを押下することによって，任意のファイル形式で保存することができる．また，地図上にプロットされた，黄色，橙色，緑色のマーカーはそれぞれ，検索分野のみに該当する出願人，追加分野のみに該当する出願人，両方の分野に該当する出願人を表している．

　図 11-2 をズームインして調べたい出願人のマーカーをクリックすると，図 11-3 に示すように，マーカー表示が吹出しの形で現れる．この中には，この出願人の生産性（売上高／従業員数）が記載されている．その他に，J-GLOBAL 検索（機関），J-GLOBAL 検索（文献），J-GLOBAL 検索（特許）へのリンクが張られている．これらをクリックすると（独）科学技術振興機構の J-GLOBAL 科学技術総合リンクセンター[18]のページに移動し，出願人の機関情報，文献情報，特許情報を詳しく調べることができる．また，

---

18)　http://jglobal.jst.go.jp/

11-3 日本知図の内容　261

図 11-3　出願人のズームイン

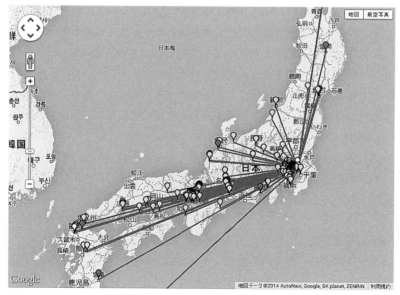

図 11-4　共同出願人とのつながり

マーカー表示の中の共同出願人検索（指定分野），共同出願人検索（全分野），引用特許出願人へのリンクが張られている．たとえば共同出願人検索（全分野）をクリックすると，図11-4に示すように，着目している出願人の共同出願人とのつながりを可視化することができる．それと同時に，共同出願人の一覧も表示される．

このように，「日本知図」を使うことによって，特許を通して，「知の創造」と「価値の創造」が地理空間上に分布している様子を把握できる．

11-4　日本知図のゆくえ

ネットワーク研究との相乗効果

特許データベースの最も効果的な部分は，引用データである．それは，筆者らの専門が人工知能などの知識を扱うものであることに起因しており[19]，特にネットワークとしての引用データは，いろいろな側面を持っている．たとえば，自己引用（引用している特許の発明者と引用されている特許の発明者に同一人物が含まれていること）・他者引用という引用の2種類を定義できる．ここで自己引用とは，発明者が以前の発明について言及しているものであって，多くの場合，技術の改良である．すなわち，地道な研究開発によって，競争力のある製品を構築している可能性がある．それは，2種類（パラダイム持続型・パラダイム破壊型）のイノベーションのうち，前者に多く見られるもので，これを区別することができると，他方の他者引用にはパラダイム破壊型イノベーションが含まれている可能性があることになり，技術のブレークスルーを見つけ出すことにつながる．

引用以外でも，共同発明者や共同出願人をネットワークとして捉えることで，知識の伝播や拡散を追う効果もあり，ネットワークの利用によってより機能性を高めることが期待できる．

山積する予算問題

日本知図は現状，機能的な動作はできているものの，データの制限が存在

---

19) 引用と知識は等しい，と考えている．これについては，別稿で記載したい．

している．それは，企業情報の使用に際し，第三者提供権を持っていないためである．それを入手するのに必要な費用は高価であり，現在のプロジェクト予算では到底まかなうことはできない．それに加え，論文や特許のデータは常に増え続けており，利用者にとっては最新の状態が期待されることからその拡張が求められるが，ここでもそのコストについて解決はできていない．

一方で，イノベーションの趨勢はいまやオープンイノベーションを抜きにしては語ることはできず，日本にとどまらず世界に目を向けたデータ構築が求められる．筆者らはすでに欧米の特許データベースとの結合の開発に取り掛かっており，1，2年以内にはそのベータ版が利用できるようになる予定である．ただし，それはあくまでもシステムの機能であって，データをどこまで揃えることができるかは未だ確定してない．特に，JSTのJ-GLOBALの国内論文を検索することは有効であるが，海外論文を求めようとすると，トムソン・ロイター（Thomson Reuters）社のWeb of Scienceは必須であろうし，エルゼビア（Elsevier）社のScopusもできれば検索できるようにしたい．そのためには高額な費用が求められるだけでなく，第三者提供権を得るに至るまでの道のりはまったく霧の中である．

実用課題

日本知図の開発は，研究開発プロジェクトの中で行なわれており，システムの運用についてコスト管理などはまったく考慮されていない．にもかかわらず，研究開発プロジェクトでは「実装」を求められ，実際の政策担当者が使うことができるようにするためのコストを誰が負担するのかは明確になっていない．実際の政策に利用するということは，いついかなる状況でも検索ができるWebサイトを用意しなければならず，しかも大容量のデータを検索できる機能が求められる．通常のシステムインテグレータがこのようなシステムを見積もれば，現在のコストより1，2桁多くの金額を想定することは避けられない．

参考文献

Börner, K., *Atlas of science*, MIT Press, 2000.

後藤晃・元橋一之「特許データベースの開発とイノベーション研究」,知財フォーラム,第63巻,2005年,pp. 43-49.
Inoue, H., K. Nakajima and Y. U. Saito "Localization of Collaborations in Knowledge Creation", *RIETI Discussion Paper Series*, 2013, 13-E-070.
井上寛康・玉田俊平太「取引と特許共同出願の関係について」, *RIETI Discussion Paper Series*, 2011, 11-J-024.
Macilwain, C. "Science economics: What science is really worth," *Nature*, Vol. 465, No. 7299, 2010, pp. 682-684.
松原宏『日本のクラスター政策と地域イノベーション』東京大学出版会, 2013年.
三宅将之・宗裕二・姫野桂一 (2004)「戦略的知財ポートフォリオ・マネジメント『テクノロジー・ヒートマップ』による技術評価」, 知的資産創造, 10月号, 2004, pp. 4-17.
文部科学省, 2011, http://www.mext.go.jp/component/a_menu/science/detail/__icsFiles/afieldfile/2011/08/19/1293746_02.pdf.
元橋一之「事業所・企業統計と特許データベースの接続データを用いたイノベーションと企業ダイナミクスの実証研究」, *RIETI Policy Discussion Paper Series*, 2011, pp. 11-J-009.
元橋一之「産学連携の実態と効果に関する計量分析:日本のイノベーションシステム改革に対するインプリケーション」, *RIETI Policy Discussion Paper Series*, 2013, pp. 03-J-015.
元橋一之・上田洋二・三野元靖「日本企業のオープンイノベーションに関する新潮流:大手メーカーに対するインタビュー調査の結果と考察」, *RIETI Policy Discussion Paper Series*, 2012, 12-P-015.
坂田一郎・梶川裕矢・武田善行・柴田尚樹・橋本正洋・松島克守「地域クラスター・ネットワークの構造分析 'Small-world' Networks 化した関西医療及び九州半導体産業ネットワーク」, *RIETI Discussion Paper Series*, 2006, 06-J-055.
坂田一郎・梶川裕矢・武田善行・橋本正洋・柴田尚樹・松島克守「地域クラスターのネットワーク形成のダイナミクス 12 地域・分野のネットワーク・アーキテクチュアの比較分析」, *RIETI Discussion Paper Series*, 2007, 07-J-023.
相馬亘・藤田裕二・内藤祐介・西田正敏・治部眞里・井上寛康「イノベーションの空間分布 日本知図の開発」,『JWEIN2012 講演論文集』2012年.
玉田俊平太・児玉文雄・玄場公規「重点4 技術分野におけるサイエンスリンケージの計測」, *RIETI Discussion Paper Series*, 2003a, 03-J-016.
玉田俊平太・児玉文雄・玄場公規「特許化された知識の源泉」, *RIETI Discussion Paper Series*, 2003b, 03-J-017.
玉田俊平太・井上寛康「大学もしくは公的研究機関と民間企業との共同出願特許の分析」, *RIETI Discussion Paper Series*, 2008, 08-J-003.

第12章　日本のクラスター政策

　この章では，マイケル・ポーター（Michael Eugene Porter: 1947-）の産業クラスター論と日本のクラスター政策について要点をまとめる．その後，第11章で説明した「日本知図」を用いて知的クラスターを可視化して評価し，クラスター政策が抱える問題点を指摘するとともに，いくつかの提言を行なう．

12-1　ポーターの産業クラスター論

　ポーターは，1990年に著した"The Competitive Advantage of Nations"（Poter, 1990, 邦訳『国の競争優位』）の中で，国の競争優位の決定要因を，図12-1のようにまとめた．このうち，要素条件（Factor condition），需要条件（Demand conditions），関連・支援産業（Related and supporting industries），企業の戦略，構造およびライバル間競争（Firm strategy,

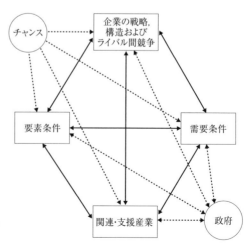

図 12-1　完全なシステム（Porter, 1990, p. 127 より引用）

structure, and rivalry）はダイヤモンドの形（ひし形）をつくるので，「ダイヤモンド」と呼ばれる．これらの決定要因は相互に関係しているため，「ダイヤモンド」の矢印は双方向を向いている．チャンスの役割（The role of chance）は「ダイヤモンド」に外部から影響を与え，政府の役割（The role of government）は外部から「ダイヤモンド」に影響を与えるし影響を受ける．以下では，これらの要因について説明する[1]．

「要素」とは，人的資源，物的資源，知識資源，資本資源，インフラストラクチャーなど，国に賦与されている生産要素を意味する．また，図12-2に示すように，基本的要素と高度要素，一般的要素と専門的要素，継承された要素と創造された要素の3通りに分類できる．基本的要素は，天然資源，気候，立地，未熟練労働者と半熟練労働者，借入資本などである．高度要素は，高速な通信インフラストラクチャー，大学院卒の高学歴な人材，最先端分野における研究機関などである．一般的要素は，ハイウェイ・システム，借入資本金の供給，大学教育を受けた意欲のある従業員などであり，広範囲にわたる産業で利用される．専門的要素は，専門的熟練者，特殊用途をもつインフラストラクチャー，特定分野の知識ベース，限られた範囲の産業もしくはたった1つの産業にしか通用しない要素等が含まれる．継承された要素は，天然資源や立地のような，国に継承された要素である．創造された要素は，高度要素と専門的要素であり，高度で持続的な競争優位を国が獲得するために最も重要な要素である．国の競争優位を獲得して維持するためには，創造された要素の質を常にグレードアップし続けることが必要である．そのため，大規模で継続的な投資を続ける必要がある．また，基本的要素のすべ

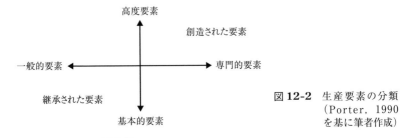

図 **12-2** 生産要素の分類
（Porter，1990
を基に筆者作成）

---

1) 以下の説明では，引用箇所を明記しないが，『国の競争優位』の中から適宜引用している．

てではなくいくつかに劣位があることを，選択的要素劣位と呼ぶが，選択的要素劣位の状態であっても，高度要素や専門的要素を総動員してイノベーションを起こすことによって，競争優位を獲得することができる．

「需要」の中でも特に，国内の買い手が，製品やサービスに対して世界で最も洗練されていて要求水準が高く，他国のニーズを先取りし，他国のライバルに比べてより早くイノベーションを起こし，より優れた製品やサービスを提供するように企業に対して圧力をかける場合に，国は競争優位を獲得する．

「関連産業」とは主に供給産業を意味する．たとえば，国際的競争力をもつ供給産業が国内に存在すると，それより川下の産業は，コスト効果の高い資材を，早期に，ときには優先的に手に入れることができる．また，摺り合わせのように，供給企業との間で絶え間なく行なわれる調整も競争優位の源泉となる．また関連産業は，企業が競争するときに，価値連鎖の中で活動を調整したり分担することができる産業や，補完関係にある製品を製造する産業のことであり，技術開発，製造，流通，マーケティングまたはサービスなどで，企業活動を分担することがある．そして，国際的競争力をもつ関連産業が存在すると，情報の流れと技術交流の機会や，競争力のある新しい産業が生まれやすくなる．

国の競争優位の決定要因が構成する「ダイヤモンド」の中でも，「国内ライバル間競争」が最も重要である．国内ライバル間競争は3つの特徴を持つ．1つ目の特徴は，競争が激しく規模の経済性が大きく作用する産業では，国内の需要がすぐに飽和してしまうので，企業は成長を続けるために海外の市場に進出することが必要になるが，そのような企業は国内においてすでに熾烈な競争によって鍛えられているので，海外で競争優位を勝ちうる可能性が高いということである．2つ目の特徴は，国内企業の競争優位をグレードアップさせるようなイノベーションや，選択的要素劣位をチャンスに変えるようなイノベーションを起こす可能性が高いということである．そして，そのようなイノベーションの過程において知識と熟練が産業内に蓄積されていくことが，ライバル企業を国内の1都市あるいは1地域に地理的に集中させることにつながる．3つ目の特徴は，1社のみが政府の支援を受けることを阻止し，互いに政府支援を手にするのに公平であり続けるとともに，政府支援

を外国市場開拓のための援助とか専門要素をつくり出すための投資といった，産業全体のプラスになる形に変えてしまうことである．

「チャンス」（発明，技術躍進，原材料のコスト変化，為替変動，需要の大変化，外国政府による政治決定，戦争など）によって，国の競争優位が不連続に変化する場合がある．そして，それまで競争優位を保持していた「ダイヤモンド」が，チャンスを得て今まで以上に固く優位を保持することもあるし，逆に優位を失い，他国の新たな「ダイヤモンド」にその座を明け渡すこともある．国内で大発明が生まれても，それを活かす「ダイヤモンド」が国内にない場合は，他国に競争優位を奪われることになる．

「政府」は「ダイヤモンド」にプラスとマイナス双方の影響を与えるし，また影響を受ける．政府の政策は，それが国の競争優位の唯一の源泉である場合には失敗するが，国の優位の決定要因がもともと存在し，政府がそれを強化するような産業において，政府の政策は成功する．政府は，競争優位を手にできる見込みを早めたり強化したり（その逆もあるが）できるけれども，優位そのものを創造する力はない．

以上で述べた要因の中で，「ダイヤモンド」を構成する4つの決定要因は独立に動くのではなく，相互に作用を及ぼし合う．これら4つの決定要因の中でも，「国内のライバル間競争」とその結果として現れる「産業の地理的集中」という2つの要因が，「ダイヤモンド」を1つのシステムへと昇華させる．ここで，国内のライバル間競争は国の「ダイヤモンド」全体のグレードアップを促進し，産業の地理的集中は「ダイヤモンド」内部の相互作用を強化させる．そして，ポーターは，以下の箇所で初めて「クラスター」や「産業クラスター」の概念を提示している．

> 決定要因が互いに結びついて1つのシステムとして機能することによって，国内に存在している競争力のある複数の産業は，経済の中に均一に広がるのではなく，私が「クラスター」と呼ぶものの中で結びつく．ここでクラスターは，さまざまな種類のリンクによって結びついた複数の産業から構成される．（中略）複合的で組織的な活動と産業クラスターは，個々の決定要因の役割が入れ替わったり変化したりする過程の中で生まれて発展する．それらはまた，なぜ，国の産業が衰退したり死滅したりするのかということを理解するための枠組みを提供する．（Porter, 1990, pp. 131-132, 筆者訳）

12-1 ポーターの産業クラスター論

つまり，4つの決定要因によって構成される「ダイヤモンド」のシステム的な性質が，競争力のある産業のクラスター化を促進するのである．したがって，ポーターの理論に従うならば，「ダイヤモンド」を常に意識しながらクラスター政策を考える必要があるということになる．

また，ポーターは，1998年に著した"On Competition"（Poter, 1998, 邦訳『競争戦略論』）の中で，クラスターを

> クラスターは，特定の分野において，相互に連結した企業と関連した公共機関が，地理的に近接したグループである．クラスター内では，企業と公共機関は，共通性と補完性によって結び付けられている．クラスターの地理的範囲は，1つの市や州から国や近隣諸国のネットワークにさえ及ぶことがある．クラスターはその深さや高度化の度合いによってさまざまな形態をとるが，たいていの場合，最終生産物やサービスを売る企業，専門的な投入物・部品・機械・サービスの供給業者，金融機関，関連産業の企業を含んでいる．また，クラスターはたいてい，下流産業（つまり，流通ルートや顧客），補完的な製品の生産者，専門的なインフラストラクチャーの供給業者，専門的なトレーニング・教育・情報・研究・技術支援を供給する政府とその他の専門機関（大学，シンクタンク，職業訓練機関など），規格制定機関を含む．クラスターに大きな影響を与える政府機関もまたクラスターの一部と考えることができる．最後に，多くのクラスターは，同業者団体と，クラスターをサポートするその他の民間団体を含む．（Porter, 1998, p. 215, 筆者訳）

と定義している[2]．

『競走戦略論』（Porter, 1998）にはクラスターの地理的範囲について具体的な説明は書かれていないが，「ポーターは本書の執筆者たちとの対話の中で100～200マイルのフェース・ツー・フェースで交流できる範囲というの

---

[2] 多くのテキストや政府の刊行物では，クラスターを定義する際に，クラスターには元々「ぶどうの房」という意味があると述べた後に，ポーターが述べた
> クラスターは，互いに結びついた企業，専門性の高い供給業者，サービス提供者，関連産業の企業，競争し共同している特定分野の関連機関（たとえば，大学，規格機関，同業団体）の地理的な集中である（Porter, 1998, pp. 213-214, 筆者訳）

という定義や，以下の簡潔な表現をよく引用している．
> クラスターは相互に連結した企業と産業のシステムであり，クラスターの全体は部分の総和より大きい．（Porter, 1998. p. 282, 筆者訳）

が目安であると述べている」（石倉他，2003）との記述がある．したがって，キロメートルに換算すると，約160〜320 km ということになる．たとえば，シリコンバレーを狭義で定義したとき，北端に位置するサンマテオから南端に位置するサンノゼまで，車で移動するのに要する経路距離は30マイルで移動時間は約30分である．したがって，車で移動する機会が多い米国の感覚からすると，100〜200マイルというのは，一般的な感覚からすると100分から200分の移動時間が考えられるが，市街地での渋滞や長距離移動での休憩を考慮して移動時間を長めに概算すると，およそ2時間から5時間以内といったところだと考えられる．

また，ポーターは，クラスターが競争に及ぼす影響を

> クラスターは，大きく分けて3つの方法で競争に影響を与える．第1に，クラスターを構成する企業や産業の生産性を向上させることによって．第2に，それらの企業や産業においてイノベーションが起こる可能性を高め，それによって生産性を向上させることによって．そして第3に，イノベーションをサポートしたりクラスターを拡大したりするような，新しいビジネスの形成を刺激することによって．（Porter, 1998, p.229, 筆者訳）

と述べている．つまり，クラスターは，生産性[3]やイノベーションの成長と新規事業の形成をもたらすのであり，これらこそが，国が競争優位を獲得して成長するための源泉であるということである．では，誕生・進化・衰退をくり返すクラスターという生態系を前にして，政府はどのような施策を講ずるべきだろうか．

ポーターは，政府がクラスターに対峙する場合について次のように述べて

---

[3] 生産性を議論する場合，労働生産性と全要素生産性が用いられる．労働生産性は付加価値を労働者数や労働時間，またはそれらの積で除したもので定義される．付加価値額の定義にはさまざまあるが，たとえば経済産業省が「企業活動基本調査」で用いている付加価値額は

$$付加価値額＝営業利益＋給与総額＋福利厚生費＋租税公課＋減価償却費＋動産・不動産賃借料$$

で定義される．また，全要素生産性の定義もいくつかあるが，たとえば，付加価値を Y，労働投入を L，資本投入を K とした場合，コブ・ダグラス型の生産関数は

$$Y = AK^{a}L^{1-a}$$

で与えられ，この場合の A として全要素生産性が定義される．

いる.

> 政府は，まったく新しいクラスターをゼロから創るのではなく，すでに存在しているクラスターや新興のクラスターを強固なものにしたり構築したりすべきである．新しい産業や新しいクラスターは，すでに確立された産業やクラスターの中から現れる可能性が最も高い．（中略）ほとんどのクラスターは，政府の活動とは無関係に形成されるし，ときには政府の活動に反して形成されることもある．（中略）クラスターを発展させようとする努力を正当化するためには，クラスターの中にあるいくつかのシーズが，すでに市場のテストを通過していなければならない．(Porter, 1998, p. 263, 筆者訳)

つまり，政府は，クラスターをゼロから作るのではなく，既存のクラスターや新興クラスターの存在を認識し，そのなかでも市場のテストを通過したすべてのクラスターをグレードアップさせるような施策を講ずるべきだということである．

ポーターの産業クラスター論は影響力が強く，多くの国がクラスター政策を模索し実行している．次節では，日本におけるクラスター政策について要点を説明する．

12-2　日本におけるクラスター政策

日本におけるクラスター政策は，経済産業省と文部科学省が主導してきている．本節では，これらについて説明し，次節以降で，日本のクラスター政策が抱えている問題点を指摘し，いくつかの提言を行なう．

経済産業省の産業クラスター計画

経済産業省（2006）では，「これまでの縦割りで一方的な関係，或いは，単に地理的に近接しているのみで相互に無関係な状態から脱却して，地域の中堅・中小企業，大学および公的機関等が網の目のようになった水平的なネットワークを形成し，知的資産・経営資産などを相互に活用しつつ，産学官および企業間連携を進展させることで，新事業が次々と生み出されるような事業環境が整備されること，そして，この結果として競争優位を持つ産業が

表 12-1 経済産業省の産業クラスター計画

産業局	第Ⅰ期（2001～2005年度）	第Ⅱ期（2006～2010年度）
北海道	北海道スーパー・クラスター振興戦略	北海道ITイノベーション戦略（IT分野，約340社，3大学） 北海道バイオ産業成長戦略（バイオ分野，約160社，26大学）
東北	高齢化社会対応産業振興PJ 循環型社会対応産業振興PJ	TOHOKUものづくりコリドー（ものづくり分野，約780社，48大学）
関東	地域産業活性化PJ バイオベンチャー育成 首都圏情報ベンチャーフォーラム	地域産業活性化PJ*（ものづくり分野，約2210社，134大学） バイオベンチャーの育成（バイオ分野，約580社，11大学） 情報ベンチャーの育成†
中部	東海ものづくり創生PJ 北陸ものづくり創生PJ デジタルビット産業創生PJ	東海ものづくり創生PJ（ものづくり分野，約1720社，28大学） 北陸ものづくり創生PJ（ものづくり分野，約410社，18大学） 東海バイオ創生PJ（バイオ分野，約130社，52大学）
近畿	近畿バイオ関連産業PJ ものづくり元気企業支援PJ 情報系ベンチャー振興PJ 近畿エネルギー・環境高度化推進PJ	関西バイオクラスターPJ（バイオ分野，約340社，52大学） 関西フロントランナーPJ（ものづくり・情報・エネルギー分野，約1200社，60大学） 環境ビジネスKANSAIPJ（環境分野，約140社，20大学）
中国	中国地域機械産業新生PJ 循環型産業形成PJ	次世代中核産業形成PJ（ものづくり・バイオ・IT分野，約430社，26大学） 循環・環境型社会形成PJ（環境分野，約290社，22大学）
四国	四国テクノブリッジ計画	四国テクノブリッジ計画（ものづくり・健康・バイオ分野，約500社，10大学）
九州	九州地域環境・リサイクル産業交流プラザ 九州シリコン・クラスター計画	九州地域環境・リサイクル産業交流プラザ（環境分野，約540社，21大学） 九州シリコン・クラスター計画（半導体分野，約270社，22大学） 九州地域バイオクラスター計画（バイオ分野，約40社，6大学）
沖縄	OKINAWA型産業振興PJ	OKINAWA型産業振興PJ（情報・健康・環境・加工交易分野，約120社，7大学）

PJはプロジェクトの略。＊は，首都圏西部ネットワーク支援活動，中央自動車道沿線ネットワーク支援活動，東葛川口つくば（TX沿線）ネットワーク支援活動，三遠南信ネットワーク支援活動，首都圏北部ネットワーク支援活動，京浜ネットワーク支援活動から構成されている。†は，2007年度をもって支援を終了している。第Ⅲ期（2011～2020年度（実質的には2010年度から））は，民間・自治体が主導する地域主導型クラスターと，国が主導する先導的クラスターの2類型が展開されている。経済産業省（2009）より筆者作成。

核となって広域的な産業集積が進む状態」として産業クラスターを定義している．したがって，「政府はクラスターをゼロから作るのではなく，既存のクラスターや新興クラスターをグレードアップさせるような施策を講ずるべきだ」というポーターの考え方に沿った施策だと考えられる．

　経済産業省は2001年度から「産業クラスター計画」を推進してきた．その変遷は表12-1にまとめることができる．第Ⅰ期（2001～2005年度）は，「産業クラスターの立ち上げ期」と位置づけられ，目標レンジを「クラスターの実態と政策ニーズを踏まえて，国が中心となって進める産業クラスター計画プロジェクトとして20程度を立ち上げ，自治体が独自に展開するクラスターと連携しつつ，産業クラスターの基礎となる『顔の見えるネットワーク』を形成する」（経済産業省, 2009）と定めている．また，第Ⅱ期（2006～2010年度）は，「産業クラスターの成長期」と位置づけ，その目標レンジを「引き続きネットワークの形成を進めるとともに，具体的な事業を展開していく．また，同時に企業の経営革新，ベンチャーの創出を推進する．なお，必要に応じて，プロジェクトの見直し，新たなプロジェクトの立ち上げを柔軟に行なう」（経済産業省, 2009）としている．そして，第Ⅲ期（2011～2020年度（実質的には2010年度から））は，「産業クラスターの自律的発展期」と位置づけ，目標レンジを「ネットワークの形成，具体的な事業展開を更に推進していくとともに，産業クラスター活動の財政面での自律的な発展を目指す」（経済産業省, 2009）と定めている．実際，第Ⅱ期産業クラスターのいくつかは自立して独自に活動を継続しているが，消息がまったく把握できない産業クラスターもある．そして現在，民間・自治体が主導する地域主導型クラスターと，国が主導する先導的クラスターの2類型が展開されている．

文部科学省のクラスター事業
　第2期科学技術基本計画（内閣府, 2001）では，「地域のイニシアティブの下で，地域において独自の研究開発テーマとポテンシャルを有する公的研究機関等を核とし，地域内外から企業等も参画して構成される技術革新システムを知的クラスターという．具体的には，人的ネットワークや共同研究体制が形成されることにより，核をなす公的研究機関等の有する独創的な技術

シーズと企業の実用化ニーズが相互に刺激しつつ連鎖的に技術革新とこれに伴う新産業創出が起こるシステムである」として知的クラスターを定義している．また，その目的は，「このようなシステムを有する拠点を発展させることにより，世界水準での技術革新の展開が可能であり，国としてもその構築を促進することが必要である．地域のイニシアティブの下での知的クラスター形成を，効果的・効率的に実現するため，国は，共同研究を含む研究開発活動の推進，人材の養成・確保，技術移転機能等の充実を図る．また，国や独立行政法人等の研究開発機能については，地方公共団体と連携を図りつつ，地域展開を図ることが必要である」（内閣府，2001）としている．

　文部科学省は2002年度にクラスター事業として，「知的クラスター創成事業」を立ち上げた．知的クラスター創成事業の変遷は，表12-2のようにまとめることができる．文部科学省（2009）では，「プロジェクトの企画・立案，共同研究や交流活動等を通じて，産学官の関係者による網の目のようなネットワークを形成し，緊密な連携，日常的なコミュニケーションから，核となる公的研究機関等の有する独創的な技術シーズと企業の実業化ニーズを相互に刺激しつつ，イノベーションを連鎖的に創出する集積の形成が起こるシステムを構築します．このシステムを発展させることにより，世界中からヒト・モノ・カネを惹きつけ，世界レベルでのイノベーションの創出が可能となります」と述べている．したがって，「政府はクラスターをゼロから作るのではなく，既存のクラスターや新興クラスターをグレードアップさせるような施策を講ずるべき」というポーターの議論と比較して，より挑戦的な施策となっている．

　知的クラスター創生事業の第Ⅰ期は2002年度から2006年度までで，第Ⅱ期は2007年度から2011年度までの予定であったが，次項で説明するように，2010年度から新たな事業へ移行することになった．また，第Ⅱ期は2009年度より，「グローバル拠点育成型」という枠が新たに作られた．これは，知的クラスターほどの規模ではないけれども，それに準ずるようなクラスターとして位置づけられている．

クラスター政策の統合

　文部科学省は，2010年度要求として新規に「産学官民連携による地域イ

表 12-2　文部科学省の知的クラスター創成事業

産業局	第Ⅰ期（2002〜2006年度）		第Ⅱ期（2007〜2011年度）	
	地域	クラスター名	地域	クラスター名
北海道	札幌地域	札幌ITカロッツェリアクラスター	札幌周辺を核とする道央地域 函館地域	さっぽろバイオクラスター構想 "Bio-S" 函館マリンバイオクラスター*
東北	仙台地域	仙台サイバーフォレストクラスター	広域仙台地域	先進予防型健康社会仙台クラスター
関東	長野・上田地域 浜松	長野・上田スマートデバイスクラスター 浜松オプトロニクスクラスター	長野県全域 静岡県浜松地域	信州スマートデバイスクラスター 浜松オプトロニクスクラスター
中部	富山・高岡地域 名古屋地域 金沢地域 岐阜・大垣地域	とやま医薬バイオクラスター 名古屋ナノテクものづくりクラスター 石川ハイテクセンシングクラスター 岐阜・大垣ロボティック先端医療クラスター	富山・石川地域 東海地域	ほくりく健康創造クラスター 東海広域ナノテクものづくりクラスター
近畿	京都地域 関西文化学術研究都市 大阪北部（彩都） 神戸地区	京都ナノテククラスター けいはんなヒューマン・エルキューブクラスター 大阪北部（彩都）バイオメディカルクラスター 神戸トランスレーショナルリサーチクラスター	京都およびけいはんな学研地域 関西広域地域	京都環境ナノクラスター 関西バイオメディカルクラスター
中国	宇部地域 広島地域	やまぐち・うべ・メディカル・イノベーションクラスター 広島中央バイオテクノロジークラスター	山口地域	やまぐちグリーン部材クラスター*
四国	徳島地域 高松地域	徳島健康・医療クラスター 高松希少糖バイオクラスター	徳島地域	徳島健康・医療クラスター*
九州	福岡地域 北九州学術研究都市	福岡システムLSI設計開発クラスター 北九州ヒューマンテクノクラスター	福岡・北九州・飯塚 久留米地域	福岡先端システムLSI開発クラスター 久留米高度先端医療開発クラスター*

＊はグローバル拠点育成型．経済産業省の産業クラスター計画と比較するために，経済産業省の産業局名も記載している．文部科学省（2009）等より筆者作成．

ノベーションクラスター創成事業（仮称）」を計画していた．しかし，2009年11月13日に民主党政権下で実施された行政刷新会議ワーキンググループの「事業仕分け」で，事業番号3-23地域科学技術振興・産学連携として以下の3項目

1. 知的クラスター創成事業，都市エリア産学官連携促進事業，産学官民連携による地域イノベーションクラスター創成事業（仮称）（文部科学省）
2. 産学官連携戦略展開事業（文部科学省）
3. 地域イノベーション創出総合支援事業（科学技術振興機構）

が仕分けの対象となった．その際，以下の点が指摘された（行政刷新会議（2009）より引用）．

- 基本的な政策の戦略を練り直すべき．クラスター，集積はこのレベルの事業規模では成果が生まれない．
- 文部科学省が地域活性化策をする必要はない．地方大学救済のためなら別途予算を要求すべき．
- 経済産業省や中小企業庁が考える分野．
- 他省庁，文部科学省，JSTのクラスター，イノベーションの事業が未整理の現状では，一旦すべて廃止してから，見直した上で再構築したほうがよい．
- 地域の自発的な取組みがなければできない事業であり，それを成功させるためには地域の創意工夫が広がるよう交付税等の使いやすい財源にすべき．
- 各自治体の状況に違いがあり，現場に近い組織に判断させる事で効率が上がるのではないか．
- 全体的整理をすべき．その上で統合し，予算を考えるべき．国立大学は地域振興のためだけにあるわけではないはず．その他の部分の切り捨てにつながる恐れあり．
- 複数の事業が多く含まれている．わかりにくいし，恐らく使いにくい．各地の中に企業からみても，ざっとわかるようなメニューにしていないので，地方には重荷になる．今年度は全体をすっきりさせ，来年度から地方移管すべき．地域の中小企業が利用しやすいことを最優先すべき．

文化系研究はクラスターに入れないようにみえる．むしろ文部科学省的な知的資産の活用が必要．

その結果，「地域科学技術振興・産学官連携については，そのこと自体の必要性を認めていないわけではないが」と前置きした後，評価者の判断は，予算の縮減が2人（半減が1人，その他が1人），予算計上見送りが1人，自治体の判断に任せるが3人，廃止が5人であり，国としてはやる必要がないということで，廃止と決定された．

しかし，この決定に対しては，各地の首長からの反発が強く，2009年12月17日の時点で中川正春文部科学副大臣は，知的クラスター創成事業を2010年度も継続する意向を示した．その後，新規事業の採択は見送られたものの，継続されることとなった（文部科学省，2010）．そして，知的クラスター創成事業と都市エリア産学官連携促進事業はまとめられて，2010年度のみ「地域イノベーションクラスタープログラム」という事業の中で展開された．2011年度からは，「地域イノベーション戦略支援プログラム」に名称を変更して事業が展開されている．このプログラムでは，経済産業省，文部科学省，農林水産省が共同して推進地域を選定している．

「地域イノベーション戦略支援プログラム」では，かつて，知的クラスター創成事業と都市エリア産学官連携促進事業，地域イノベーションクラスタープログラムで採択されていた事業が継続された一方で，新たに，「国際競争力強化地域」と「研究機能・産業集積高度化地域」という2つの枠を設けている．前者は，「国際的に優位な大学等の技術シーズ・企業集積があり，海外からヒト・モノ・カネを惹きつける強力なポテンシャルを持った地域」であり，後者は「地域の特性を活かしたイノベーションが期待でき，将来的には海外市場を獲得できるポテンシャルを有する地域」である．

2011年度と2012年度にこのプログラムで選定された地域は，たとえば文部科学省（2012）などで見ることができる．「事業仕分け」では，上記3項目の事業規模では産業集積の成果が生まれない，ということも指摘されたが，現在の推進地域は，産業クラスター計画や知的クラスター創成事業の推進地域と比較して，地理的に小規模なエリアが対象となっている点は，今後問題となるかもしれない．

12-3　クラスターの可視化による評価

　ここでは，特許をイノベーションの代理変数とみなし，特許の共同出願による関係を用いてクラスターを可視化して評価する[4]．クラスターの例としては，文部科学省の知的クラスター創成事業（第II期）を取り上げることにする．一例として，「さっぽろバイオクラスター構想"Bio-S"（事業期間：2007〜2011年度）」（以下，「さっぽろBio-S」と呼ぶ）の主要参加主体間で，特許の共同出願によるつながりを議論する．「さっぽろBio-S」は，ライフサイエンスと情報通信の分野を基にしたクラスターである．文部科学省のホームページに掲載されているパンフレット[5]には，多くの参加研究機関が掲載されているが，ここでは，「さっぽろBio-S」のホームページ[6]および成果事例に掲載されている主要参加主体について，第11章で説明した「日本知図」を用いて可視化する．

　検索分野として「ライフサイエンスすべて」を選択すると，図12-3を得ることができる．この図で，濃い灰色の大きいマーカーは主要参加主体を表し，薄い灰色の小さいマーカーは主要参加主体以外の出願人を表している．図中の濃い灰色の線は，主要参加主体同士が，特許の共同出願によって形成しているつながりを表している．また，図中の薄い灰色の線は，主要参加主体とそれ以外の出願人が，特許の共同出願によって形成しているつながりを表している．この図より，「さっぽろBio-S」を起点とするつながりは，札幌や北海道の近傍に限定されず，日本全国に広がっていることがわかる．

　これは，「さっぽろBio-S」に参加している研究者と所属が同じでも，「さっぽろBio-S」に直接的には参加していない研究者が形成している関係（リンク）に起因している場合もある．このように，「さっぽろBio-S」に直接的には参加していない研究者が，地理的に遠方にいる研究者と関係（リン

---

4)　企業が特許を出願する場合，出願人住所として本社住所を用いることが多い．そのため，特許データでは，「知」の生誕地を正確に知ることが難しい場合が多い．

5)　http://www.mext.go.jp/component/a_menu/science/micro_detail/__icsFiles/afieldfile/2009/12/10/1287305_9.pdf

6)　http://www.bio-sss.jp/index.html

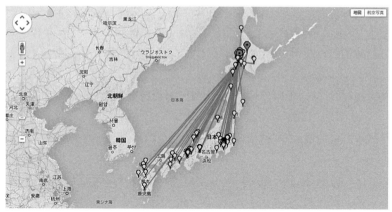

図 12-3　「さっぽろ Bio-S」主要機関における特許の共同出願によるつながり（全国）

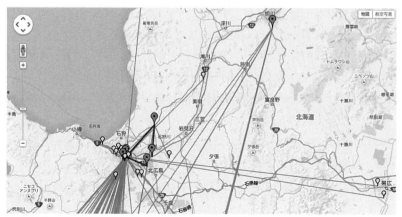

図 12-4　「さっぽろ Bio-S」主要機関における特許の共同出願によるつながり（札幌周辺）

ク）を築く背景には，必要な知識が地理的に近接した所にあるとは限らず，地理的に遠方にある必要な知識と関係（リンク）を築く場合があることを表している．一方，「さっぽろ Bio-S」に参加している研究者は，そのような関係（リンク）によって蓄積された知識に対して，容易にアプローチできる位置にいる．したがって，「さっぽろ Bio-S」に参加している研究者は，こ

のように地理的に遠方にある知識を取り入れている可能性がある．

　札幌周辺を拡大した結果が図 12-4 である．この図より，参加主体間の間には 3 本のつながりがあることがわかる．これらは，北海道大学と北海道医療大学，北海道医療大学と北海道情報大学，北海道大学と（株）エコニクスのつながりである[7]．また，札幌周辺に見られる薄い灰色の小さいマーカーのほとんどでは，出願人が企業であり，薄い灰色の線のほとんどは北海道大学につながっている．このことから，札幌周辺では，北海道大学が中核となっていることがわかる．

　また，「さっぽろ Bio-S」では，主たる研究機関を北海道大学，札幌医科大学，旭川医科大学としているが，これらの大学間では共同で特許が出願されていないこともわかる．これは，先に述べたことと逆で，地理的に近傍にいて知的クラスターを主導している主体であっても，互いに必要な知識を持ち合わせていない場合があるということを意味している．

　ここでは，「さっぽろ Bio-S」を例として，特許の共同出願によるつながりを可視化して解析した．しかし，ここで得られた知見は，「さっぽろ Bio-S」以外の知的クラスターでも見いだすことができる．特に，主たる研究機関に入っている大学間で，共同特許が出願されていない場合が多いことは，今後のクラスター政策や産学連携政策において考慮すべき点だと考えられる．

12-4　日本のクラスター政策に対する提言

　本章では，ポーターの産業クラスター論，日本におけるクラスター政策について説明してきたが，この節では，日本のクラスター政策に対して，3 つの問題点を指摘し，4 つの提言を述べる．

　1 つ目の問題点は，クラスター内部におけるライバル間競争の存否である．ポーターは，「ダイヤモンド」の帰結として産業クラスターという現象が生じるという結論に至った．そして，「ダイヤモンド」の中でもライバル間競争が特に重要な要素であると論じている．いま，ポーターの「ダイヤモン

7）　ここで，北海道大学と（株）エコニクスの共同出願特許は 2004 年のものである．

ド」と日本のクラスター政策，特に知的クラスター創成事業を照らし合わせて見てみると，この事業は，大学の知識という要素条件と，それを製品化するという関連・支援産業の2つに焦点を当てたものだということがわかる．需要条件に関してある程度は考慮した計画であったとしても，ライバル間競争の条件が欠けていると考えられる．なぜなら，このプログラム自体が申請主義に基づいているため，互いに強力なライバル関係にある企業同士が手を組んで申請するとは考えられないからである．また，手を組んで申請する場合は，採択された後にまったく協力しないか，または競争を避ける方向へ向かうのであって，それ自体がクラスターを停滞もしくは衰退させる原因となってしまう．したがって，国内のライバル間競争を発生させるような仕組みを含んだ施策を講ずることを，1つ目の提言としたい．

　2つ目の問題点は，クラスター事業の定量的な評価である．行政刷新会議での答弁で，主計局（財務省）は「産学官連携にせよ地域科学技術振興にせよ，そういったキーワードがいわれて久しいわけでございます．ずっと長きにわたり，同様の事業が行われてきておりますが，成果目標が不明確ではないか．また，これまで多額の国費を投入してきたことによる具体的な成果の検証，これは個別の特許云々というよりも，全体としてどの程度の効果があったのかということの，検証が必要ではないかということ．たとえば付加価値というものが，どれだけ生じたかというような定量的な成果を示すべきではないか」（行政刷新会議，2009）という問題点を指摘している．実際には，ヒアリングの際に定量的なデータを使ってプロジェクト（クラスター）の評価が下されたのかもしれないが，最終的な評価結果は定性的なものとなっている．国際的に競争力のあるクラスターが形成されるには，数十年という長い月日が必要だと考えられるが，今後，定量的な評価方法を開発し，将来的な経済効果を予測しながらクラスター政策の追跡調査をしていくことを，2つ目の提言としたい．その際，第三者による評価が必要であり，第11章で説明した「日本知図」のようなツールに政策評価機能を追加して，国民の誰もが見ることができるようなシステムの構築が必要だと考えられる．また，日本は，民間のデータ会社が，企業間の取引関係のような他国では入手できない豊富なデータを所有しているのだから，それらのデータも組み込んだ形で豊かなデータベースを構築していくことも必要である．

3つ目の問題点は，地方の大学を核としたクラスター政策の妥当性に関することである．行政刷新会議における答弁の中で，「民間の側から見ると，研究開発型の企業というのは，その地域の大学ではないですね．テーマに合わせた大学ですから，本社あるいは研究所の位置と大学の位置が，必ずしも一致していないケースがほとんどなわけです」(行政刷新会議，2009) という指摘があった．この点は，12-3節で，「さっぽろBio-S」を可視化した際にも明らかにしたことだが，より豊富なデータを用いて実証的に検証するために，2006年から2008年の特許公報（登録特許）データを使って，共同発明者間の移動距離と移動時間をナビタイムジャパンの協力を得て測定した結果を，図12-5にまとめる．そして，この結果から，共同特許出願の50％は，移動距離が50km以内で移動時間が80分以内であることがわかった．また，12-1節で述べたように，ポーターが考えるクラスターのサイズの上限は，移動時間にして5時間であったから，図12-5に基づくと，共同特許出願の約90％が入ってしまう．たとえば，移動に飛行機，電車，車などを使う日本の交通事情では，札幌から本郷三丁目まで約3時間40分，鹿児島中央駅前から本郷三丁目まで4時間15分である．このことは，ポーターの感覚か

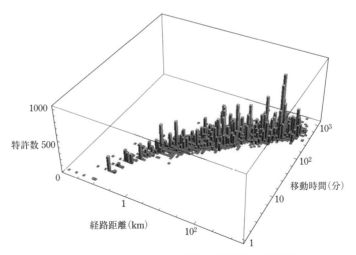

図12-5 共同出願特許数と共同発明者間の移動距離と移動時間
井上寛康氏（大阪産業大学）と青山秀明氏（京都大学）との共同研究による．

12-4　日本のクラスター政策に対する提言　283

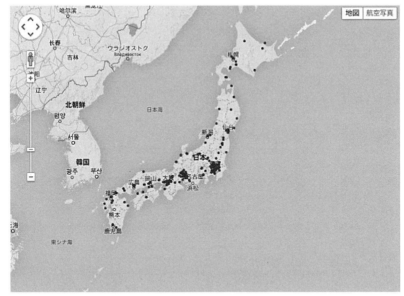

図 12-6　労働生産性が 2000 万円/人以上の企業

らすると，日本を1つのクラスターと見なした方が良いと考えることができる．したがって，産業局や都道府県といった，人間が勝手に作った境界を忘れてクラスターを見つけることを，3つ目の提言としたい．

　3つ目の提言と関係して，いま，日本を1つのクラスターと考えることができるということと，競争力のある企業は生産性が高いという事実に基づくと，既存のクラスターや新興クラスターという，政府が考慮すべきクラスターを抽出することができる．たとえば，労働生産性が 2000 万円/人の企業は（日本のすべての企業を完全に網羅している訳ではないが），図 12-6 のように示すことができる[8]．したがって，このような企業が，取引関係や特許の共同出願でつながっているネットワークを抽出すれば，それが，すなわち政

---

[8]　（株）東京商工リサーチのデータ（TSR 企業情報・TSR 財務情報・TSR 倒産情報）を利用して作成したものであり，独立行政法人経済産業研究所におけるプロジェクト「物価ネットワークと中小企業のダイナミクス」および科学研究費助成事業（基盤研究(A)）「マクロ・エコノフィジックス（課題 ID：13313270）」の成果の一部である．

府が施策を講ずるべきクラスターであると考えられる.そのため,日本全国の企業をターゲットとして,データに基づいて既存クラスターや新興クラスターを抽出することを,4つ目の提言とする.

参考文献

行政刷新会議,「事業仕分け」第3WG, 2009年.
　　http://www.cao.go.jp/sasshin/oshirase/h-kekka/pdf/nov13kekka/3-23.pdf
　　http://www.cao.go.jp/sasshin/oshirase/h-kekka/pdf/nov13gijigaiyo/3-23.pdf
石倉洋子・藤田昌久・前田昇・金井一頼・山崎朗『日本の産業クラスター戦略——地域における競争優位の確立』有斐閣, 2003年.
経済産業省, 産業クラスター第Ⅱ期中期計画, 2006年.
　　http://www.meti.go.jp/policy/local_economy/tiikiinnovation/source/2nd_middle_project.pdf
経済産業省, 産業クラスター計画, 2009年.
　　http://www.meti.go.jp/policy/local_economy/tiikiinnovation/source/Cluster2009_brochure.pdf
文部科学省, 平成21年度　知的クラスター創成事業パンフレット, 2009年.
　　http://www.mext.go.jp/a_menu/kagaku/chiiki/cluster/1287305.htm
文部科学省,「地域科学技術振興・産学官連携」に区別された事業の見直しについて, 2010年.
　　http://www.mext.go.jp/component/b_menu/other/__icsFiles/afieldfile/2010/05/17/1289434_3.pdf
文部科学省, 平成25年度　地域イノベーション戦略支援プログラムパンフレット, 2012年.
　　http://www.mext.go.jp/a_menu/kagaku/chiiki/program/1345463.htm
内閣府, 第2期科学技術基本計画, 2001年.
　　http://www8.cao.go.jp/cstp/kihonkeikaku/honbun.html
Porter, M. E., *The Competitive Advantage of Nations*, Free Press, 1990（マイケル・E. ポーター,『国の競争優位』, 土岐坤他訳, ダイヤモンド社, 1992年).
Porter, M. E., *On Competition*, Harvard Business School Publishing, 1998（マイケル・E. ポーター,『競争戦略論』, 竹内弘高訳, ダイヤモンド社, 1999年).

第13章 サイエンスリンケージからみた日本のイノベーション政策の課題

13-1 経済成長科学との関係

われわれの所得を増大させ,豊かな生活をもたらしてくれる長期的な経済成長は,その多くがイノベーションによってもたらされることが明らかとなっている (Solow, 1957). 国土が狭く資源も乏しい日本が,戦後驚異的な発展を遂げ,国民が経済成長によって豊かになることができたのはイノベーションによるところが大きいだろう. 今後,少子高齢化によって労働力の供給が大きく制約されるとともに,資本の源泉である貯蓄率も低下し始めている. こうした中で,日本国民が引き続きゆとりある豊かな生活を続けるためには,イノベーションを通じた経済成長が極めて重要である.

イノベーションをもたらす重要な要素の1つとして,大学等で行なわれる科学の知識が挙げられている (Mansfield, 1991). また,イノベーションは完全には独占できないため,市場メカニズムに任せておくとイノベーションに対する投資(研究開発投資)は望ましい水準より低い水準で均衡してしまう(イノベーションの持つ正の外部経済性). したがって,政府の介入が必要不可欠であり,それは経済学的に正当化されうる行為である. たとえば,特許制度はイノベーションの占有可能性を高めるための政策の1つである. また,大学等で行なわれる科学の研究に対する政府の公的な支援も,主にそれがイノベーションを通じて経済成長をもたらすという理由によって正当化されてきた (Narin *et al.*, 1997).

米国においては,科学への公的支援と産業におけるイノベーションとの関連を検証するため,米国に出願された特許が引用している科学論文に関する研究が行なわれてきた. たとえばフランシス・ナリン (Francis Narin) らは膨大な特許データベースを構築し,その分析によって米国特許と科学(の

成果である論文)とのリンケージ(特許当たりの論文引用数,以下「サイエンスリンケージ」と呼ぶ)が増えていることを明らかにするとともに,米国における公的研究機関の果たしている役割が増大していることを実証した.その研究によれば,米国の企業特許が引用している論文の73%は公的研究からもたらされたものであり,その著者の多くは大学,研究機関,その他の公的研究所に所属していた.また,特許に引用された論文は現代科学の主流であり,それらの論文の特徴は,非常に基礎的であること,有力雑誌に掲載されていること,および,著者が一流の大学や研究所に所属していることであった.とくに,近年では米国立衛生研究所(NIH),米国立科学財団(NSF)その他の公的機関からの助成を受けたものが多くなっていたという(Narin et al., 1997).

経済成長をもたらすイノベーションと科学との関係を明らかにすることは日本においても同様に重要であると考えられるが,これまで日本の特許を対象としたサイエンスリンケージの研究はほとんど行なわれていなかった.そこで,筆者らは日本特許データベースを構築することからはじめ,科学がイノベーションに与えている影響について一連の研究を行なってきた.そしてこのたび,科学技術振興機構の委託を受け,科学がイノベーションに与えている影響が時間とともに増大していることを定量的に明らかにすることができた.筆者らのこうした一連の研究は,科学・技術・イノベーション政策立案のための基礎的・定量的資料を提供しうるものと信じる.

13-2 重点4分野特許サイエンスリンケージの目視調査

重点4分野特許の抽出

私(玉田=筆頭著者)は1998年から2002年まで東京大学工学系研究科先端学際工学専攻に在籍し,人工生命研究所の内藤祐介社長の力を借りて,特許庁より東京大学に寄付されていた特許公報のCD-ROM約1100枚を読み取り,テキスト部分を抽出し,独自の日本特許データベースを構築した.

次に,1995年から1999年の5年間に公開された特許約65万件から,第二次科学技術基本計画において重点分野とされたバイオテクノロジー,ナノテクノロジー,情報技術(IT),環境関連技術の4つの技術分野に属する特

許を国際特許分類とキーワードを用いて300件ずつランダムに抽出した．また，比較対象として1995年から1999年の5年間に公開された全特許母集団からもランダムサンプリングによって300件の特許を抽出した．

重点4分野におけるサイエンスリンケージの目視調査

そして，各技術分野からランダムサンプルされた特許300件ずつに対し，その全文中に引用されている論文や学会発表（以下単に「論文」という）情報に関する文字列と，参考情報として同じく特許全文中に引用されている先行特許情報に関する文字列を，研究チームの人間が手分けして目視により抽出した．その結果，重点4分野特許300件ずつに引用されていた論文数の合計は，多い順にバイオ（3439本），ナノテク（597本），IT（95本），環境（77本）の順であった．ちなみに全分野からのランダムサンプリング特許300件には，179本の論文が引用されていた．

したがって，特許1件当たりの平均論文引用数はバイオ技術分野が最も多く，特許1件当たり平均約11本の論文を引用していた．いちばん多いものでは1件の特許に111本もの論文が引用されていた．また，少なくとも1本以上論文を引用していた特許は300サンプル中235件，率にして約78%であった．つまり，バイオ分野の発明のうち，約8割の特許が科学論文の知識に依拠していたと考えられる．

バイオ分野に次いで論文引用が多かったのはナノテクノロジー分野で，特許1件当たり平均で約2.0本であった．また，1本以上論文を引用していた特許は300件中126件，率にして42%であった．

論文の引用数が3番目に多かったIT分野では，特許1件当たりの平均論文引用本数は0.32本で，47件（約16%）の特許が1本以上の論文を引用していた．

論文の引用数が最も少なかった環境改善技術分野では，特許1件当たり平均論文引用数は0.26本で，サンプル全体の8%に当たる24件の特許が論文を1本以上引用していた（図13-1）．

このサンプル調査から明らかとなった事実は，特許化されたイノベーションが科学からどの程度影響を受けているかは，特許が属する技術の分野によって大きく違うということである．

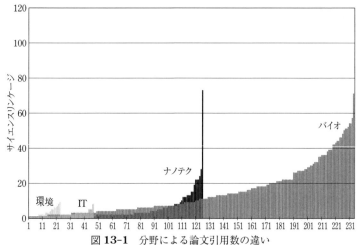

図 13-1　分野による論文引用数の違い
縦軸：サンプル特許1件に引用されている論文数（左から右に行くに従って論文引用本数が多くなる）
横軸：特許300サンプル中で1本以上論文を引用している特許の数

　したがって，今後産学連携政策や地域クラスター政策等の科学・技術・イノベーション政策を立案する際には，技術分野によって大学等で生まれた科学の知識への依拠度合いが大きく異なるという事実を踏まえ，技術分野ごとの科学依拠度を踏まえたよりきめ細かな政策の作り込みが求められよう．

　たとえば，これは日本でも有数のある工学系の大学の先生から聞いた話だが，過去においては，自動車メーカーや機械メーカーの技術者などが大学の機械工学の研究室を訪ねて来て指導を仰ぐということがしばしばあったそうだが，近年では自動車メーカー等の方が研究費も設備も充実しており，大学に知識を求めに来られることがほとんどなくなってしまっているそうだ．こうした技術分野で，政府がいたずらに産学連携の旗を振っても，企業側に産学連携のインセンティブが乏しいため，「笛吹けど踊らず」という結果になりかねない．

本研究の手法の留意点

　最後に，サイエンスリンケージを用いた研究手法の限界について述べる．前述したように，サイエンスリンケージとは，特許化されたイノベーション

の中に，学術論文等の科学的知識がどの程度引用されているかを計測した指標である．これによってわかるのは，特許中に引用されている論文についての情報のみである．

一例を挙げれば，高校や大学・大学院で習う，教科書に掲載されているような基礎的な科学の知識，たとえば，微分方程式の解法であるとか，半導体の基礎理論，生化学における遺伝子配列の原理などは，特許の新規性を主張する際に貢献するものではないため，わざわざ発明者が特許中に引用するとは考えにくい．

発明者によって特許に引用されるのは，特許の新規性を主張する際にそのサポーティング・エビデンスとなるような最新の学術研究の成果であったり，そのデータを取得する際に用いられた先進的な計測手法などであったりするということが，あるバイオ企業の研究所長クラスの方々に対して筆者が行なったアンケート調査によって明らかとなっている（玉田，2010）．

また，大学や公的研究機関ではなく，企業において活発に研究が行なわれている分野では，きわめて基礎的・基盤的なアイディアでも論文として発表せずに，まず特許として出願されると聞いている．そうした場合，特許を出願する時点では，引用すべき科学論文はそもそも存在せず，結果としてそうした分野のサイエンスリンケージは低くなってしまう可能性がある．

つまり，本研究で用いた，特許中に引用されている論文数を計測することによってイノベーションにどの程度科学的知識が貢献しているかを計測する方法は，イノベーションに対する基礎的な科学知識の貢献を過小に評価してしまう可能性があることに留意が必要である．

13-3　全技術分野全特許のサイエンスリンケージ自動計測

目視による科学依拠度計測の限界

前節において，科学技術基本計画の重点4分野に属する特許のサンプルのサイエンスリンケージを，研究チームの人間が目視により計測したことを述べた．しかし，この手法では重点4分野以外の技術分野については調査できておらず，重点4分野以外の分野でも科学依拠度が高い分野があるかどうかについては明らかになっていなかった．だが，前節の手法をそのまますべて

の特許の科学依拠度の計測に拡張することには限界がある．なぜなら，毎年30万件以上出願される特許が引用している論文や特許をすべて人力で目視抽出するためには膨大な時間と費用が必要で，事実上不可能であるためである．

解決策

　この壁を突破するためには，特許が引用している論文などを抽出する作業を，何らかの形で自動化する必要がある．しかし，学者が自らの論文に他の論文を引用する場合と同様，特許明細書中に参照論文を記載する際の書式はまったく統一されておらず，単純な検索アルゴリズムでは引用されている論文を抽出し損なったり，逆に論文ではない文字列を論文と誤認してしまったりする．

　この問題を解決するために，前節で述べた，人間が目視によって特許に引用されている論文や他の特許に関する情報（文字列）を抽出したデータを「教師」として用い，有限状態機械アルゴリズムを用いた独自のソフトウェアを開発し，機械学習を行なった．それを用いて，1995年から2013年までに特許公報に掲載された全特許，約239万6000件を対象とし，1件1件の特許の中に引用されている論文および特許の数を，自動で計測することに成功した．

　その際問題となったのは，自動抽出の性能である．特許の文字列の中から引用されている科学論文を抽出するということは，一種の検索であると考えることができる．一般に，情報検索では，目的とする情報と検索できた情報が合致すれば，その達成を認めることができ，その過程で「漏れ」なく，かつ「ゴミ」もない方法を得ることが必要になる．

　話をわかりやすくするために，特許に引用されている科学論文を抽出する作業を砂金取りに喩えてみよう．読者の皆さんは，河原の砂に含まれている砂金をフルイで選り分けようとしていると仮定しよう．砂金は貴重だから，できるだけフルイの目を細かくしてもれなく砂金を選り分けたい．しかし，一方で，フルイの目を細かくすればするほど，砂金だけでなく砂利も混ざってしまう．

　このように，引用文献情報を実用的な時間やコンピュータリソースの範囲

表 13-1　検索の評価のための交差行列

	検索された情報	検索されなかった情報
適合情報（砂金）	w（取れた砂金）	x（取りこぼした砂金）
非適合情報（砂利）	y（間違って取れた砂利）	z（正しくフルイからこぼれた砂利）

内で，いかに漏れなく，かつ，混ざり物なく選り分けることが可能となってはじめて，特許中に引用されている科学論文を自動的に抽出して政策立案などのために使えるかどうかが決まってくるのだ．

　検索によって抽出された情報がどれだけ「漏れ」がないかを示す指標を「再現率」といい，逆に，抽出によって得られた情報の中にいかにゴミが少ないかを示す性能を「精度」と呼ぶ（表13-1参照）．

　再現率（recall）R：検索した結果にどれだけ「漏れ」がないかを示す指標．

$$R = \frac{w}{w+x}$$

　精度（precision）P：検索した結果にどれだけ「ゴミ」が入っていないかを示す指標．

$$P = \frac{w}{w+y}$$

自動化の実現

　再現率を高めるために，検索する範囲を広くしてやれば「漏れ」は少なくなる．一方，精度を高めるためには，検索する内容を詳細化して必要のない「ゴミ」を検索しないようにする必要がある．したがって，自動引用論文抽出には，この両方を同時に満足する検索方法が求められるが，そのために検索する内容の一般化（広げる）と特殊化（狭める）をどのようにチューニングするかが重要となる．再現率と精度は背反的（トレードオフの関係）であり，どのような検索においてもこの問題は困難とされている．

　本研究においては，再現率および精度の両方で95％以上を目標とした．詳細については拙著『産学連携イノベーション――日本特許データによる実証分析』（玉田，2010）を参照してほしいが，試行錯誤の結果，特許サンプルを人間が目視によって抽出した「正解」と比較して，引用データの抽出性

能（再現率）においても，引用でないものを拾ってしまわない（精度）においても，実用上十分な性能（約98％）を達成している．

13-4 サイエンスリンケージの分野別調査結果

サイエンスリンケージの全数・全技術分野計測の実現

　特許化されたイノベーションは，国際特許分類（IPC：International Patent Classification）に基づき，各特許に1つ以上の技術分類が割り当てられている．それらのうち最初に付与されている技術分類を筆頭IPCという．国際特許分類はすべての技術が8つのセクション（A 生活必需品，B 処理操作；運輸，C 化学；冶金，D 繊維；紙，E 固定構造物，F 機械工学；照明；加熱；武器；爆破，G 物理学，H 電気）のいずれかに分類され，それぞれのセクションはさらに複数のクラスに細分され，それぞれのクラスがさらに細かいサブクラスへと分かれている．つまり，国際特許分類を用いれば，特許化されたイノベーションを，それがどのような技術分類に属しているかに基づいて分析することができるのだ．

　もし，異なる技術分類に属する特許に引用されている論文の数が，互いに大きく異なるのであれば，それは発明者の頭にアイディアがひらめいた際にどの程度科学的知識を用いたかが，技術の分類によって大きく異なっていることを示すことになるだろう．

　そこでまず，われわれが保有している特許データベースの中の特許すべてについて，1件ごとに，その特許に引用されている論文および先行特許を自動的に抽出し，その数をカウントした．対象とした特許は1993年から2013年の20年間に特許公報に掲載された239万8254件である．

セクションごとのサイエンスリンケージの違い

　図13-2の内側の円グラフは1993年から2013年までの間に特許公報に掲載された約240万件の特許が，8種類の国際特許分類のいずれに分類されるかを，外側の円グラフは特許に引用されていた論文がどの分類に属する特許に引用されていたかを，それぞれ百分率で示したグラフである．

　たとえば，図13-2の内側の円グラフに示されているように「A 生活必需

13-4 サイエンスリンケージの分野別調査結果　293

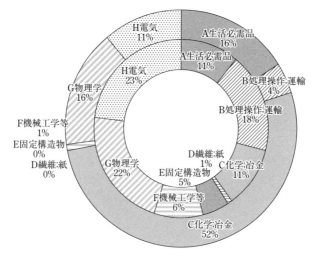

図 13-2　技術分類別特許数（内環）および引用論文数（外環）

品」に分類される特許は全特許の約11%であるが，そこに分類された特許に引用されている論文の数は，外側の円グラフに示されているようにすべての特許に引用された論文の数の合計の約16%を占める．すなわち，「A 生活必需品」に分類された特許の比率より，A 分野特許に引用された論文が全引用論文に占める割合の方が高いため，「A 生活必需品」に分類された特許は，相対的に科学の知識に依拠している度合いが大きいということができるだろう．

　逆に「B 処理操作；運輸」に分類される特許は，全特許の18%を占めるにもかかわらず，そこに引用されている論文は引用論文全体の4%に過ぎない．すなわち，「B 処理操作；運輸」分野の発明は，科学の知識に依拠している度合いが相対的に小さいということができよう．

　そして，科学論文の知識に依拠している度合いが最も大きいのが，「C 化学；冶金」の分野である．この分野は全特許のわずか11%を占めるに過ぎないにもかかわらず，それらの特許に引用されている論文が全引用論文に占める割合は52%を占める．すなわち，「C 化学；冶金」に属する特許は，通常の約5倍も科学の知識に依拠している度合いが大きいのだ．さらに，特許全体の22%を占めるに過ぎない「A 生活必需品」と「C 化学；冶金」の2

つの技術分類に引用されている論文で，全特許に引用されている論文のじつに約7割を占めるのだ．

逆に，「D 繊維；紙」，「E 固定構造物」，「F 機械工学；照明；加熱；武器；爆破」の3つの分野の特許は，ほとんど科学論文を引用しておらず，これらの分類に属する発明がなされたとき，科学の知識はほとんど頼りにしていなかったと思われる．

サブクラスレベルでのサイエンスリンケージ分析

さて，前節では大まかに8つのセクション間のサイエンスリンケージの違いを調査し，どうやら技術の分野によってサイエンスとのリンケージに大きな違いがありそうだということがわかった．そこで本節では，特許化されたイノベーションを，排他的な分類としては最も細かいレベルであるサブクラスにまで分類し，より詳細な分析を試みた．その結果を，横軸には約600ある国際特許分類のサブクラスを取り，縦軸にそれぞれの分類ごとの論文引用件数の平均値を取ってグラフ化したものを以下に示す．

いかがだろうか？　一見して明らかなのは，特許が引用している論文の数は，その特許が属する技術分類によって非常に大きな違いがあるという事実

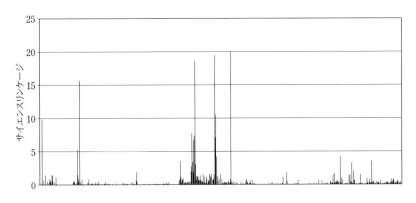

図 13-3　技術分類サブクラス別サイエンスリンケージ

表 13-2 サイエンスリンケージの多い分野トップ 20

順位	IPC分類	説明	論文引用数	特許数	サイエンスリンケージ
1	C40B	コンビナトリアルケミストリ；ライブラリ，例．ケミカルライブラリ，コンピューター内でのライブラリ	439	22	20.0
2	C12N	微生物または酵素；その組成物；微生物の増殖，保存，維持；突然変異または遺伝子工学；培地	272476	14003	19.5
3	C07K	ペプチド	80463	4332	18.6
4	A61P	化合物または医薬組成物の治療活性	440	28	15.7
5	A01H	新規植物またはそれらを得るための処理；組織培養技術による植物の増殖	4871	374	13.0
6	C12Q	酵素または微生物を含む測定または試験方法そのための組成物または試験紙；その組成物を調製する方法；微生物学的または酵素学的方法における状態応答制御	35139	3326	10.6
7	C07D	複素環式化合物	134900	17354	7.8
8	C07J	ステロイド	3469	472	7.3
9	C12P	発酵または酵素を使用して所望の化学的物質もしくは組成物を合成する方法またはラセミ混合物から光学異性体を分離する方法	18592	2626	7.1
10	C07H	糖類；その誘導体；ヌクレオシド；ヌクレオチド；核酸	10027	1501	6.7
11	A61K	医薬用，歯科用または化粧用製剤	153864	29146	5.3
12	C12S	酵素または微生物を利用して既存の化合物または組成物を遊離，分離または精製する方法；酵素または微生物を利用して繊維製品を処理するまたは材料の固体表面を清浄する方法	42	10	4.2
13	G03C	写真用感光材料	11009	2625	4.2
14	G21G	化学元素の変換；放射線源	313	88	3.6
15	B82B	ナノ構造物；その製造または処理	1187	337	3.5
16	C07F	炭素，水素，ハロゲン，酸素，窒素，硫黄，セレンまたはテルル以外の元素を含有する非環式，炭素環式または複素環式化合物	13297	3888	3.4
17	G06J	ハイブリッド計算装置	13	4	3.3
18	C08B	多糖類，その誘導体	3375	1110	3.0
19	C07C	非環式化合物または炭素環式化合物	47712	17715	2.7
20	G06N	特定の計算モデルに基づくコンピューター・システム	1433	716	2.0

である．約 240 万件の特許に引用されている論文は，特許 1 件当たり平均で約 0.6 本である．これは，同様の手法で計測した特許 1 件に引用されている他の特許の数約 3 件と比べてはるかに低い値だ．つまり，仮に先行特許 1 本と論文 1 本の価値が同じだとすれば，特許が発明者の頭の中で生み出されるときには，先人たちの発明に依拠する度合いの方が，大学などで生み出される科学的知識に依拠する度合いより平均で 5 倍程度も大きい，ということが

できよう.

　しかしそれはあくまで，全特許の引用論文を平均してみた場合のことであり，図13-3のように，特許が属する技術分類によって引用論文の数に大きな違いがある場合には，より詳細な議論が必要である．事実，国際特許分類の623あるサブクラスのレベルでみると，全分類の平均値0.60を上回るサイエンスリンケージを示した技術分類は89，平均1本以上論文を引用している技術分類は51，平均2本以上論文を引用している技術分類は20に過ぎなかった．

　表13-2に，平均で2本以上論文を引用していた20の技術分類のサイエンスリンケージを，当該分類の説明，論文引用数の合計，当該分類に属する特許数の合計とともに示す．

　表13-2からわかるのは，前項のセクションごとの大まかなサイエンスリンケージ分析でも示唆されていたとおり，科学の知識を引用している特許はバイオ関連分野のものが大半であるという事実だ．実際，サイエンスリンケージの多い技術分野トップ20のうち，1位から12位まではすべてバイオ関連分野といえる．

　その他の分野でサイエンスリンケージが多かったのは，13位の写真用感光材料（ナノテク），14位の化学元素の変換；放射線源，15位のナノ構造物，17位のハイブリッド計算装置，20位の特定の計算モデルに基づくコンピューター・システムであった．これらは大半がナノテクかIT分野だと考えられる．

　バイオ分野，ナノテク分野，IT分野などにおいてサイエンスリンケージが特に大きいということは，そういった分野の発明を発明者が思いついた際に，頭の中にあった多くの科学的知識を利用したということを示していると考えられる．このことは，バイオ分野やナノテク分野，IT分野などがサイエンス型産業と呼ばれ，世界の有力大学の周辺にバイオベンチャーやITベンチャーなどが生まれてクラスターを形成していることと整合的である．今後，産学連携政策や地域クラスター政策等の政策を立案する際には，技術の分野によってサイエンスとのリンケージが非常に大きく異なるという事実を踏まえ，技術分野ごとの特性を加味した政策のよりきめ細かな作り込みが求められるだろう．

13-5　科学との結びつきが強まっている分野，弱まっている分野

前節までは，われわれの特許データベースの中にある約20年分の特許を，技術分類という軸だけで切って分析してきた．しかし，科学とイノベーションの結びつきは時が経っても変わらないのだろうか？ イノベーションにライフサイクルがあるように，サイエンスリンケージにもライフサイクルがありえるのではないだろうか？

こうした問いに答えるため，サイエンスリンケージの経時変化を調べた．図13-4は2006年から2010年までの5年間の平均サイエンスリンケージの値が，その10年前の1996年から2000年までの5年間の平均サイエンスリンケージと比べて，最も伸びたIPC分類サブクラス上位1位から5位まで（いずれも白ヌキの○C12Q，□C12P，◇C07D，△B41N，○G01Q）と，逆に，10年前と比べてサイエンスリンケージの伸び率がマイナスになったIPC分類サブクラス2つ（いずれも灰色の◆G03C，×C11D）を，時系列でグラフ化したものである．ただし，1993年から2013年までの約20年間

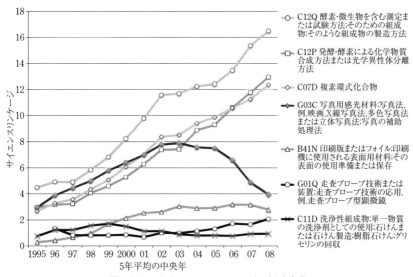

図 13-4　サイエンスリンケージの経時変化

合計の特許件数が300件に満たない技術分類は年ごとのサイエンスリンケージ増減の変動が大きくなり過ぎるため除外してある．

　図の横軸は，特許出願年の5年間移動平均期間の中央年を示している．縦軸は，当該技術分類サブクラスの平均論文引用数（サイエンスリンケージ）である．ただし，2011年以降に出願された特許は，そもそも成立している特許の数が極端に少なくなり年ごとのサイエンスリンケージの変動が大きくなり過ぎるため除外してある．

　図13-4の中で，サイエンスリンケージの絶対値が一番大きいのはC12Qだが，サイエンスリンケージの伸び率が最も大きかったのは絶対値では2番目の「C12P 発酵または酵素を使用して所望の化学物質もしくは組成物を合成する方法またはラセミ混合物から光学異性体を分離する方法（伸び率3.20）」であった．次いでサイエンスリンケージの伸びが大きかったのは「B41N 印刷版またはフォイル（感光性材料G03）；印刷，インキ付け，湿し等，印刷機に使用される表面用材料；その表面の使用準備または保存（伸び率2.94）」であり，その次が「C07D 複素環式化合物（伸び率2.85）」であった．次いで「C12Q 酵素または微生物を含む測定または試験方法；そのための組成物；そのような組成物の製造方法（伸び率2.82）」，「G01Q 走査プローブ技術または装置；走査プローブ技術の応用，例．走査プローブ型顕微鏡（伸び率2.53）」と続く．サイエンスリンケージの伸び率が大きい分野も，その多くがバイオテクノロジー分野であり，一部ナノテク分野も含まれていることが明らかとなった．ちなみに特許母集団全体のサイエンスリンケージは，10年間で2.12倍に増えていた．

　逆に，サイエンスリンケージが10年前より一番減少した分野は「C11D 洗浄性組成物；単一物質の洗浄剤としての使用；石けんまたは石けん製造；樹脂石けん；グリセリンの回収（伸び率0.60）」であった．減少率で下から2番目だった分野は「G03C 写真用感光材料；写真法，例．映画，X線写真法，多色写真法または立体写真法；写真の補助処理法（伸び率0.79）」であった．

　サイエンスリンケージの伸びが大きかった技術分野はなぜそうなったのか，逆に，サイエンスリンケージが減少した技術分野はなぜ減少したのかを完全に解明するには今後も追加的な研究が必要であるが，たとえばサイエンスリ

ンケージが2002年から減少に転じた「G03C 写真用感光材料……」の分野においては，写真用フィルムの販売数量が2000年から減少に転じており，その前後から多くの写真フィルムメーカーが経営資源を他の分野にシフトさせたために写真フィルムに関する基礎研究予算が減少し，出願される特許も改良・応用的なものとなったためにサイエンスとのリンケージが減少したのではないかと推察される．

いずれにせよ，サイエンスリンケージの経時変化の分析によって，イノベーションが科学の知識に依拠する度合いが，時間の経過とともに変化するというエビデンスは得られた．社会や個人のニーズの変化に応じて，人々に求められる製品やサービスが変化し，それに伴ってそうした製品やサービスを実現するために求められる科学的知識も変化することはこれまでにもしばしば起きてきたし，今後も起きるであろうことは十分に予測できる．

一例を挙げれば，30年程前にはエレクトロニクスを学ぶものの必須科目であったアナログ回路の設計技術は，今やありとあらゆるもののデジタル化によって，その必要性が大幅に減少しているといわざるをえない．アナログ回路を支えてきた三角関数などの数学や電磁気学や固体物理学などの知識も，デジタル回路の設計には必ずしも必要とされない．昔は真空管やトランジスタ，トランス，コイル，コンデンサーなどのアナログ部品で構成されていたラジオやテレビも，今ではそのほとんどの部分がデジタル技術によって実現されて1つのチップの上に実装されるようになり，さらに最近ではソフトウェアによって同じ機能が実現されるに至っている．このように，社会のニーズの変化に応じて，どのような科学の知識が必要であるかも自ずと変化してきているといえるだろう．

13-6 政策提言

以上の調査結果から導き出される政策提言は以下の通りである．イノベーションの分野別サイエンスリンケージ調査が示唆するのは，科学とイノベーションとのリンケージの強さがその分野によって大きく異なっているということである．そして，特許中に引用された論文を指標とした科学と技術のリンケージの強さは，バイオテクノロジー分野が突出していた．しかし，他の

技術分野でも，ナノ構造物，ハイブリッド計算機，流体回路素子，走査プローブ，暗号，光コンピューティング，音声合成・認識などに関連する技術などが科学との強いリンケージを示した．

したがって，産学連携を行なう場合には，こうした分野による科学との結びつきの強さの違いなどを十分に念頭に置いてやり方を変える必要があろう．たとえば医薬品やIT産業分野の一部などの，特許によって知識を占有することが比較的容易で，かつ製造の規模が小さくて済み製造コストも比較的低い産業分野においては，特許のライセンシングによる技術の移転も可能であろうし，それをテコにした大学発ベンチャーもまた可能であろう．

一方，プロセス・イノベーションが重要な分野は，特許によって技術を公開してしまうより，秘密保持契約の締結および大学との共同研究もしくは企業からの研究員の受け入れによって企業競争力の維持・向上が期待できよう．一部の大学職員や研究マネージャーの中には，こうした，技術を競争力に結びつける方法に複数のやり方があることを知らず，いたずらに特許出願数の増大のみを数値目標として，プロセス技術であってもどんどん特許化してしまっている例があるといわれる．これでは，出願された特許の公開を通じて敵に塩を送っているに等しい．

また，筆者による別の調査（玉田，2010）により，サイエンスリンケージの高い分野ほど特許の外国人（企業）出願比率が高い，すなわち日本の技術競争力が相対的に低いことが明らかとなっている．また，産業に有用な技術（特許）に使われた科学論文の大半は米国のもので，かつ米国からの公的支援を受けていたものの比率が高かった．

たとえばサイエンスリンケージが際立って強かったバイオ分野においては，
1. 特許権者に外国に住所がある企業が占める比率が約5割と他の技術分野と比較して高く，なかでも米国に住所のある企業の出願がバイオ分野特許の3割を占めた
2. 特許権者の国籍にかかわらず，特許に引用されている論文等の著者が所属する組織は米国に所在する研究機関が多かった
3. その研究機関は大学や政府の公的研究機関が占める割合が高かった
4. 論文の謝辞に助成機関が記載されている比率が他の分野と比べて高く，かつ，その助成機関のほとんどは米国の機関（NIH, NSF, DOE, 軍な

ど）であった
という結果となった．

 1．の結果は，特許から見た技術の国際競争力を示しているということができ，バイオテクノロジー分野においては外国企業，特に米国企業が優位性を持っていることを示していると考えられる．2．の結果からは，基礎研究においては米国が優位であり，ヨーロッパや日本の企業もそのスピルオーバーの恩恵を受けていること，3．および4．の結果からは，特許に結びつく技術の基となったバイオ関連の研究は，主として大学や政府の研究機関が担っており，その背景にはNIHをはじめとする米国政府からの膨大な研究資金の助成がある，ということが示された．

 すなわち，バイオ分野においては，主として米国の公的資金による助成を受けた，米国に所在する大学等で行なわれた研究成果が論文の形で発表され，それが特許化されたイノベーションの源泉となっていることが示されたのだ．

 そして，公的資金による研究成果は米国企業のバイオ分野における競争力を高めるとともに，欧州や日本にも公共財としてスピルオーバーして，日本や欧州の企業の特許においても活用されていることが明らかになった．

 ノーベル賞の2000年から2002年までの3年連続受賞から始まった日本人研究者の受賞ラッシュ，2014年の赤崎，天野，中村の3氏による物理学賞独占などで，あたかも日本の科学研究の水準は世界と互角になったかのような議論がみられる．しかし，マクロレベルでみると，科学分野における日本人ノーベル賞受賞者の合計は，2014年の3氏を加えてもまだ19人（受賞時には米国籍となっていた南部陽一郎博士も含む）と，米国の約250人，イギリスの約80人と比較して大きく劣っている．そのうえ，受賞者の多くは外国で教育を受けていたり，外国の研究機関で行なった研究業績で受賞したりしている．

 私にいわせれば，外国の資金や研究システムに依拠して外国で研究された研究業績（論文）は，たとえその研究者が国籍上は日本人であっても「外国籍の論文」として分類されるのが妥当だと思う．実際，筆者がNIHのビジターセンターを訪問したとき，壁一面に「NIHの資金によってノーベル賞を受賞した科学者」の顔写真が貼られており，その中には利根川進博士や下村脩博士の顔写真もあった．しかし，その写真の下のネームプレートに書い

図 13-5　NIH の資金によってノーベル賞を獲得した科学者たち

てあった国名には USA（アメリカ合衆国）と記されていたのだ！　彼らがノーベル賞を授与されることとなった業績は MIT など米国の研究機関で行なわれたものなのだから，いわば当然だろう．（図 13-5 参照）．

　昨今，一部には研究費バブルなどという言葉がささやかれ，財政上の理由から科学技術関連経費削減の議論も聞かれる．しかし，これまでに述べてきたように，サイエンスリンケージの定量的研究が示すのは，日本の科学研究，特にこれからの成長分野であるバイオ分野などに関する科学的知識が，圧倒的に米国からの「輸入超過」であり，「知識貿易赤字」の状況にあるという事実である．

　これは，日本の科学知識ストックの脆弱性を示すものであり，わずか十数年程度，GDP の 1%程度のフローを投入しただけでは，まだまだ不十分であると考えられる．いうまでもなく，日本は天然資源に乏しく，国土も狭隘な島国である．科学・技術システムの不断の強化を通じた，高度な知識集約型の製品を創出する能力の向上こそが，日本が経済成長を維持し，豊かな国民生活を送る唯一の手段である．今ここで科学技術創造立国への努力を怠ることは，今腹が減っているからといって金の卵を産む鶏を殺して食べてしまうがごとき，国の自殺行為であるということができよう．

　最後になるが，もとより科学の目的はイノベーションの創出のみにあるわけではない．ノーベル賞のメダルが示すように，自然の真理を解き明かすのが目的である．

また，既に述べたように，サイエンスリンケージの分析からわかるのは，過去にどのようなイノベーションにどのような科学の知識が用いられていたか，ということだけであり，将来どのような科学がどのようなイノベーションを起こすのかを予測することはできない．

　免疫システムが多様な抗原（敵）に対して生物が多様な免疫細胞を用意して備えているように，科学についてはどのような知識がどのように役に立つかを予測するのは難しい．たとえば，数学の「伊藤のレンマ」が金融工学に革命をもたらすことを誰が予測できただろうか？

　したがって，科学研究に対する助成も，一定程度はあまねく広い分野に資金を配分しておくことが，科学の多様性を維持・発展させる上では重要であろう．また，若者の教育に際しては，早くから専門分野に教育の的を絞るのではなく，幅広い教養教育を施すことが，今後国際社会で通用する人間を養成する上では重要であると考えられる．

参考文献

後藤晃・小田切宏之編『サイエンス型産業』NTT出版，2003年．
後藤晃・永田晃也『イノベーションの占有可能性と技術機会』科学技術政策研究所，1997年．
Mansfield, E., Academic Research and Industrial Innovation, *Research Policy*, Vol., 20 No. 1, 1991, pp. 1-12.
Michel, J., and B. Bettels, Patent Citation Analysis, *Scientometrics*, Vol. 51, No. 1, 2001, pp. 185-201.
Narin, F., K. S. Hamilton, D. Olivastro, The Increasing Linkage between U.S. Technology and Public Science, *Research Policy*, Vol. 26, No. 3, 1997, pp. 317-330.
OECD University-Enterprise Relations in OECD Member Countries. OECD: Paris, 1990.
Solow, R. "Technical Change and the Aggregate Production Function," *Review of Economics and Statistics*, Vol. 39, Issue 3, Aug., 1957, pp. 312-320.
Tamada, S. *et al*, *Science Linkage in Technologies Patented in Japan*, RIETI Discussion Paper Series 04-E-034, 2004.
Tamada, S. *et al.*, "Significant Difference of Dependence upon Scientific Knowledge among Different Technologies", *Scientometrics*, Vol. 68, No. 2, pp. 289-302.
玉田俊平太・児玉文雄・玄場公規「日本特許におけるサイエンス・リンケージの計測――引用文献データベース構築による遺伝子工学技術分野特許の分析」，『研究・技術計画』17 (3/4)，2002年，pp. 222-230.
玉田俊平太『産学連携イノベーション――日本特許データによる実証分析』関西学院大学論文叢書，2010年．

第14章　新しいイノベーション・モデルに向かうシステム改革

14-1　日本企業の収益性低下

　日本企業にとって，いうまでもなく，イノベーションの創出は重要である．イノベーションは従来「技術革新」と訳されてきたが，近年では，「技術革新」のみならず，技術を活用した新しいサービスやビジネス・モデルを創出することもイノベーションに含まれると考えられる．この点では，技術開発を基盤とした製造企業や情報通信企業のみならず，流通・小売・サービス企業などの非製造企業においても，イノベーションが重要になっている．

　ただし，新しい技術により，企業社会に大きな変革をもたらす「技術革新」は，今後とも重要なイノベーションの一形態であることに変わりはない．そして，技術革新の源泉は，研究者や技術者による研究・開発活動であり，イノベーション創出のためには，積極的な研究・開発投資が必要不可欠である．しかしながら，研究・開発を起点にしてイノベーションを創出するためには長い時間が必要であり，またそのプロセスを経るためには数多くの不確実性を克服する必要があって，研究・開発投資からイノベーションを創出して収益に結び付けるのは決して容易ではない．

　実際，近年，日本製造業の収益性は大きく低迷している．周知のように日本企業は世界トップレベルの技術力を有している．ただし，それだけでは，高い収益を上げることが難しい時代になって来ている．日本企業は，国内の競合企業のみならず，先進諸国の企業，あるいは近年では，中国やインドなどの新興国の企業との激しい競争にさらされている．日本企業が競争優位を確立するためには，これらの新興国企業では開発できない製品や付加価値の高いサービスを提供していく必要がある．

　ただし，研究・開発の成果から収益を得るためには，従来のように，高度

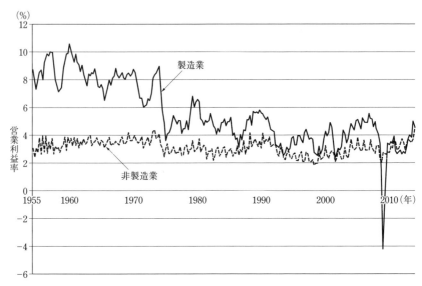

図 14-1 日本の製造業と非製造業の営業利益率
(資料) 財務省「法人企業統計」より筆者作成.

な技術を追い求めるだけではなく，製品・サービスの差別化の徹底やビジネス・モデルの革新による顧客満足度の向上なども必要になる．あるいは，新興国の企業の力を活用して，徹底的にコスト低減を追求する戦略もある．いずれにしても，イノベーション創出までの不確実性を踏まえた高度な戦略的マネジメントが不可欠である．

イノベーションの不確実性については後ほど詳しく述べるが，日本の製造企業の収益性が低迷していることは統計資料によって容易に確認することができる．以下は，財務省（旧大蔵省）が公表している法人企業統計による製造業と非製造業の売上高営業利益率の推移である．図 14-1 を見れば明らかなように，高度成長期には，日本の製造業は，非製造業よりも，遥かに高い収益性を示していた．そして，1970 年代後半以降は，急激な円高となり，製造業の収益性は低下したが，非製造業を下回ることはなかった．むしろ景気が良い時期は，非製造業よりも比較的高い水準を示していた．しかし，いわゆる米国発の金融危機により，世界的に景気が低迷したときには，製造業の営業利益率は非製造業を下回り，かつマイナスに転落してしまった．そし

て，これ以降，製造業の収益性は，非製造業の水準と同程度となり，非製造業を下回ることが珍しくなくなってしまったのである．

近年の日本企業の収益性低下の原因は，金融危機を端緒とした世界規模の景気の低迷にあるといわれている．しかし，長期の統計データは，そもそも，日本の製造業の営業利益率が長期的に下落傾向にあったことを端的に示している．そのため，日本の製造企業が以前のように容易に高い収益を上げるのが困難になってきていることは，一時的な景気の低迷に原因があるというよりも，構造的な問題であることを十分理解する必要がある．

前述のように日本企業は，先進諸国の製造企業のみならず，中国やインドなどの新興国の新規参入企業との激しい競争にさらされている．特に，新興国企業の製品の技術レベルは，近年，急速に向上しており，かつ，高いコスト競争力を有している．そのため，日本企業が競争優位を確立するためには，これらの新興国企業では開発できない製品や付加価値の高いサービスを提供していく必要があり，そのために画期的なイノベーションをめざした研究・開発活動が求められているのである．

14-2 研究・開発の不確実性の増大

イノベーションの不確実性を理解するためには，イノベーションが創出されるまでのプロセスで考えるとわかりやすい．単純なイノベーション創出のプロセスは，基礎研究により画期的な発明があり，その成果が事業部の開発部門に受け継がれ，設計開発や設備投資により，新製品が登場し，収益還元されるというプロセスである．もちろん，実際のイノベーションプロセスは，このように一直線で進むことは稀であり，実際の製品開発プロセスは複雑である．ただ，この単純なプロセスで考えるとしても，イノベーション創出の不確実性は端的に説明できる．

まず，基礎研究を行ない，画期的な発明のために創造的な努力を行なっても，必ずしも新しい成果が得られるとは限らない．また，新しい成果が得られたとしても，それが事業化に繋がるとは限らない．さらには，運良く事業化できても，十分な収益が得られるとは限らない等といった不確実性である．そのため，イノベーションを創出するためには，これら様々なリスクを克服

するため高度なマネジメントが必要になる．

　従来の日本企業は，高い技術力を有し，すばらしい製品を多く創りだすことに成功してきたため，このような不確実性が十分認識されていなかったと考えられる．また，欧米企業がフロントランナーの時代であり，既に，欧米企業がイノベーションで成功している例を十分に知ることができた．すなわち，どのような製品において，どのような市場が存在しているのか，また，その製品をどのようなビジネスモデルで販売すれば，収益を上げることができるのかということが明確だったのである．研究者・技術者は，明確な研究・開発目標が与えられ，その目標を早く達成することが収益性を高めるための必要十分条件であったと考えられる．

　現在の日本企業は世界トップレベルの技術力を有したフロントランナーである．これ自体は素晴らしいことであるが，イノベーションを創出するという意味では，世界で初めての製品を開発することが求められる．この場合には，技術のリスク以外にも，市場のリスクおよびビジネスモデルのリスクを抱え込むことになる．また逆に，日本企業を追いかける新興国企業は，日本企業の市場とビジネスモデルを学ぶことができ，技術レベルを向上させれば，収益を得ることが可能になる．それゆえに，日本企業は，より新しい高度な技術開発に挑まざるをえず，あるいは，新しい市場の開拓や新しいビジネスモデルを創出することが必要となり，いずれにしても，イノベーションの不確実性は増大する．

　ジョルジュ・アワー（George Haour）は，イノベーションには，①技術のリスク，②市場のリスク，③ビジネス・モデルのリスクの3種類のリスクが本質的に内在していると指摘した（Haour, 2004）．そして，リスクが大きいがゆえに，必然的に，技術系企業の経営者は，イノベーションへの投資を躊躇する傾向があると主張しており，既に欧米の大手製造企業が金融業への投資に注力している事例を紹介している．確かに研究・開発投資をしても，それが必ず成功するわけではない，あるいは，研究・開発が成功して，製品の商業化に結び付いても，それが売れないことも十分に考えられる．さらに，製品が売れたとしても，数多くの企業が参入し，すぐに値段が下がり，投資回収ができないことも，多くの日本企業が経験している．あるいは，流通コストの問題や，小売企業からの値下げ要求なども重なって，収益が得られな

いことも考えられる．そのため，日本の製造企業の経営者でもイノベーションへの投資を回避する可能性は十分にあると考えられる．

くりかえしになるが，イノベーションをめざした研究・開発は，本質的にリスクを内在した投資活動である．ただし，従来の日本企業では，これらの研究・開発リスクが相対的に低かったため，そのリスクが十分認識されていなかったと考えられる．従来は，どのような製品において，どのような市場が存在しているのか，また，その製品をどのようなビジネスモデルで販売すれば，収益を上げることができるのかということが明確だったのである．すなわち，ここでは，市場のリスク，ビジネスモデルのリスクは著しく低く，技術のリスクしか存在していない．

しかしながら，現在の日本企業はフロントランナーになった．この場合は，日本企業は，より新しい高度な技術開発に挑まざるをえず，あるいは，新しい市場の開拓や新しいビジネス・モデルを創出することが必要となり，結果として，イノベーション創出のリスクは，今後とも増大すると考えられるのである．

14-3　研究・開発の投資効率の低下

イノベーションの重要な源泉の１つは研究・開発活動であり，製造企業は研究・開発投資を行ない，その成果を基に新製品を消費者に提供し，収益を上げる．この点では，研究・開発投資は企業の収益向上に貢献しているはずである．しかしながら，近年，日本企業の研究・開発投資の投資効率は低下しているのではないかといわれている．それどころか，実は私（玄場）の分析によれば，金融危機があった2008年度は，研究・開発投資と収益性は負の関係にあることが示されている．以下，その結果を要約して紹介する．

私は，2008年度の統計データ[1]を用いて，各企業の売上高比率と収益性との関係を統計的に検証するため，売上高経常利益率を被説明変数，各企業の事業別売上高比率を説明変数とする重回帰分析を行なった（玄場，2012）．このような多角化と収益性に関して解析を行なった既存研究では，説明変数

1）　経済産業省「企業活動基本調査」および総務省「科学技術研究調査報告」個票データを用いた．

として，いくつかの指標が加えられている．そのため，私の研究においても，売上高研究・開発費率と企業規模を表す指標として企業の売上高を説明変数として加えた（売上高は対象企業間のばらつきが大きいため，対数化している）．

データサンプル数や説明変数および被説明変数の定義を以下に示す．

【データサンプル数と変数の定義】
　データサンプル数：13,322企業（2008年度におけるデータ収集可能な全製造企業）
　売上高経常利益率：経常利益／売上高
　売上高研究・開発費比率：研究・開発費／売上高
　企業規模：log10（売上高）
　売上高比率：各企業の事業別の売上高／各企業の総売上高

重回帰分析の結果を表14-1に示す．説明変数としては，「企業規模」，「売上高研究・開発費比率」，「製造・加工事業の売上高比率（表中，本業率）」，「卸売・小売事業の売上高比率（表中，卸売・小売事業率）」「サービス事業の売上高比率（表中，サービス化比率）」および「建設事業の売上高比率（表中，建設業率）」を説明変数として用いている[2]．

元々の分析の主目的は，多角化した企業は収益性が向上するのかということを統計的に検証することであった．特に近年では，高度な技術を用いて付加価値の高いサービスを提供する「サービス・イノベーション」が期待されている．そのため，製造業企業が高度な技術を用いてサービス分野に進出することが収益向上に貢献しているのかを確認することが第1の目的であった．ただ，サービス化比率だけではなく，他の分野への売上高比率，あるいは本業に注力している度合いを表す本業率に加えて，企業規模や研究・開発への投資度合も説明変数に加えて，日本の製造企業の収益構造を明らかにするため，回帰分析を行なった結果である．

表14-1によれば，企業規模に対する係数は有意に正の値を示している．

　2）　各説明変数間の相関係数は低く，多重共線性の問題はない．

表 14-1 売上高経常利益率を被説明変数とした重回帰分析結果

変数 結果	企業規模	研究・開発費比率	本業率	卸売・小売事業率	サービス化比率	建設業率	切片
係数	0.285	-19.4	-0.318	-0.328	0.538	-0.646	-0.535
t値	20.8	-72.3	-2.75	-2.15	2.38	-2.39	-4.34
有意水準	1%	1%	1%	5%	1%	5%	1%

(注) 決定係数（修正済み）: 0.283.

すなわち，一般に企業規模が大きい企業の方が収益性は高いという結果と解釈できる．その他，サービス化比率の係数は有意に正の値となっているが，卸売・小売事業率，建設事業率の係数は有意に負の値となった．そのため，サービスの売上の割合が高い企業の収益性は高いが，一方で，卸売・小売や，建設分野の売上の割合が高い企業の収益性が低いことになる．そして注目すべきは，研究・開発費比率に対する係数が明らかに負の値を示していることである．すなわち，研究・開発費の売上高に対する比率が高い企業ほど収益性が低いという結果を示していると解釈できることになる．

本来であれば，研究・開発を旺盛に行なっている企業ほどイノベーションの機会が大きく，収益性に貢献することが期待できるはずである．しかしながら，回帰分析の結果は，単に研究・開発を行なっているだけでは収益向上に貢献せず，むしろ収益を圧迫していることが示されているのである．

この結果は2008年度という単年度のデータを用いた分析結果に過ぎない．特に2008年度は世界的な金融危機後に景気が大きく低迷した時期であり，特殊な経済環境下における実証分析であることには注意する必要がある．

ただし，この特殊性を考慮に入れたとしても，研究・開発投資は日本企業にとって負担が重くなっており，不確実性の高い研究・開発活動のすべてを民間企業に担わせることに限界があることを示した結果であると考えられる．

14-4 米国のSBIR制度のメリット

企業単位で研究・開発投資の不確実性をすべてコントロールすることが困難であれば，国単位で不確実性の一部を負担する科学・技術政策を検討することが求められる．その典型的な制度が本書でくりかえし指摘されている米

国の SBIR 制度である．

　既に米国 SBIR 制度については本書の第Ⅰ部で詳細な説明が行なわれており，様々な観点から分析されているため，ここでは詳細は述べないが，高度な研究・開発を行なっている中小・ベンチャー企業に対して，研究・開発を促進し，商業化を支援する研究・開発助成制度である．われわれは，2014年3月において，米国シリコンバレー地域でSBIR制度に採択されたことのあるベンチャー企業をリストアップし，インタビューを行なった[3]．われわれが改めて調査を行なった趣旨は，SBIR制度を申請するベンチャー企業のメリットは何か，特に，起業時におけるSBIR制度からの資金面での貢献，また，他の資金調達方法との差異について確認するためである．また，米国のSBIR制度を申請した研究代表者の74％が博士の学位を有していることが本書の分析により提示されている．一方，日本のSBIR制度の研究代表者においては，博士の学位を有しているケースは7.7％に過ぎない．この要因は様々であり，今後の研究が期待されるところであるが，やはり，そもそも，日本では，理工系の学位取得者のなかに中小・ベンチャー企業に勤務する意思を有した人材は少ないことが大きな要因であると考えられる．そのため，米国あるいは海外の大学で博士の学位を得た研究者・技術者がベンチャー企業において勤務し，SBIR制度を申請する動機を確認することに大きな意義があると考えることができる．

　以上の調査目的を整理すると3点に集約される．
【シリコンバレー地域のベンチャー企業のインタビュー調査の目的】
　・SBIR制度の意義（特に起業時時点において）
　・他の資金調達手段（特にベンチャーキャピタルからの資金調達）との比較
　・博士学位取得者がベンチャー企業を起業あるいはそこに勤務する意義

　インタビュー対象は，NIHのSBIR制度の助成を受けた企業の代表者

---

[3] 文部科学省科学技術イノベーション政策における「政策のための科学」推進事業：未来産業創造にむかうイノベーション戦略の研究の一環としてインタビュー調査を行なった．

(Principal Investigator) である. いずれも, 経験のあるバイオ分野の研究・開発を行なっているベンチャー企業の経営者・技術者等であり, 合計10社12名に対して行なった. インタビュー企業名, 事業概要, 従業員数, 設立年, インタビュー対象者の氏名と職名を表14-2に記載した.

インタビュー調査により, 得られた結果を以下に示す.

【調査結果】
- SBIR制度の資金は, ベンチャー企業の設立当初には大きな支援になる. ただし, 商業化に必ずしも十分な資金ではないため, 本格的な商品化には, 民間からの資金が必要になる.
- SBIR制度等の公的研究費のみで企業運営を行なっている企業もある. また, そもそも, SBIR制度に採択されなければ起業できなかったベンチャー企業もある.
- ベンチャーキャピタルからの資金調達も有用な選択肢の1つであるが, SBIR制度の方が研究の自由度が高まり, 研究・開発成果も厳しく問われない. また, バイオ分野のように商業化までに長い時間が必要なベンチャー企業への投資を行なうベンチャーキャピタルは必ずしも多くない.
- ベンチャーキャピタルからの投資は魅力的であるが, 株式を譲渡する必要があり, そのため, 研究および経営の自由度が制限されることから, 敬遠するベンチャーも少なくない.
- SBIR制度の特徴は, 探索的なテーマを対象とした大学への補助金とは異なる. どのような薬が作れるのかという有益性を重視している.
- NIHのSBIR制度には2つの契約形式 (GrantとContract) があり, 企業としても, その違いは意識している. Contract形式は, 原則として, 政府への納品が必要だと考えられているが, Grant形式の補助金では納品の必要がない.
- パートタイム勤務にてベンチャー企業を経営し, また, 別会社を新たに設立するなど極めて柔軟なマネジメントを行なっている経営者も多い.
- 経営者あるいはSBIR制度の申請代表者は理工系の博士学位保持者が多い. 大学の教員 (実際に大学の教員経験者もいる) もキャリアの1つであるが, あまり魅力を感じていない経営者・技術者も多い. その理由として, 大学では, 研究活動以外の業務が多いことが挙げられている. 大

314　第14章　新しいイノベーション・モデルに向かうシステム改革

企業の勤務経験者も多いが，より研究の自由度を高めることを目的としてベンチャーを起業あるいはそこに転職した人材も多い．

以上の結果を踏まえると，まず，SBIR制度がベンチャー企業の研究・開発資金としてのみならず，企業そのものの活動において大きな支援になって

表14-2　インタビュー対象企業リスト

インタビュー企業	事業概要	従業員数[1]	設立年	インタビュー対象者の氏名と職名
Medrio, Inc.	eClinical software solutions	59人	2005年	Mike Novotny Founder and CEO April Lepito, Account Manager
Galaxy Biotech, LLC.	Humanized monoclonal antibody	9人	2002年	Dr. K. Jin Kim Chief Scientific Officer
eLutions Integrated Systems, Inc.	Vitro and ex vivo optical spectroscopy	－	2010年	Dr. Raj K. Gupta Founder and President
Protein Metrics, Inc.	Software for protein characterization	5人	2011年	Dr. Marshall Bern Vice President
Amunix Operating, Inc.	Protein pharmaceuticals	30人	2006年	Dr. Volker Schellenberger President and CEO
Los Gatos Research, Inc.	Analyzers for Measurements of Trace Gases and Isotopes	40人	1996年	Dr. Elena S. F. Berman Senior Scientist
Intelligent Fiber Optic Systems Corporation, Inc.	Advanced fibre optic sensing solutions	7人	2001年	Dr. Behzad Mosleshi CEO and CTO
Cellecta, Inc.	RNAi Screening Service Discovery and preclinical	14人	2006年	Dr. Alex Chenchik President and CEO, Director of Operations
Astrea Therapeutics, LLC.	development of small-molecule therapeutics	5人	2009年	Dr. Nurulain Zaveri President and Chief Scientific Officer
Zymera, Inc.	Reagents and materials for life science research	4人	2007年	Dr. Daniel Sobek President & CEO Dr. Sukanta Bhattacharyya CTO

[1] 会社Webサイト（一部企業情報Webサイト）およびインタビュー情報による．

いることがわかる．特に起業時，あるいは未だ小規模の企業においては，公的な補助金のみで企業運営を担っていることも珍しくなかった．おそらく，この点は日本の研究・開発の補助金制度では想定されていないことと考えられる．

　ベンチャー企業の資金調達においては，日本においても，ベンチャーキャピタルからの投資が一般にも広く知られている手法である．シリコンバレー地域のみならず，日本を含めて先進国において，近年ベンチャーキャピタルからの投資が活発に行なわれている．もちろん，今回インタビューを行なったベンチャー企業においても，ベンチャーキャピタルからの資金調達は有効な手段の1つと考えている．ただし，一方で，ベンチャーキャピタルからの資金を受けるデメリットも数多く指摘された．なかでも一番のデメリットは研究・開発の自由度が制限されることが懸念されることである．当然ながら，ベンチャーキャピタルは，投資家からの資金を得て，その運用収益を投資家に還元することが目的である．そのため，ベンチャー投資から相応の収益をめざす必要があるが，そのこととバイオ分野の研究・開発期間との間に齟齬が発生することは容易に想像できる．また，そもそもベンチャー企業が投資を受ける際には株式をベンチャーキャピタルに譲渡する必要があるが，研究・開発の方向性あるいは企業運営に対してベンチャーキャピタルに一定の発言権が生じることに懸念を持つ声が少なからずあることがわかった．

　また，今回インタビューを行なった対象者のほとんどが博士の学位取得者であり，大学の教員や大企業の研究者を経験している．そのなかでも，敢えてベンチャー企業を起業する，あるいはそこに転職した動機を聞いたところ，研究そのものの「やりがい」に加えて，ここでも研究・開発の自由度を挙げる声が多かった．特に，大学の教員よりも，ベンチャー企業の研究者の方が研究に専念できるため，研究者として魅力的であるという話は大変興味深いと考えられる．

14-5　日本の現行制度

　上記のインタビュー調査により，米国のSBIR制度に採択された企業にとって，SBIR制度が研究・開発のみならず，企業運営においても極めて重要

であることを改めて確認した．インタビューにおいても，NIHのSBIR制度の助成方法は大きく2種類（GrantとContract）あることを指摘されたが，グラント（Grant）は，日本語に訳せば「補助金」であり，日本にも研究・開発に対する補助金制度はある．代表的な補助金は，科学研究費補助金（以下「科研費」）である．ただし，科研費は2004（平成16）年度から企業の研究者も申請できることになったものの，基本的に大学等公的研究機関の研究者を対象としている．また，そもそも学術目的の研究・開発を対象としており，募集においても「学術の振興に寄与する研究を支援するものであるため，『商品・役務の開発・販売等を直接の目的とする研究（市場動向調査を含む．）』や『業として行う受託研究』は対象になりません．」と明記している（文部科学省，2003）．そのため，SBIR制度のように基礎研究の成果を商業化することを目的とした補助金ではない．

　また，米国のSBIR制度との最大の違いは，科研費では研究代表者あるいは分担者の人件費を支出することができない点である．この点，経済産業省の予算による研究・開発に関する補助金は，研究代表者あるいは分担者の人件費を支出することが認められている．ただし，その多くは補助金であるものの，補助率が2/3あるいは1/2となっている．すなわち，残りの費用は自己負担となる．大企業のように資金がある程度準備できるのであれば，有益な研究・開発支援制度であると考えられるが，リスクの高い研究・開発に挑むベンチャー企業にとっては，決してハードルは低くない．支出先が研究・開発費のすべてを支出する制度ももちろん存在する．ただし，そのほとんどは，委託契約か請負契約である．この場合には，資金の支出先が提示した研究・開発目標を達成することが求められており，企業側が自由に研究・開発テーマを選択することはできない．もちろん，米国のSBIR制度でもcontract形式と呼ぶ委託契約での研究・開発支援が数多く行なわれており，委託契約や請負契約であっても，日本の経済発展や福祉向上に貢献するような公的な研究・開発目標を達成するためには有益な制度である．ただし，研究者が自発的な意図を持って不確実性の高い研究・開発を行なう意欲的な研究プロジェクトには，必ずしも厳密に成果を求めない研究・開発制度もあることが望ましい．すなわち，日本において不確実性の高いながらも，多くのベンチャー企業が研究・開発に挑戦できる仕組みとするために米国SBIR制

度の特徴を考慮に入れて制度設計することが望ましいと考える．

　具体的には，一部の研究・開発支援策として，「商業化を目的」として，研究者が自由な発想でテーマ設定した研究・開発テーマに対して行なわれる「補助金」であり，申請企業に「自己負担はなく」，「研究者の人件費も支出できる」制度が望まれる．もちろん，すべての研究・開発補助金がこのような制度設計である必要はない．ただ，本書の執筆メンバーで研究を行なっているなかで，日本でこれらの要件をすべて満たす補助金を探索したところ，見つけられたのは，新エネルギー・産業技術総合開発機構（NEDO）の「新エネルギーベンチャー技術革新事業」のみであった（新エネルギー・産業技術総合開発機構，2014）．

　NEDOの「新エネルギーベンチャー技術革新事業」は，再生可能エネルギー分野の研究・開発に関し，中小企業・ベンチャー企業が保有している潜在的技術シーズに対して公募により支援を行なっている．再生可能エネルギーという大枠のテーマは設定されているが，基本的に申請者が自由に研究・開発テーマを設定することが可能であり，審査は，技術や事業化の面での有望さ等の観点から行なわれ，技術開発の資金的な支援のみならず，事業化を見据えた支援を行なうことが特徴である．また，NIHのSBIR制度と同様にステージゲートによる審査を行なっており，以下の3つのステージを設定している．まず，フェーズA（フィージビリティ・スタディ）では，1年間以内のテーマに対して，1000万円を上限とした支援を行ない，技術シーズを保有している中小企業・ベンチャー企業において事業化に向けて必要となる基盤研究のためのフィージビリティ・スタディを対象としている．フェーズB（基盤研究）では，1年間以内で5000万円を上限とした支援であり，要素技術の信頼性，品質向上，システムの最適設計・最適運用などに資する技術開発や，プロトタイプの試作およびデータ計測等，事業化に向けて必要となる基盤技術の研究を産学官連携の体制で実施するテーマを対象としている．これら2つは研究・開発活動の自由度は高いとされているが，契約形態は委託契約となっている．また，フェーズC（実用化研究開発）は，事業化に向けて必要となる実用化技術の研究や実証研究等を対象としており，期間は1年間程度で5000万円を上限とした支援を行なう．この契約形態は，助成であるが，助成率は2/3を上限としている．いずれのステージにおいても，研

究者の人件費を支出することが可能であり，採択後に事業化を支援するためのプログラムが用意されている．

14-6　不確実性を踏まえた科学・技術政策

　以上のように「新エネルギーベンチャー技術革新事業」は米国SBIR制度に近い研究・開発支援制度となっている．ただし，日本においては，これ以外には上記の要件を満たすような研究・開発制度を見つけることができなかった．

　SBIR制度が米国のイノベーション創出に果たした役割を考えれば，今後，一部の補助制度においては，日本においても同様の制度を科学技術政策として取り入れるべきと考える．すなわち，不確実性は高く，民間企業単独では，その不確実性を負えない研究・開発制度については，その商業化の重要性を踏まえて，国家レベルで不確実性を克服する研究・開発制度を整備すべきである．もちろん，いうまでもないが，民間企業で収益が十分想定される研究・開発テーマは民間企業の研究所において自己資金で推進すべきである．ただし，不確実性があまりに高いため，民間企業単独では投資判断が困難であるが，日本のイノベーション創出の観点から必要不可欠な研究・開発テーマは，商業化に向けて日本国全体が研究所として機能する，いわば「日本国中央研究所」として支援すべきと考えられる．

　もちろんすべての補助金が同じような対応を求められるわけではない．また，学術目的の研究・開発は既に多額の支援が行なわれているのも事実である．その一方で企業が利益を追求するため，ある程度の不確実性を踏まえながら商業化に向けた研究・開発も旺盛に行なわれている．ただし，その両者の範疇に入らない，不確実性は高いが大きな社会的意義があり，成功すれば商業的にも大きな利益が得られる可能性のある研究・開発テーマに対しては積極的な政策支援が必要であり，現状，研究・開発を実施する主体に一定の不確実性を担わせる制度しかないことが問題であると考えられる．

　結論として，具体的には以下の要件を満たした補助金制度は日本の数多くある補助金のごく一部であることから，今後拡充することが望ましいと考える．

【不確実性は高いが，政策として支援すべき研究・開発の補助金制度】
・商業化をめざした研究・開発を目的としたプロジェクトを許容する
・申請者の自己負担がないこと
・研究者の人件費を支出できること

　内閣府の公開資料によれば，2014年度における科学技術関係予算は総額で3兆6264億円となっている（内閣府，2014）．もちろんこの予算には，国立大学の運営費交付金などの固定的な経費も多い．ただし，自由度の高い競争的資金だけでも4000億円以上が支出される．そのため米国SBIR制度を参考に，この予算の2.8%である100億円程度を目標にして上記の条件に適合した補助金制度を拡充することが望ましいと考えられる．

　既に日本においては，博士学位取得者の進路先が乏しいことが社会問題の1つになっている．この問題の要因の1つは，学位取得者の主たる進路希望先が大学教員に限られており，また，民間企業への採用も想定よりも伸び悩んでしまっていることがある．米国シリコンバレー地域のように数多くのベンチャーが設立されることは長い時間がかかるかもしれないが，意欲的な博士学位取得者が有望な進路先として，ベンチャー企業を起業する，あるいは起業したベンチャーに就職できるよう補助金制度の改革が不可欠と考えられる．

参考文献

玄場公規「製造業の多角化の定量分析」年次学術大会講演要旨集, 27, 2012年, pp1082-1085.
Haour, G, *Resolving the Innovation Paradox: Enhancing Growth in Technology Companies*, Palgrave Macmillan, 2004.
文部科学省「科学研究費補助金」の応募資格の拡大についてのお知らせ, 2003年.
　http://www.meti.go.jp/policy/kenkyu_kaihatu/kyousou/kakenhi.pdf
内閣府「科学技術関係予算のプロセス」, 2014年, http://www8.cao.go.jp/cstp/budget/
新エネルギー・産業技術総合開発機構「平成26年度『新エネルギーベンチャー技術革新事業』に係る公募について」, 2014年.
　http://www.nedo.go.jp/koubo/CA2_100048.html,2014

第15章 新しい
　　　　　イノベーション・モデル

　本書の最後に，イノベーションの源泉にもとづいてイノベーションの構造を論じ，新しいイノベーション・モデルを提示したい．

　最初に仮説を述べておこう．新しいイノベーション・モデルは，「知の創造」と「知の越境」という，まったく新しい2つの知的営みを基軸にすることから再出発するものとなる．第1の鍵である「知の創造」とは，「思いもよらない物事を見つけたり，あらしめたりする」知的営みのこと．15年以上かけて中央研究所の機能を損なってしまった日本企業が，この「知の創造」を改めて自分のものにするためには，人間の知的営みの構造を本質から知悉する必要がある．さらに「知の越境」とは，「分野横断的に問題の本質を発見し，これを解決する」知的営みのこと．とりわけ社会科学と自然科学とを縦横無尽に回遊できる人間の育成こそが，第2の鍵となる．

　本章では，これら2つの新しい次元を考慮に入れることによってイノベーションには4つのタイプがあることを発見する．タイプ1は，拙著『イノベーション　破壊と共鳴』（山口，2006）で述べたように，「知の創造」の達成を契機にする「パラダイム破壊型イノベーション」．タイプ2は，「知の越境」の達成を契機にするクレイトン・クリステンセンの「破壊的イノベーション」（性能破壊型イノベーション）（Christensen, 1997），タイプ3は，「知の創造」と「知の越境」を同時に達成することを契機にするものである（山口，2014）．なお，従来型の改善型イノベーション，すなわち「知の具現化」によって価値を付加するタイプも認め，これをタイプ0と呼んでおく．ロードマップが容易に描けるタイプである．以下，イノベーションの4つのタイプをそれぞれ説明しよう．

15-1 イノベーション=タイプ0とタイプ1

「創発」(Abduction) とは何か

「知の創造」を本質から理解するには，科学とは何かを知らねばならない．

朝永振一郎（1906-1979）は，『物理学とは何だろうか』（朝永，1979）の中で，物理学を定義して「われわれをとりかこむ自然界に生起するもろもろの現象——ただし主として無生物に関するもの——の奥に存在する法則を，観察事実によりどころを求めつつ追求すること」と表現している．この定義を自然に拡張すれば，科学とは「自然界に生起するもろもろの現象の奥に存在する法則を，観察事実によりどころを求めつつ追求すること」と定義できよう．

ここで，問題になるのは「観察事実によりどころを求めつつ法則を追求する」とは，一体どういうことか，ということだ．米国の哲学者チャールズ・パース（Charles S. Pierce, 1839-1914）は，この知的営みが，「演繹」(Deduction) でも「帰納」(Induction) でもなく「創発」(Abduction) であることを述べた（Pierce, 1965, p. 145）．パースは，

1. 驚くべき事実 C が観測された．
2. ある仮説 A が正しければ，C は当然の帰結となる．
3. よって，仮説 A が正しいと考える理由は存在する．

と述べた上で，C から A を導く推論の方法を「創発」(Abduction) と呼んだ．

「演繹」(Deduction) と「帰納」(Induction) とは何か

一方，「演繹」とは，前提 A を仮に認めるとすれば，必然的に結論 C が導かれるという推論の方法である．「人間は必ず死ぬ」という前提があり，「ソクラテスは人間である」ならば，必然的に「ソクラテスは必ず死ぬ」という結論が導かれる．この推論は，普遍的な前提から，個別的な結論を得る推論方法，つまり「知の具現化」であって，必ず「間違いではない」結論を得ることができる．

さらに,「帰納」とは,個別的な事例 C から普遍的な法則 A を見出そうとする推論方法である.「演繹」の逆,「具現化された知の一般化」である.「人であるソクラテスは死んだ」,「人であるプラトンは死んだ」,だから「人は必ず死ぬ」と一般化する.この場合は,もし例外があればまちがった結論を得ることもある.「帰納」は,一見すると「創発」と区別がつかない.どちらも個別的な事実 C から,一般的な仮説 A を導いているからだ.しかし重要な点は,「創発」が「パラダイム（人間が世界を認識し把握する仕方）の破壊」を伴うという点.「創発」とは「知の創造」のことである.

イノベーション・ダイヤグラム

以上の議論をまとめておこう.

技術イノベーションを成就させるプロセスは,まずは2つからなる.1つは,「知」を創造する知的営み,もう1つは,「知」を具現化して価値（経済価値ないし社会価値）を創造する知的営みである.

この「知の創造」と「知の具現化」の2つのプロセスを,図15-1に示すように直交する2軸に分解し,つらなり続くイノベーション・プロセスをこれら2軸で張られた2次元平面の中に描き表すことにして,この図を「イノ

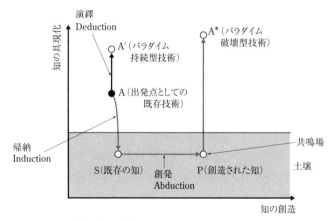

図 15-1 イノベーション・ダイヤグラム
「知の創造」と「知の具現化」(価値の創造)の2次元で張られる. A → A' がパラダイム持続型イノベーションで,イノベーション=タイプ0. A → S → P → A* がパラダイム破壊型イノベーションで,イノベーション=タイプ1.

ベーション・ダイヤグラム」と呼ぶことにしよう．

　この図で，経済的・社会的に価値づけられた「知」と，そのように価値づけられていない「知」との境界線を水平に引いておく．その境界線の上の領域が前者，下の領域が後者である．境界線の下の領域を「土壌」とみなし，土壌から木の芽が生えるダイナミックスをイノベーションの類比として捉えると，この図の含意を実感することができる．「知の創造」なる知的営みは，つねに土壌の下で行なわれるがゆえに，社会や市場から見えない．

イノベーション＝タイプ0とタイプ1

　イノベーション・ダイヤグラムにおいてすべての技術イノベーションは，ともあれ既存技術（つまり価値づけられた「知」）から出発する（図のA）．人は，このAから出発してどこに進もうとするか．当然のごとく，図15-1に示すようにさらに付加価値を与える方向，つまり「上方向のベクトル」（A → A′）であろう．企業とは，新しい経済価値の創造によってのみ持続可能だからだ．演繹（Deduction）に基づくこの方向を，「パラダイム持続型イノベーション」と呼ぶことにする．これを，イノベーション＝タイプ0と呼んでおこう．

　ところが，樹木が成長しやがて寿命が尽きて枯れてしまうのと同様に，イノベーション＝タイプ0の「パラダイム持続型イノベーション」は，いずれ行き詰まる．しかし樹木の命が尽きても，土壌が豊かであれば，繁茂する根が土壌を耕し，新しい芽を土壌の上に生み出すだろう．それと同様に図15-1において，既存の技術Aから改善技術A′に上がるのではなく，いったんAを成立させている土壌の下の「知」Sに下りる（帰納　Induction）．そして土壌の下で思いもよらない方向に向かって「知の創造」を走らせる（創発　Abduction）．その結果，誰も気づかなかった新しい知Pが見出されるとき，それを価値づけて生まれる技術A^*は，他の追随を許さない．このA → S → P → A^*というプロセスを，「パラダイム破壊型イノベーション」と呼ぶことにする．これが，イノベーション＝タイプ1である．そして，ここでの「技術の目利き」能力は，パラダイム持続型イノベーションの方向に新しい技術がないことを察知し，土壌の下にもぐることを逸早く決断できる能力である．

「パラダイム破壊型イノベーション」が成就するかどうかの鍵は、「知の創造」に実存的欲求（真木，1971）を見出す人間と「知の具現化」に実存的欲求を見出す人間とが、その暗黙知を伝達できるようなリアルな場（つまり顔を突き合わせて人生の苦楽を共有できる場）にて、お互いの人生の目標や実存的欲求のちがいを認め合いながらもその願いを共鳴しあえる状況を創りだせるかどうか、にある。そのような場を「共鳴場」と呼ぶことにする。

イノベーション＝タイプ1の例，青色発光ダイオード

　このイノベーション＝タイプ1，すなわち「パラダイム破壊型イノベーション」の好例として，拙著（山口，2006）では，「トランジスタ」，「MOSFET」，「HEMT」，そして「青色発光ダイオード」を掲げ，そのケース・スタディを詳述した。

　たとえば，青色発光ダイオード（LED）についてみれば，なぜベンチャー企業だった日亜化学工業だけが，世界の大企業をしのいで業界トップになれたのか。その第1の鍵は，1988年に社運を賭けての青色LED開発を決めたとき，中村修二（1954-）および彼の情念に共鳴した初代社長・小川信雄（1912-2002）が，セレン化亜鉛すなわち$A \to A'$のパラダイム持続型イノベーションの道ではなく，敢えて窒化ガリウム・インジウムすなわち$A \to S \to P \to A'$のパラダイム破壊型イノベーションの道を選び取る決意をしたこと。第2の鍵は，すでに生まれていた「格子不整合系の結晶成長」という新しいパラダイムを伝達しあいその暗黙知を共有する「共鳴場」として，応用物理学会が十分に機能して，赤﨑勇（1929-）や天野浩（1960-），松岡隆志（1954-）らの暗黙知が中村修二に正しく伝えられたこと。そして第3の鍵は，青色LED用物質として窒化ガリウム・インジウムとセレン化亜鉛のいずれを選び取るべきか，その技術経営上の評価が定まっていなかった1993年に，日亜化学の2代目社長・小川英治が他の役員の反対を押し切って，窒化ガリウム・インジウムによる青色発光ダイオードの事業化を決断したことにあった。

15-2　イノベーション＝タイプ2

イノベーション＝タイプ2の例，ARM

　すべての「技術の目利き」能力が，イノベーション＝タイプ0もしくはタイプ1で説明できるわけではない．そのケーススタディとして，英国ケンブリッジのベンチャー企業ARM社を取りあげよう．

　現在，32ビット・マイクロプロセッサを搭載する携帯電話の99％がARMアーキテクチャを採用する．彼らは，半導体IP（Intellectual Property）業界で世界1位の企業で2位以下を大きく引き離しているのみならず，携帯電話においてデファクトスタンダードを獲得している．

　じつは，ARMより高性能な32ビットRISC（Reduced Instruction Set Computer）チップをほぼ同時期に開発し，市場に投入した会社があった．日立である．しかし日立は，携帯電話の世界ではARM社の後塵を拝した．日立は32ビットMPU（Micro-Processing Unit）の意味を演繹的に正しく洞察しぬいたからこそ，道を誤った．32ビットというこれまでにない広大なアドレス空間を目の前にしたとき，32ビットのもつ，高速で高機能という2つの重要な特徴をなるべく生かす方向に将来のターゲットを見定めるのが「正しい演繹」である．

　一方，たった18人でエイコーン（Acorn）社からスピンアウトしてできたばかりのARM社は，アーキテクトとして日立ほど優秀なエンジニア集団をもたなかったので，高速・高機能路線をとるほどの設計余力を持っていなかった．したがってエイコーン社創業者のハーマン・ハウザー（Hermann Hauser, 1948-）の夢見る未来に賭けて，低消費電力という異なる評価軸に進むしかなかった．

「回遊」（Transilience）とは何か

　この解釈は，イノベーション・ダイヤグラムを用いると，さらに深い含蓄を与えることができる．イノベーション・ダイヤグラムにおける「知の具現化」の次元だけ取り出して考察しよう．この次元のサブ構造を「演繹」（Deduction）の次元と「回遊」（Transilience）の次元とに分解して，それ

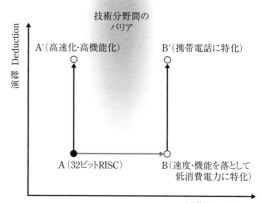

図 15-2 イノベーション・ダイヤグラムにおける「知の具現化」の次元のサブ空間
（ ）内は，32ビットRISCチップの例．灰色の「丘」は，A→A'という演繹的思考の中で自己組織的に形成される分野間バリアを示す．「意味の把握」は，回遊的思考（A→B）のできることが本質的．A→B→B'が，イノベーション＝タイプ2．

を図15-2のように2次元空間で表現するのである．ただし「演繹」の次元を縦に取り，新たに登場した「回遊」の次元を横に取っておく．

ほとんどの場合，「知の具現化」という知的営みは，既存の「知」を統合して価値づけるプロセスとして「演繹」を選び取る．たとえば，マイクロプロセッサの設計においては，図15-2のA→A'のように，32ビットRISCアーキテクチャという境界条件が与えられた場合，マイクロプロセッサの評価軸上で高速かつ高機能なものを設計していくのがアーキテクトの正統的方法論であるからだ．

それに対して「回遊」とは，A→Bのように，分野をまたぎながら異なる評価軸を探していく思考のことをいう．技術の高みを追求することを放棄して，一見「ちぐはぐ」に見える低消費電力性を追求するというのは，当時のマイクロプロセッサの設計では亜流ともいえることであって学界のメインストリームからは評価されなかったであろう．しかしハウザーの力強いリーダーシップは，技術陣を敢えて主流分野とは異なる評価軸の世界にジャンプさせた．

携帯電話にとってのプライオリティが低消費電力にあることは洞察できたはずだし，携帯電話という大きな潮流がやってきて1つの大きな産業となることもまた洞察できたはずなのに，幾年もの間それをしなかったということは技術の「目利き」能力がなかったように見える．しかし，そうではない．

「演繹」が支配的である場合には，いったん登った山を敢えて下り，分野をまたいで異なる評価軸の世界にジャンプするということが，優秀な正統企業には，不可避的にできないのである．

クリステンセンの破壊的イノベーションはイノベーション＝タイプ2

さて，クリステンセンの「破壊的イノベーション」(Christensen, 1997)は，このイノベーション＝タイプ2に分類される．そのことを，彼がケース・スタディとして用いたハードディスクドライブを例にとって，説明しよう．

彼はハードディスクドライブの歴史を定量的に調べ上げた．14インチ・ドライブとして市販されたこの装置は，1970年代から1990年初頭にかけて記録密度を指数関数的に伸ばした．さらに1985年に薄膜ヘッドが開発され，1993年にMR（Magneto-Resistance）ヘッドが開発されて，そのつど記録密度が不連続に高くなった．いずれも「性能を引き上げる」イノベーションであって，彼はこれを「持続的イノベーション」(Sustaining innovation)と呼んだ．

1978年に数社の新規参入企業が，小型の8インチ・ドライブを市販した．それは14インチ・ドライブの10分の1程度の記録密度であったが，ミニコンの顧客に評価されて新しい市場を創った．一方14インチ・ドライブのメーカーの3分の2は8インチを生産せず，残りの3分の1も遅れて参入した．ついに14インチのメーカーは垂直統合型のIBMなどを除いてすべて業界から撤退した．

1980年に，ベンチャー企業のシーゲート・テクノロジー（Seagate Technology）社が5.25インチ・ドライブを市販した．これはデスクトップ・パーソナルコンピュータに採用されて新しい市場を形成した．一方，8インチ・ドライブのメーカーは参入に遅れをとり，4社のうち3社は消滅した．ところがこのシーゲート・テクノロジー社も，1985年に開発された3.5インチ・ドライブに関心を示さなかった．すなわち14インチにとっての8インチ，8インチにとっての5.25インチ，そして5.25インチにとっての3.5インチのように「性能を引き下げる」イノベーションが起きて主力企業を失敗に導いた，ということである．これを彼は「破壊的イノベーション」

(Disruptive innovation) と呼んだ.

彼の主張する「破壊的イノベーション」は，2つの定義を有している. 第1の定義は，製品の性能を，主流市場では認められないほど落とすイノベーション，第2の定義は，新市場が発見され，その新市場が主流市場を壊すイノベーションである. ここで重要なことは，製品の性能とは多次元であって，主流市場が評価しないものの新市場は高く評価するような性能が存在するということだ. 小型ハードディスクドライブも低消費電力型32ビットRISCも，主流市場が評価する性能を落としても，アイステシス・イノベーション（山口，2006）に向かうポータビリティなる性能を上げて，潜在市場を創造した. ARM社の成功は，まさにそこにあった. つまり，クリステンセンの「破壊的イノベーション」とは，イノベーション・ダイヤグラムにおいては，土壌の上において異なる評価軸に向かって「回遊」することに他ならず，イノベーション＝タイプ2に属するということである（図15-3）.

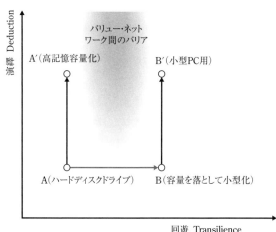

図15-3 イノベーション・ダイヤグラムにおける「知の具現化」の次元のサブ空間

（ ）内はクリステンセンが用いたハードディスクドライブの例. 灰色の「丘」は企業と顧客とのあいだにできる信頼のネットワーク（バリュー・ネットワーク）によって自己組織的に形成されるバリアを示す. アイステシス・イノベーションに向かう「回遊的思考」によってのみ，A→B→B'のイノベーション＝タイプ2が成就される.

15-3 イノベーション＝タイプ3

イノベーション＝タイプ3の例，蒸気機関

イノベーション＝タイプ2で見出した「回遊」の重要性は，「知の創造」の次元においても有効であるはずだ．そこでイノベーション・ダイヤグラムにおける「知の創造」の次元だけ取り出して同様の議論を展開しよう．

図15-4に示すように，まず「知の創造」の次元のサブ構造として「創発」（Abduction）の次元と「回遊」の次元とに分解する．ここで，「知の創造」における「回遊」の意味を見つけるために，18世紀産業革命においてその本質的な契機をあたえた「蒸気機関」というパラダイム破壊型イノベーションをケーススタディにしてみよう．

歴史的に，蒸気機関は，1712年にイギリスのトーマス・ニューコメン（Thomas Newcomen, 1664-1729）が発明したと信じられているが，正しく

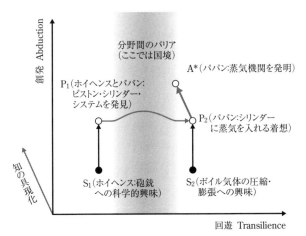

図15-4 イノベーション・ダイヤグラムにおける「知の創造」の次元のサブ空間

（　）内は，蒸気機関の例．灰色の「丘」は，学問分野（Discipline）間バリアを示す．水蒸気をエネルギー変換の媒質として使用するという着想は，ホイヘンスに代表されるフランス科学にはなかった．一方ボイルに代表される英国科学は，ピストン・シリンダー・システムを発見していなかった．$P_1 \to P_2$ の，パパンによる回遊（Transilience）が，蒸気機関の発明にとって本質的だった．イノベーション＝タイプ3．

ない.最初にピストン・シリンダー式の蒸気機関を発明したのは,フランスのドゥニ・パパン(Denis Papin, 1647-1712)であった.以下,簡単に「パパンがどのようにして蒸気機関のアイディアに至ったか」を説明しておこう.

パパンの蒸気機関発明の最初のきっかけは,オランダのクリスティアーン・ホイヘンス(Christiaan Huygens, 1629-1695)によって与えられた(S_1).彼は,砲銃から弾が飛ぶという現象に深く興味をいだき研究を進めて「熱エネルギーを力学的エネルギーに変換できる」ということを1673年にパリで発表した.助手のパパンとともに,銃身と砲弾をそれぞれシリンダーとピストンに置き換え,中に入れた燃料を燃焼させてピストンを動かせることを示したのである($S_1 \rightarrow P_1$).

パパンは,1675年にロンドンに渡り,ロバート・ボイル(Robert Boyle, 1627-1691)の助手となって研究を進めた.彼は気体の膨張と圧縮に関するボイルの研究(S_2)にヒントを得て,「ホイヘンスの装置に爆発燃料ではなく蒸気を入れてはどうか」という着想に辿りつき($S_2 \rightarrow P_2$),1688年に蒸気の膨張を利用した蒸気機関を発明する($P_1 \rightarrow P_2 \rightarrow A^*$).すなわち回遊人(Transilient person)のパパンの存在が,蒸気機関の発明にとって本質的だった.17世紀におけるヨーロッパ大陸と英国との国境の壁は高かったはずだ.彼の場合,図15-4におけるバリアは,地理的国境そのものだった.

さて,科学が細分化された現在では,むしろ学問分野間の壁こそが,回遊(Transilience)を阻むバリアとなる.同じ事象を表す概念であっても,物理学や化学さらには経済学など,学問分野ごとに評価軸も言葉も異なる.ましてそれを構成する専門家集団自体が異なるので,自然(社会)現象を把握しそれを形式知化する知識の枠組みすら異なる.だから,「知の創造」のサブ空間では,図15-4に示すように「知の具現化」のサブ空間とは異なり,出発の時点から分野間のバリアが高くそびえているのである.学問分野間のバリアをやすやすとまたいで回遊できること,これを,イノベーション=タイプ3と呼ぼう.

イノベーション=タイプ3の例,iPS細胞

このイノベーション=タイプ3の著しい例が,2006年に日本に現われた.山中伸弥(1962-)によるiPS細胞(人工多能性幹細胞)の発見である.そ

のプロセスが「創発」と「回遊」の両方にまたがっていることを明らかにするために，図 15-5 にイノベーション・ダイヤグラムを描いておいた．以下，図 15-5 を参考にしながら説明していきたい．

1953 年，米国の生物学者ジェームズ・ワトソン (James D. Watson, 1928-) とイギリスの物理学者フランシス・クリック (Francis H. C. Crick, 1916-2004) が，2 重らせんからなる DNA の分子構造を発見する ($A \rightarrow S_1$)．それまで生物学は，経験の積み重ねによる博物学的な知識の体系的統合に留まっていた．これを伝統的生物学と呼んでおこう．ここから，やはり経験知の統合からなる伝統的医学や薬学が「演繹」的に生まれてきた ($S \rightarrow A$)．

その 5 年後の 1958 年に，クリックは「DNA が，アデニン，グアニン，シトシン，チミンの 4 種類の塩基（有機物分子）の 1 次元配列からできており，その配列情報が転写されて生命情報は次世代に伝達し，遺伝がなされる」という仮説を発表．この「創発」($S_1 \rightarrow P_1$) はセントラルドグマと呼ばれ，生物学にパラダイム破壊をもたらす．遺伝子の塩基配列を読む遺伝子工

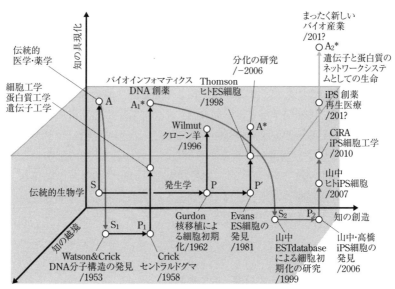

図 15-5 ワトソンとクリックによる DNA 分子構造の発見から山中による iPS 細胞の発見にいたるイノベーション・ダイヤグラム

3 次元目として「知の越境」の次元を加えることにより，このイノベーション・プロセスが完全に描ける．

学が発展すると，まったく新しい創薬技術やバイオインフォマティクスという技術が「演繹」的に生まれて（$P_1 \rightarrow A_1^*$），遺伝子の塩基配列が，ついに情報として取り扱われるようになった．

　一方，伝統的生物学は独自の進化を遂げて，生物の発生の謎を探究する発生学を確立させる．1962 年にイギリスのジョン・ガードン（Sir John B. Gurdon, 1933-）は，オタマジャクシの体細胞から核を取り出し，核を除いた未受精卵に入れると，細胞が初期化されることを発見（$S \rightarrow P$）．さらに 1981 年にイギリスのマーティン・エヴァンズ（Martin J. Evans, 1941-）は，受精卵を胚にまで発生させたあとその一部を取り出して培養をすると，体のどのような組織にも分化可能な ES 細胞（胚性幹細胞）になることを発見する（$P \rightarrow P'$）．これらは，もちろん「創発」である．それから発生学の主流は，結局のところ分化の研究という「演繹」的な方向（$P' \rightarrow A^*$）に進むことになった．

　さて山中は，スポーツ整形外科医になることを夢見て 1981 年に神戸大学医学部に入学．1987 年より整形外科研修医として国立大阪病院に勤務する．しかし 2 年で挫折して，基礎医学に移ることを決意し，1989 年に大阪市立大学大学院の薬理学研究科に入学する．ところが，薬だけを使ったいわゆる伝統的な薬学に強いフラストレーションを抱いてここでも挫折．

　とはいえ山中は，薬理学の研究の最中にノックアウト・マウス（遺伝子の機能を推定するために，その遺伝子を不活性化させたマウス）に出会って衝撃を覚える．「まるで魔法ではないか」と，ここに新しいブレイクスルーへの道があることを直感．

　そこで，博士号取得後 1993 年にアメリカのグラッドストーン研究所（Gladstone Institutes）に留学して，ゼロから分子生物学を勉強するのである．ほどなく，NAT1 というがん遺伝子をみずから見つけ出し，この NAT1 遺伝子をつぶした ES 細胞を培養したところ，分化多様性が失われることを発見．道具にすぎなかった ES 細胞そのものに，はじめて興味を持った．

　こうして 1996 年に帰国し，大阪市立大学医学部助手になってから，ES 細胞の研究をゼロから始める．もっとも当時 ES 細胞研究の主流は，前述のように分化の研究であった．「ES 細胞からどんな細胞をつくったか」を世界中の研究者が競い合っていたのである．

しかし山中は，だれもやっていない研究，この世にないものをあらしめるような研究，すなわち「受精卵を培養した生きた胚からではなく，遺伝子データベースからES細胞と同じような細胞を作る」という研究をやる決意をする（$A_1^* \to S_2$）．

1999年，そのビジョンを掲げて奈良先端科学技術大学院大学助教授に就任．できるかどうかわからないけれど，もしそれができれば，受精卵を使うという倫理問題と免疫拒絶問題の両方をクリアできる．命がけの覚悟であった．

こうして，高橋和利（1977-）のアイディアを得ながら，2006年に遺伝子データベースの中からSox2，Oct3/4，Klf4，c-Mycという4つの遺伝子を選び抜き，ウィルスを使って取り出した細胞に入れ込むと，どのような組織にも分化可能な細胞，すなわちiPS細胞になることを発見（$S_2 \to P_2$）．2004年，京都大学に教授として移ってほどなくのことであった．

2012年にガードンとともにノーベル医学・生理学賞を受賞した山中のこの業績（$A_1^* \to S_2 \to P_2$）は，図15-5に表現したように，イノベーション・ダイヤグラム上ではたいへん重要な回遊的ジャンプを呈していることがわかる．発生学がもつパラダイムを破壊したこの達成は，バイオインフォマティクスという異なる学問領域から土壌の下に下り立ち，しかも旧来の発生学とはまったく異なる，新しい学問領域を築いたのである．

15-4 イノベーションの統一理論

以上の4つのタイプのイノベーションをまとめておこう．技術イノベーションにかかわる知的営みを表現する空間として，図15-6に示す3次元空間を考える．そして，この3次元空間の中でイノベーション・ダイヤグラムを描く．すると，イノベーションには次の4つのタイプがあることがわかった．

イノベーション＝タイプ0と1

タイプ0とタイプ1．図15-6において，特に「知の具現化」と「知の創造」で張られる2次元空間を考える．既存技術Aから出発し「知の具現化」軸方向に進むことで得られる「パラダイム持続型」の技術をA'とする．一方，ゴール設定すべき技術をA*とする．このとき，既存技術Aの全体像を俯瞰

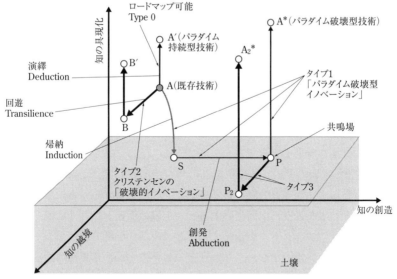

図 15-6　3次元のイノベーション・ダイヤグラム
「知の創造」，「知の具現化」，そして「知の越境」の3次元で張られる．人間の3つの論理的思考方法である「演繹」，「帰納」，「創発」，および4つのタイプのイノベーションが，すべて1枚の図で表現できる．

して，$A' = A^*$か，それとも$A' \neq A^*$か，を判断し，$A' \neq A^*$と判断した場合には，$A \to A'$をやめて土壌にもぐりこみ，$A \to S \to P \to A^*$を選ぶのが，イノベーション＝タイプ1であった．つまり第1のタイプとは，ゴール設定した技術と既存技術との乖離を正しく評価して「パラダイム破壊型」のプロセス（$A \to S \to P \to A^*$）を選ぶことである．なお「パラダイム持続型」すなわち$A \to A'$を，イノベーション＝タイプ0と呼んでおく．これはすでにある知を統合することによって与えられるので，ロードマップを作成することが可能である．

イノベーション＝タイプ2

　タイプ2．$A \to A'$のプロセス，すなわち「知の具現化」のプロセスにおいて，既存の評価軸に基づいた性能や機能を高める方向に開発を進めるのではなく，何を評価軸にすべきかを問いかけ新しい評価軸を発見するのが，イノベーション＝タイプ2である．
　前者つまり「既存の知や技術をいかに統合するか」を解決する「演繹」に

対して，後者つまり「何を評価軸にすべきか」を発見する思考を「回遊」と呼ぶことにする．そして「知の具現化」のサブ空間として，図 15-6 に示すように「演繹」と「回遊」から張られる 2 次元空間を考えたとき，イノベーション＝タイプ 2 とは，この「回遊」の次元（$A \to B \to B'$）にすすむことである．クリステンセンの「破壊的イノベーション」は，このタイプ 2 に分類できる．

イノベーション＝タイプ 3

タイプ 3．土壌の下の「知の創造」のサブ空間として，元来の「創発」的思考のみならず「回遊」的思考も考慮して，この 2 軸から張られる 2 次元空間を考える．このように空間分解すると，土壌の下における「回遊」の次元は，学問分野のスペクトルを意味することになる．学問分野の 1 つ 1 つは不可避的に固有の評価軸をもち，しかもその各々にかかわる集団は固有の知識枠組みをも持っているので，回遊を阻むバリアとなる．そのような状況においても学問分野間のバリアをまたいで「回遊」の次元（$P \to P_2 \to A_2^*$）に進むのが，イノベーション＝タイプ 3 である．

15-5　イノベーション・ソムリエの育成

イノベーション・ソムリエとは何か

科学（知の創造）に基づくイノベーション（価値の創造）の潜在プロセスをイノベーション・ダイヤグラムで表現し，その未来へのパースペクティブを構想できる「目利き」能力を有する人間を，イノベーション・ソムリエと名付けよう．すなわちイノベーション・ソムリエとは，イノベーションの全体構造を把握して，「知の具現化」のみならず「知の創造」と「知の越境」のシナリオを構築できる人間のことである．

すでに明らかにしてきたように，イノベーションのグランドデザインとその構造が言語化できたことによって，イノベーション・ソムリエは，学校教育のなかで育成することができる．ところが旧来，イノベーションとは「知の具現化」による価値の創造（イノベーション＝タイプ 0）のことだとして「演繹」の 1 次元しか見えなかった人々は，「知の創造」に向かう「創発」力

15-5 イノベーション・ソムリエの育成　337

表 15-1　NIH インタビュー対象科学行政官リスト

インタビュー対象の科学行政官	参加した他の科学行政官	住所
Dr. Ronald Cooper Technology Policy Analyst Office of Technology, Small Business Administration		409 3rd St. SW Mail Code: 6540 Washington, DC 20416
Carl Hebron SBIR/STTR Program Coordinator Office of Science, U.S. Department of Energy (DoE)	Chris O'Gwin DOE SBIR/STTR Programs Office, U.S. Department of Energy	19901 Germantown Road Germantown, MD 20874
Dr. Michael Weingarten Director, SBIR Development Center, National Cancer Institute (NCI), National Institutes of Health (NIH)	Dr. Andrew J. Kurtz Program Director	9609 Medical Center Drive Rockville, MD 20850
Dr. Scott Somers National Institute of General Medical Sciences (NIGMS), National Institutes of Health (NIH)	Patrice Molnar, M.A. Dr. Mary Ann Wu Dr. Charles Edmonds Dr. Stefan Maas Dr. Alison Cole Dr. Pam Marino Dr. Krishan Arora Dr. Fred Taylor	the Natcher Building (also known as Building 45, on the main NIH Campus)
Dr. Matthew Portnoy Director, Division of Special Programs NIH SBIR/STTR Program Manager Office of Extramural Programs Office of Extramural Research National Institutes of Health (NIH)		6705 Rockledge Drive Room 3540 Bethesda, MD 20892
Dr. Kurt Marek Deputy Director and Small Business Coordinator, National Heart, Lung, and Blood Institute (NHLBI), National Institutes of Health (NIH)		6701 Rockledge Drive Bethesda, MD 20892-7922
Dr. Ray Ebert Clinical Trials Specialist National Heart Lung and Blood Institute (NHLBI), National Institutes of Health (NIH)		Room 8125 6701 Rockledge Drive Bethesda, MD 20817
Dr. Margaret C. Grabb National Institute of Mental Health (NIMH), National Institutes of Health (NIH)		6001 Executive Boulevard Rockville, MD 20852

338　第15章　新しいイノベーション・モデル

インタビュー対象の科学行政官	参加した他の科学行政官	住所
Dr. Natalia Kruchinin 　SBIR/STTR Program 　Coordinator, 　National Institute of Allergy 　and Infectious Diseases 　(NIAID), National Institutes of 　Health (NIH)	Dr. Fenton 　Director, Division of 　Extramural Activities 　(DEA) at NIAID Dr. Strickland 　Director, Office of 　Research Training and 　Special Programs Dr. Prograis 　Program officer, Division of 　Allergy, Immunology and 　Transplantation Eileen Webster-Cissel 　Branch Chief, AIDS 　Research Contracts 　Branch, in the Office of 　Acquisitions, DEA, NIAID Mary Kirker 　Program Director, Grants 　Management Program Dr. Nigida 　Health Scientist 　Administrator, Center for 　Scientific Review	6701 Rockledge Drive Room 2153 BETHESDA MD 20817
Dr. Tobb Merchak 　Program Specialist, Division of 　Extramural Science Programs, 　National Institute of Biomedical 　Imaging and Bioengineering 　(NIBIB), National Institutes of 　Health (NIH)		
Dr. Ping Liu 　Program Director, ARPA-E, 　U.S. Department of Energy 　(DoE)	Mr. Peder Maarbjerg 　Assistant Director for 　External Coordination	1000 Independence Ave. SW, Washington, DC 20585

を育てることをしてこなかった．しかも，自然科学も社会科学も「知の越境」に対して否定的であったために，自然科学と社会科学とを自由に「回遊」することなどまったく教えてこなかった．よって，日本の大学院で1つの分野を土壌に向かって掘り進んでいった人間は，その分野しか知らず，つぶしの効かない研究者にしかなれなかった．

　一方，米国では，SBIR制度の30年以上にわたる不断の実行によって「目利き」を育成するシステムに明確な相転移がもたらされた．2014年3月に米国において，SBIRの運営をするプログラム・ディレクター28名（表15-1参照）に「あなたのアイデンティティは何か」とインタビューしたと

ころ，博士号を有するほぼ全員が，「私は科学者である」と答えた．「科学者だから，目利きができる」と彼らは胸を張った．一方ほぼ同時に SBIR に採択された米国ベンチャー企業を 10 社訪ね，その代表者（第 14 章・表 14-2 参照）に「あなたのアイデンティティは何か」とインタビューすると，やはりほとんどが「私は科学者である」と答えた．

すなわち，米国では科学者のアイデンティティをもつプロフェッショナルが，社会の中で 3 つの役割を担っているということだ．第 1 に，日本と同様の研究者．第 2 に，技術起業家．第 3 に，科学行政官である．この 2 番目のベンチャー企業経営者たちは，自然科学の博士号を持ちながらも会計学や経営学の広範な知識を身に着け，3 番目のプログラム・マネージャーないしプログラム・ディレクターたちは，やはり自然科学の博士号を持ちながらも政策学や法学の広範な知識を身に着けていることは言うまでもない．

イノベーション・ソムリエを養成する新たな大学院

ではこれからの日本に，文理の壁を越えて「回遊」しながら「創発」の何たるかを教育する制度をどう根付かせるか．原発事故を起こし，世界におぞましいリスクを与えてしまった日本人は，今それを真剣に考えていく責任を有する．この原発事故のように分野横断的な課題が立ち現われた時に，自然科学と社会科学とを共鳴させて課題を分析・形式知化し，それを解決していける社会を創らない限り，その責任を果たせない．

そのためには，新しい大学院がまぎれもなく必要である．その大学院では，日常的に社会科学者が，自然科学者と「共鳴」して事の本質に迫る．一方自然科学者は，社会科学者・人文科学者の方法論を学んで，共通言語で議論する．その目標は，科学を社会に正しく組み込んだ「グランド・デザイン構築」を目標とする新しい超域的学問を創ることである．たとえば，福島原発事故の原因の 1 つに「時間軸のグランド・デザイン構想力の欠如」があった．この新しい学問は，それに応えねばならない．どんな社会課題が立ち現われたときにも，「知の越境」をしながらさまざまな分野の知慧をつかって課題を言語化し，それを解決するのである．

そのような，イノベーション・ソムリエを養成する大学院のカリキュラムはどのようなものであるべきか．その回答を得るために，ふたたび第 6 章で

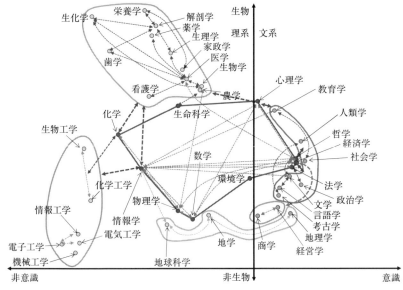

図 15-7 分野知図
矢印は，相互作用が強い学問を示す．

発見した「分野知図」の構造を精査してみたい．

図 15-7 に，39 学問の「分野知図」を再掲した上で，相互作用の強い学問間を矢印で示した．ここで相互作用の強さとは，Google Scholar を母集団として，2 つの学問名を同時に含む論文の件数のことであった．すでに第 6 章で詳述したように，中央に円環上に存在する 10 個のコア学問（数学，物理学，情報学，化学，生命科学，心理学，哲学，経済学，法学，環境学）は，互いに強い相互作用を持ちながら，最近接する 5 つのクラスター（工学，医学，人文・社会科学，経営学，地学）のいずれかと強い相互作用を有している．かつ，序章で示したように，米国 SBIR に採択されて起業家になった科学者は，物理学，化学，生命科学というコア学問出身者が最大多数を占めていた．また，人文・社会科学系のコア学問の博士号をもつ起業家も存在した．さらに，図 6-5 に示したように，米国 SBIR 被採択企業の代表者は，主として生命科学に軸足を置きながら，いずれかのコア学問に 2 本目，3 本目の足を置いているということがわかった．

新たな大学院のデザイン

このことから，必然的に以下の仮説を導くことができる．すなわち，イノベーション・ソムリエ育成をし「目利き力」を育てるまったく新しい大学院は，次のようなカリキュラム設計思想に基づくべきである．

第1に，この大学院の学生は，10のコア学問をできる限り広範に修めること．それぞれの個別学問のテクニックは理解しなくても，根本を理解して共通言語を話せるまでになることは十分に可能である．

第2に，この大学院は，ケンブリッジ大学の31のカレッジのように「同じ釜の飯を食う」環境をもつ合宿型大学院として自然科学者と社会科学者・人文科学者が同じ「共鳴場」に存在すること．そして学生とその卒業生は，10のコア学問を互いに補完し合えるカレッジメイトとなること．ハウザーが創業したエイコーンは，カレッジメイトが重要な役割を演じた．人生の実存的欲求を共鳴しあえる終生の同志の存在は，イノベーターのネットワーク統合体に常に必要である．

第3に，この大学院の学生は，人間の生存に関わるさまざまな社会課題に立ち向かい，3次元のイノベーション・ダイヤグラムを用いてイノベーション・プロセスを俯瞰しながら博士号を取得し，「創発」を自らのものにすること．「この世にないものをあらしめる」という経験こそが，ブレイクスルーを可能にする．

この大学院の研究テーマである「新しい超域的学問」は，ある特定の学問分野をさすべきではない．むしろ，図15-7におけるコア学問の円環を常に公転し続けるようなダイナミックなトランス・サイエンス[1]として位置付けるべきであろう．

参考文献

Christensen, C., *The Innovator's Dilemma: When New Technologies Cause Great Firms to Fail*, Harvard Business School Press, 1997（玉田俊平太監訳『イノベーションのジ

---

[1] アルヴィン・ワインバーグ（Alvin M. Weinberg, 1915-2006）が1972年に提唱した概念で，「科学に問いかけることはできるものの科学では答えることのできない問題」のこと．科学と社会の意思決定との両者にまたがっている課題を明らかにして解決する実践的学問．

レンマ』翔泳社, 2001年).
真木悠介『人間解放の理論のために』筑摩書房, 1971.
Pierce, C. S., *Collected Papers of Charles Sanders Peirce*, Belknap Press, Vol. 5, 1965.
朝永振一郎『物理学とは何だろうか』岩波新書, 1979年.
山口栄一『イノベーション　破壊と共鳴』NTT出版, 2006年.
山口栄一『死ぬまでに学びたい5つの物理学』筑摩書房, 2014年.

おわりに

　奇しくも 2014 年 10 月 7 日に，第 15 章 15-1 節で登場した赤﨑勇，天野浩，中村修二の 3 氏がノーベル物理学賞を受賞した．15 章で明らかにしたように，赤﨑と天野は，絶対にできないと考えられていた格子不整合系の結晶成長を達成したその卓越せる創発性によってこの賞に値し，中村は，2 人がパラダイム破壊をやりとげた方法をキャッチアップして，ついに高性能の pn 接合型青色発光ダイオードを逸早く実現したその卓越せる演繹性によってこの賞に値する．

　しかし，このノーベル賞受賞は現在の日本を反映するものではなく，1980〜1995 年の日本を反映したものだ，ということを忘れてはならない．当時の日本では，民間企業が世界をリードしながら生き生きと基礎研究をやっていたのである．赤﨑の場合，1964 年から 1981 年まで松下電器東京研究所に所属していたころの仕事が，彼の結晶成長研究の決定的な基礎をもたらした．天野の場合，1985 年に窒化ガリウムの単結晶成長を世界で初めて実現させる鍵となったバッファ層法は，1980 年代初頭に沖電気研究所の秋山正博らがシリコンの上にヒ化ガリウムを成長させるときに発見した方法だった．さらに中村の業績は，すべて 1989 年から 1999 年までに日亜化学工業の研究所で，岩佐成人を初めとする彼の部下たちと共になしとげられた成果だった．

　序章で述べたように，1990 年代後半に起きた日本企業の中央研究所モデルの終焉以後，日本は今それに取って代わるべき 21 世紀型イノベーション・モデルを見つけられずに，漂流している．適切な「目利き」がいて，未来産業のビジョン（図 15-6 の A^* や A_2^*）からバックキャスト（矢印を逆にたどること）によってやるべきことを正しく選択し，ちりぢりになって漂流しているボートからイノベーターたちを救い出しさえすれば，この沈みゆく船は救えるのである．

　そのためには，これまで日本には存在しなかったプロフェッショナルな科学行政官制度を創らねばならない．その上で，日本において米国版 SBIR 制度を可及的速やかに実施しなければならない．「日本国中央研究所」の構想

に向けて，日本のナショナル・イノベーション・エコシステムは，その隊列を根本から組み直すことが求められている．

謝辞

　本書は，2011年から2014年まで，科学技術振興機構（JST）社会技術研究開発センター（RISTEX）の研究プログラム「科学技術イノベーション政策のための科学」により助成を受けてきた研究プロジェクト「未来産業創造にむかうイノベーション戦略の研究」の成果をまとめたものであって，JST戦略的創造研究推進事業（社会技術研究開発）による研究成果の一部である．3年間たえず有益な助言をしてくださったプログラム総括の森田朗氏，そしてアドバイザーの國井秀子氏と木村忠正氏に深く感謝申し上げる．

　日本版SBIR制度の産みの苦しみとその後の変遷については，一橋大学の安藤晴彦氏が詳細に教えてくださるとともに，なぜ社会的意味を持たない制度に劣化したのかについて，激しい議論を戦わせてくださった．また，米国版SBIR制度の歴史と現状については，NIHとDoEのSBIRプログラム・ディレクターら28名（第15章・表15-1の方々）が快くインタビューのお相手をしてくださった．さらには，NIHのSBIRに採択された起業家等12名（第14章・表14-2の方々）が，真摯にインタビューに応じてくださった．なかでも，Astrea Therapeutics社社長のNurulain Zaveri博士は，涙を流しながら真剣にインタビューに答えてくださった．インドに生まれ米国に渡って博士号を取った後，さまざまな艱難を乗り越えてついに自ら会社を起こし自己実現を果たした彼女の物語は，同時代に生きるアジア人として誇らしいものであった．

　東京大学出版会の岸純青氏とは，1年以上絶えず頻繁に議論しながらこの本を作り上げた．この場を借りて，心から感謝の意を表したい．

2014年12月1日月曜日　京都市左京区にて

山口　栄一

事項索引

[あ行]

アイステシス・イノベーション 329
青色発光ダイオード 325
アーキテクチャ 176
アグリビジネス 233, 235
アジャイル 226, 230
　——（迅速）開発 219
アップフロント開発 219, 229
アムジェン（Amgen）社 165, 166
アメリカ合衆国中央研究所 16
　——モデル 16
暗黙知 325
医学クラスター 23
意匠 108, 108
位置参照情報 258
一次資料 29
一目瞭然化 202, 203, 205
一様分布 130
遺伝子組換え 143
　——技術 234
イノベーション 177, 255, 305-309, 311, 318
　——・エコシステム 16
　——指標 100
　——政策の評価 99
　——戦略 99
　——・ソムリエ 5, 336
　——・ダイヤグラム 5, 323
今が旬戦略 204
医薬品産業 1, 137-139, 149
医薬品市場規模 138
医薬品分野の研究開発 119
インテグラル型 148
引用データ 262
売上高 259
営業利益率 306, 307
エイコーン（Acorn）社 326, 341
エネルギー省（DoE） 12, 28
エルゼビア（Elsevier）社 117
エレクトロニクス産業 1
演繹（Deduction） 5, 100, 107, 322
エンジェル（個人投資家） 47, 163

横断面管理 191
オープン・プラットフォーム戦略 174
オリジネーター 159

[か行]

回帰分析 88
会計検査院（GAO） 27, 45
カイザーヴィルヘルム研究所 69
外資系製薬企業 141, 142
回遊 5, 100, 114, 321
　——人 331
カオスの縁（Edge of Chaos） 254
科学・技術・イノベーション政策 287
科学技術基本計画 255, 286, 289
科学技術人材 34, 34
科学技術新体制確立要綱 75
科学・技術政策 55, 66, 311, 318
科学技術政策研究所 221
科学技術創造立国 302
科学技術庁 78
科学技術動員局（OSTM） 33
科学行政官 21, 22
科学研究開発局（Office of Scientific Research and Development） 37
科学研究費補助金 316
化学産業 1
科学主義工業 68
科学動員協会 77
科学の遊戯性 62
革新性 44
可視化 254
価値聞き取り 180
価値づくり 180
価値の創造 257
環境保全型農業 236, 242, 243, 249
機械学習 290
企画院 75
技術院 3, 75
技術革新 305
技術化可能性 64
技術官僚 74
技術シーズと市場ニーズ 149, 162

346　事項索引

技術者運動　68, 73
技術動員局（Office of Technological Mobilization）　33
帰納（Induction）　5, 100, 111, 322
客観的根拠　253
キャパシタ　197
行政管理予算局（OMB）　43
行政刷新会議　276, 281, 282
共鳴場　113, 325
距離関数　124
距離空間　124
ギリアド・サイエンシズ（Gilead Sciences）社　165, 166
グーグル（Google）社　226, 227
国の競争優位　265-267
組長ライン　190, 191
クラスター　268-270, 283
　　──政策　4
グラッドストーン研究所　333
グラント　9, 48
クロックスピード　178, 184, 186, 192, 196, 204, 206
グローバル・ポジショニング・システム　234
軍事動員小委員会（「キルゴア委員会」）　33
軍事物資生産　33
経営学クラスター　23
経済産業省　271
形式知　331
形式的検証（formal verification）　212, 214-216, 229
携帯電話　326
経路依存性　55
研究・開発　307, 309-311, 315, 316, 318
研究開発費総額（GERD）　101
ケンブリッジ大学　341
コア学問　23, 340
工学クラスター　23
航空宇宙局（NASA）　12, 28
交互作用　88
格子不整合系　325
高等文官試験　74
後方引用文献　111
公立はこだて未来大学　224
五カ年計画　74
国際共同研究　115
国際特許分類　109, 292, 294, 296
国防省　28

国防総省（DoD）　12
国立衛生研究所（NIH）　286
国立科学財団（NSF）　12　→　全米科学財団
個人情報保護　258
個人投資家　→　エンジェル
国家総動員体制　74
コックス（Oscar Cox）　37
古典的多次元尺度法（Classical Multidimensional Scaling CMDS）　126
固有ベクトル　23, 123
コントラクト（業務委託）　9, 48

[さ行]

サイエンス型産業　242
サイエンスリンケージ　286, 288, 289, 294-300, 302, 303
　　──分析　5
再現率　292
サイテーション・ラグ　120
サービス・イノベーション　310
サブジェクト・インデックス　120
酸化アルミニウム（Al_2O_3：アルミナ）　199
三角不等式　124
産学連携　288, 300
酸化ハフニウム（HfO_2）　199
産官学連携プロジェクト　44
産業クラスター　268
　　──計画　256, 271-273, 277
　　──論　265
産業政策　49
32ビットRISC　326
ジェネラリティー・インデックス　120
ジェネンテック（Genentech）社　143, 148, 165
直販　235, 237, 249
事業仕分け　276, 277
時系列管理　191
シーゲート・テクノロジー（Seagate Technology）　328
次元圧縮　126
システムアーキテクチャ　176, 178, 180, 181
システム化実装技術　181, 183
システム・ダイナミックス　235, 236
持続的イノベーション（Sustaining innovation）　328
実存的欲求　325
死の谷　10, 47
シマンテック（Symantec）社　52

社会学習の経済　203
社会実験の経済　203
社会のニーズ　40
収益性　305-307, 309, 311
集合知　254
自由主義　61
　　――の超克　76
集中定数回路　182
重点4分野　287, 289
重点8分野　259
自由と計画の両立問題　67, 78-80
出願人　258
主任研究員システム　70
蒸気機関　330
状況の文脈化（Contextualization）　178
賞金　16
商工省　77
冗長性　178
商標　107
　　――権　102
　　――出願数　102
情報産業　4
助成政策審議局（Office of Advocacy）　49
ジョブショップ（Job-Shop）　190
シリコンバレー　312, 319
信号品質（Signal Integrity）　182
新事業創出促進法　19
新成長戦略　100
人文・社会科学クラスター　23
進歩性　111
スタンフォード大学　226, 228
スタンフォード・リサーチ・インスティテュート（SRI）　52
スピルオーバー　301
スプートニク　40
スペクトル分解　123
スモールビジネス　9
　　――イノベーション開発法（Small Business Innovation Development Act of 1982）　12, 27
　　――研究開発増進法　28
　　――再認可法　28
　　――の雇用創出　49
正規直交基底　130
成功確率　155
政策立案者　254
生産資源　242, 249

生産性　259, 260, 270
生産調整　236, 242, 244
生産リードタイム　186, 187
性能破壊型イノベーション　321
製品アーキテクチャ　176
政府研究開発投資　100
政府調達　105
精密農業　234, 235
世界半導体出荷額　173
セレン化亜鉛　325
線形代数　123
先見性　46
潜在性　30
選択的要素劣位　267
セントラル・ドグマ　332
全日本科学技術団体連合会　77
全米DRAM連合　201
全米科学アカデミーの公共工学政策委員会（COPEP）　44
全米科学財団（NSF）　27, 286
全米研究評議会（NRC）　18, 28
全要素生産性　270
総合電機メーカー　186
創発　5, 100, 112, 322
創薬のランドアバウト（円形交差点）　119
創薬ベンチャー　138, 143
　　――の重要性　164
組織イノベーション　179

［た行］

大学発ベンチャー　300
大企業中央研究所モデル　2
大企業の独占　31
第三者提供権　263
第二次世界大戦　30
タイプ0　321, 324
タイプ1　324
タイプ2　326
タイプ3　330, 331
対話と連繋（C&C：Communication & Collaboration）　175, 178, 196, 200
多次元尺度法　126
多段階競争・淘汰　201
地域イノベーション　256
地域クラスター　287
チェーン・リンク・モデル　227
地学クラスター　23

348 事項索引

知識生産ネットワーク 4
知識の流れ（Knowledge flows） 100
窒化ガリウム 325
チップセット 182, 193
知的クラスター創生事業 256, 274, 275, 277, 278, 281
知的財産権 102
知の越境 5, 115, 321
知の具現化 5, 321
知の創造 5, 257, 321
中央研究所 1, 321
中小企業技術革新制度 19
中小企業政策 56
中小企業庁 11
中小企業の新たな事業活動の促進に関する法律 19
超域的学問 341
創る薬 146, 149
定量分析 85
デザイン思考 228
　　──法 226, 227
デザイン・スクール 226, 227
デジタル化 202
等価回路 184
動向センター 222, 224, 228
特許 107, 254
　　──権 102
　　──公報 282, 292
　　──データベース 257
　　──の帰属 34
トートロジー（同語反復） 175
トヨタ生産方式（TPS） 186, 203-206
　　──ブーム 188
トランス・サイエンス 341

[な行]

内閣資源局 75
内閣調査局 75
ナショナル・イノベーション・エコシステム 166
二次資料 29
2乗誤差 128
日亜化学工業 325
日米半導体協定 174, 185, 186, 201
日満財政経済研究会 74
256Mビット SDRAM 194
日本工人俱楽部 68, 74

日本国中央研究所 318
日本知図 253, 255, 258, 265, 278, 281
日本版 SBIR 19, 83, 157
日本半導体協定（1986-1995） 174
ニューディール 30
ネットワーク 262
農業 4
　　──革命 233
ノックアウト・マウス 333
ノーベル賞 301, 302

[は行]

バイオ医薬品 164
バイオ産業 137
バイオジェン・アイデック（Biogen Idec）社 165, 166
バイオテクノロジー 149
　　──革命 146
パイプライン 119
破壊的イノベーション（Disruptive innovation） 321, 328
博士論文書誌データベース・リポジトリ 25
発見する薬 146, 148, 149
発明者 258
発明の中間試験 71
ハードディスク・ドライブ 328
パラダイム 323
　　──持続型イノベーション 107, 324
　　──・シフト 149
　　──破壊型イノベーション 321, 324
パロ・アルト 227, 228
半導体産業 1
半導体生産システム 189
半導体投資額 173
汎用 DRAM 189
　　──市場 201
　　──ビジネス 186
ビジネスモデル 308, 309
日立 326
筆頭 IPC 292
128Mビット SDRAM 194
ファイナンス・ギャップ 149, 162
ファブレス・ファンダリモデル 174
フェーズⅠ 16, 51, 150
フェーズⅡ 16, 51, 150
フェーズⅢ 16, 51
フォーチュン 500 53

事項索引　349

付加価値　153, 281
——額　270
不確実性　137, 307, 311, 316, 318, 319
物質科学　2
ブッシュ・レポート（Science: The Endless Frontier）　37
プッシュ型生産システム　186
物理学　2
プル型生産方式　186
プログラム・ディレクター　21
プログラム・マネージャー　21
フローショップ（Flow-Shop）　190
フロントランナー　308, 309
分子生物学　2
分布定数回路　182
分野知図　3, 23, 123, 340
米国 SBIR　11, 27, 84, 150
べき分布　128
変化能（進化可能性：Evolvability）　176
ベンチャー　32
——企業　47, 312-316, 319
——キャピタル　10, 47, 105, 313, 315
法案 S.1720　36
法案 S.2721　33
法案 S.702　33
貿易赤字産業　139
保健福祉省（HHS）　12, 28, 154
ホワイトハウス中小企業会議（White House Conference on Small Business）　50

[ま行]

マクロ経済　257
マーケティング力　195, 200
待ち戦略　204
マネジメント　255
見える化　179
緑の革命　233
ムーア（Moore）の法則　178, 196
目利き力　155
メタ情報　192
メタ認知能力　176
メタ認知の大衆化　202, 205
モジュラー型　148
モジュール・アーキテクチャ　204
モジュール・システムアーキテクチャ　177, 178, 205
ものづくり　185, 202

文部科学省　271
文部省　77

[や・ら・わ行]

優遇税制（タックスインセンティブ）　103
4層基板のスパコン　181, 183, 184, 192, 193
リアル・オプション　178, 204
理化学研究所（財団法人）　3, 68
理化学研究所（特殊法人）　79
理化学興業　69
理研コンツェルン　69
理研精神　71
離農　247, 249
流動性　117
量産米　236, 243, 249
リンケージ　119, 122
臨時資金調達法　72
リーンシステムアーキテクチャ　188, 189
リーンシステム思考　192
ルーズベルト政権　30
レイシオン（Raytheon）　39
冷戦　40
歴史叙述　54
レッセフェール　31
労働生産性　270, 283

[欧文]

Abduction　322
ARM　326
ARPA-E　13

BERD（Business enterprise expenditure on research and development）　106
B-Index　103

CMP（化学的研磨法：Chemical Mechanical Polishing）　198
CMP 技術　200
COPEP　→　全米科学アカデミーの公共工学政策委員会
crawling　134
C&C（Communication & Collaboration）　→　対話と連繋

Deduction　322
dimension reduction　126
Disruptive innovation　329

350　事項索引

DNA　332
DoD　12
DoE　→　エネルギー省
DRAM　196, 198
　──のコモディティ化　184

EDO（Extended Data Output）　193
EPA　242
ES 細胞　333

Fast-Page Mode（FPM）　193
FTA　237, 241, 242, 244, 249

GAO（Government Accountability Office）　→　会計検査院
GERD（Gross domestic Expenditures on R&D）　→　研究開発費総額
Google Scholar　3
GPS　234

HHS　→　保健福祉省
High-k 絶縁膜　199
HSG　198

IBIS　189
　──Open Forum　183
IBM（社）　328
　──互換パソコン　183
IIP パテントデータベース　256
Induction　322
IPC 分野指定　259
iPS 細胞　331
IRRPOS（Interdisciplinary Research Relevant to Problems of Our Society）　42

Jaccard 距離　3, 124
Jaccard 指数　124
JEDEC（Joint Electron Device Engineering Council）　182
J-GLOBAL　260

Knowledge Domain Visualization　123

M&A　152
Machine Intelligence Corporations（MIC）　52
MES（Manufacturing Execution System）　187, 188, 191, 201

MIT　302
MMST（Microelectronics Manufacturing Science & Technology）　189
MPU　326

NASA　→　航空宇宙局
NEDO　317
NIH　13, 286, 301
NPL　111
NSF（National Science Foundation）　→　全米科学財団

OECD　3, 99
　──Science, Technology and Industry Scoreboard 2013　99
Open researcher and contributor ID（ORCID）　118
OSTM（Office of Scientific and Technological Mobilization）　→　科学技術動員局

Principal investigator　22

RANN：Research Applied to National Needs　43
RTA　109

SBIR（Small Business Innovation Research）　2, 11, 19, 27, 83, 84, 150, 154, 157
　──mill　93
　──/STTR 制度　104
　──制度　311-318
　──の増倍率　154
　──の父　46
Science Map　123
Scopus　263
　──Custom Data　117
SDRAM（Synchronous DRAM）　193
Small Business Innovation Applied to National Needs　52
SPD（Serial Presence Detect）　193
SPICE（Simulation Program with Integrated Circuit Emphasis）　184
SRI（Stanford Research Institute）　52
STTR　13
Sustaining innovation　328

Thomson Reuters Cortellis for Competitive

Intelligence (Cortellis) 120
Thomson Reuters Derwent Patents Citation Index (DPCI) 120
Thomson Reuters Derwent World Patents Index (DWPI) 120
Tibbetts賞 47
TPP 237, 241, 244, 249
TPS → トヨタ生産方式

UML 218, 230

validation 213, 223
verification 213, 223
Viper 214, 217

Web of Science 263
Web scraping 134
WSTS 173

人名索引

赤﨑勇　325
アトキンソン，リチャード（Richard Atkinson）　45
アーノルド，サーマン（Thurman Arnold）　36, 36
天野浩　325
ヴィノグラード，ティム（Tim Winograd）　226-228
ウォーターマン，アラン（Alan Waterman）　41
エヴァンズ，マーティン（Martin J. Evans）　333
大河内正敏　67
小川英治　325
小川信雄　325

ガードン，ジョン（Sir John B. Gurdon）　333
キルゴア，ヘンリー（Harley M. Kilgore）（議員）　32
クライン，スティーブ　227, 228
グリーン，リチャード（Richard Green）　45
クリステンセン，クレイトン（Clayton Christensen）　321
クリック，フランシス（Francis H. C. Crick）　332
ケネディ，エドワード（Edward M. Kennedy）　42
ケネディ，ジョン・F（John F. Kennedy）　41
ケムフフェルト，ワルダーマー（Waldermaer Kaempffert）　35
コックス，オスカー（Oscar Cox）　37
コナント，ジェームズ（James B. Conant）　36
コンプトン，カール（Karl T. Compton）　36

シュルツ，ジョージ（George Shultz）（局長）　43
シメル，ハーバード（Herbert Schimmel）　33
ジュウェット，フランク（Frank B. Jewett）　36
ジョンソン，リンドン（Lyndon Johnson）（大統領）　41
スティーバー，ガイフォード（H. Guyford Stever）　44
スントーラ，ツオモ（Tuomo Suntola）　199

高橋和利　334
ダッダリオ，エミリオ（Emilio Q. Daddario）　41
ティベッツ，ローランド（Roland Tibbetts）　46
デービッド，エドワード（Edward E. David）　44
ドゥプリー，ハンター（Dupree, A. Hunter）　30
トルーマン，ハリー（Harry S. Truman）（上院議員）　32
中村修二　325
ニューコメン，トーマス（Thomas Newcomen）　330

パース，チャールズ（Charles S. Peirce）　322
ハウザー，ハーマン（Hermann Hauser）　326
パパン，ドゥニ（Denis Papin）　331
ハワース，リーランド（Leland Haworth）　41
ブッシュ，ヴァネヴァー（Vannevar Bush）　36
ペグラム，ジョージ（George B. Pegram）　34
ホイヘンス，クリスティアーン（Christiaan Huygens）　331
ボイル，ロバート（Robert Boyle）　331
ポーター，マイケル（Michel Porter）　265
ホプキンス，ハリー（Harry Hopkins）　37

松岡隆志　325
マッケルロイ，ウィリアム（William D. McElroy）　43
宮本武之輔　67
ミル，ジョン・スチュワート（John Stuart Mill）　61
山中伸弥　331

ロバートソン，ランダル（Randal M. Robertson）　42
ロビンズ，ウィリアム（William J. Robbins）　34

ワトソン，ジェームズ（James D. Watson）　332
ワラス副大統領（Henry A. Wallace）　35, 35

執筆者一覧 （執筆順，太字は筆頭執筆章）

山口栄一（やまぐち　えいいち，序章・第 1・4・6・7・10・15 章）
京都大学大学院総合生存学館（思修館）教授，理学博士

ヤング吉原麻里子（やんぐよしはら　まりこ，第 2 章）
立命館大学客員教授，東京工業大学非常勤講師，Ph.D.（政治学）

本田康二郎（ほんだ　こうじろう，第 3 章）
金沢医科大学一般教育機構講師

井上寛康（いのうえ　ひろやす，第 4 章）
大阪産業大学経営学部准教授，博士（情報学）

治部眞里（じぶ　まり，第 5・11 章）
経済協力開発機構（OECD）コンサルタント，科学技術振興機構（JST）副調査役，医学博士，主要著書：*Quantum Brain Dynamics and Consciousness: An introduction*（John Benjamins Publishing Company, 1995, 共著）

長部喜幸（おさべ　よしゆき，第 5 章）
経済協力開発機構（OECD）知財アナリスト

藤田裕二（ふじた　ゆうじ，第 6・11 章）
日本大学理工学研究所　研究員，㈱ターンストーンリサーチ代表取締役

川口盛之助（かわぐち　もりのすけ，第 6 章）
㈱盛之助代表取締役社長，日経 BP 未来研究所アドバイザー

山本晋也（やまもと　しんや，第 7 章）
「未来産業創造にむかうイノベーション戦略の研究」プロジェクト特別研究員

中馬宏之（ちゅうま　ひろゆき，第 8 章）
成城大学社会イノベーション学部教授，Ph.D.（経済学）

林　晋（はやし　すすむ，第 9 章）
京都大学大学院文学研究科教授，理学博士，主要著書：*A Computational Logic*（The MIT Press，1988，共著）

山本晋玄（やまもと　しんげん，第 10 章）
青森県農林水産部主査，博士（技術・革新的経営）

髙橋　裕（たかはし　ゆたか，第 10 章）
専修大学商学部教授，博士（経営学），主要著書：『データ解析の実際──多次元尺度法・因子分析・回帰分析』（丸善プラネット，2013，共著）

内藤祐介（ないとう　ゆうすけ，第 11・13 章）
㈱人工生命研究所代表取締役，一橋大学イノベーション研究センター産官学連携研究員

西田正敏（にしだ　まさとし，第 11 章）
㈱人工生命研究所取締役

相馬　亘（そうま　わたる，第 11・12 章）
日本大学理工学部准教授，博士（理学），主要著書：*Econophysics and Companies: Statistical Life and Death in Complex Business Networks*（Cambridge University Press，2010，共著）

玉田俊平太（たまだ　しゅんぺいた，第 13 章）
関西学院大学経営戦略研究科教授，博士（学術），主要著書：『産学連携イノベーション──日本特許データによる実証分析』（関西学院大学出版会，2010）

玄場公規（げんば　きみのり，第 14 章）
立命館大学テクノロジー・マネジメント研究科教授，博士（学術），主要著書：『イノベーションと研究開発の戦略』（芙蓉書房，2010）

山口栄一（やまぐち　えいいち）

京都大学大学院総合生存学館（思修館）教授．1955年，福岡市生まれ．東京大学理学部物理学科卒業，同大学院理学系研究科物理学専攻修士課程修了，理学博士（東京大学）．NTT基礎研究所主幹研究員，米国ノートルダム大学客員研究員，仏国 IMRA Europe 招聘研究員，経団連21世紀政策研究所研究主幹，同志社大学大学院総合政策科学研究科教授，英国ケンブリッジ大学クレアホール客員フェローなどを経て，2014年より現職．

近著に，『死ぬまでに学びたい5つの物理学』（筑摩選書，2014年），『FUKUSHIMA レポート　原発事故の本質』（日経BPコンサルティング，2012年），『JR福知山線事故の本質──企業の社会的責任を科学から捉える』（NTT出版，2007年），『イノベーション　破壊と共鳴』（NTT出版，2006年）など．

イノベーション政策の科学
SBIR の評価と未来産業の創造

2015年3月27日　初　版

［検印廃止］

編　者　山口栄一
　　　　やまぐちえいいち

発行所　一般財団法人　東京大学出版会

代表者　古田元夫

153-0041　東京都目黒区駒場 4-5-29
http://www.utp.or.jp/
電話 03-6407-1069　Fax 03-6407-1991
振替 00160-6-59964

印刷所　株式会社三秀舎
製本所　誠製本株式会社

© 2015 Eiichi Yamaguchi *et al.*
ISBN 978-4-13-046115-3 Printed in Japan

JCOPY　〈（社）出版者著作権管理機構 委託出版物〉
本書の無断複写は著作権法上での例外を除き禁じられています．複写される場合は，そのつど事前に，（社）出版者著作権管理機構（電話 03-3513-6969，FAX 03-3513-6979, e-mail: info@jcopy.or.jp）の許諾を得てください．

松原　宏 編
日本のクラスター政策と地域イノベーション
　　　　　　　　　　　　　A5 判／344 頁／6,800 円

大橋　弘 編
プロダクト・イノベーションの経済分析
　　　　　　　　　　　　　A5 判／264 頁／3,200 円

丹羽　清
イノベーション実践論
　　　　　　　　　　　　　A5 判／176 頁／2,600 円

丹羽　清
技術経営論
　　　　　　　　　　　　　A5 判／386 頁／3,800 円

丹羽　清 編
技術経営の実践的研究　イノベーション実現への突破口
　　　　　　　　　　　　　A5 判／256 頁／3,800 円

ここに表示された価格は**本体価格**です．御購入の際には消費税が加算されますので御了承下さい．